述学集

董琨 著

商务印书馆
创于1897 The Commercial Press
2012年·北京

图书在版编目(CIP)数据

述学集/董琨著. —北京：商务印书馆，2012
ISBN 978-7-100-09376-7

Ⅰ.①述… Ⅱ.①董… Ⅲ.①汉语—语言学—文集 Ⅳ.①H1-53

中国版本图书馆 CIP 数据核字(2012)第 201054 号

述 学 集
董 琨 著

商 务 印 书 馆 出 版
(北京王府井大街36号 邮政编码 100710)
商 务 印 书 馆 发 行
北京瑞古冠中印刷厂印刷
ISBN 978-7-100-09376-7

2012 年 12 月第 1 版 开本 850×1168 1/32
2012 年 12 月北京第 1 次印刷 印张 16½
定价：45.00 元

目　　录

汉语的词义蕴含与汉字的兼义造字

一

现代语义学一般运用义素分析法，把词所表示的客观事物的本质分为若干区别性特征，亦即义素。如果是多义词，尚有义位的划分。义素、义位的综合，则为词义。由此可以认为：当我们提及一个词时，作为客观世界以语言形式体现的符号，它已经蕴含了若干意义。

文字设计与上述词义的蕴含（entailment）有否关系？答案是肯定的。全人类的自源性文字，无不肇始于图画，因而早期的文字都是图画文字。“利用图画的人要想出种种设计来激发适当的反应”（布龙菲尔德：《语言论》17 章）。文字的产生，远在语言之后；也就是说，在创造哪怕是十分原始、粗糙的文字时，语言中的词及其所能蕴含的意义，已经十分丰富繁复了。所以，对于文字的设计，力图尽可能地体现词义，体现语言中的词义的蕴含，以“激发适当的反应”即人们对词的理解与使用，也就是不难想象的了。

由于语言特点不同,文字的形式会相应发生分化,有许多种语言的文字,从形式上已经体现不出它所代表的词义及其蕴含了。

只有汉字的发展道路是独特的。在整个古代汉语阶段,它可以说基本属于表意文字。

二

汉字构形的理据性,字形与其所记录的词的意义之间联系的紧密性,是所有粗知汉字的人都毫不怀疑的。在很大程度上可以认为,汉字的不少形体体现了汉语词义的蕴含,是尽最大可能详尽地体现词义的完美的设计。因此,本文要提出汉字的一种造字方式——兼义造字。

兼义造字的意思,恰如字面所说,就是形体所显示的意义是非单一的。一个字形本身,就可以体现不同的意义,代表一个以上的词。或者起码可以说,这类汉字的单个形体往往孕育着表示一个以上的汉语词义的能力。

例如"易"字,甲骨文一期形体象两酒器(姑名为甲、乙)互相倾注承受酒液之形。[①]从这个形体可以领会到它所表示的下述意义:a. 甲器给予乙器以酒液,表示"赐与",即后世"赐"的本字。b. 甲、乙两器分别所盛酒液的量,因倾注与承受而有所减增,所以有"变易、更易"的意义。c. 这种倾注与承受的过程,轻而易举,所以有“容易、简易”的意义。d. 两器所盛之酒液，已混而为一，不管倾注承受的动作如何反复进行，其物质与总量皆不变，故而又不难领会到“不变、不易”的意义。

“易”字由字形所表示的上述词义，在古代文献中均有所体现并为前人所归纳。如唐·孔颖达《周易正义·论易之三名》：“《易纬乾凿度》云：‘易一名而含三义，所谓易也，变易也，不易也。’郑玄依此义作《易赞》及《易论》云：‘易一名而合三义：易简一也，变易二也，不易三也。’”

可见，兼义造字以体现汉语词义的蕴含，是汉语史上客观的存在。

三

汉字兼义造字的方式，大致分为两种。

1. 单相的整体型的：即一个字的全体部件共同表现某些意义，亦即词义蕴含于全体部件之内。如“监”，甲骨文形体从见从皿，象人俯就于盛水之器鉴照其面容之形，为“鉴”的本字，义为“镜子”。《尚书·酒诰》：“人无于水监，当于人监。”但甲骨文“监”另有“视，察”之义，如《宁》500：“癸丑卜，叀见□监凡。”（“凡”为方国名或地名）又如“辟”，《说文·辟部》：“辟，法也。”这里的“法”有两个含义，一为“法度”，《诗经·小雅·雨无正》：“辟言不信。”郑玄笺：“法度之言，不信之也。”一为“刑法”，《尚书·君陈》：“殷民在辟。”孔安国传：“殷人有罪在刑法者。”再如上引“易一名而含三义”的例子，也是由该字的全体部件共同表示的。

这种类型的兼义造字，其意义之间一般具有某种联系。

2. 双相的分体型的：即一个字的不同部件分别表示不同的意义，亦即词义蕴含于不同的部件之中。如“幾”字，《说文·幺部》：“幾，微也，殆也。从𢆶从戍。”“幾”的一个部件是𢆶，即是两束的“丝”。本身已会“微小”之意，《说文》同部：“𢆶，微也。”《周易·系辞下》：“幾者，动之微，吉之先见者也。”《论语·里仁》：“事父母，幾谏。”包咸注：“幾者，微也。”“幾”的另一个部件是“戍”，本身是个“从人持戈”（《说文·戈部》）的会意字，其形与兵象、战事有关，所以含有“危殆”的意义是不难想见的。《诗经·大雅·瞻卬》：“天之降罔，维其幾矣。”毛亨传：“幾，危也。”《左传·宣公十二年》：“利人之幾而安人之乱，以为己荣。”杜预注：“幾，危也。”可见“幾”的词义蕴含有两条路线：一是“微小”，一是“危殆”。这两种意义都能由它的形体加以体现。易言之，“幾”的形体的不同部件蕴含了不同的词义。

又如“利”字，《说文·刀部》：“利，铦也。刀和然后利。从刀，和省。”认为“利”从“刀”，所以解为表示锋利义的“铦”。但据甲骨文和金文，则“利”所从的“刀”，也多有作“勿”的（亦见《说文》所收“利”字古文），有人认为是耒（犁）形。“利”从“刀”或“勿”表示锋利义，在古代文献中固然不乏书证，如《老子》三十六章：“国之利器，不可以示人。”《墨子·非攻下》：“于此为坚甲利兵,以往攻伐无罪之国。"但是"利"的另一个部件"禾",并非《说文》所谓的"和省",而就是"以耒刺地种禾"的"禾",即所种的庄稼。《诗经·小雅·大田》:"彼有遗秉,此有滞穗,伊寡妇之利。"《左传·成公二年》:"物土之宜而布之利。"陆宗达先生认为这两句话中的"利""都作收获的粮食讲",[②]是有一定道理的。因此,"利"字蕴含的词义有"锋利"和"庄稼"两种,属于分体性的兼义造字。

这种类型的兼义造字,所记录的词义往往随部件不同而无所关联,只能认为是记录了同形词而已。但这种情况下所记录的词,与一般"本无其字,依声托事"的文字假借又不同,因为前者植根于汉字形体结构之中,具有字形分析的理据性。

四

在讨论汉语的词义蕴含和汉字的兼义造字的时候,有一个大前提是不应忽视的,这就是它们必须是共时的并列,而不是历时的引申。我们在以上所举的字例涉及的相关书证,都尽量立足于上古汉语这一历史平面。当然,上古汉语本身的时间跨度很大,词义容或已经有所引申发展;有些古籍的年代确定,也还未必达到共识。但是,强调这个前提是非常必要的,否则可能引起一些不必要的争论。

从上述的认识出发,我们就汉字现存的最古老体系——甲骨文的形体进行了初步摸底分析和统计,汉字的兼义造字,在该阶段即超过110个,约占迄今为止全部甲骨文可识形体的十分之一。这些兼义造字的认定,大多是在甲骨文范围内具有文例证明的。如果联系整个商周时代的文献典籍加以考察,数量当会更大。可见,兼义造字是汉字的一种不可忽视的造字方式,也是古代汉语一种值得探讨的词汇现象。

运用兼义造字方式所造出来的汉字,多属传统六书中所谓会意字或象形兼会意的字。

五

《说文解字》里有两类情况的说解,似乎可以认为在汉语的词义蕴含与汉字的兼义造字方面透露了某些信息:

其一是“一曰”。如《口部》:“叹(嘆),吞歎也。从口,歎省声。一曰太息也。”桂馥《说文义证》:“吞叹也者,《九经字样》:‘叹,吞声也。’”王筠《说文句读》:“叹,吟也,吞叹则不敢吟也,所谓饮恨吞声也。”据说解,“叹”字蕴有两义,一为“吞声”,一为与之相反的“太息”。又如《足部》:“踵,追也。从足,重声。一曰往来貌。”《左传·昭公二十四年》:“吴踵楚。”杜预注:“蹑楚踵迹。”杨伯峻《春秋左传注》:“踵谓追逐。”又《庄子·德充符》:“踵见仲尼。”郭象注:“踵,频也。”郭庆藩疏:“接踵频来。”可见“踵”字蕴有二义:追逐,(频繁)往来。

按,《说文》的“一曰”,较为多见,其中有关于形的,有关于音的,也有关于义的。依照段玉裁和王筠的意见,其中可能羼杂有后人的校文,所以也只有部分"一曰"与兼义造字有关。

其二是"×也,×也。"两个"也"字煞尾的句子均用于释义,而非如多数地方的第二个"也"字煞尾句是解说字形的。[③]如《舌部》:"舌,在口所以言也,别味也。"可见"舌"字蕴有二义,一为用以说话,二为辨别味道。又如《臣部》:"臣,牵也,事君也。象屈服之形。"桂馥《义证》:"牵也者,臣、牵声相近。牛之从牵者,皆柔谨也。"按,以"牵"释"臣",本为声训,但《说文》并非在每个声训后都别出释义的。"臣"在甲骨金文中是一只竖着的眼睛,郭沫若说:"人俯首则目竖,所以'象屈服之形'者,殆以此也。"[④]它的本义一个是柔顺,另一个是事君,所以也是兼义造字。王筠《说文句读》卷六"臣"字下也指出:"凡《说文》两义乃两'也'字。"说明《说文》确实存在用两"也"字句解说两义的体例。但是这种情况毕竟较为罕见,通翻《说文》进行统计,结果仅有26个(关于字义的"一曰"仅开头三卷就有105个之多),而且这26个中并非全部与兼义造字有关。

六

运用"词义蕴含—兼义造字"的观点,将有助于考察和解释古代汉语文字、词汇、语法诸方面的若干特殊现象:

1. "一个本义"问题。一般认为汉字构形的理据性在于它表现所记录的汉语语词的本义，而字形与这种本义是一对一的关系，一个汉字就其形体而言，只能记录一个词的本义。于是，不但有“字的本义就是词的本义”的提法，还能看到有的学者明确断言：“一个字在最初造字的时候，只有一个本音和一个本义。”⑤

“一个本音”的说法姑且不论。“只有一个本义”的说法对于多数汉字也许是适用的，然而对于用兼义造字方式产生的汉字，就未必适用了。例如“易”字的“变易、不易、简易”诸义，“幾”字的“微也，危也”，究竟哪个是本义，哪个不是本义呢？事实迫使我们作出下列认识：在某些情况下，一个汉字可以同时记录不止一个的词，这些词的本义都能在同一汉字形体中得以体现，因而有些汉字可以具有一个以上的本义。

2. “同形异字”问题。在甲骨文、金文中，存在不少由同一形体考释出不同的字的情况，被称为“同形异字”。如“夕—月”、“小—少”、“言—音”、“邦—封”、“晶—星”、“女—母—毋”、“卿—鄉—皀”、“史—事—吏—使”等，都曾经有过共用一个字形的时期。实则这是在汉字的初始阶段，由于数量少，先民们运用兼义造字的方法，使单个汉字具有尽量承担记录较多词义的能力，并使这种能力在形体上得以表现，易言之就是使词义在其表示符号——汉字字形中有较多的蕴含。说是“同形异字”，实际上则是兼义造字。明明是同一字的同一形体，怎么能说是“异字”呢？这种提法，看来也值得商榷。

这一类的兼义造字，所蕴含的意义之间，也大都是有所联系的，如“月—夕”，在甲骨文早期有同作☽、☾，这种描绘上弦月或下弦月的形体，当然既可表示月亮，也可表示夜晚（夕）。只是到了后来，兼义造字所记录的不同的词义（一般是本义）又有所发展，再共用一个字形难免使一个符号的“能指”过于复杂而影响符号与“所指”关系的明确性。于是在字形上稍作加工，使之分化为不同形体而分别记录不同的词义。如“夕”字中加一短竖划作为“月”字以相区别；“史”字竖划的上端分作两叉形作为“吏”字以相区别，等等。[6]所以这个问题，归根结底也与汉语的词义蕴含及汉字的兼义造字有关。

3. “反训”问题。自从晋代郭璞在《尔雅注·释诂下》中指出“诂训义有反覆旁通，美恶不嫌同名”的反训现象以来，攻之者说其无，辩之者言其有，成为一桩长期聚讼的公案。

否定“反训”的学者认为传统相沿的所谓“反训字例”，大抵属于词义的历时引申，而非同一历史平面的词汇现象。这种注意词义的历史发展，不把历时的引申当成共时的反训的眼光是科学的。讨论反训问题，确实要把这个前提弄清楚。

有的学者把“反训词”界定为“相对或相反的意义在同一时间和语言空间内共存于一个词中的词”。[7]从这个定义出发，考察古汉语的反训现象，所得出的肯定性的结论，我们认为是可以接受的。汉字兼义造字方式的揭示，使我们倾向于认可存在反训现象。如“受”字的甲骨文形体表示“二人以手奉承槃相授受”，所以《说文》说：“受，相付也。”既然是“相付”，则同时存在“付与”

(授)与“接受”(受)的两方,从字形分析这正是属于兼义造字。在西周金文里,两种意义的用法都有,如《善夫山鼎》:“山……受册佩以出。”此谓“接受”;而《免簋》:“王受(授)乍(作)册尹者(书)。”此则谓“付与”。

4.“词类活用”问题。这是多年以来高等院校古代汉语教学中的保留节目,也为许多相关的论著所描述。但是,某词的用法究竟属于其词性的“本用”抑或“活用”,常常纠葛不清,由此还涉及有关古汉语字典辞书的义项立目问题。

这类问题,原可通过足够的语料统计加以区分解决,但是仍有一些例外。如众所周知的“雨”字,在甲骨文时期即同时蕴含有作为雨水的“雨”(名词)和作为过程的“降雨”(动词)的意义,而且在同期文例中上述两种意义及其体现的词性都已得到使用,如“甲申卜,夬贞:兹雨隹我祸”(《殷墟文字乙编》4742)属于名词用法;而“壬寅卜,㱿贞:自今至于丙午雨”(《丙编》112)则属于动词用法。古书中单用“雨”字一般是名词,用作动词的常被认为属“词类活用”。如果我们把“雨”这一类的字视作兼义造字,是否可供参考?

七

文字作为记录语言的符号系统,用以表现语词的声音和意义(所指),同时又具有自身的形体(能指)。一般说来,不同的文字系统服务于不同的语言，同时总是尽可能与语言相协调。

古代汉语的单音节语性质，决定了早期汉字的单体表词性质，从而与一些同样是起源于图画的原始文字（如古埃及文字、玛雅文字等）分道扬镳。汉字与其所记录的汉语的适应程度，甚至达到使人们可以习惯上给汉字冠上“形、音、义”的名目，虽然从现代语言学的观点来看，这实际上已经混淆了语言与文字的界线。汉字作为表现汉语的符号，其间着实是很协调的。先民们如何用汉字形体来表现汉语词义，或者说汉语的词义蕴含现象如何催化与促进了汉字形体结构的理据性，这是很值得探讨和研究的。只要善于运用现代语言学的理论，结合汉语的特点，用以具体地分析汉字，我们的认识是可以不断深化的。

在处理文字与语言关系的实践方面，汉字提供了最好的标本，在世界现行的所有文字中可以说也最具有示范性。[8]对此我们应当引以为豪，并增强进行这方面研究的责任感。

附　注

① 为减少排印上的困难，对于古文字形体，尽量运用描写。本文所涉及的甲骨文形体及解说，主要根据徐中舒主编的《甲骨文字典》（四川辞书出版社，1988 年）等工具书。

② 陆宗达：《说文解字通论》，106 页，北京出版社，1981 年 10 月。

③ 如《说文》：“釆，辨别也，象兽指爪分别也。”第二个也字句就是解说字形的。

④ 郭沫若：《甲骨文字研究 · 释臣宰》，载《郭沫若全集 · 考古编》第一

卷,科学出版社,1982年9月。

⑤ 蒋善国:《汉字学》第二编第六章,上海教育出版社,1987年8月。

⑥ 于省吾《甲骨文字释林·释古文字中附划因声指事字的一例》(中华书局,1979年6月)所列诸字,大多可视为这类兼义造字的分化的例子。

⑦ 林菁:《反训例释》,《辞书研究》,1984年第1期。

⑧ 在我国云南纳西族东巴教文字和古埃及的象形文字中,存在着所谓"一字数义"现象,足可与本文所论汉字兼义造字相发明,但毕竟不能完全等同。为节省篇幅和排印方便计,兹不在正文中叙及。

[原载《中国语文》,1994年第3期]

符号学之汉字观

广袤无际的客观世界是一个无比繁富复杂的所指系统。对它的意义的理解以及交流这些理解是构成符号学的基础动力。这种动力肇始于人类历史的萌芽时期，所以符号学的渊源十分古老而深远，绝非今日流行的时髦。古希腊的柏拉图、亚里士多德的学说中，已有相当复杂的符号学思想，这已是符号学思想史中的常识了。

东方的古代符号学标本，当以汉字为其巨擘。因此从符号学角度考察汉字当是一桩有必要而令人快意的事情。

人类语言的功能，在于运用符号及其解释以理解客观世界的所指，并且交流此种理解，故而它本身即成为最典型、最丰富的符号系统。汉字成为记录汉语的工具，自然具有语言符号系统的若干特征，例如一般的线性特征和有限度的任意性特征。

但是即便在这个方面，汉字仍然具有自己的个性。即如语言的线性特征，指的是随时间线性流动而传递的信息流，但是汉字传递的实际上是一个个的信息块，具有密集的平面性征。而汉字体现的语言任意性特征之有限，则见下文所述。

古代符号学特别关注记号个体(符号)和所指示的对象(所指)之间的关系问题。在古代中国也不例外,一个重要表现,则为有关汉字的起源推测及有关汉字滋生繁衍的“六书”学说。

这方面的代表作,首先必须提及的是东汉许慎的《说文解字》。他在《说文·叙》中述及汉字的起源:“黄帝之史仓颉,见鸟兽蹄迒之迹,知分理之可相别异也,初造书契。”由此可见汉字符号的形体来源于大自然,是对客观世界的模拟与描绘。符号个体的差异来源于不同的事物意义(分理)的差异。因此,汉字的形体(符号)与其所表示的对象在一定的程度上保持先天的一致性,这就是汉字符号具有理据性特征的前提所在。

再看“六书”,也无一不是贯穿着关注记号个性与所指对象关系的符号学思想。体现了符号和所指的联系方式:

“象形者,画成其物,随体诘诎,日月是也。”象形字是“画”出来的,其线条的诘诎乃是体现了所表示的物体形状。这是容易理解的。其实许多原始文字如古埃及圣书字、苏美尔楔形字、古希腊克里特表形字也都带有这种象形表意性质,若干基本的象形字如“日、月、山、目、足、牛、鱼、弓”等,甚至在这几种不同的文字中具有令人诧异的相似。这说明人类先民在创制文字时所关注的符号形体个性与所表示对象的一致性方面的毫无二致。只是,汉字的个性很快凸显而与其他古代文字分道扬镳了。

“指事(象事)者,视而可识,察而见意,上下是也。”段玉裁注:“‘见意’,各本作‘可见’,今依颜氏《艺文志》注正。”在象形的基础上添加某一记号可以表示如水平线之上下一类抽象的意义，其符号与事物意义的关联依然是直接地"视"、"察"而可识可见（现）的。

"会意（象意）者，比类合谊，以见指㧑，武信是也。"段玉裁引郑众《周礼注》曰："今人用'義'，古书用'谊'。'谊'字本字，'義'者假借字。"会意字是两个（间或两个以上）在意义上有关联的象形字放在一起（比类）以体现一种新的意义归向（指㧑），组成的新符号形体与所表示的更为抽象而复杂的事物对象也有逻辑上的一致和关联。例如"戈"与战争有关。"人言"与信义有关，因而有"止戈为武，人言为信"的说法（当然，这只是古人的一种理念）。会意字更多地体现出汉字符号构成的理据性。汉字在这一点上大大有别于其他各种文字，也是汉字作为符号系统的显著特征之一。

"形声（象声）者，以事为名，取譬相成，江河是也。""事"为客观事物（对象），包括其意义和声音，"名"即汉字形体（段注："古曰名，今曰字"），它是取意义形符（通常只表示事物的类属）和声音（声符）合成以告谕符号与事物（段注："譬者，谕也；谕者，告也。"）之间的联系。同时，也有不同形声字的声符兼有表意作用（即所谓形声兼会意，或"右文说"），说明造字者在表现意义方面确曾尽到了最大的努力。

依据多数学者认可的"四体二用"之说，以上四书已然涵盖了汉字符号的形体构成的特征规律，其余尚有"二书"只是"用字"

之法,但同样也体现了汉字符号与所指的关系:

“转注者,建类一首,同意相受,考老是也。”对于“转注”的理解,历来歧见甚多。我们认为它的要旨是“同意相受”,即有相同意义指向的汉字符号可以互相授受使用(用于训释则为“互训”),但有一个限制条件是必须“建类一首”,即形体内部有相同的成分(例如形声字中的形符相同),可归入同一部首(如《说文》“考”与“老”同在老部)。

“假借者,本无其字,依声托事,令长是也。”这是说有一类事物来不及为之制造形体与意义有关联的符号(字),只是使用同音字(依声)来做记录(托事)。这体现了汉字为追求实用的权变性,用以高效率地表现汉字的符号功能。

汉字“六书”的四体之中,还存在一种“兼义造字”的现象,即同一形体符号可以表示意义不同而有所关联的所指,有时甚至难以认定哪个是真正的“本义”,如“雨”的字形是天降下水滴,既可表示雨水本身(名词),又可表示降雨的过程(动词);“乱”是架子上的两团丝,既表示丝乱,又表示治理乱丝,所以治乱同形,意义相连,《说文·乙部》:“乱,治也。”徐灏《说文解字注笺》云:“自其体言则为乱,以其用言则为治,故乱亦训治也。”“易”字具有三种意义:“所谓易(赐)也,变易也,不易也。”(唐·孔颖达《周易正义》卷一“论易之三名”)等等,莫不表示某些汉字源于“兼义造字”的现象,说明先民对汉字符号形体的设计,是非常独具匠心的,同一符号因而具有表现信息的经济性和羡余性的特征。加之假借方法的使用，使得这种特征更为鲜明了。

所以，从某种意义上可以说汉字本身即可视为一种描写客观世界（所指）的元语言符号系统，即是说，它是客观世界的深刻反映。当然，这种反映深深打上了古代中国的哲学特色和思维方式的印记。众所周知，“天人合一”是中华先民思想的精髓，例如，“仑”有条理义（水有“沦”漪，车有车“轮”），因而人有人“伦”，言而有“论”（lún）。又如，江水海水之涨落时间有固定规律，犹如人世之臣子定时朝见君王，故而造“潮”字以表现此种自然现象。可见“天人合一”的指向是变向的。这里有归纳法，也有演绎法。

汉字的理据性甚至是可以量化说明的。有人曾提出“理据度”的概念，表示汉字理据性的程度。据抽样测查《新华字典》“又、冫、刀、龟”四部的字，即使经过数千年的演变，到了现代汉字的理据度仍然“大约在50%上下”；[①]但是如果进行溯源分析，则绝大多数的汉字是具有程度不同的理据性的。

因而汉字的形体绝大部分存在与所表现的意义之间的联系的理据性，或者说是具有一定的象征意味，不是任意的音义结合。虽然也有“约定俗成”的因素，但总之与口头语言的音义任意性特征是迥然有别的。

汉字作为符号系统还有一大特点是不可不加以强调的，这就是它的美学功能。虽然其他类型的文字符号系统也多少兼有此种功能，但却远远不及汉字在这方面的强化与卓殊。从汉字的结构来看，由点画组合而至部件，由部件组合而至成字，蕴结着诸种美学的因素，如形象美与抽象美、动感美与静觉美、形式美与意境美，等等，由此而产生世界上独一无二的汉字书法艺术，具有浓郁的审美意味与价值，甚而可以表现人品（如唐代书法家柳公权所谓“心正则笔正”）。书法成为中华文化宝库中一颗璀璨的明珠，历千百年而益发绽放其熠熠光辉，这是其他一切文字所难以望其项背的。需要指出的是：这只不过是汉字作为符号系统在表现所指的实用性功能之外的聊备一格而已。

汉字记录汉语，作为成熟的文字符号系统，在中国的使用已有三四千年以上的历史。在漫长的历史长河中，汉字并非一成不变，其结构有繁化、有简化，其字体（书体）更经历了甲骨文、金文、小篆、隶书、行书、草书、楷书的演变，然而这些演变却是渐进的、同步而呈系统的，同时在任一历史平面上又是相对稳定的。这种演变与稳定的高度统一，犹如生物界的变异与遗传，既可促进系统的新陈代谢，又可保证种属的生存繁衍。今日流行的汉字，粗观之与甲骨金文何啻千里，然谛审则演变痕迹历历可寻。中华文化之所以绵延至今而每有踵事增华者，作为其重要载体的汉字符号系统功莫大焉。在历史上和当前现实中，它还造成了国际上的汉字文化圈，这也是值得大书特书的。

在当前的信息（资讯）时代，在基本闯过了进入电脑的难关之后，古老的汉字愈益焕发其美妙之青春，可谓前程无量，令人欣慰之至。但是汉字的数量庞大，而且在不同的使用国家和地区形体未能统一，在一定程度上影响了汉字作为文字符号系统功能的完善发挥。这种问题的解决,是需要专家学者和一切有识之士为之不懈努力的。

附　注

① 参见苏培成:《现代汉字学纲要》,83 页,北京大学出版社,1994 年 10 月。

[原载《第五届国际汉字研讨会论文集》,1998 年,中国台北]

汉字的美学特征及其书法艺术与规范

一

从广义上说，任何文字都存在关于书写的技术和方法问题，都可以有书法；可是，只有汉字的书法形成了一门艺术。它是一种造型艺术，利用汉字的各种不同的字体，各个汉字的不同形体，通过点划线条的提按节奏和力度的变化，利用墨色、布白等与美术相同的诸要素，形成了独特的艺术语言，体现书写者的创作意图、思想情绪，引发欣赏者精神上的共鸣，使之得到审美的感受和满足。这些艺术方面的因素及其效用，是非汉字系统的文字的书法所不具备或不可能做到的。所以，汉字的书法是一门艺术，这是毫无疑问的。当代著名学者和书法家启功先生说过：

> 近代在资产阶级革命以后，有些“言必称希腊”的人，大概因为希腊没有汉字书法艺术，便不承认中国书法有艺术性质；而拥护书法艺术的人，又常抬出“书画同源”这块牌子作“护法”。借着“画”这位“书”的伯祖或叔祖的名义，使它沾上一点艺术的边，结果并没有说服“假希腊人”。这当然是以

往的事了。[①]

书法和绘画诚然是有若干相通之处的，但就上述书法美学要素而言，书法作为一门艺术完全是自足而可以成立的，用不着把绘画引来当作伯祖或叔祖。

相反地，在中国，由于书法所具有的独特的艺术语言，使得书法成为表现个性、抒发性灵的独创艺术。西汉扬雄曾有“书为心画”的命题。中国在传统上把书法看得高于绘画，甚至认为绘画是书法的余事，不是没有原因的。李泽厚在《美的历程》中也指出：“不是书法从绘画、而是绘画要从书法中吸取经验、技巧和力量。运笔的轻重、疾涩、虚实、强弱、转折顿挫、节奏韵律……净化了的线条如同音乐旋律一般，它们竟成了中国各类造型艺术和表现艺术的魂灵。”[②]

二

汉字的书法之所以成为一种专门部类的独特的艺术，具有美学上的诸多因素和条件。它的载体——汉字本身所蕴含的美学特征则是其中最重要的因素。汉字的美学特征可以初步归纳为对立统一的三个方面，即：形象美与抽象美、动感美与静觉美、形式美与意境美。下面试加简要说明：

1. 形象美与抽象美

书法和绘画一样，都属于造型艺术，既然如此，它首先具有形象美，而汉字则给书法的形象美提供了条件。

汉字的产生与汉字的性质，就已经孕育着汉字书法形象美的因素，中国的古人认为汉字是黄帝时的史官仓颉发明的。东汉许慎《说文解字·叙》中说："黄帝之史仓颉见鸟兽蹄迒之迹，知分理之可相别异也，初造书契。"又说："仓颉之初作书，盖依类象形，故谓之文，其后形声相益，即谓之字。"其实文字是大众的创造，不可能是个人的发明。但从许慎这段话，可以看出汉字的创造，来自大自然的"鸟兽蹄迒之迹"，是"依类象形"的。类，就是客观世界中的物类。最早的汉字叫作"文"，《说文·文部》："文，错画也，象交文。"这也就是今天"花纹"的"纹"字的早期写法，就是画画。试看山东大汶口文化中的陶文、浙江良渚文化玉石片上的鸟形，殷初青铜器上的族徽文字，许多都是描绘细致的图画（有些学者认为它们不是文字）。至于殷商甲骨文和西周金文中，象形字更多。许慎有"书者，如也"的说法（《说文解字·叙》），更是直截了当地认为汉字的形体有如事物的形态。所谓"形声相益"而产生的大量的"字"，也是以象形字为基础的。由此看来，中国传统认为"书画同源"，并非无稽之谈。

当然，汉字经过书写方法和字体的变迁，到后来是不大象形了，或者如鲁迅所说，成了"不象形的象形字"。[3]不过在古代书法理论家那里，还是把汉字的形体与自然界的物象紧密联系的，如东汉蔡邕就说："夫书肇于自然。"（《九势》）又说："为书之体，须入其形：若坐若行，若飞若动，若往若来，若卧若起，若愁若喜，若虫食木叶，若利剑长戈，若强弓硬矢，若水火，若云雾，若日月，纵横有可象者，方得谓之书矣。”（《笔论》）[④]所谓“纵横有可象者”，就是强调汉字的形象美，从而体现书法的形象美。

不过，如果汉字的书法仅仅局限于上述的形象美，那就不成其为独立的书法，而应该归入绘画了。书法之所以具有其艺术特性，乃在于它还具有抽象美，而此种抽象美也是汉字所赋予的。

汉字的抽象美首先和主要地表现为线条的美。这种线条美可以脱离造型的物象而存在。早期汉字甲骨文中的笔画，由于多系刀刻，给人一种刚劲有力的感觉，笔画的精细也有变化。尽管许多字不是象形（因甲骨文已是相当成熟的汉字体系），甚至不能释读，但仅从那线条上就能使我们领略到书法的抽象美。而线条即笔画，正是构成汉字形体的基础。

其次，汉字形体所构成的图（?）面，往往是不象形的抽象图案，各部件的配合布置，笔画分布的平行交叉等等，在没有接触过汉字的人（主要是西方人）看来，都是十分怪诞的图像，但是仍然能引起他们审美的情感。已故的留美华人学者蒋彝在《中国书法》一书中论及中国书法的抽象美时，曾将汉字金文“妇”的形体与法国超现实主义画家汉斯·阿尔普（1888～1966）所画的大头鸟形进行比较，认为：“作为现实主义的艺术作品来看，两者都显得怪诞，但如果作为抽象图案来看，则两者都十分迷人。”[⑤]

汉字的抽象美还表现在字形所体现的意义上，如大量“比类合谊，以见指㧑”的会意字，像“休”字，人靠在树上表示休息，再有

“人言为信，止戈为武”之类，我们认为是从形象到抽象，能给人以联想和领悟的余地，因而也是美的。但这与书法艺术范畴有别，此不赘述。

2. 动感美与静觉美

汉字书法是兼有时间和空间的艺术。从时间来说，它是线性的，连续的，从空间来说，它是二维的，凝定的。因此，它兼有动感美和静觉美就是必然的。而这两种美，也同样不能脱离它的载体——汉字。

汉字笔画部件的书写，不论是金文、小篆的圆转，隶、楷的方折，行、草的方圆随意，都蕴含着运动的韵律，举凡起笔、运笔、收笔，提按之际，其力度、节奏都会有所变化。如起笔有两种方法：一是露锋，讲求“横划直下，直划横下”；二是藏锋，讲求“欲右先左，欲下先上”。运笔讲求“逆入平出（涩进）”、“万毫齐力，一波三折”、“令笔心常在点划中行”等。收笔（结笔）则讲求“藏头护尾”、“无往不收，无垂不缩”等。

传统学习书法，一般要从“永字八法”入门。所谓“永字八法”，就是关于汉字笔画的八种造型方法。南宋书法理论家姜夔（白石）《续书谱》中说：“点者，字之眉目，全藉顾盼精神，有向有背，随字异形。横、直划者，字之体骨，欲其坚正匀静，有起有止，所贵长短合宜，结束坚实。撇、捺者，字之手足，伸缩异度，变化多端，要如鱼翼鸟翅，有翩翩自得之状。钩挑剔者，字之步履，欲其沉实。”[⑥]这样，无疑使书写出来的笔划造型充满了动感。之所以如此，一方面是书写方法和要求使然，但另一方面也是汉字形体的特点能够容纳这些方法和要求的缘故。如果是那些基本只是连续画圆圈的文字，可想而知是难以产生这种书写上的韵律和动感的。

静觉的美，就是平衡美。汉字形体的平衡美也是显而易见的。首先，多数汉字的结构是“平正安稳”（东晋·王羲之《书论》）、“四满方正”（唐·欧阳询《三十六法》）的，[7]这就给汉字的对称平衡创造了条件。如“十、中、丁、小”等字，中间一竖是对称轴，其余部分是左右基本对称的。汉字结体还有“繁则减除，疏当补续”的讲究，也是为了达到汉字的对称平衡美。其次，这种平衡是有变化的动态的平衡，犹如舞蹈动作瞬间的静止，此时身体各部分不是队列动作中“立正”的姿势，而是相互配合呼应的平衡。由相同部件构成的合体字，如“林、竹、竝”等字，相同部件的写法应有所变化，不能一模一样。平行线之间，如“三、豆、圭”等字所具有的平行横画，除了印刷体美术字外，也不能绝对平行。有些字如“烈、熬、照、然”等字底下的四点，不论是隶书还是楷书，总是把它们基本置于同一水平线上，然后加以左右顾盼的变化呼应，从而达到静中有动的平衡。任何最蹩脚的书写者，也不会把这四点写成一模一样（除非是故意开玩笑）。

至于书法在整幅作品即在汉字的组合中追求和创造的动感和静觉美，就不是这里所要说明的范围了。我们所要强调的只是：整体的动感和静觉不能脱离单个汉字形体所能提供的动感和静觉,这也犹如流动畅发的舞蹈是由一个个相对静止的分解动作所组成的一样。

3. 形式美与意境美

书法是造型艺术,当然要讲究形式美。这种形式美与其他造型艺术不同,也是由汉字的特性所造成的。

汉字的形体,就轮廓来看,在甲骨金文小篆阶段,基本以长方为主;在隶书阶段,基本以扁方为主;在楷书阶段,基本以正方为主。楷书是长期以来应用最广的基本字体,所以汉字也被称为"方块字"。我们知道,绘画美术中有三种基本形状:圆形、三角形和四方形。四方形要比三角形和圆形能容纳更多的造型变换。这是汉字形式美的基础所在。[8]

汉字的形式美,关键在于每个汉字的形体都具有一个重心。各种笔画及其构成的部件,围绕重心有机地组合,其分布符合美学中的"黄金分配律"。根据启功先生多年的潜心研究,一般看来写得美的汉字,其重心大抵在中间偏左上的部位,各部分的比例,恰为0.618,正是黄金分配律。

汉字的结体方法多种多样,前人归纳了很多。较著名的有唐代欧阳询《三十六法》(实为托名之作),分为"排叠"、"避就"、"顶戴"、"穿插"等。诸如"排叠"说:"字欲排叠疏密停匀,不可或阔或狭。如'壽、槁、畫'……""避就"说:"避密就疏,避险就易,避远就近,欲其彼此映带得宜。又如'廬'字,上一撇既尖,下一撇不当相同……"这些,实际都是造成汉字书法形式美的方法和规则。

这种形式美，可以达到“删之一分则太短，增之一分则太长”的地步，简直如同人体结构的完美程度。而正是由于汉字的形体具有独立性，形体内部又具有笔画、部件的分解性和组合性，造成了书法美的先决条件。

成功的汉字书法作品，能使欣赏者在领略外在的形式美之外，进而体会作品的整体情调、气氛，体会书写者的思想感情、精神境界。这就是汉字书法所能达到的意境美。这种意境美的创造和欣赏，也同样不能脱离汉字。

汉字具有与客观自然界相通的形象美，已如前述。那么，大自然的景色物象是可以激发或改变人类的思想感情的。《诗经·小雅·采薇》写道：“昔我往矣，杨柳依依”，描述的是充满生机的春天景色，体现着主人公欢快的情绪；“今我来思，雨雪霏霏”，描述的是肃杀的冬天图像，心情自然也凄凉悲哀。这与书法意境美的表现和领略，有着相通之处。

汉字在其发展的历史长河中，产生了诸多的字体（书体）。就其整体的风格，可以表现不同的情调。唐代张怀瓘著有《六体书论》，从宏观上概括了某些书体的美学特点，如小篆“其势飞腾，其形端俨”；八分（即隶书）“点画发动，体骨雄异……贵逸尚奇，探灵索妙”；行书“贵其家承蹑不绝，气候流通”；草书“字势生动，宛若天然”；等等。[9]这对我们领略各种汉字字体书法的意境美是有所启发的。

再者，即便是同一字体的汉字，每个字的笔画结体可以有不同的组合，呈示不同的造型形态，这也能体现出书法的意境美。例如，同样是楷书，而且同样是唐人的楷书，可以领略到欧（阳询）书的谨严、褚（遂良）书的瘦峭、颜（真卿）书的雄健、柳（公权）书的遒劲，等等。

当然，书法的意境美是要就整幅作品来体现和欣赏的。如同样是行书，王羲之《兰亭序》洋溢的是天朗气清、平和自然的美，而颜真卿的《祭侄稿》则令人油然而生抑郁沉痛、奇伟悲壮之感。这就不是单个的汉字所能奏效的，好比乐曲、诗词的意境也不是仅由单个的音符、字词来体现一样。但是，汉字所固有的字体和形体造型的丰富性毕竟是书法意境美的基础所在。

综上所述，汉字书法艺术的审美因素是与汉字的美学特征密切关联的。如果中国的书法脱离了汉字，那就将不成其为书法。现在颇有些搞所谓“现代书法”、类似“前卫派”的人，主张书法脱离汉字，单纯表现线条、墨色浓淡等（甚至加彩色）。这也许不能说不是艺术，然而，绝不能叫作书法艺术。

三

同时，另一方面，汉字却又与以其为载体的书法艺术存在若干矛盾，主要体现为实用功能与艺术表现之间的冲突，使后者对之产生某种程度的“对抗”现象。[10]

这个问题是如何产生的,应该如何客观地认识它?

我们知道,汉字和世界上所有类型的文字一样,都是属于自然语言的符号系统。根据符号学的观点,自然语言的符号具有六大功能,即:1. 情绪或表现功能;2. 促动功能(使受者实现发者的祈使或命令);3. 接触功能(维持发者与受者相互接触);4. 认识或指称功能;5. 元语言功能(选用某种语言符号来描写或分析另一种语言的功能);6. 美学功能(在实质信息之外传达艺术性信息)。[11]

从上述归纳中不难看出:语言符号系统的实用性功能是占绝对主导地位的,美学功能只是符号系统功能中小小的聊备一格的次要方面。作为自然语言书面形式的文字符号,当然也是如此(虽则它容或还有自身的若干特点,不在上述归纳之内)。根据汉字所具有的美学特征,我们可以说汉字的美学功能较之世界上所有其他类型的文字,是大为强化和无与伦比的;但是它毕竟不能无限膨胀,以至于压倒其他各项的实用功能。

具体地说,汉字要表现和传达自然语言信息,就必须具有相对固定和标准的形体,使人人得以认知和辨识,所以汉字的规范化工作十分重要,成为历来政府部门统一政令、协调社会生活的必要步骤乃至国策所在,秦始皇的"书同文",就是一个最明显的例证。

同时,汉字由于数量庞大,形体复杂,为了使用的方便,从其"依类象形"描摹物象的阶段开始,总体说来又具有简化的趋势。

虽然这种简化是有节制的，但它毕竟有助于发挥汉字作为符号系统的实用功能，因此是受到广大群众欢迎的。

然而，这些基于实用的固定、标准、规范、简化等等因素，却与艺术的表现不无冲突之处。众所周知，艺术是情感的表现，追求个性和想象；艺术忌讳的是平庸和死板，因此它与生俱来地具有创新与趋异的倾向。从这一点上说，艺术自然与强作规定的或简单化的倾向格格不入（至于某些艺术门类有其特定的程式或套路，那是另一个问题）。因此，汉字的艺术表现与其实用性功能，势必存在若干冲突，追求新、异的书法艺术表现会对相对固定的汉字形体结构作出一定程度的“反抗”，这是不难想象的。

就目前发现的最早而比较成熟的汉字体系——殷商甲骨文字而言，它绝大多数是占卜文辞，少量属记事或其他方面（如干支历谱刻辞等），其实用性几乎是唯一的。但是，在许多文辞的刻写中，我们时常能发现在同一片的甲骨上，对同一字的形体表现方式不同。例如《甲骨文合集》的第37986片是一片干支刻辞，22个汉字组成60个干支，字数有限且反复出现，但同一字的笔画长短、笔画之间倾斜或相交的角度大多有所不同，如“戊、戌”字中的“戈”，或宽或窄，或短或长；有的则使用异体，如“辛、酉”字，顶部或多一画，或少一画。这些，都体现了刻写者的趋新求异和对固定的汉字形体束缚的“反抗”心理，在抒发一种有意无意的书法审美情感。

后世的书法家在这方面则做得更为自觉，如东晋“书圣”王羲之的《兰亭序》帖，“凡二十八行，三百二十四字，有重者皆构别体。就中‘之’字最多，乃有二十许个，变转悉异，遂无同者。”[12]《兰亭序》被公认为“天下第一行书”，历来人们最为津津乐道的话题之一，就是同一“之”字的二十余种不同的形体表现。传欧阳询的《三十六法》中尚有“增减”一法，干脆提出：“字有难结体者，或因笔画少而增添，……或因笔画多而减省，……但欲体势茂美，不论古字当如何书也。”[13]为了追求书法美的表现，不惜有意增减笔画，甚至“不论古字当如何书”，亦即背离、抛弃历史的规范。这绝对可以认为是书法家不满于汉字形体束缚的“反抗宣言”。当代有些搞书法艺术的人，对汉字简化和规范化工作缺乏足够的认识，对汉字简化字不无微词，自然也不想在自己的作品中加以运用。平心而论，这种心理有其书法美学表现的客观因素，也有历史上长期的书法理论积淀，从某种角度可以予以理解。也正因为如此，江泽民同志提出：“书法是一种艺术创作，写繁体字，还是写简化字，应尊重作者的风格和习惯，可以悉听尊便。”[14]

四

汉字书法艺术表现的创新趋异心理，在历史上造成了许多异体字，扩大了汉字的形体数量，从而增加了使用者认知上的负担，这是不言而喻的。但另一方面，许多新的字体或书写方式也正因此萌芽生发，从而丰富了汉字的整体形态表现，促进了汉字形体的发展和成熟，这样又为汉字新字体的规范打下了扎实的基础。例如作为汉代正体的隶书，源于秦代古隶的变异；而后世使用最为广泛的草书、行书和楷书，则是汉隶基础上的创作，历经长期演变而呈不同的面目。其间不乏美化的追求，也造成了不同程度的简化效果。

如此说来，汉字的美学表现和汉字的规范化之间，既有矛盾冲突的一面，也有互补促进的一面。也就是说，汉字符号系统的实用功能和美学功能是可以兼容的。千百年来，历代众多的书法家在二者的结合方面也进行过不懈的努力，有过许多成功的实践。本文由于篇幅和印制条件所囿，对此未及展开论述。但是，可以劝勉书法家和有志于书法创作者的是，在所有的公共场合展示和使用的汉字，都必须首先考虑其规范性，包括使用国家规定的简化字，也就是做到上引江泽民同志同一指示中开头强调的："要继续贯彻国家现行的语言文字方针政策，汉字简化的方向不能改变。"以此为前提而追求汉字实用功能与美学功能的协调统一，应该是广大的书法艺术工作者与爱好者的努力方向。

附　注

①《书法丛刊》第十一辑引言，文物出版社，1986 年。

② 李泽厚：《美的历程》二之三"线的艺术"，文物出版社，1981 年。

③ 鲁迅：《且介亭杂文·门外文谈》，《鲁迅全集》第六卷，人民文学出版社，1957 年。

④ 蔡邕的这两篇文章，见于［宋］陈思《书苑菁华》一书，有《藏修堂丛

书》等本;亦收于《历代书法论文选》,上海书画出版社,1979 年 10 月。

⑤⑧ 蒋彝:《中国书法》第四章,上海书画出版社,1986 年。

⑥《续书谱》一卷,有《百川学海》、《丛书集成初编》等本,亦收于《历代书法论文选》。

⑦⑨⑬ 以上文章,均见于《历代书法论文选》。

⑩ 参见龚鹏程:《文化符号学》第一卷第三章,台湾学生书局,1992 年。

⑪ 参见(德)霍伦斯坦(Holenstein' E):《雅克布森的现象学结构主义》;亦见李幼蒸:《理论符号学导论》第三编之(一),中国社会科学出版社,1993 年。

⑫[唐]何延之:《兰亭记》,载[唐]张彦远:《书法要录》卷三,人民美术出版社,1986 年。

⑭ 1992 年 12 月 14 日对语言文字工作的指示,见《光明日报》,1992 年 12 月 21 日。

[原载《中国书法》,1997 年第 6 期]

汉字改革要顺应使用需求

近来,关于汉字繁简优劣比较及其进退废复问题的讨论与争议,形成了一个社会热点。确实,这是个很重要的话题,也是个说不尽的话题,因为可以从各个角度切入,展开讨论。每个认识并使用汉字的人,都有权利发表意见。只是一篇文章不可能谈得足够全面、深入,所以本文也只能简单谈几点想法:

一 汉字简化,势所必行

20世纪50年代的汉字简化,是有其深刻的社会背景的。众所周知,19世纪中叶的鸦片战争以来,许多爱国志士(其中不乏学界翘楚)将中国的积贫积弱归咎于汉字,认为汉字的难认难写导致了国民素质的低下和国家实力的劣势,所以必须废除汉字,或者起码进行大力度的改革。今天看来,这种思潮不无偏颇之处,因为汉字不能承受国力强弱之重;但是其动机可谓天人共鉴,是不能、也不必加以苛责的。

这种思潮盛行,影响及于政府,朝野形成共识,于是有了1935

年8月的国民政府教育部第11400号令："我国文字，向苦繁难。……字体改简，于文化前途，实大有裨益。……全国教育既须从速普及，则采用简体字，以谋普及之促进，实属刻不容缓。"并且随之公布简体字324个，只是没有实际施行而已。新中国成立后，在这方面继续前进并获得成功，可以说是势所必然、顺理成章的事。

50年代确实还提出过汉语文字拼音化的问题（这个问题另有专门介绍和评述的必要），但是当时实际确定的文字改革的任务和举措是科学稳妥的，即"简化汉字、推广普通话、制订和推行汉语拼音方案"（见于1958年1月10日周恩来总理在政协全国委员会上所做的报告——《当前文字改革的任务》）。那种认为汉字简化等于文字拼音化或是拼音化前奏的看法，是不符合客观事实的。

二　顺应规律，群众接受

汉字历来重大的改革和规范，一般都是政府行为，这是班班可考的历史事实。但是还需要着重指出一点，那就是改革和规范只有顺应了汉字的发展规律，顺应了广大群众对于文字使用的愿望与需求，才能真正有效而得到通行。

现在我们提及秦始皇，都会以他的"书同文"作为一项丰功伟绩。今天看来，秦始皇废除"六国古文"的举措是成功的，但是用小篆统一天下文字的实际效果却值得怀疑。当时民间已经出现并相当广泛地使用一种新兴的字体——秦隶，这种字体由于解散了匀称圆转的线条，运用可拆分的笔画，书写更为便捷，因而大受欢迎。根据现今的出土材料，诸如湖北睡虎地秦简、湖南里耶秦简等等，分别书写于秦统一中国的前后时期，但是字体都不是小篆，而是早期的隶书即秦隶。真正使用小篆的场合，只是度量衡、兵符等器具上的铭文和某些大型碑刻如《泰山刻石》、《会稽刻石》等。这说明当时的社会大众对于政府推行的小篆字体是不大使用的。隶书是在民间产生的，过去认为程邈是隶书之祖，“损益大小篆方圆之笔法，成隶书三千字；始皇善之，用为御史，以其书便于官狱隶人佐书，故曰隶书。”（唐·张怀瓘《书断》）说隶书为程邈个人创制，有违历史事实；他充其量是对民间流传的隶书加以整理、规范而已。而秦始皇肯定了这种书写便捷的民间字体，则体现了他的魄力与卓识。

再有一个例子是唐代武则天造字。武则天登基当上皇帝之后，为了强化她的权威，在已有的字形之外，又特地造了 17 个字，即：照、臣、君、月、年、日、星、载、圣、人、初、授、证、天、地、正、国。这些字的形体都很繁冗怪异，如“照”作“曌”，会“日月当空”之意；“臣”作“一”下“忠”，寓意臣子应当忠诚于她一人。她虽然以皇帝之尊命令造字，但是这些字的形体只是增加了社会交际中无谓的负担，所以在武则天去世后，这些字并没有在社会上流通和大众中使用。

可以设想，如果简化字得不到人民群众的认可和欢迎，仅仅靠政府的一纸法令就能顺利推行吗？1977 年发布的“第二次汉字简化方案（草案）”（俗称“二简”），也是政府行为，但由于多少有些匆忙从事，缺乏足够的群众基础，效果欠佳，因而很快就被宣告废止了。

50 年代推出的“第一批简化汉字”即后来整理为《简化字总表》中的简化字，正是由于符合汉字形体及其发展规律，遵行“约定俗成”的原则，群众基础好，所以通行至今，成为当代汉字实用的规范的形体系统的主流。

三　如何认识简化字的利弊得失

文字是用来记录语言的。判断一种文字系统的优劣，应当看它对于所记录的语言的适应程度。简化字可以说主要是配合现代汉语白话文的文字符号系统（当然，繁体字也能很好地记录现代汉语白话文）。事实证明，简化字在这方面是称职的，它的优点是主要的，半个世纪以来简化字对于国家和民族的功绩是巨大的。

当然，也不能说简化字没有缺点。须知任何文字系统都不可能完美无缺，传统汉字包括繁体字在内，都不是无可非议的。

今天看来，简化字的问题，有的是制订方案时由于指导思想的不够周密完善而固有的，有的则是由于社会和文化的发展后来产生的。例如:当时只是主要考虑大众学习现代汉语白话文的需要,而较少顾及出版与阅读古代汉语文言文的需要;当时只是基于纸质文本识读与书写的需要,而未能顾及电子计算机大规模普及、人机界面频繁交际的需要;等等。

但是我们应该采取实事求是的态度,不要过分夸大简化字存在的问题。简化字的一些问题并非一定令人束手无策,例如使用简化字印行古籍或文言文文本,一般情况下是可行的,那种认为"简化字割裂中华传统文化"的论调是错误的。这方面有时产生不必要的歧义,完全不妨有所变通(如《简化字总表》就有"余—馀"在表达"~年无多"一句时分别使用的说明);又如"简繁一对多"的问题,也大可通过研制足够识别水准的电脑软件加以分化解决。

四　珍爱汉字,识繁用简

汉字是中华文化的重要载体,本身也是一种底蕴深厚的文化。汉字书法更是举世无双的独特艺术。作为炎黄子孙的我们,对于汉字的感情是难以尽言的。无论汉字历史上曾经拥有过的哪一种形体系统,都是祖先遗留的宝贵财富。甲骨文、金文、战国文字、隶书、草书、行书、楷书,都是传统汉字,我们都应该好生研究(当然不可能所有人都去研究)。我们现今使用的字体,主要是楷书(包括其变体——"宋体字"和"仿宋体")。其实,现代楷书的常用字(3500个左右)只有不到三分之一被简化了,其余三分之二以上是未曾简化的。与被简化的形体群相对的传统形体则被称为“繁体字”(有人对这个名称不是很认可,也可以讨论)。我们应该认为繁体、简体是同一个汉字躯干下的两条腿,而不是变成两个人。质言之,汉字的简体、繁体,虽有系统性差别,但并非完全对立的两种形体系统。或者还可以运用一个比喻:汉字的简繁犹如大米煮得或稀或干,其原料则同为大米,其滋养人体的效能无异。简体繁体,同样值得珍爱。

不论简体字,还是繁体字,都可以很好地记录汉语,这正是汉字旺盛生命力的表现。一个客观的事实是,历代保留下来的古籍文献,主要是使用未经简化的传统汉字。为了认识和传承古代文化遗产,作为现代高素质的国民,不能对未经简化的传统汉字缺乏感知,所以我们提议“识繁用简”。基于目前的社会语文生活状况和大多数人的心态,这不失为一种比较稳妥可行的选择。至于如何施行“识繁用简”,那是需要另外专门进行探讨的一个问题了。

[原载《光明日报》,2009年5月27日,第11版,内容有删节]

汉字简化及未来发展

一　几个需要说明和寻求共识的前提

汉字的简化,有广义和狭义的两种含义。广义者,包括字数的减少和结构的精简;狭义者,则大抵只指后者,即形体结构的简约便易。这又有两种含义:一是字体演变导致的形体结构整体形态的迁移。宏观地说,从殷商甲骨文到西周金文,从金文到小篆,从小篆到隶书,复从隶书到楷书、行书、草书,汉字整体形态呈现由繁趋简的变易,这种论断应该是诸多文字学者都不难加以认同的。二是针对同一种字体所进行的结构笔画的减省,例如在甲骨文从一期到五期的演化中,不少字的部件被减省了(如"车"、"马")。当然似乎也有相反的情况:有的字到后世增加了部件笔画,例如"云—雲"、"然—燃"、"辟—闢、僻、譬、避",形成古今字,可以称为"繁化"。然而古今字在记录汉语词的功能方面是不无区别的;严格地说,已经不是同一个字了。

限于时间与篇幅,本文所指的简化,乃是记录现代汉语的楷书(含宋体字)体系中汉字结构笔画的简约和减省。

汉字的简化,是一个多少带有敏感性的问题,因为它与政治有关。许慎在《说文叙》中说:“文字者,经艺之本,王政之始。”历朝历代的汉字整理与改革,一般都是政府行为。现代意义上的汉字改革(包括汉字简化),肇始于19世纪的鸦片战争之后,是与广大爱国志士强民救国的政治诉求紧密联系的,而且在政府层面也有所体现。只是在20世纪50年代之后,大陆正式推行简化字而台湾未曾正式推行而已。

但是我们希望今天作为学者来探讨汉字简化及未来发展的问题,能够弱化政治因素的关涉与考量,而尽量能从学术层面进行研讨。

现在言及大陆的汉字改革,许多人难免要提到毛泽东的一段话,即“文字必须改革,要走世界文字共同的拼音方向”。[1]认为反映了一种文化激进主义。然而,从20世纪50年代的历史来看,起码在文字处理的技术方面,汉字是举步维艰且客观上面临被废黜的危机的。因为当时在西方已经出现了“二进制”并且使用纸带或卡片的机械打孔式输入及铅字式整字击打印字输出的电子计算机,而汉字对于这种设备,无论是输入或是输出,都是无能为力的。这就是说,汉字将因此无法进入文字处理的自动化时代,中国也可能将因此而游离于世界大家庭。在这种背景之下,对汉字的前景无论产生何种悲观的看法,都是可以理解的,而且恐怕不必视为任何个人的意见。只是到了70年代以后,计算机的技术领域产生巨大进步和变革,大规模和超大规模的集成电路逐步代替了电子管和半导体,显示屏和键盘代替了卡片纸带的打孔机械，硬设备的彻底更新，才使汉字运用点阵技术输入输出计算机成为可能。经过诸多专家和技术人员的艰苦努力，可能变成了现实。山穷水尽的汉字终于柳暗花明，迎来它的又一村。[2]所以可以说“科学拯救了汉字，汉字应该拜科学之赐。”考察人类科学技术史的这段历程，我们也不宜对前辈有太多的苛评了。

但是，即使汉字面临严峻的局势，却并没有遽然予以废除，实际采取的是改革的方针，应该说还是比较慎重的。只是在这种背景之下，可能有“权宜之计”的估量和运作，因而在汉字改革的主要内容如异体字整理、简化字的具体设计和处理方面，考虑欠周的情况恐怕是在所难免的，也是无可讳言的。

衡量世间诸多事物，难以求全责备。凡有社会举措，大抵利弊兼生，可行者无非“两利相权取其大，两弊相权取其小”而已。20 世纪 50 年代大陆的汉字简化是一种源于人民大众而又属于政府行为的文化变革，亦当作如是观。

二　简化字和常用字

大陆汉字简化的成果，大致集中于 1964 年 5 月由中国文字改革委员会编印的《简化字总表》。该表共收入 2236 个简化字，其总笔画数为 23050 画，平均每字 10.3 画；有 2264 个繁体字被简化，其总笔画数为 36291 画，平均每字 15.6 画。[3]

这些简化字在常用字中的分布情况如何？我们认为这是一个值得注意的角度。以国家语言文字工作委员会、国家教育委员会 1988 年 1 月发布的《现代汉语常用字表》3500 字（内分常用字 2500 字，次常用字 1000 字）为依据，统计 2500 个常用字笔画数下的简化字分别为：

笔画数	字数	简化字数	所占比例（%）
1	2	0	0
2	17	2	11.8
3	50	17	34.0
4	105	36	34.3
5	137	50	36.5
6	216	101	46.8
7	264	117	44.3
8	310	128	41.3
9	316	119	37.7
10	284	91	32.0
11	209	90	43.1
12	214	55	25.7
13	143	41	28.7
14	88	15	17.0
15	64	8	12.5
16	36	7	19.4
17	19	2	10.5

续表

笔画数	字数	简化字数	所占比例(%)
18	6	2	33.3
19	7	1	14.3
20	8	0	0
21	3	0	0
22	1	0	0
23	1	0	0
合计	2500	880	35.2

由上表可以看出:

其一,常用字中,3画~13画的字数最为集中,达到2248个,比例为89.92%;其中的简化字也最多,一般占到30%~40%左右。

其二,上述《常用字表》的"说明"中指出:"我们委托山西大学计算机科学系利用计算机抽样统计200万字的语料,检测选收的常用字的使用频率。……检测结果是:2500常用字覆盖率达97.97%,1000次常用字覆盖率达1.51%,合计(3500字)覆盖率达99.48%,说明《现代汉语常用字表》是符合实际的。"我们从上表中得知其中2500常用字中简化字的数量为880个,同时我们在1000个次常用字中统计出245个简化字,二者相加为1125个,占全部3500常用字的32.1%,可以认为在全部现代汉语语料中的覆盖率为31.93%。也就是说,在现代汉语的语料中,有接近三分之一的部分使用了汉字简化字。

所以，虽然简化字的绝对数量不是特别大，但是由于在常用字中占的比例比较高，因而导致使用简化字的汉语语料，显现出与使用传统汉字包括繁体字的语料有比较大的面目差异。其实，只要认识一千来个简化字（其中还有许多属于类推简化，认识更易），就可以大致阅读简化字语料而无“译码”之虞了。

三　简化字的来源

我们可以把大陆现行简化字大致分为两类：

一为传承简化字，即是1949年以前产生，见于历代字书、刊刻文本、书法作品中的“俗字”和“手头字”。我们知道，在上述《简化字总表》中，第一表“不作简化偏旁用的简化字”有350个、第二表“可作简化偏旁用的简化字”有132个，表后“附录”的“习惯被看作简化字”的异体字中确定的规范字有39个，拢共512个。据统计，其中80%是这一类“古已有之”的传承简化字。其中源自先秦、两汉的竟占有30%！[④]

二为新造简化字，顾名思义，即是现代所造的新简化字。其中又可小别为三类：1. 1949年以前在解放区通行的所谓“解放字”；2. 1949年～1956年民间创造而为专家认可的简化字；以上两项共101个。3. 类推简化字，即见于《简化字总表》第三表“应用第二表所列简化字和简化偏旁得出来的简化字”，共1753个。

四　简化字的成效

推行、使用简化字，应该说取得了积极的效果。汉字简化降低了汉字的繁难程度，有助于当时文盲众多的工农大众和广大学龄儿童学习汉字，提高文化水平，从而促进国家的经济建设和全民教育水准的提升；同时，有助于普及日新月异的科学技术和源远流长的中华文化。简化字自1956年公布，在大陆已然正式推行半个世纪，并且泽及若干周边国家如马来西亚、新加坡，使用者无虑十数亿众，出版物亦须以亿兆计算。其无量功德，是可以不吝讴歌的。就学术角度而言，简化方案体现的原则和方法，从总体上说还是比较科学的。因此，成绩是主要的；改革是成功的。当然，对其考虑欠周和处理欠妥之处，予以反省、研讨和适度的调整，今天看来也是必要的。

有人认为大陆简化字的推行，隔断了中华文化的命脉。这是一种误解。大陆广大的知识分子，一直以来都是繁简汉字并识并用的。年过五旬以上的不必说，五十岁以下的，只要接触过古代汉语或者喜欢欣赏古代书法作品，一般也都能识读繁体字。大陆学者在中华传统文化各个领域包括文、史、哲、政、经等方面的研究水平之高，应该说是整个国际汉学界所共认的。诚然，大陆学术水准也有衰落不振的时候，但此并非简化字之过，而是政治上的极“左”思潮泛滥、学术环境上的压抑所导致的。如今改革开放,政策开明宽松,学术、文化的发展就今非昔比了。

五 简化字存在的主要问题及分析

简化字存在的问题,有些是制订简化字方案时由于指导思想不够周密完善而固有的,有些则是由于社会和文化的发展而产生的。例如当初只是基于大众学习现代汉语白话文的需要,而未曾顾及出版与阅读古代汉语文言文的需要;只是基于纸质文本识读与书写的需要,而未曾顾及电子计算机大规模普及、人机界面频繁交际的需要;只是基于大陆内地群众的使用,而未曾顾及整个汉字文化圈尤其是海峡两岸四地开放交流的需要。

从现今的观点和角度来看,简化字存在的问题和缺陷主要有:

(一)加剧了汉字内部系统性的破坏

这有两层含义:

第一是就整个汉字体系来说。众所周知,相对于世界上任何一种文字,汉字是最有构形理据性的文字系统。“六书”即是中国先民两千年前就已经归纳出来的汉字构形造字的基本原则,也是这种系统性的最高体现。但是在汉字长期演变的过程中,尤其是经历了“隶变”之后,汉字构形的记号性、符号性逐渐增强,而象形性、理据性则逐渐减弱。随着汉语语音的变迁,作为汉字主体的形声字的表音准确度也逐渐衰减。这应该也是多数文字学家都能普遍接受的事实。简化字则在一定程度上加剧了汉字内部形音义关系系统性的裂变,因为从汉字简化的一些主要方法诸如截取部分、使用轮廓、记号取代部件等等来看,基本上都是不考虑形音义联系的因素的。当然也有相反的情况,如裘锡圭先生指出:"有很多简体显然优于繁体。例如繁体'衆'早已成为字形讲不出道理的记号字,简体'众'则是很好理解的会意字。"[5]但是总体而言,说简化字加剧了汉字内部系统性的破坏,大概是不过分的。

第二是就简化字内部来说,其构形系统性也没有得到足够的重视。这起码可以指出以下三点:首先,50 年代确定简化字很重要的一条原则是"约定俗成",而约定俗成基本上是没有规律可言的,这就无法顾及形体的系统性,因此造成诸如带相同部件"昜"的"陽、楊、傷",分别简化为"阳、杨、伤"和相同部件"頁"的"領、頭、類、嶺、願、顯、噸"分别简化为"领、头、类、岭、愿、显、吨"这样差异较大的字形了。其次,同一符号或记号代替诸多偏旁部件。最突出的是"又",参与构成简化字如"欢、汉、仪、鸡、戏、邓、对、双、树、聂、轰、圣、凤、泽"等等,而所代替的偏旁部件是各不相同的,同样也谈不上具有何种规律。再次,同一种偏旁部件构成的繁体字,有的简化,有的则否。如"脑、恼"简化,而"瑙"字未简化;"牀、將、裝、壯、狀"中的"爿"简化,而"寤、寐"中则不然。

(二)繁简不能一一对应

繁简的对应转换应该说并不是推行简化字时需要考量的因素,而且在 80 年代以前也未曾成为问题。主要是 80 年代以来,大陆社会改革开放，海峡两岸四地来往交流，使用汉字字库的电子计算机日益普及，导致繁简字的转换成为一种常事，由此凸显了繁简不能一一对应的问题。使用繁体字的招牌中常见“美容美發”，名片上印有“北京市海澱区”，电视字幕打出“皇太後”，人名出现“範仲淹”、“武鬆”之类的字样。一种很受欢迎的“××拼音输入法”，可以分别进行繁简字的输入，但是它的繁体字词库里，存在着诸如“髮展”、“齣现”、“日程錶”一类的令人啼笑皆非的词。这些现象，都是繁简非单一对应字造成的。

繁简非单一对应字的产生，主要源于“同音代替”。这又分有几种情况：

第一种来自“通假”。古人存在一种以简代繁的同音字书写倾向。如“谷—穀”，《尔雅·释天》：“东风谓之谷风。”邢昺疏引孙炎曰：“谷之言穀。穀，生也；谷风者，生长之风也。”又如“榦—干”，最通用的例子是“天榦”一般写成“天干”。[6]

有些音同音近的简笔字，因而就被“久借不归”或者说是取代了笔画多的另一个字，如《说文·人部》：“价，善也。从人，介声。”此义较为僻用，因为字音与“價”接近，所以后来即被借用为“價”的简化字。类似的情况还有如“臘—腊”、“靈—灵”、“塗—涂”、“證—证”等。

第二种源自本字与后起分化字的关系。这方面最为人熟知的例子，就是“云—雲”了：“云”是“云彩”的本字（甲骨文中象云彩形），后来被假借表示“云谓”义，于是在“云”上加“雨”表示“云彩”义,这新造的“雲”字就是“云”的后起分化字。现在则用“云”作为“雲”的简化字。其他如“胡—鬍”、“表—錶”也都是这种情况。

第三种则来自“同源字”,即一组在读音和意义方面彼此有联系的字。如古明母(m)的“朦、濛、矇、蒙”,都有“昏暗、遮蔽”义,于是用“蒙”代替该组中的其他字。这种情况较少一些,因为严格意义上的“同源字”是不容易判定的。

第四种为合并简化字,如“钟”同时是“鍾”、“鐘”的简化字,“团”是“團”、“糰”的简化字。这种方式在现行简化字中使用得比较多,也是造成非单一对应字的主要原因之一。

如果换一个角度而比较简捷地说,则非单一对应字的成因,一是繁简两体分别为记录两个词的字(不是异体字),即简体字非专为繁体字而造,如此则在记录词的义项方面不能等值,如“后”现在可记录“皇后”和“前后”,但其繁体“後”只能记录“前後”;二是一个简体字对应两个或两个以上的繁体字,即上述的“合并简体字”。

所以要解决非单一对应字的问题,应该分别考虑上述这两种情况。

据统计,在现行汉字的大家庭中,繁简字不能一一对应的简体字数共为68个,相应的繁体字则为94个,充其量不足一百。而在上述3500字的《现代汉语常用字表》中,这个数字便降为简体字42个,即:“几、干、么、云、历、仆、斗、丑、术、叶、只、汇、发、台、朴、当、曲、团、后、冲、纤、坛、折、克、苏、里、别、余、谷、系、制、征、舍、卷、胡、面、钟、种、须、涂、御、辟”，相应的繁体字则为 57 个（略），涉及的数量就更有限了。只要下决心想办法，分清轻重缓急，这个问题并非完全不能解决的。

相对可行的做法恐怕是：

第一，恢复若干已被废弃的繁体字或异体字，承认其规范字的资格。如出错率较高的“雲、後、裏、澱”等。

第二，将两（或三）对一的繁体字分别简化，庶几达到一一对应。如“发”只作“發”的简体字，而将“髮”恢复使用；“团”只作为“團”的简体字，而将“糰”类推简化为“粈”之类。⑦

繁简转换目前是海峡两岸四地乃至整个汉字文化圈的社会文化交流、中文信息处理中的常事。一般说来，繁转简问题不大，而简转繁则易于产生差错，用计算机显示时需加人工干预，认真校对。原本一瞬之功，却可能须加费旬日之劳，这对于中文信息处理的自动化显然是一个极大的障碍。

（三）类推简化缺乏章法

类推简化可以说是大陆汉字简化的一个重要举措。在《简化字总表》的第二表收可作简化偏旁用的简化字 132 个，简化偏旁 14 个。由此产生第三表，即“应用第二表所列简化字和简化偏旁得出来的简化字”1753 个。在该表的“说明”中指出：“第三表所列的简化字的范围，基本上以《新华字典》（1962 年第三版，只收汉字八千个左右）为标准。未收入第三表的字，凡用第二表的简化字或简化偏旁作为偏旁的，一般应该同样简化。”这就是说，类推简化是不受限制的。时下大陆中型以上的字典辞书，收字一般都超过八千，然而是否全部类推简化，则做法不甚统一。像《现代汉语词典》单字头超过一万，是全部类推简化的；《汉语大字典》收字五万四千多，只是封闭式地收录了《简化字总表》中的简化字，其余未予类推。而号称“当今世界上收汉字最多的字典”《中华字海》，收字八万五千多，则是采取《总表》确定的原则，进行了无限类推简化，所以收字如此之多，在存在许多罕用、无用形体的汉字字库中，又增添了许多怪字。因此这种无限类推的简化做法，受到许多学者的质疑。

（四）影响了汉字书法艺术

汉字所具有的美学功能和审美特征，在古往今来的世界诸多文字中当属翘楚，因此产生出特有的汉字书法艺术，足以作为中华文化的重要特征。这是许多珍爱汉字的人们的感情所系。汉字形体简化，部件、笔画变得简单，书写上难免配合单调，减少腾挪变化的可能性，所以被认为不好看、不美观。实事求是地说，这种批评也具有一定的道理。不过对此我们的看法是：首先，文字作为书面语言符号系统，其表达、理解和交流思想信息的功能是首要的；美学功能毕竟只是次要的、附带的。其次，汉字一直含有不少笔画简单的形体，简化不过对此有所增加而已，不至于从根本上改变汉字的美学功能和审美特征。像某些常被诟病为不好看典型的简化字，如“厂”字，其实还是“古有其形”；与之字形类似的“尸”、“户”等，作为传统字，也未见有人对其美观性提出批评。再者，大陆的汉字使用，在不少特定场合如古籍整理、古汉语教学、书法创作等等，都是允许采用繁体字的。不少优秀的书法家对于繁简字体的书写，可谓左右逢源，启功先生就是杰出的一位。因此，这也不是影响书法水平的主要因素。大陆现在已经持续多年“书法热”，从小学到大学，纷纷设立书法课程，一些高等院校甚至设立书法专业的博士学位点；社会上的各种书法赛事纷繁，令人目不暇接。绝大多数的书法作品，都是使用传统汉字包括繁体字。可见广大民众对于中华文化并未疏离、迷失，而是发扬光大。当然也有些缺乏足够文化修养的人，书写时繁简夹杂，即字与字之间或简或繁，甚而一个字的部件之间或简或繁（所谓“阴阳字”）。这种拙劣的书写，是会贻笑大方的。

六 简化汉字的未来

（一）复繁与进一步简化

目前在大陆学术界，对于简化汉字的未来发展，可以说存在两种思潮：复繁与进一步简化。

简化字既然存在如上所述的某些缺陷与不足，于是有些人难免发出“复繁”的论调。他们的理由尚有：如今人民群众的文化水平已然提高，计算机的文字处理已然普及，汉字笔画的多少已非重要因素。我们认为复繁是没有必要的。这可以从符号体系的衡量标准的角度进行考察。众所周知,便易度与区别度是判断任何符号系统优劣的两种最主要的因素,它们是既矛盾又统一的两个方面,也是难以完全照顾和协调的两个方面。简化字作为一个识读与书写的符号体系,虽然存在某些不足,但就总体而言,其便易度与区别度可以说都是优于以往任何一种汉字形体系统的。传统汉字的区别度可能高一些(但也有诸如“己—已—巳”、“戊—戌—戍”这样的易于彼此混淆的形体),而简化字对此的削弱是相当有限的。表现在阅读上,二者的速度与准确度是并无二致的。但在便易度(主要指书写的速度)方面,应该说快慢轩轾立判。这是无需证明的。

复繁也是难以实行的,其重要因素是面对简化字推行五十年的现实:三四代人的使用,数以万亿的出版物,如果一旦改弦更张,所造成的文化交流上的不便乃至阻遏隔断的后果都是不难想象的,且不说物质与金钱方面的巨大浪费了。

同时,也存在另外一种看法,即汉字需要进一步简化。早先有些人坚持“汉字必须走拼音文字化道路”的观点,因此希望汉字不断简化。现在持这种观点的人已经不多了。但是有人从另一个角度提出这个问题,却是值得重视的。这就是目前汉字在电子计算机上输入输出时的显示,都是运用点阵技术,即利用栅格的“点”,聚点成线。其清晰度与笔画多少成反比,笔画如果太多,就会无法全部显现。这是因为栅格的数量是有限的,只是 15×16 等于 240 个,其最大限度只能容纳横画不超过 8、竖画不超过 7 的字。而现今通用的汉字，尚有若干的形体笔画是超过点阵要求的，如“量”、“鼻”、“膏”、“豪”等等。计算机显示时，只好去除某些笔画，成为“形似”的“计算机字”。据统计，国家标准(GB2312—80)《信息交换用汉字编码字符集·基本集》的6763个汉字中就有138个横画超过8、竖画超过7的字。[8]从提高中文信息处理的质量而言，如果对这些字适当简化，应该是不无裨益的。事实上有些计算机字已然突破了《简化字总表》的范围。例如《总表》有三个简化字“随”、“椭”、“堕”，但其部件“隋”字本身却不简化，更不能类推，不过目前所见大陆的计算机汉字显示，带此部件的诸如“膸”字却似乎无例外地简化了。

(二) 汉字需要进一步优化

王宁先生认为：判断一种文字系统的优劣，不能简单地以个别因素如是否简化作为标准。她提出“优化”的理念，认为汉字优化的标准应当概括为以下五点：1. 有利于形成和保持严密的文字系统；2. 尽量保持和维护汉字的表意示源功能；3. 最大限度地减少笔画；4. 字符之间有足够的区别度；5. 尽可能顾及字符的社会流通程度。[9]这是实事求是的精辟之论。根据这些标准来衡量，并且参照本文上面的若干分析，简化字可以说符合汉字优化的大方向，同时也存在若干不尽如人意之处。所以，汉字必须进一步加以优化。

(三) 关于“规范汉字表”

鉴于大陆目前的一些关于汉字使用的规范标准文件如《第一

批异体字整理表》(1955 年发布)、《简化字总表》(1964 年发布,1986 年重新发表)、《印刷通用汉字字形表》(1965 年发布,1988 年更名为《现代汉语通用字表》重新发表)、《普通话异读词三次审音总表初稿》(1963 年发布,1985 年修订为《普通话异读词审音表》重新发表)、《信息交换用汉字编码字符集 · 基本集》(GB2312—80,1981 年)等,所经年头既长,中间重新发表时虽然不无少量调整,究竟未能解决使用中遇到的种种问题,需要通盘考虑,全面修订。随着 2001 年《中华人民共和国国家通用语言文字法》的颁布和施行,为了促进国家通用语言文字的规范化、标准化,加速国家的信息化和现代化进程,满足社会交际、教学、新闻出版、中文信息处理和网络发展等的需求,教育部于 2001 年启动了《规范汉字表》研制项目,在部属的语言文字应用研究所设立有关课题组,并于 2003 年成立了《规范汉字表》研制领导小组,由十多个部委级单位联合组成。2004 年又成立有关此项课题的专家工作小组。最终所得成果,将由国务院审批发布。可见这是有关汉字改革和规范包括简化字使用的一件大事。据 2003 年 6 月由《规范汉字表》课题组编印的《研制演示文稿》第二期披露,《规范汉字表》课题组研制的草表将字表分为两大部分:第一部分是《规范汉字表》,规范对象是现代汉语用字,拟分三级:一级字在 3800 字上下(相当于常用字),二级字在 4200 字上下(相当于常用字以外的通用字),三级字在 4000 字上下(含通用的专业用字、人名地名用字等);第二部分是《汉字整理表》,用力点在整理,可跟即将启动的《中华大字符集》相衔接。可见这一字表将充分考虑并满足社会各个行业和层面对于汉字使用的不同需求，并且科学整合上述有关汉字使用的各种规范标准。列入表中的有关汉字简体繁体、正体异体字形的确定，多音多义字的字义字音的厘清，均属“题中应有之义”，是参与这一工作的众多专家学者们所着重致力的重要方面。

（四）解决汉字的科学性与稳定性的矛盾

已故的大陆前辈政要胡乔木先生是汉字改革的热心参与者，也是实际的领导者。他在晚年曾对50年代的汉字改革有所反思，在充分肯定成绩的同时，也直言不讳地指出：“《第一批异体字整理表》认真研究和讨论不够，做得比较潦草；《简化字总表》是经过研究和讨论的，但准备不够充分，多少有些早产。”[10]“客观地说，过了十多年后，由于汉字信息化要求超高速准确识别，现在简化字以致繁体字中某些过于近似难以分辨的字仍然是必须改变的；有些很不合理的简化字如不改变亦很难希望港台同胞和海外侨胞接受。”[11]这些很有分量的意见，是不应该置若罔闻的。

不过，也有不少学者十分强调汉字的稳定，甚而有“将错就错”之说，如朱德熙先生认为：“有的同志说，有的简化字不合理，能不能再改一改。我想汉字里不合理的东西多得很，挑了这个还有那个，永远改不完。我主张将错就错。现在已经够乱了，千万不要再随便改动了。”[12]这就体现了汉字的科学性与稳定性的矛盾。

解决这个矛盾,需要掌握一个合适的度。近期有望解决的问题,应该并且可以由《规范汉字表》加以体现。我们有理由相信,《规范汉字表》在慎重研制并经严格法律程序出台之后,包括现行简化字使用中存在的一些问题将会获得差强人意的解决。

(五)简化汉字的未来展望

为了继续加强海峡两岸社会、经贸、文化等方面的交流,我们认为应该缩小、而不是扩大两岸汉字使用状况的差距。这就需要适当解决大陆简化字中科学性不够的一些问题,例如上面提到的"简繁一对多"之类。

1992年,当时的国家主席江泽民对语言文字工作发表了三条意见:1. 继续贯彻执行国家现行的语言文字工作方针政策,汉字简化的方向不能改变。各种印刷品、宣传品尤应坚持使用简化字。2. 海峡两岸使用的汉字,当前可各自维持现状,一些不同的看法,可以留待将来去讨论。3. 书法是一种艺术创作,写繁体字,还是写简化字,应尊重作者的风格和习惯,可以悉听尊便。[13]这应该视为大陆官方的主流意见,因此是十分重要的。三条意见的内容,体现出既坚持原有方针、又十分明智务实的精神;因此,在可见的时期之内,昭示了大陆简化汉字的未来。

附　注

① 1955年10月15日,中国科学院院长郭沫若在全国文字改革会议开幕式的致辞中说:"毛泽东主席在1951年年底曾经给予我们一个明确的

指示：……”似可视为这段话的出处。

② 参见许寿椿：《文字信息处理技术的三个历史时代和汉、英文字的比较》，载《文字比较研究散论》，中央民族学院出版社，1993 年 5 月。

③ 参见傅永和：《汉字的整理和简化》，载《新时期的语言文字工作》，92 页，语文出版社，1987 年。

④ 参见李乐毅：《简化字源》，华语教学出版社，1996 年 1 月。

⑤ 裘锡圭：《从纯文字学角度看简化字》，《语文建设》，1991 年第 2 期。

⑥ 参见张书岩等：《简化字溯源》，语文出版社，1997 年 11 月。

⑦ 参见拙文：《关于繁简非单一对应问题》，载《第六届国际汉字学术研讨会论文集》，韩国汉城，2001 年 5 月。

⑧ 参见陈永舜：《信息化需要再简化一些汉字》，载史定国主编：《简化字研究》，商务印书馆，2004 年 9 月。

⑨ 参见王宁：《汉字的优化与繁简字》，同上。

⑩ 胡乔木：《对重新发表〈简化字总表〉的意见》（1986 年 8 月 3 日），载《胡乔木谈语言文字》，人民出版社，1999 年 9 月。

⑪ 胡乔木：《建议对〈简化字总表〉的个别字作调整》（1986 年 9 月 15 日），同上。

⑫ 朱德熙：《在“汉字问题学术讨论会”开幕式上的发言》，载中国社会科学院语言文字应用研究所编：《汉字问题学术讨论会论文集》，语文出版社，1988 年 10 月。

⑬ 引自全国人大教科文卫委员会教育室、教育部语言文字应用管理司编写：《中华人民共和国国家通用语言文字法学习读本·资料选编·语言文字工作的方针、政策和任务》，语文出版社，2001 年 1 月。

［本文为台湾“汉字文化节”举办的“汉字与全球化国家学术研讨会”参会论文，2004 年 1 月，中国台北；题目系会议主办者指定］

汉字形体统一问题之管见

一　汉字形体统一问题本身的复杂性

从世界范围内的整个汉字文化圈使用汉字的现状来看，汉字形体的纷纭不统一，至少表现在以下三个方面：

1. 存在繁简两大系统系统性差异

繁体字主要指的是历史上传承下来的正体字。简体字原来主要指民间所创造的俗体或别体字，多只在手头或非正式场合使用。但自20世纪中叶以来，简体字在汉字文化圈的多数国家和地区如中国大陆、日本、新加坡等处，成为政府所提倡乃至规定使用的正体字，地位大为提高，但是还不能完全取代繁体字。因为有的地区如中国台湾仍以繁体字作为正体，同时即如中国大陆这样以简体字为正体的地方，也并不禁止繁体字在古籍整理刊行、书法艺术创作等方面的使用，香港、澳门则是“繁简由之”，所以就汉字使用的整体现状来说可谓“繁简并存”。

2. 同一系列中的形体不统一

为了减少汉字在常用字范围内的数量，中国大陆于1955年12月发布了《第一批异体字整理表》，包含810组，1865字，拟废除的异体字有1054个。这个工作基本是在繁体字的范围内进行的，虽然所留用的正体中，有39个字“习惯被看作简化字”（见《简化字总表·附录》）。台湾也做了异体字和多音字的整理归并工作，在1979年5月公布了《标准字形》，收字4808个。两地所保留使用的繁体的正体，当然在形体上也多有不尽相同之处。

即便同样推行简体字，但由于操作原则及方式的不同，亦造成简体字的形体面目不同。如日本与中国大陆的简体字就存在或简或不简、同简而简法不同的现象，这是不劳举例就可了然的。新加坡虽然在1974年也公布了《简化字总表》，全面采用中国大陆的简体字，但还是保留了11个本国的“特用简体字”和37个与中国不同的“异体简体字”。

3. 字形的笔画构建方式不同

这是从另一角度来考察汉字形体，即某些字尽管组成的部件相同，一般说来不能算作异体字，然而由于部件内部的笔画构建方式不同，造成了同形的异构。如“草字头”大陆作艹，3画；台湾则作艹，4画。“走之旁”大陆作辶，台湾作辶等。这与形体的繁简的性质不同，虽则也有笔画多少的微异。这种现象，多存在于印刷字形方面，繁体中有，简体中也有。

二　解决汉字形体统一问题的必要性

先引一则报道：今年年初，北京市技术监督局产品质量检验所会同电子工业部标准化研究所对当前北京市场上的全部14个品牌30多种型号的电子词典和电子记事簿进行了抽检，检验结果为全部产品均不合格。后经有关几方多次协调决定：现有产品的销售期限定为1997年12月31日。

这些品牌的电子辞典和电子记事簿的产地，既有日本，也有中国香港、中国台湾。其实，这些产品之所以不合格，并不在于硬件设备方面，可以说仅仅是由于附装的汉字字库的形体不合乎中国大陆的汉字规范标准。为了不致失去大陆的市场，厂商们必须斥资不菲以购买大陆的国际2312（字符集强制标准）和5199（15×16点阵字型建议标准），并对所有的芯片进行改写。这个过程中所造成的人力物力的浪费，可想而知是相当可观的。

这不过是由于汉字形体不统一所造成的不便与经济损失的一个例子而已。面临全球进入高度信息化和文字处理自动化的时代，无论是在汉字文化圈内部的交流，还是汉字文化圈与其他文字文化圈的交流，都需要解决汉字形体统一的问题，其必要性于此可见一斑。

据有关机构统计。目前世界上使用人口最多的文字是罗马（拉丁）文字，使用者约占世界人口总数的42%；其次是汉字，约占36%；第三是斯拉夫文字，约占11%，使用其他各种文字的人口总共仅有11%。

罗马文字的字母合大小写才52个，斯拉夫文字的字母合大小写也不过66个，在他们的各自文字文化圈内部，都是通用的，并不存在字母形体不统一的问题。

只有印度文字系统包含多种字母，同出一源而形体各异，不能彼此通用。不过现在这些字母都可以用罗马字母加以转写，彼此可以交流无碍了。

然而使用范围占全球人口 1/3 以上的汉字，形体本来就复杂而且数目庞大，如前几年制定的 GB. 13000（即国际标准 ISO-IEC10646）字符集，共收字 20902 个，是其他文字字母数量的几百倍，况且还不统一，如该字符集收中国大陆使用的汉字 17000 个，也就是说，还有将近 4000 个基本上是中国大陆以外的汉字异体，在汉字的故乡并不使用而仅仅流传于其他国家与地区。

这是多么严酷、多么令人遗憾的事实！许多有识之士强烈呼吁汉字形体的统一，以至作为本届国际汉字研讨会的主题，实在是“良有以也”。

三　面临汉字形体统一问题的艰巨性

汉字形体统一问题的解决，应该说是一件十分艰巨困难的事。这是因为：

1. 政治和意识形态因素强有力于学术文化因素

现行汉字形体在各个国家或地区的规范，都是以政府政令法规的形式得以确定的。也就是说，都是已然经历了“官方”的规范过程。文字本来是文化的载体，是记录书面语言的工具，可是文字又是文明社会的产物,而文明社会更显著更强有力的标志是国家和政治,于是文字在某种意义上成为国家政治的附属品,成为政府权威的体现形式之一。任何国家和政府都要推行和维护文字的规范化,以保证政令的畅通和社会的正常运行。汉字有几千年的使用历史,形体虽迭经演变而流传有绪,更使这种传统在中国源远流长、根深蒂固。"文字者,王政之本也"(《说文·叙》)一类的话,几乎见于每部字书的序言之中;"以昭同文之治"(《康熙字典·御制序》),更是各个朝代有为之君梦寐以求的理想。文字既然具有如此结合政治的亲和力,那么,当同样具有时效而不同形式的规范体系发生碰撞的时候,各方势必都要最大可能地维护自己一方已有的规范体系以维护己方政府的权威(也许还涉及国家主权和知识产权等方面)。这就是说,政治因素将可能是极大倾斜的考虑因素。学者们从学术文化的角度加以呼吁的力量,相形之下大概会是比较微弱的。

2. 当然也有实际问题,就是变更或修改已然风行多时的汉字形体规范体系,也会遇到许多政治因素以外的实际问题,如社会使用者即广大民众的认同,文字使用媒体如新闻部门、出版部门、教学部门等的配合程度,现在还要加上计算机文字处理部门的靠拢修正,诸如此类,无不必须投入大量人力物力。且不说还有可能造成变易前后程度不等的文化交流上的阻碍和隔阂。所以,任何政府及相关部门对此都需要十分慎重从事,这是完全可以理解的。

3. 更有甚者，也可以说很有意思的是：如若换一种角度，汉字形体的统一问题，竟也可以认为不是十分急迫、并非不可待之须臾的。从宏观上看，既然同属汉字体系，则其内部的共同性势必大大超过其外部的差异性。就是说，多数汉字的形体还是基本相同的，个别部件的微小差异如艹之于艹、辶之于辶之类，也不足以造成交流上的障碍。大陆人看台湾繁体字，台湾人看大陆简体字，中国人看日本汉字或新加坡汉字，多数应该也没有什么问题，或是经过短时少量的学习即可豁然破解。因此，既然无大妨碍于交流，那么形体统一问题也就不是十分迫切了。这也许就是汉字文化圈内的各方当局乃至广大民众对这个问题的反应较为缓和的原由之一？

四 结语

综上，汉字的形体统一问题有其强烈的必要性，也有相当大的艰巨性。但是，一个文字文化圈内部的“书同文”，从历史上就是、而现时代更是一件于国计民生大大有利的事情。作为有责任心的文字学者，应该大力呼吁并促成此事的实现，这也是一个人文科学工作者对社会进步的关爱情怀的体现。

至于汉字形体究应如何统一，其实在有关上述的主客观障碍消除之后，应该是很容易解决的。这正是孙中山先生所谓“知难行易”的道理。如若现实条件不具备，再好的方案也是无法实施，空费周章;而如若风云际会,则必定时势造出英雄。当然这也需要思考和钻研,需要做基础的研究和制订方案的工作,不过毕竟是第二步的事情了,暂且留待日后有机会时再谈吧。

[原载《第四届国际汉字研讨会论文集》,江苏教育出版社,1997年]

从异体字整理略谈汉字改革的“中庸之道”

一

汉字的问题,可以说是很大,也可以说是并不大。这有两方面的意思:

1. 中国是汉字的发源地,也是汉字最主要的使用地。但是现在海峡两岸却使用两种不同的汉字形体——繁体字(虽然台湾的学者认为他们一直使用的是“正体字”而不同意这个名称)和简体字,由此还被涂抹了浓重的政治色彩。我们谋求两岸的统一,这个“书同文”问题恐怕是回避不了的,相反地如果解决好的话,它可能成为某种榜样和先导,其意义是不可低估的。

但是如果不把“书同文”作为考量因素,或者这方面也是“一国两制”,维持现状,那也未尝不可,反正现在的状况,也不影响彼此的沟通与交流。

2. 就50年代以来的“汉字改革”而言,无论是精简字数(归并异体字)还是减省笔划(形体简化),都难免存在考虑不周乃至粗疏草率之处,也没料到这些相关方案居然一用就是半个世纪。对其进行必要的修订,似已成为势所必然了。

当然也可以只是小修小补,个别调整,甚至不妨照有些先生主张的“将错就错”,这样也就不用花费太大的力气了。

二

许多学者对汉字问题,尤其是50年代以来的汉字改革的得失及其对策,都发表了很中肯而精辟的见解。就本人有限的见闻而言,是深感周有光先生的“中庸之道”论的意见似应加以重视并且推衍的。

周先生认为:“汉字本身有两面性,一方面是‘技术性’,另一方面是‘艺术性’。重视技术性的人们成为汉字的‘改革派’,重视艺术性的人们成为汉字的‘国粹派’。”我们要“认清汉字的两面性,使‘技术性’和‘艺术性’两个方面各得其所,在‘两难’(dilemma)之间,取中庸之道而前进。”[①]

中庸之道,在我们这里已经颇有些年头被赋予贬义,至今似乎亦未见平反。历代经学家和训诂学家的解释和论述太多,不必引用,就一般的理解而言,中庸之道实在是认识和解决许多问题的利器。对汉字性质的认识及态度固然如此,解决汉字改革的遗留问题亦是如此。

对汉字改革的评价及对策,有各种不同意见和态度。其中两种是走极端的:一是否定简化字,要恢复繁体字,认为电脑的输入输出已使汉字的笔划多少成为次要因素,且有助于两岸的“书同文”;二是认为汉字改革十全十美,不能提缺点,否则就要倒退。当然多数学者是取中庸之道的,即认为50年代以来的汉字改革大方向是正确的,成绩也是主要的,但是存在局限和不足,应该改进,也可以改进。

如何改进,是彻底大改,还是小修小补,同样存在一个中庸之道的问题,即不是彻底大动(包括某些字形的美观),也不是仅仅恢复几个字,而是着力于某些涉及到汉字科学性的问题。

汉字是记录汉语书面语言的符号系统,其科学性是无庸置疑,也是不必在此赘述的。窃以为汉字改革中有两个具体问题,在某种程度上影响了现代汉字的科学性,是有必要加以审视和研讨的:其一是异体字整理,其二是同音替代。囿于篇幅,本文只能就异体字整理问题试为述之。

三

异体字的整理原先是作为精简汉字字数工作的一部分而进行的,其实只是精简同一汉字的不同形体,而并非减少汉字作为词的记录符号的字数本身。但由于此前同一汉字的不同形体均可记录同一个词,因而减少这些不同形体(即异体)就是减少了记录词的符号的数量。从这个意义上才可以认为:整理汉字的异体就是精简汉字的字数。

1955 年 12 月 22 日中华人民共和国文化部和中国文字改革委员会联合发布了《第一批异体字整理表》(以下简称《整理表》)。此后虽然有第二批、第三批的拟订,但始终没有公开正式发布过。所以从 50 年代开始作为国家标准沿用至今的异体字整理的成果,还是只有这一《整理表》,尽管期间不无些微的修订。例如,通过重新发表的《简化字总表》(1986 年 10 月 10 日)以及《现代汉语通用字表》(1988 年 3 月 25 日)的制订与发布,使原先整理的 810 组异体字减少到 796 组,淘汰的异体字由原来的 1053 个减少到 1027 个。[②]

就总体而言,《整理表》的水平是高的,成绩是主要的。这可以从两个方面来看:

第一,《整理表》精简的对象,主要是现代汉语常用字的异体。根据国家语言文字工作委员会汉字处所编《现代汉语常用字表》[③]的对照、统计,现有 796 组异体字的正体(即 796 个)中,有 454 个属于"常用字",占 57.0%;133 个属于"次常用字",占 16.8%。二者相加,达到 73.8%,比例是相当高的。其余的字,也均见于《现代汉语词典》[④](以下简称《现汉》),亦即现代汉语中使用的字。众所周知,精简的异体字越是常用,达到的效果就越好,这一工作的实用价值就越大。这是无庸置疑的。

第二,《整理表》对汉字形体的保留原则,有人认为只是

“从俗从简”。其实更确切地说，还应该加上两条，即“尊重传统”和“正视现实”。对历代的“正体”，《整理表》也是非常尊重的，例如“帮”、“窗”、“梅”等字所选择的正体，就与《康熙字典》、《国语词典》是相同的。这些处理，应该说都是正确而可以接受的。

四

当然《整理表》并非没有问题，而且问题不少，大抵可以列出以下几条：

1. 未曾对“异体字”的概念进行明确的科学的界定。现在看来，《现汉》的释义是可以参考的，即：“跟规定的正体字同音同义而写法不同的字，如‘攷’是‘考’的异体字，‘隄’是‘堤’的异体字。”（见1492页）这里有两层意思很明确：第一，必须是“同音同义”才能构成异体字，这是比较严格的说法。第二，异体字是与正体字相对应而存在的。如果没有人为的整理，同一汉字的不同异体的地位是彼此相等的；而经过整理，就有了正体与异体的区别，规范与不规范的区别，以至于当用与废止的区别。所以《现汉》的这个定义，对于《整理表》是相当合适的，所举的两个例子也很精当，并且与《整理表》完全一致。

2. 异体字的情况是复杂的：首先，不同时代有不同的异体字，例如战国时代的“文字异形”情况就与后代有许多不同；也有不同的正体与异体的对应，例如唐代《干禄字书》确定的“正字”就与现代有许多不同；其次，同一时代的异体字，都是以往历史的汉字使用的积淀，来源往往不同，例如有构字部件不同或笔画书写差异造成的异体，也有音同通假造成的“通用”；关系也非单一，例如有记录词的功能方面完全相等的“单纯异体字”，也有该方面功能不完全相等的“包孕异体字”或“交叉异体字”。但是从《整理表》的总体上看不出上述情况的区分。

3. 就“包孕异体字”而言，大包小则可，如“豆—荳”（见于《整理表》的每组字，前面的为正体，后面的则为拟废除的异体，下同）、“眷—睠”、“扣—釦”，取前弃后，大致无碍；小包大则不可，例如：

实（實）—寔　“寔”除具有“实”的各项意义外，另有“放置”、“此”的意义，是“实”所没有的（参《现汉》1148 页，下同）。

剃—薙　“薙”除具有“剃”的各项意义外，另有“除去野草”的意义，是“剃”所没有的（同上，1242 页）。

4. 就“交叉异体字”而言，只是记录某些词时的功能相同，实际上是两个字，作为异体字的整理对象取一弃一，是不科学和不恰当的。例如：

资—赀　“赀”与“资”只有在“钱财、费用”这一意义上才构成异体字关系，“资”的“资助、资质、资格”等义为“赀”所无，相反地“赀”的“计算”义亦为“资”字所无（同上，1662 页）。

雕—彫、鵰、琱　“雕”与“鵰”在“鸟名”的意义上构成异体字关系，“雕”与“彫”、“琱”在“雕刻”的意义上构成异体字关系，而“彫”的“凋谢”义则为“雕”字所无，“雕”的“鸟名”义亦为“彫”、“琱”字所无（同上，288页）。

5. 有的从来源而言是两个不同的字，或者充其量只是通假字的关系，却被派合成为异体字关系。例如：

嗔—瞋　“嗔”是“生气”及“对人不满”，而“瞋”特指“发怒时睁大眼睛”（同上，152页）。

弄—衖　“衖”（xiàng）是“巷”的异体字，与“弄”（nòng）义虽相关，音则有别（同上，1378页、818页）。

咳—欬　二者虽均有“咳嗽”义，但“咳”音 ké，“欬”音 kài，按照前述异体字的界定，是不能构成异体字关系的（同上，712页、703页）。

修—脩　学过古代汉语的人都知道，“脩”字的本义是“干肉”，但常与作“长、高”讲的“修”构成通假关系，所以“脩”与“修”充其量是上述“小包大则不可”的异体字关系。

此外，在发布《整理表》的“联合通知”中指出：“停止使用的异体字中，有用作姓氏的，在报刊图书中可以保留原字，不加变更，但只限于作为姓用。”这里没有提及名字用字的问题。而这也是涉及面很广的一种因素，如“俯—頫、耕—畊、绩—勣、坤—堃”等各组字中后一个被废止的异体，用于古今人名，应该说都并非罕见。地名用字亦然，如“绿—菉”一组中，读 lù 的“菉”另用作地名（同上，824页），也属于不便归并的。

五

以上是我们基本根据《现汉》对异体字的处理情况来考察和分析《整理表》的一些问题。大体说来,《现汉》在这方面的做法有不少是正确的,可取的。正因为如此,后来在1986年重新发表《简化字总表》和1988年发布《现代汉语通用字表》时宣布恢复使用的26个被《整理表》列为废除的异体字,都是《现汉》中一直作为字头列条而未曾废除的。

但是《现汉》对异体字的判定与处理,也不无一些可资商榷之处。例如:首先,在体例方面,《现汉》用"同×"、"古又同×"或"也作"等术语来表示正体字与异体字的关系,但其中也有不少古今字乃至于异形词的情况,因而这些术语的含义和针对的对象都有必要加以明确。[5]其次,在《现汉》中立为字头而被《整理表》废除的异体字,即以1996年修订本而论,初步统计有101处之多。[6]这些地方,《现汉》大抵标有〈书〉或□(1996年修订版取消,统一用〈书〉),其中许多是必要的,包括上述被《简化字总表》和《现代汉语通用字表》恢复使用的异体字。但也有一部分似乎不必与《整理表》存有分歧,如《整理表》的"丫—枒、椏"一组,《现汉》同时立"丫"、"椏"为字头,但以"椏杈"为正条,以"丫杈"为副条(见1437页、1439页),则表示置"椏"于"丫"之上,值得研究。又如《整理表》的"跖—蹠"一组,这两个字在古代文献中通用,如

《庄子》中人名“盗跖”亦作“盗蹠”，现代生理学的“蹠骨”亦可写作“跖骨”，而《现汉》以“蹠”为正条，以“跖”为副条（见1617页），似宜改从《整理表》。又如《整理表》的“翻—繙”一组，《现汉》将“繙”立另音 fán，仅仅构成复音词“繙袢”（346页），释为“①风吹摆动的样子；②乱取”，这些意义在现代汉语中的生命力，实在值得怀疑；因而立“繙”为字头，似亦存在斟酌的余地。

然而还有一种重要的情况是：《现汉》出于规范的目的，在《整理表》之外又整理了许多异体字。这个工作是必要的，也早为学术界所呼吁，如高更生先生于1995年在全国首届语言文字应用学术研讨会上提交《谈待规范异体字整理》的论文，[⑦]文末列有《待规范字整理表》总计818组，全部从《现汉》（1994年印刷本）和《新华字典》（1993年印刷本）收录，其中见于《现汉》者即达776组。姑不论《现汉》对这些在《整理表》以外的异体字的处理是否尽属合理、妥当（这里不拟展开评述），但从总体上应该说是可以肯定的，也是《现汉》对现代汉语规范工作的又一贡献所在。

六

众所周知，《整理表》不论现存多少问题，它毕竟是现行国家规范标准，起码是列入《语言文字规范手册》的；而《现汉》作为国务院责成编纂的以确定词汇规范为目的的汉语规范词典，其学术地位和实际影响力也是不可低估的。二者（也可以说是“二强”）至今为止所存在的诸多抵牾和不相一致之处，确实令人遗憾、困惑，乃至尴尬。

面对这个无可回避的现实，恐怕需要采取上文所说的“中庸之道”了，即“二强”双方都有所让步和变通，寻求较为优化的折中方案。

其实异体字的处理，关键在于时代层面的鉴别和掌握。前面说过《整理表》主要针对的是现代汉语常用字，涉及的主要是现代汉语语料；问题是这之前的语料中有生命力的部分，往往可以在现代汉语尤其是现代的书面语中继续使用（如源自古代的许多语词、成语、典故以至各种典籍文献中的材料），这是人类文化的连续性所导致的语言的承继性。而古代语词的用字自有其特殊的要求，不能与现代汉语的用字标准等量齐观。例如《整理表》中的“溪—谿”，两个形体在记录现代语词“小河沟”（原指“山里的小河沟”）的意义时可以通用，自然不妨取用前一个，不用后一个，但是现代汉语书面语中的语词“谿壑”、“谿刻”、“勃谿”（如成语“妇姑勃谿”），其中的“谿”习惯上都不写作“溪”，所以从现代汉语的层面而言，尽管“谿”是“溪”的异体字，但仍然是不可遽尔加以废除的。

汉字的异体要整理，但废除要慎重，除了一对一的“单纯异体字”以外，最好应该就某些在现代汉语中还可能用到的形体的使用范围做简要的说明与提示，这是不是就可以视之为一种“中庸之道”呢？

吕叔湘先生早就指出：“作为现代文字工具，异体字实在是有百弊而无一利，应当彻底整理一下。”[⑧]所以这个工作很重要，分量也很大。欣闻有关部门现已开始有《规范汉字表》（以下不妨简称《字表》）的运作，于现代汉语异体字的处理将进行新的全盘的考虑。这是一个很好的契机，相信作为有责任感和关心这一问题的语言文字工作者，无不对新的方案翘首以盼。希望这一《字表》既能较好地解决《整理表》的遗留问题（但同时又产生一个新的问题，即《字表》出来后，《整理表》如何定位），又能适当解决《整理表》之外的待规范异体的整理问题。这是现代汉语规范工作的与时俱进的要求，而建立于《整理表》发布以来五十年汉字实践基础上的修订，其水平的全面提高也是一定可以预期的。

附　注

①《中国语文纵横谈》第四章“汉字的整理”，104 页。

② 根据语文出版社所编《语言文字规范手册》1997 年第三版中的编者说明。

③ 分为“常用字”2500 个和“次常用字”1000 个。语文出版社，1988 年1 月。

④ 中国社会科学院语言研究所词典编辑室编，商务印书馆，1996 年，修订本。

⑤ 参见陈抗：《评〈现代汉语词典〉对异体字的处理》，载《〈现代汉语词

典〉学术研讨会论文集》，商务印书馆，1996 年 10 月。

⑥ 参见张觉：《关于异体字淘汰与使用问题的学术思考》，载《汉字“书同文”研究》第一辑，气象出版社，2001 年 9 月。

⑦ 收入其论文集《汉字研究》，山东教育出版社，2000 年 5 月。

⑧ 吕叔湘：《语文常谈》，28 页，三联书店，1980 年。

[原载《汉字规范百家谈》，商务印书馆，2004 年 9 月]

古文字形体的发展规律

研究和掌握古文字形体的发展规律，一方面是为了辨识和考释古文字，同时也是为了探讨与分析汉字形体发展的整体规律。对于后者，已经有过不少精辟的总结和论述。古文字作为汉字的早期形态，固然也大体适合于这些规律，但是古文字在其每一阶段中的形体发展，各有其特殊的性质和现象。所以，不能把从汉字形体发展的整个历史过程所归纳总结出来的规律，生搬硬套于古文字阶段之中去。

基于上述看法，参照诸家有关论述，这里将古文字形体的发展规律，初步归纳为以下三个方面：(一)简化和繁化；(二)循化和讹化；(三)分化和整化。这三个方面是从不同的角度着眼的，某些具体内容可能有所交叉，比如同一现象若变换角度便能归入不同的类，这应是不难想见的。

一　简化和繁化

关于汉字的性质，有表意文字、意音文字以及别的各种说法，但总之它不是拼音文字。每个汉字都有自己的形、音、义。对于这样的一种符号系统,使用者就有两方面的要求:一是必须便于学习和书写,这样符号的数量就不能太多,形体也不能过于复杂;二是必须便于识读和区别,这样符号的含义就要尽量单纯,形体之间更要避免混淆。于是,前者使汉字具有简化的趋向,后者则使汉字具有繁化的趋向。因此简化和繁化是汉字发展过程中的一对矛盾。

古文字的形体简化大致有如下几种情况:

1. 图绘性的减弱。早期的象形字带有很浓厚的图绘性质,如甲骨文“馬”字作(菁3.1),马的头、耳、躯干、足、尾毕具,甚至鬃毛也有所体现,尽管已经省略了细部,仍可谓“画成其物,随体诘诎”,可想而知刻写起来是十分费事的。于是在甲骨文后期出现了(粹135)形的“馬”字,图绘性有所减弱。到西周晚期《虢季子白盘》中作,接近后来小篆字形,逐渐线条化了。又如“虎”字从甲骨文的(前4.44.5)变为小篆的,“魚”字由《伯鱼卣》的变为小篆的,图绘性日益减弱,写起来就简便了。

商代后期的青铜器铭文中,有些表示“族名徽号”的字,不仅按物绘形,甚至把全字填实,如“象”字作(《且辛鼎》),“犬”字作(《子自卣》),反而比殷墟甲骨文更接近于图画。这是由于青铜器系用范铸,可以在泥范上细致加工的缘故。尽管如此,在范铸的金文中,这类字形也是日益减少,最终还是消失了。

2. 笔画的简省。这包括两个主要方面:其一是减少重复的部分。如“星”字在甲骨文早期有作(前7.26.3)的,是声符,

五个小口表示繁星点点；但是同期中就有简作（乙 6386）、（乙 6664）的，小篆作，又简作，都把重复的繁星简省了。又如“䧹”（郭）字，甲骨文有作（前 8.10.1）、（戬 40.13）繁简两种形体的，“象城䧹之重，两亭相对”（《说文·五下》），而金文和石鼓文取简体作，小篆作，等等。其二是去除次要的部分。例如“車”字，在甲骨文和早期金文中的形体都比较复杂，如作（铁 114.1）、（车觚），象有双轮、有辕、有箱、有衡、有轭之形，但到西周晚期的《铸公匿》作，只保留了轮部，《石鼓文》、《鄂君启节》等因之，小篆作。

春秋战国时期，某些地区的文字在形体方面常常有一些奇特的变化：或是保留字的上半部分，而把下半部分仅用一二横画来表示，如“馬”由（《虢季子白盘》）作（山西出土的方足布上古货币文），“法”由（《大盂鼎》）作（信阳楚简）；或是偏旁之间合用笔画，如“吉”字所从的“士”下面借用“口”的上笔成为“古”字形（，《尊古斋印存四集》），“區”字三小“口”的上笔皆与“匚”的上下横画合用（，《古陶文舂录》）；或是一个部件包容于另一部件之中，如“昌”字在齐国的货币文中多作、。这些都是笔画的简省。但这类简省使用地域很有限，后来未为小篆所接受，在整个汉字形体发展历程中的影响也很小。

3. 偏旁的归并。古文字中已有相当多数的形体是由两个或两个以上的部件构成的（即所谓“合体字”）。统观各种部件，相同者少，相异者多，这样也造成了书写和辨识时记忆的负担，于是产生一种归并义近或形近部件的倾向。例如甲骨文中，"汝"字从（，京津2007）、"河"字从（，菁4.1）、"沈"字从（，后2.4.3）、"沚"字从（，前5.23.2），到小篆时统统归并作。这是部件形体不同而意义相同的情况。另一种是形体不同、意义也缺乏联系的，如金文中"匍"字从（，《大盂鼎》）、"匀"字从（，《匀簋》）、"句"字从（，《蔡姞簋》）、"廄"字从（，《令簋》）、"冢"字从（，《趞簋》）。应该说这些部件各自代表不同的意义，如"象人曲形"（《说文·九上》），是"旬"的本字，作的声符（林义光《文源》），是之省，"象腹形"（郭沫若《金文续考》），等等。但到了小篆阶段则一律归并为从。这样的归并，减少了部件的数目，所以也是一种简化。

繁化主要有下列几种情况：

1. 笔画的增加。这是古文字形体发展中一个常见的现象。有在垂直的长画中间加·或－的（如｜→→，→→），有在字的上下部加横画的（如→，→），有在字的空隙中填以·的（如○→⊙，→），等等。这些添加的笔画，主要是为了使结构更为疏密匀称。其他例子如"保"字在商代《父丁簋》中作，象一个大人张臂保护着小孩；到了西周早期则简化作（《保卣》）、（《大盂鼎》），原先的手臂断开了，右下方剩一撇，不匀称；于是到春秋时期此字作（《鄦侯簋》），添加了对称的一撇，小篆沿作。

上述形体的繁化都是被小篆所继承的。也有的繁化未为小篆所接受，如战国《中山王仁嚳壶》及《鼎》中常见在字的某一部位加或，“業”字作“䇞”，“豊”字作“豐”，“斂”字作“歛”，“今”字作“含”，“念”字作“悆”，等等。这类附设，与字义毫无关系，只可认为是一种装饰。春秋战国时期某些地区（如吴、越、楚等国）有所谓“鸟书”，更是此种繁化的极致。《越王者旨於矛》诸字的上部，都附有一至二只鸟头形，如“戉（越）王”作之类。不过，这类附设小零碎以为装饰的形体，使用的范围狭小，存在的时间短暂，所以不能成为汉字形体发展的主流。

2. 新部件的增添。所增的都是偏旁，与字的音、义有关。这就是传统文字学理论中所说的“孳乳”、“转注”和“緟益”（见唐兰《中国文字学》十六）。这类增添，主要包括两个方面。

其一是增加义符（形符）。例如“爵”字在甲骨文中作（乙4508）、（前5.5.1），“有柱有流有尾有鋬有足，正如爵状”（商承祚说）。在商代《父癸卣》中作，增添一手形。小篆在此基础上又加“鬯”（用以祭祀的香酒），作为义符，遂写为。也可以添加不同的义符。如匜器在西周中期以后出现，据《金文编》，最初的“匜”字作（《子仲匜》）；继而作（《吊上匜》），添加义符“皿”，强调它的用途（一种器皿）；其后又作（《史颂匜》），易“皿”为“金”，强调了制作的材料；甚至两种义符一起上，作（《陈子子匜》),可谓叠床架屋。

其二是增加声符。例如甲骨文多见一(前6.17.5)字,徐中舒说为“象人侧立推耒举足刺地之形”;到西周早期的《令鼎》中,此字作,增加了声符“昔”,小篆作,即今“耤”字。又如“寶”字,甲骨文作(甲3330)、(粹1489),象屋中有貝、玉(朋),是个会意字。金文增加声符“缶”,作(《大盂鼎》)、(《虢季子白盘》),至小篆仍作。又如“鳳”字甲骨文早期作(铁55.3)、(菁5.1),中期后即加声符“凡”作(粹839),由象形字变为形声字。

还要引起注意的一点是,形声字的义符与声符本身,有的也具有繁化的可能。如上述“匜”字的义符加“皿”又加“金”;再如“通”字在甲骨文中作(粹1193)或(京津3136),从彳或辵,用声;但到金文中多作(《颂壶》)或(《九年卫鼎》),声符繁化,小篆因之作。

古文字的这种添加偏旁部件的繁化,使象形或会意字转化为形声字,或用以明确词义,或用以标明读音,是汉字形体发展的一种大趋势,所以其后新增的字多为形声字。汉字的数量也由此孳乳增多,从而更好地承担起准确、精密地记录汉语的任务。

从古文字阶段看,形体的简化和繁化两种趋向是互相交织、彼此消长的。对一些结构较为繁冗的字,先民们早就具有简化的意识。如“逐”字作(前3.32.2)、(佚977)、(前6.46.3),

所会有从一豕、二豕和从鹿的，而到西周金文之后，一律只从一豕。还有前举“星”字、“郭”字，也是在甲骨文阶段就开始简化了。但是这一类例子在整个甲骨文时期并不太多。有的甲骨文论著已看到了这一点，指出：“就单字结构而论，在二百七十三年之中甲骨文字逐渐趋向繁复，是由简到繁，而不是由繁到简。”（陈炜湛《甲骨文简论》第四章）而从甲骨文到金文，形体的繁化现象也是触目可见。例如从字的笔画来说，甲骨文纯用单细的线条，只有轮廓；而金文由于可以刻铸，不少地方改用图绘形的填实。如“步”字甲骨文作（铁22.2），金文却作（《子且尊》），“正”字甲骨文作（佚374），金文则作（《大盂鼎》），这都是繁化。结构方面的加繁如上述的“糟”、“寶”等字，都是不待另举的合适例子。以上现象的产生，主要因为甲骨文毕竟是汉字的早期阶段，结构上以象形、会意为主，在汉字形体形声化的道路上起步不久，所以多数形体是到后世才外加形符或声符，即有所繁化的。

战国时期，由于诸侯强盛，出现了许多带有浓厚地方色彩的古文字形体。这方面和西周以及春秋金文相比，主要显现出简化的趋向，特点也主要是结构较为简单，书写比较随便，尤其是货币和简帛上的文字。例如一个“鑄”字，甲骨文作（金511），金文作（《作册大鼎》）、（《守𣪕》）、（《铸公匿》）等，都有程度不同的繁化；但到战国时则作（《鄂君启舟节》）、作（侯马盟书16.5）、作（山西阳高战国货币1.54），都有所简化；而在魏国的青铜器如《大梁司寇鼎》、《安令癰鼎》及《中山王礨壶》中，都一律

简写为“ 釮 ”,由会意字改成了形声字,简化的幅度更大了。

然而这种简化的趋势并没有无限扩张,这主要是由于后来一统中国的秦国的文字不大受其余列国影响的缘故。秦国的文字一般认为可以《石鼓文》为代表(说见下文)。《石鼓文》比起同一区域产生于西周的《虢季子白盘》来,文字的形体结构反有繁化的现象。如《虢季子白盘》中的“行”字作,而《石鼓文》中作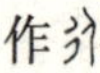,就是一个很好的例子。《石鼓文》又被认为是籀文的代表,与其他战国文字即所谓“六国古文”颇相径庭。六国陆续灭亡了,它们的文字没能成为正宗。秦始皇统一中国后,推行的是小篆。小篆虽然较之籀文有所简化,但与六国的简化毕竟不是一条途径。从整体效果看,小篆的形体比起六国文字,并没有多少简化,相反地更多的却是繁化。笔画的工整严饬自不必说,结构上则与西周金文联系更为密切(最明显的例证是《虢季子白盘》),多数有所删简,但有的反而更为繁杂。如“率”字,《大盂鼎》作,《毛公鼎》作,而小篆作,等等。再有,对于金文中存在的诸多异体,也未必只是取简舍繁。如“盾”字,西周金文有(《秉盾觯》)、(《五年师旋毁》)二形,前者简而后者繁,而小篆作,明显地源于后者。

不过,具有简化趋向的“六国古文”也没有彻底消亡,它们部分地影响到了秦代古隶的产生,兹不详述。

由此可见,对于古文字阶段的形体繁化和简化现象,必须针对具体情况进行具体分析,不能笼统定性,以偏概全。

二 循化和讹化

从甲骨文、金文、战国文字到小篆，古文字的字体和字形都发生了不少改变。字体即书写风格的变化带有整体性，因而是一目了然的。而字形即组织构造的变化则往往因字而异，但是大致划分，无非两种情况：一是到了小篆阶段仍然可以从字形分析字义的，这是正常的循例的变化，叫作“循化”（或“循变”）；一是到了小篆或在更早的阶段，字形在演变过程中发生讹误，从而脱离了与字义的联系，这样的变化叫作“讹化”（或“讹变”）。

循化表现为字形的演变从整体及其部件来看，都是有规律的、始终未曾与字义脱离联系的。试看下述五个字的字形演变情况：

	甲骨文	金文	战国文字	小篆
羊	 粹 287	 小盂鼎	 鄂君启节	
木	 甲 660	 曶鼎	 鄂君启节	
水	 前 4. 13. 5	 沈子毁	 竹简 · 望山 M_1	
祀	 甲 3353	 天亡毁	 长沙楚帛书	
明	 前 4. 10. 4	 克鼎	 侯马盟书 156. 1	

以上这些字在从甲骨文到小篆的演变过程中，虽然在结构上有笔画繁简、形状、位置的不同，却始终保持着字形与字义的联

系。如“水”字始终保留水波的象形，“羊”字始终保留羊角，“祀”字始终由形符“示”和声符“巳”组成，“明”字始终由“日”和“月”会意。这些字的部件及其表达的意义，都比较明确、单纯，所以整个字形的演变过程显得脉络分明，不易发生讹误。

有些字由于部件发生增减或更换，虽然使整个字形有较大变化，但只要不改变其部件与基本字义间的联系，那么这种形体的发展仍然属于“循化”。这方面最常见的例子是象形字或会意字加义符或声符变为形声字，以及形声字更换义符或声符。

正是由于这种循化规律的作用，形成了汉字形体的完整系列，使汉字形体的演变痕迹历历可寻。三千多年之后，我们之所以还能辨识古文字，之所以还能把形体演变的分析作为辨识古文字的一种基本方法，不能不说是得到了循化规律的嘉惠。

讹化现象，就是字的形体的发展脱离了造字本义。这是汉字形体演变过程中一种相当普遍的现象，也是正常的现象。因为文字是记录语言的符号，而语言的物质外壳是语音，所以文字记录并体现语音，才是其本质的要务。这样，固然汉字是形音义的统一体，但由于字形成为次一等的因素，有时不被顾及或发生讹误，致使字形与造字本义脱离，就是不足为奇的事了。

讹化发生的具体原因和表现形式是多种多样的，主要有如下几种：

1. 形体的简化，往往只顾书写的方便和快捷，而忽视字义的方面。例如“員”字，甲骨文作（佚11），金文作（《员鼎》），都

是从○从鼎，○是鼎口，圆形，所以“員”即“圓”的本字；《石鼓文》作(《车工》)，圆口变形了，但仍从鼎；小篆将“鼎”简化作“貝”，成为，就看不出造字本义，也就是讹化了。又如上述战国文字把字的下部略去而代之以一二横画，金文的偏旁、、、等一律归并为小篆的，都是这方面的例子。

2. 笔画的增繁或装饰性成分的添加，也是引起讹化的常见原因。例如“賓”字在甲骨文初作(甲1222)、(前5.30.4)，象屋下有人，后添“止”作(佚802)、(后2.30.14)，表示屋中有来人，为“賓客”字之初文；金文则去“止”增繁为“貝”，作(《保卣》)、(《颂𣪘》)，已与造字本义脱离；小篆更讹化作，连表示“人”的也不见了。又如上述“保”字由《大盂鼎》的变为小篆的，也是类似的例子。

3. 形体内部表义成分的“变质”。古文字形体所表现的意义，时常是由若干部分有机地联合而体现出来的，许多象形字和会意字都是如此。在形体演变过程中，有时其中的某一部分发生了表义功能的变异，于是引起整个形体的讹化。例如“飲”字，甲骨文作(菁4.1)，是人的身体，象口，象舌头，是酒坛子的象形，所以这是个表示人“俯首吐舌捧尊就饮之形”（董作宾说）的会意字。因为字音与“今”相近（古音同属侵部），而表口的的形状与“今”（甲骨文作，金文作）相近，所以逐渐地就成为表音的成分（即声符）了。如在战国《中山王嚳壺》中作，小篆作。“飲”字由会意字变成“从酉从欠，今声”（朱骏声《说文通训定声》第三）的形声字，就是由于表口的发生了“变质”的缘故。这种字形的讹化与外加声符的繁化现象是不同的。

4. 因部件形状近似而讹混。例如“服”字，甲骨文作（林1.24.5），象用手按人跪跽于肉（）前，本义为服事；但到早期金文如《大盂鼎》中写作，是舟，与形似，导致了讹混，小篆从之作。又如“得”字，甲骨文作（菁5.1）、（粹262）等形，从手持贝，象有所得，西周金文作（《曶鼎》）、（《克鼎》），结构与甲骨文同；但至战国，此字多作（《中山王礜壶》）、（《十钟山房印举》），改作从“目”，因“目”与“貝”形近而讹；小篆则作，改作从“見”，也是因为“見”与“貝”形近而讹。

5. 不明或误解字义，更是造成讹化的主要来源。例如“行”字，在甲骨文和早期金文中作（后2.2.12）、（《行父辛觶》），象道路笔直交叉、四通八达之形。《诗经·豳风·七月》有“遵彼微行”句，正是用此本义。但是从甲骨文第二期开始，即有将“行”写作（粹1360）的，西周《虢季子白盘》作，都已有所误差；至战国多作（《古陶文孴录》2.4）、（信阳楚简），其讹益甚，从字形已难以分析出造字本义了；到了小篆阶段写作，许慎解为“人之步趋也，从彳从亍”（《说文·二下》），把引申义说成本义，把象形字说成会意字。这种误解正是由于字形发生了讹化，讹化的字形使本义隐晦起来。

从上述的归纳和例证中可以看出，古文字形体的讹化是有一个过程的，而往往在小篆中给予定型。所以，如果仅仅根据小篆形体以探求和分析汉字的本义，经常是要出差错的。

三 分化和整化

这里所说的分化指的是在同一个历史平面，某一个汉字具有多种不同的形体，也就是大量而普遍存在着的“异体”。一个汉字的不同形体，有的是因为它们有不同的来源；有的则是同一来源的形体，随着时间的演进、地域的推移、运用场合的不同而分化了。我们今天所看到的甲骨文已是一种比较成熟的文字，它并不是汉字的源头。在甲骨文字之前，一定还存在某种相对简单、幼稚的文字，它正是甲骨文的来源。目前有不少学者重视并致力于汉字起源之谜的研究。甲骨文字中大量异体字的存在，也足以作为这种“源头文字”存在的一个佐证。

但是，这种分化如果不加限制，就会使同一个字的形体数量无限扩张膨胀，人们随心所欲进行书写。这样，势必使文字符号变得无法辨识，文字也就丧失其社会性，丧失其记录语言的功能而陷于死亡了。所以，古文字形体在分化的同时，又必定要产生一种整化的趋势。就是在众多的异体中，某一形体被逐渐频繁地使用，得到了普遍的承认，俨然成为“正宗”，即比较规范、比较定型的形体，也就是“通用字”，从而使文字的社会性和规范性得到了加强。因此整化也可以说就是规范化。在这种经过整化的通用字推广之后，由于使用者的书写习惯、使用场合和地域的不同，新的形体分化又随即开始。如秦始皇尽管做了“书同文”的工作，但在目前所知的秦文字中，大量异体字仍然存在，说明了分化现象仍是明显存在的。因此，分化和整化是古文字形体发展中的又一对矛盾。

有一个事实是尽人皆知的，就是西周金文较之甲骨文，不但在笔画结构上多有不同，而且作为“字体”来说，也是判然有别的两个种类。前者如“追”字殷墟甲骨文一期作（前 5.27.1）、（佚 637），四期作（甲 243），形体结构变化不大；可是到了西周金文中就作（《矢方彝》）、（《师奎父鼎》），与甲骨文明显不同。后者如甲骨文笔画瘦硬劲健，多作方折，粗细如一，而金文则笔画多见圆转，且有粗细变化，等等。对此，过去一般都仅只解释到书写工具和材料的不同为止。

可是，进一步考察的话，我们还能发现这样的事实：殷墟甲骨文与西周金文之间结构的不同、体态的变化，很大程度上不是直接嬗递的，在两大阶段中存在着某种过渡性质的东西。这里，周原甲骨文值得我们予以特别的注意和重视。尽管目前有关的考古发现还不多，披露的材料更为有限，但就所公布的一些材料来看，周原甲骨文在某种程度上可以说是殷墟甲骨文与西周金文在形体发展阶段上的“过渡物”。例如上引的“追”字，在周原甲骨文中有这样的形体：（周甲 47）。显而易见，这个结构为殷墟甲骨文所未有，而开西周金文的先河。又如“畢”字，殷墟作（前4.8.1）、（甲2285），而周原作（周甲45），不唯体态较为草率，结构也有变化。但此字在西周早期金文中作（《史䚄毁》），却基本沿承了周原甲骨“畢”字的结构。就目前所能看到的周原甲骨文的若干照片和摹本而言，它的笔画结构和字体风格确与习见的殷墟甲骨文有所差别。这种差别，只是微殊（例如前者笔画多见倾斜，常呈圆转），而非迥异。但这却使我们不无理由认为周原甲骨文的某些形体，无论就笔画结构还是姿态方面，都是商代文字的众多异体的整化，使之在早周阶段的一定范围内成为西周金文的滥觞。当然，从整体来说，西周金文在形体方面受到殷商金文的极大影响，所以也并未与殷墟甲骨文脱离联系。应该说，一种新字体的产生，往往具有不止一个来源。有的学者已经指出：“甲骨文字的形体结构有两种类型，一种（多数）与金文差异较大，一种（少数）则与金文大致相同或相去不远。”（陈炜湛《甲骨文简论》第四章之二）如果考虑到以前较少注意到的周原甲骨文形体的因素，或许更有助于这一现象的解释。当然，关于周原甲骨文形体情况的描写，也是一个有待探究的问题。

古文字形体发展中的这种分化和整化现象，类似于语言发展过程中的分化和整化。语言中的分化，指的是原始语言分化为不同的地域方言；它的整化，是指地域方言中拥有强大的社会背景的一支提升为基础方言，形成共同语，牵制方言的分化，使之趋于统一。这是语言的一种基本运动形式。众所周知，殷族和周族同为炎黄后胄，“周承殷礼”，使用的是同一语言文字系统；但又毕竟分属不同的部族，其间由于地域的隔阂，存在方言的差异和文字形体上的某些不同，也是不难想见的。而周原甲骨文的某些形体之所以能为西周金文所本，在商代文字的众多异体中成为整化的一方，其社会背景则在于周王朝的崛起并取代了殷商的统治。可以设想这种整化倾向是具有行政力量的因素的。

这里不妨再来考察一下金文的形体发展。李学勤先生指出：“西周末年，有些铭文的字体开始有新的变化。虢季子白盘最值得注意，其文字方整，在风格上开后来秦人文字的端绪。”(《古文字学初阶》五)细审虢季子白盘铭文的字体风格，确如所述。该盘出土于陕西宝鸡虢川司，西周时是西虢所在地。西虢于西周灭亡后成为“小虢”，公元前687年即为秦所灭。它的文化对于秦国无疑具有较大的影响，这是因为西虢在周武王时即已立国，开发得要比同一地域而迟至周平王时始为诸侯的秦国要早，文化程度也较高。其文字“在风格上开后来秦人文字的端绪”，是很自然的事。一个最能说明问题的证据是发现于陕西凤翔的《石鼓文》。《石鼓文》已被公认为秦人作品，只是其制作年代尚无定论（主要有春秋及战国二说）。但有一点是没有疑问的，即《石鼓文》的字体风格与《虢季子白盘》相似，只是更为严整。前辈时贤多以二者互作比较。而《石鼓文》从字形和字体来看，一般认为属于战国的籀文（亦即大籀）。如《说文》所收录并标明为籀文的（圃）、（員）、（則）等字，都见于《石鼓文》。许慎在《说文·叙》中说：

“(李斯、赵高、胡毋敬)皆取史籀大篆,或颇省改,所谓小篆者也。”可见籀文是小篆的前身。那么,《石鼓文》在古文字形体发展阶段中,上继西周金文,下启秦代小篆,从而在与结构纷呈、风格各异的其他战国文字(即所谓“六国古文”)的对峙中成为了整化的一方,也是不难理解的事实了。究其原因,也不外乎秦国自春秋后期以来,国力日盛,最终由秦始皇嬴政完成了“六王毕,四海一”的大业而已。

综上所述,古文字形体发展的主要线索,可以如下图所示:

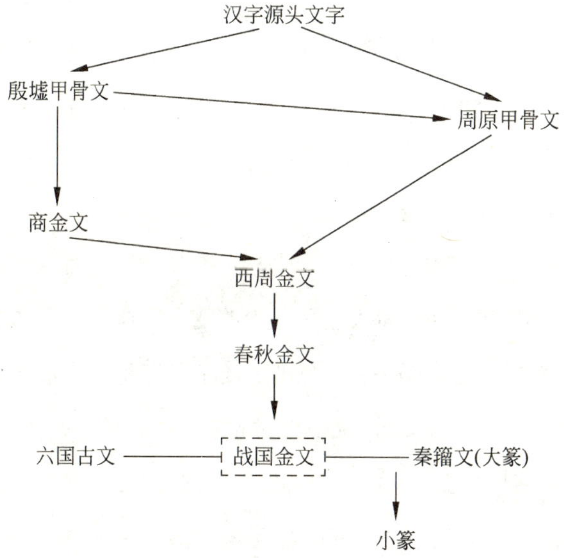

[本文是《商周古文字读本》(与刘翔、陈抗、陈初生合著,语文出版社,1989 年 9 月)“概述”部分的一章]

古文字形体讹变对《说文解字》的影响

作为我国历史上第一部字典和传统训诂学经典著作的《说文解字》,其为人们所熟知的主要特点之一是大量运用"形训"。所谓"形训",也叫"以形说义",是指"通过字形的分析,来了解字所记录的词的本义,即体现在造字意图中的基本词义。"[①]这里所说的字形,一般是指汉字的古文字字形,因为只有在古文字字形中才能较真实、准确地体现造字意图,反映字义,亦即汉字所记录的词的本义。

但是,在整个古文字阶段,即从甲骨文、金文、战国文字到小篆,汉字的字体和字形都发生了不少改变。字体即书写风格的变化带有整体性,因而是一目了然的。而字形即组织构造的变化则往往因字而异,大致划分,无非两种情况:一是到了小篆阶段,仍然可以从字形分析字义的,这是循常的、按部就班式的变化,不妨叫作"循变"。一是到了小篆或在更早的阶段,字形在演变过程中发生讹误,从而在不同程度上脱离了与字义的联系。这样的变化,就叫作"讹变"。

古文字形体讹变的表现形式及其产生的原因多种多样,近年出版的古文字论著多已注意专门述及,[②]囿于篇幅,不纳入本文论述范围之内。本文的论述是从如下的前提出发的,即:古文字形体讹变既然导致造字本意与形体结构的脱离,那么,这种现象对于重视“形训”的传统训诂来说,无疑具有一定程度的消极影响。

传统训诂所说的“形训”,其依据的汉字形体下限一般仅至小篆为止。《说文解字》正是如此。所谓“小篆”,是秦始皇“初兼天下”之后,由李斯、赵高、胡毋敬等人,“皆取史籀大篆,或颇省改”而成的一种字体。[③]这个事实说明:第一,小篆形体较之史籀大篆有较大变化,讹变是相当容易发生的现象;第二,古文字形体的讹变,往往在小篆阶段得以认可和固定。所以研究小篆形体中存在的讹变现象,具有较为普遍和实用的意义。

其实,对于这种现象,应该认为许慎本人已经注意到了。他在《说文解字·叙》中除了提及上述李斯等人对史籀大篆“或颇省改”之外,还说:“及亡新居摄,使大司空甄丰等校文书之部,自以为应制作,颇改定古文。”既然可以“省改”,可以“改定”,那么,汉字在古文字阶段的形体讹变现象更是无可避免的。后人对此也不无揭橥,如清代卢文弨对他的弟子李兆洛说过:“许氏书有夺,有臜,亦有讹。”[④]这里所说的“讹”,似可理解为除了《说文》所列小篆及说解文字在后世流传过程中的讹误外,也包括了小篆形体由来过程中的讹变现象,可惜语焉不详。在甲骨金文未被发现或未曾有意识地用以作为语言文字科学的研究材料时,我们对此自然无可苛求。

六十年前，马叙伦刊布《说文解字研究法》一书，专设一节《说文篆讹》，认为："许书篆讹者，盖百余文。篆讹而说解亦随之讹。是以篆讹者，其说解多迂曲难通。然则不正其讹，则所属者皆不可得而解。"[5]说明了对这个问题的重视程度。晚近也有学者在许慎及其《说文解字》的研究专著中明确指出："根据这些讹变了的形体，只能导致错误的结论。"[6]

这些说法，按理都是从本文上述据以论述的前提下所能推导出的合乎逻辑的论断；然而非常奇怪的是，实际情况并非如此单纯和绝对。根据初步考察，古文字形体讹变对《说文解字》的影响及其体现是复杂的，起码可以归纳出以下数种：

1. 对于讹变的形体，许慎找不出它与造字本意的联系，则云"阙"。例如：

《说文·二上》："單，大也。从吅甲，吅亦声，阙。"钮树玉《说文校录》说："《说文》无甲，故云阙。"李孝定也说："许君盖不知單字本义，故云阙。"[7]按：單字甲骨文作、西周金文作等，均象干盾之形。[8]丁山谓單、干本一字，干与盾同实而异名，盾單双声而單干叠韵，故疑古谓之單，后世谓之干，單干盖古今字也。战国器铭中，形开始讹变作吅，后更转写讹而为單，去干之形愈远。[9]许慎不明此种演变，故而云"阙"。释"大"乃假借义。

据统计，《说文》中有"阙"字者四十余处。对此历来有不同说法，如严可均认为："凡云'阙'者，皆后人校语。"[10]不过从上举例子来看，似乎不应排除许慎对于不明究竟的讹变字形所采取的审慎态度,正如他在《说文解字·叙》中所说:"其于所不知,盖阙如也。"

2. 根据讹变字形说解,而结论仍然基本正确。这又可细分为两小类:

(1) 所得字义未受讹变字形影响。例如:

《说文·三上》:"共,同也。从廿廾。"段玉裁注:"廿,二十并也。二十人皆竦手,是为同也。"[⑪]按:共的甲骨文字形作,西周早期金文作,均象两手共同奉物之状。所奉之物,或云"尊"(吴大澂),或云"璧"(郭沫若),或云"瓮"(朱芳圃)。[⑫]然此物连同两手形逐渐讹变作、。所以许慎认为"共"的本义为"同",不误;而段注所谓"二十人皆竦手",则为穿凿之谈。

又:

《说文·三下》:"臣,牵也,事君也。象屈服之形。"郭沫若说:"臣之训牵,盖以同声为转注。然其字何以象屈服之形,于小篆字形实不能见出。近人亦有依小篆字形以为说者,然皆以讹传讹也。字于卜辞……金文……,均象一竖目之形。人首俯则目竖,所以'象屈服之形'者,殆以此也。"[⑬]按:臣的小篆作,为竖目之形的讹变。

王力先生的《中国语言学史》在评介《说文解字》时也涉及这种情况,叫作:"字义没有弄错,但是字形解错了。"并举"矢"、"射"、"毕"、"穴"四字为证。[⑭]所谓解错的字形,都是讹变的字形。

(2) 以"一曰"的方式使字义的解释得以不误。"一曰"就是

别存一说,凡形、声、义都可有“一曰”。有时小篆形体讹误,首列字义未得其本,而“一曰”则得之。例如:

《说文·三上》:“競,彊(强)语也。一曰,逐也。从誩从二人。”桂馥《说文解字义证》:“强语也者,《释言》:‘競,强也。’《诗·抑》:‘无競维人’,《笺》云:‘競,强也。’《桑柔》:‘秉心无競’,《传》云:‘競,强也。’僖七年《左传》‘心则不競,何惮于病’、宣元年《传》‘故不競于楚’、二年《传》‘彼宗競于楚’、成九年《传》‘德则不競’、昭二年《传》‘二惠競爽犹可’,杜《注》并云:‘競,强也。’”[15]按:由《义证》可知,文献典籍中的“競”,实只训“强”义,与许慎所云“强语”,一为词,一为词组,显见有别。而“競”字的甲骨文形体,李孝定认为“象二人接踵,有竞逐之义。”[16]西周金文早、中期字形仍与甲骨文相似,至西周晚期,遂发生讹变,其构形为小篆所本,成了“从誩从二人”。所以许慎解为“强语”有未安,而“一曰,逐也”,乃得其造字本意。

类似情况还有:

《说文·二上》:“止,下基也。象草木出有址,故以止为足。”按:“止”的甲骨文形体作,孙诒让谓象足迹形,本义当为足。卜辞有“疾止”的文例,正用其本义。至金文即讹作,与小篆同,已与足迹之形不类。许慎据小篆形体,说为“下基”,失之;[17]但又能说到“以止为足”,似可视作类似以“一曰”的形式说及本义,则又不宜判作全误。

从形训的原则与方法来看,许慎据讹变字形说解汉字,按说势必造成字义解释的错误，然则何以存在上述现象呢？这恐怕正如清人臧琳所说："要知《说文》之书非许叔重自撰，乃记集三代以来遗文，故其诠解俱自古相传旧义。"[18]这就是说，与《尔雅》一样，许慎的训诂是从典籍的实际出发的，因此所收集的"俱自古相传旧义"。作为词义，它们的可靠程度，当然并不因字形的讹变而有所降低。

3. 根据讹变字形，未能得出造字的本意，但尚不脱离该字作为词的使用实际，如将引申义或假借义说成本义之类。例如：

《说文·五下》："乘，覆也。从入桀。"按：根据"乘"的甲骨文、金文形体，王国维说："此字象人乘木之形。"李孝定认为："'乘'之本义为升为登，引申之为'加其上'。许训'覆也'，与'加其上'同意。"[19]小篆形体讹作"从入桀"，因而许慎训"乘"为"覆"，乃是将引申义作为本义。

又：

《说文·三上》："與，党与也。从舁从与。"段注："会意，共举而与之也。"按："與"字未见于甲骨文，金文多作形，有两双手和一带齿形部件。此齿形部件宜为古代之符节或券契之形，当事双方各执其半，齿合则生效。所以"與"之构形，乃会双手交付券契之意，本义为付与。至小篆时形体讹变，本义遂晦。许慎言"党与"，乃其假借义。段注云"共举而与之"，实当指"舆"字，《说文·三上》："舆，起也。从舁从同，同力也。"从"舆"字的甲骨文作、金文作来看，正是会"同力共举"之意。

其他如“冓”字甲骨文形体象两鱼相遇之形,金文发生讹变而鱼形不显,许慎释为“交积材也,象对交之形”,当为引申义;“行”字甲骨文象道路之形,本义为道路,后发生讹变,以至许慎释为“人之步趋也,从彳从亍”,亦当为引申义;“鲁”字甲骨文从鱼从口,金文讹变从甘,小篆又讹变从白,许慎释为“钝词也”,当为假借义;等等,皆同此类。

王念孙在为段玉裁《说文解字注》所作的序中说:“《说文》之训,首列制字之本意。”这是就一般通例而言的。从上述例子可知有时未必如此。但是这种情况也仅仅在于未曾归纳出造字本意而已,作为实际使用的词来说,许慎所标举的义项,还是符合典籍实际的。因此,也不应予以简单化的否定。

4. 根据讹变字形,说解及结论完全错误。这最为体现许慎由于时代局限所造成的《说文解字》在科学性方面的不足。像人们所熟知的释“莫”为“大腹”(十下)、释“有”为“不宜有”(七上)等,都属于这一类。兹再举二例:

《说文·五下》:“既,小食也。从皀,旡声。”按:关于“既”字,李孝定说:“契文象人食已顾左右而将去之也。”罗振玉说:“‘即’象人就食,‘既’象人食既。许君训‘既’为小食,谊与形为不协矣。”[20]但是,甲骨文的这种“象人食已顾左右而将去之”的形体,到小篆时已大为讹变,以至许慎把它作为形声字,所解的本义也错了。

《说文·九下》:“勿,州里所建旗。象其柄,有三游。”按:“勿”字的甲骨文形体象笏形,郭沫若说:“‘勿’乃‘笏’之初文。

古人于笏上书事以备忘,字正象其形。”[21]许慎错释成“州里所建旗”,也是由于笏形发生讹变的缘故。

综上所述,许慎的《说文解字》从典籍文献的实际出发,从当时人们使用汉语的实际出发,整理与保存了大量的汉语词义。大量使用形训是《说文解字》一书的重要特征。但是,由于汉字形体在东汉之前,已经历了若干演变,许慎所据以说解的小篆,较之早期汉字形体更有相当数量的讹变,因此往往影响到许慎的说解。不过,这种影响所体现出来的情况是较为复杂的,不是简单的推理所能概括的。我们认为,虽然甲骨金文至今可识者数量有限而且不乏未有定论者(包括本文所举的某些例子),尚不足以全部检验《说文》,大体说来,《说文》在字形分析方面常有不尽准确乃至谬误之处,然而对于字义(亦即词义)的描写却每每差强人意,完全谬不可取的甚少。这是由《说文解字》所具有的独特性质和丰富内涵所决定的。[22]因此,从某种程度上说,《说文解字》克服了自身材料的局限,成为“六艺之渊海,古学之总龟”(严可均语),在文字学、训诂学、辞书学等多方面保有其不朽的价值。

附　注

① 陆宗达:《训诂简论》三,北京出版社,1980 年 7 月。

② 参看张桂光:《古文字中的形体讹变》,《古文字研究》第十五辑,中华书局,1986 年;林沄:《古文字研究简论》第三章,吉林大学出版社,1986 年;笔者参与编写的《商周古文字读本》通论三,语文出版社,1989 年;等等。

③ 许慎:《说文解字·叙》,中华书局影印本,1963年。

④ 见李兆洛为毛际盛著《说文述谊》所作的序文,《聚学轩丛书》第五集。

⑤ 马叙伦:《说文解字研究法》,商务印书馆,1929年5月。

⑥ 姚孝遂:《许慎与〈说文解字〉》十,中华书局,1983年。

⑦ 李孝定编述:《甲骨文字集释》卷二。

⑧ 本文引用的字例,均采自《甲骨文编》(中华书局,1965年)、《金文编》(中华书局,1985年)、《古文字类编》(中华书局,1980年)、《说文解字》诸书,由于印刷条件限制,多数不列其古文字形体而仅加以描写。也尽量少列其异体或繁体字形,能说明问题即可。读者可于上述诸书中加以核对,并请见谅。

⑨ 转引自周法高主编:《金文诂林》卷二。

⑩ 严可均等:《说文校议》,《遂雅堂全书》本。

⑪ 段玉裁:《说文解字注》三篇上,上海古籍出版社,1981年10月。

⑫ 同⑨,卷三。

⑬《甲骨文字研究·释臣宰》,《郭沫若全集·考古编》第一卷,科学出版社,1982年9月。

⑭ 王力:《中国语言学史》第一章,山西人民出版社,1981年8月。

⑮ 桂馥:《说文解字义证》第八,上海古籍出版社,1987年3月。

⑯ 同⑦,卷三。

⑰ 参看陈初生:《金文常用字典》卷二,陕西人民出版社,1987年4月。

⑱ 臧琳:《经义杂记》,《拜经堂丛书》本。

⑲⑳ 同⑦,卷五。

㉑ 郭沫若:《殷契粹编考释》,转引自《甲骨文字集释》卷九。

㉒《说文解字》的性质具有多重性,参看曹先擢:《〈说文解字〉的性质》,载《词书与语言》,湖北人民出版社,1985年2月。

[原载《中国语文》,1991年3期]

周原甲骨文与汉字形体发展

一

东汉许慎在《说文解字·叙》中说："黄帝之史仓颉，见鸟兽蹄迒之迹，知分理之可相别异也，初造书契。"现代考古学所揭示的种种迹象表明，这种传说作为汉字起源时代的一种暗示，并非无稽之谈。许慎于下文又指出："以迄五帝三王之世，改易殊体。"亦即汉字发明以来，历代有所演变，更属题中应有之义了。只是我们目前可以对此进行较系统而具体考察的，还只能首推殷商中期始见的甲骨文与西周早期金文这两个主要阶段。而构成这两个阶段的中间环节的，则大体为20世纪70年代发现于陕西岐山、扶风的周原甲骨文。

李学勤先生说："以周原甲骨中的周文王时期卜辞与殷墟甲骨中的帝乙、帝辛时期卜辞比较，结论是同多异少。"①这个结论无疑是科学的、审慎的。因为如果不是"同"而且"多"，则商周两代的文字势必成为不同的系统，就无所谓汉字的演变了；同时，如果不存在"异"（尽管"少"），也同样谈不上汉字的演变的。

在年代方面,不少学者都同意周原甲骨文(以下简称"周甲")除周文王时期(习称"早周")部分外,还有周取代商后的西周早期部分;只是对于二者的比例及具体甲片的断代归属,尚未有一致意见。

然而,即使把这后一部分也算上,再将殷墟甲骨文(以下简称"殷甲")的范围上沿至其早期即武丁时期,作为比较研究的材料,同样是有意义的,对于上述结论基本上也是适合的。

本文根据诸家较为公认的考释成果,着重于描写、分析周甲较之殷甲的"异"的若干情况,以作为周商易代之际汉字形体演变的微观考察。此种考察对于汉字产生与发展的全部历史的深入研究,或许不无裨益。

二

我们首先注意到,在周甲中出现了若干"崭新"的汉字形体,为殷甲所未见。这些新字的产生,原因不外乎两个方面:其一是殷王朝尚存在的早周时期,随着社会生活的发展,当时占标准语地位的殷部族方言产生了新词新语。记录这些新词新语的书面符号的使用,影响至于属下的周原,而恰好在殷王室的卜辞中未能得以反映。其二,更重要的,它们是周王室贞人为记录本部族方言词语而创制的书面符号。随着周王朝的肇立,这些词语后来也融入了华夏民族的共同语,成为标准语的一部分,记录这些词语的书面符号也就成为汉字家族的正式成员。

这些新字所记录的词语大致有：

1. 体词性的

城 字形作(H31:5)，[②]诸家均隶定作城，西周金文如《班簋》等均从之，亦为《说文》籀文所本。

夜 H11:56 有形，诸家均隶定作夜。从夕，亦声。从西周金文直至小篆，均作从夕，亦省声。按：殷甲只有夕字，夜字的出现，乃是由于周人对每日的时段做了进一步的精密划分。

舍 H11:115 有“（于）商其舍若”，形作，《说文·人部》：“市居曰舍。”西周金文如《令鼎》等因之。

胄 H11:174 有“贞：王其自（师），用胄，叀（惟）乎胄。”[③]两胄字均作形，义为甲胄。西周金文如《小盂鼎》等因之。

貨 见于 H11:93，形作。此为陈全方（1982）所隶定，并指出：“这片甲骨文至为重要，反映了当时商业贸易的情况。”[④]遗憾的是缺乏上下文，未能进一步定论。

貘 见于 H11:93，形作。按《说文·豸部》：“貘，似熊而黄黑色，出蜀中。”《尔雅·释兽》：“貘，白豹。”郭璞注：“似熊，小头庳脚，黑白驳，能舐食铜铁及竹骨，……”据今人考证即大熊猫。[⑤]周甲中有“伐蜀”（H11:68）和“克蜀”（H11:97）的记载，所以周人与貘发生关系，当不难想见。如此说成立，则我国自商末周初即出现大熊猫的记载，应当是很值得注意的事。

蠻 H11:153 有“庶蠻”，义即众蛮。西周金文多见“蠻方”，初文形亦同此作，下无部件“虫”。

尚 H11:23 有“于尚椃”。H11:2 有“五月惟尚”，均用作“上”，形作。西周金文《尚鼎》、《留鼎》等因之。

2. 谓词性的

儇（還） H11:47 有“大儇迺不大追。”形作。诸家多引《淮南子·天文训》“日出于旸谷。……至于鸟次，是谓小还，……至于女纪，是谓大还”释之，谓“大儇”即“大还（還）”。“大儇”虽为复合名词，但“儇”作为语素，则是动词性的。

则 H11:14 有“王其則”，形作，H31:4 有“迺則□”，形近之。因用在副词其、迺之后，似当用作动词。此字西周金文于《何尊》中始见之。

戠 H11:28 有“曰戠，迺亡咎”，形作，或释为“新”字之异构，似未能安。按《金文编》卷一二立有戠字，采自《戠簋》，注：“《说文》所无。”此金文形体即同本周甲。

逋 H3[2]:1 有“用由逋妾”，从摹本看，逋似写作，结体颇类《说文》籀文，为逋逃之义，动词。

三

同样出现在周甲与殷甲中的字，有若干在形体方面发生了程度不同的变化。这些变化，不外乎繁化、简化、异构、讹变等，与汉字形体演变的一般现象适相印证。

1．繁化

增加笔划或部件，但不是造新字。如：

更 此字在殷甲中作（佚435），[6]于省吾谓为古文鞭字（《释》）。[7]而周甲作（H11：11），声符增一丙形，西周金文自《班簋》、《曶鼎》以下皆从之。

蜀 此字在殷甲中作（合集9775）等形，为整体象形，即《说文·虫部》所云“葵中蚕也，从虫，上目象蜀头形，中象其身蜎蜎”。而周甲作（H11：68、H11：97），均分体作“从虫，上目象蜀头形”，与西周金文（如《班簋》）、石鼓文、小篆形同。

追 殷甲中作，（京4387），周甲始作（H11：47），从辵，西周金文、小篆均从之。

咎 殷甲有形（合265），或作，陈梦家认为：“或即《说文》‘咎，灾也’之咎，省口。”（569页）[8]从若干文例如“贞：隹父乙妇好”（乙3401）等来看，似可成立。因此为咎之初文，而咎字在周甲中频繁出现（8次以上），均加口作如形（H11：28）。但此形体在整个西周时期似未出现，而于战国印文或简文中见之。[9]

逐 此字在殷甲中乃从趾于兽后以会追逐之意，所从之兽，为豕、为兔、为鹿等。周甲始定型为（H11：113），西周金文从之（如《逐鼎》、《逐簋》）。但周甲此字又有加攴繁化作（H11：170），有追且击之之意。不过此形体未得留传后世。

後 《甲骨文编》收有“上幺下夊”的形体，见于乙8833、库

1195，徐中舒(1989)谓为“後”之初文。[10]周甲始有形(H11:83)，即《说文·彳部》所云“从彳幺夊者後也”，为西周金文所本。

周 在殷甲中出现时，均作等形；在周甲中亦多呈此等形(如H11:104、H11:117、H11:31等)。然而在H11:82、H11:84中，则均加口形作。该二片上下文均为“册周方白(伯)”，揣测文意，参照各家考释，当是姬昌(周文王)受殷王册命为周方伯，正式成为诸侯，立国，故于国号下加口，示国家政令所从出(与君、商等字从口用意相同)。

寶 徐中舒(1989)指出，此字在殷甲中均作“从宀中置贝及玨，会意为寶。金文……始加缶为声符，是为《说文》篆文所本。”[11]但在周甲中，此字作(H11:52)，乃是加“父”为声符。在上古音系中，父、缶音较接近，作为声符似可通用。[12]不过后世“寶”字的声符却取缶，不取父。

后起分化字，往往是在原始形体即初文的基础上增添部件，所以也是汉字形体繁化的一种表现。然而这种分化字形产生之后，原先的初文形体并非消亡而继续使用，因此这后起分化字成了新字。这就是它与一般经演变的后起汉字形体的区别所在。

祠 殷甲中用司作祠，如：“丁卯卜，司妣咎。”(邺3.34.7)。“司室”(前4.27.8)即“祠室”。周甲中始见祠(H11:20、H11:117)，为司之后起分化字。

師 殷甲皆以自作師，如“丁酉贞，王作三自右中左。”(粹

597)。周甲始见師,形作(H11:4),为自之后起分化字。師行而自不废,西周《大盂鼎》尚有“古(故)丧自(師)。”

貞 是鼎字的分化,始见周甲,详后。

2. 简化

車 此字形体的演变,是体现汉字简化现象的一个典型例子。它在殷甲和商金文中的形体都比较复杂,象有双轮、有辕、有衡、有轭之形。在殷甲中,它的形体却已逐渐简化,甚至已有只作二轮形如⊕⊕(乙 8081)的形体,但多数情况下还是较为复杂的。只是到了周甲,才进一步地大大简化了。此字在周甲中不止一次出现,作(H11:124)、(齐家 80FQN 采集:112),均简化作一轮形。[13]西周金文至《师同鼎》开始出现类似形体(《金文编》930页),小篆因之。

受 此字在殷甲中作、、,均从双手,“表示二人以手奉承盘相授受。”这种形体在周甲中也存在,但在多数情况下少一手形,简化为,见 H11:174、H11:82、H11:189、H11:87,成为后世受字形体定型的关键。此字在周甲中更有进一步简化作(H11:4)的,但这种形体未被西周金文所承继。

見 殷甲中作目下人形,但目须画眼珠、眼角等,人形多作跽跪之姿,如(前 7.6.2),均甚繁冗。周甲中出现四次(H11:92、H11:102、H11:29、H11:154),作、、诸形,均只在目框中加两斜划,人形亦简约多了。

正 在殷甲中均作或形。此字在周甲中出现6次，即H11:1、H11:82、H11:84、H11:189、H11:114、H11:130，均将方口形简化为一横，作、、。

旦 此字的简化与上述“正”字有类似之处，在殷甲中皆作从日从口如（甲840），徐中舒认为：“口即日之影，……以日与影相接之形表示日初升之时。”[14]但在周甲中则简化作（H11:70），成了《说文》所云“从日见一上。一，地也。”

3. 异构

周原甲骨文中还有一种新形体，是对于殷甲中形体的异构。所谓异构，就是同一字的不同形体。广义地说，即使增减一道笔划，也便产生了异构；狭义地说，只是原字较明显地更换部件、改变结构方式，或者甚至用另一个形体代替了原先的形体，才称之为异构。这里主要是指后一种情况，它与笔划的简单增减是有所不同的。

隊 殷甲作（菁3.1）或（前5.2.1），《甲骨文编》认为“象人由阜下隊之形，隊（墜）之初文”（535页），[15]是个会意字。周甲则写作（H31:4），即《说文》所指“从高隊也，从阜㒸声”（《阜部》），成了形声字。因此可以认为二者之间是一种异构关系。

麗 殷甲有字，文例为：“戊戌卜，出贞：其于于于室酒。”（文录379）鲁实先据《说文·鹿部》麗字之籀文作，释其为麗字，李孝定从之。（见《甲骨文字集释》第十卷）[16]徐中舒则以从二耒从二犬的（续 3.40.4）为麗字初文。周甲则有（H11：123），“乃以鹿之特饰双角为丽之异构。”[17]西周金文（《元年师史簋》）作，即由此异构而来。

4. 讹变

讹变，即形体发展与造字本义脱离，是古汉字形体演变过程中一种相当普遍的现象。在殷墟甲骨文向西周金文及以下的发展过程中，固然常常发生讹变，而由周原甲骨文肇其端者，亦往往有之。例如：

畢　在殷甲中作（纂 22）、（甲 624）等，罗振玉说：“卜辞诸字正象网形，下有柄，即许君所谓象畢形之也。但篆文改交错之网为平直相当，于初形已失，后人又加田，于是象形遂为会意。”[18]其实，畢字在周甲中出现，即作（H11:45、H11:86 略异），仍保留“下有柄”，但上部之网则讹变作平直相当之田形，西周早期金文《史䛐簋》等即从之，并不烦待后世篆文之改也。

唐　周甲 H11:1 有“成唐”二字，是即文献之“成汤”，亦屡见于殷甲。但唐字所从之庚，殷甲中皆作或，如郭沫若所谓象“有耳可摇之乐器”形。（见《甲骨文字研究 · 释干支》）[19]但周甲此字作（H11:1），将此乐器形制割裂，器耳几近取消，左右部分分开，讹近于两手形。此形似未得金文沿继，但小篆作，可谓一脉相承。

庶　此字在殷甲中作（京 2674）等形。于省吾指出：“甲骨

文庶字是‘从火石、石亦声’的会意兼形声字，也即煮的本字。”（《释庶》）[20]而在周甲中，庶字凡两见（H11：74、H11：153），均讹作、，成了《说文》所谓的“从广芡”的“屋下众”（《广部》）。西周早期金文如《大盂鼎》等即从其讹变之形。

貞　在山西洪赵县坊堆周代遗址发现的甲骨中，此字写作，所从鼎字已讹变作贝，与后世字形极近，见后。

四

通过上文对周原甲骨文与殷墟甲文之“异”的描述，可知若干后世常用汉字的形体，在这个阶段中经历了一个或新生、或繁化、或简化、或讹变的过程。这个过程对于这些汉字在其形体发展历史上的定型化，具有决定性的作用，有些并且带有类推性质（例如止形由殷甲的，至周甲的，就关联到之、正、出、此、武等字）。可见，对周甲于殷甲之“异”，似宜给予应有的重视。质言之，我们认为周原甲骨文在汉字从殷墟甲骨文向西周金文的演变中，具有枢纽性的过渡作用。因此，周原甲骨文的形体研究，对于全面了解汉字形体的发展，是有价值的，也是有必要的。

裘锡圭先生曾经提出：“我们可以把甲骨文看作当时的一种比较特殊的俗体字，而金文大体上可以看作当时的正体字。”[21]虽然主要针对商代文字的殷墟甲骨文与晚周金文而言，但据而考察周原甲骨文与金文的形体递嬗关系与笔法笔势的不同风格，我们认为也是可以成立的。根据诸多学者的研究,周原甲骨文的契刻时代,大致从商末帝辛(纣王)到西周早期(武王至穆王)。因此,一方面,在早周阶段,它与殷甲五期基本同步,同为晚商金文的俗体;另一方面,在西周早期,它又是西周早期金文的俗体。我们只要将武王时期《利簋》的铭文风格与周甲加以比照,也可一目了然于周甲作为俗体的特点。

众所周知,汉字的形体发展,历来存在正体与俗体之别。如果追溯目前所能知晓的成系统的汉字源头,应当承认,汉字俗体的产生,一般早于正体。殷墟甲骨文与晚商金文的关系,就是如此。至于殷墟甲骨文,正如董作宾所指出的:“在早期武丁的时代,不但贞卜及所记的事项重要,而且当时史官书契的文字,也都壮伟宏放,极有精神。”[22]可见也是以正体的面目出现的。这正说明殷墟甲骨文并非汉字的源头;起码在甲骨文之前,还存在一种更为原始而俗体化的汉字系统。

正体是对俗体的整饰化,如减少俗体的异体、异构,使之定型、定势,等等,一句话,就是规范化;从而登上历史舞台,为官方所承认相使用,成为一个时代的正式字体。[23]而在正体产生之后,在它非官方、非正式场合的使用中,又产生了新的俗体,这新的俗体又对未来的新的正体发挥着先导与预产的作用。例如,贞与鼎古为一字,写为鼎的象形,从殷甲到周初《利簋》莫不如此,可谓当时的正体。这种正体在早周时期的周甲 H11:1 中仍然存在。但在同片周甲中,又出现了加卜形的贞字,应该说是贞字俗体的萌芽，标志着贞字对鼎字的一种分化。其后在一系列的周原甲骨片中，贞字所用鼎形（变成只是部件了）或简或繁，但始终都有卜形，说明这一俗体已逐渐强化。及至西周初期，来自周原甲骨文系统的贞字所属的鼎形，由于与贝字形似，更发生了形体讹变，改以贝为部件。[24]而在作为正体的金文方面，到西周中叶的厉王时期的《散氏盘》铭文中，才出现了加卜形的贞字，但所从另一部件仍作鼎形。那种讹变从贝的贞字，直至战国时代的《冲子鼎》铭文中才正式露面（见《金文编》225页），得到承认；小篆以来，一直作为汉字的正体加以使用。

所以，一部汉字的形体发展的历史，某种程度上可以说就是俗体与正体交相影响、相辅相成的历史。至于俗体与正体之产生与相互作用的成因，不外乎社会生活的发展及汉字使用功能的制约等等，此不赘述。

五

对周原甲骨文与汉字形体发展关系的研究，还可以给我们一些启发，比如说对周原甲骨的性质认证方面就可能如此。

在这个问题上，历来存在一些分歧意见。这些分歧，后来逐渐集中到若干所谓“庙祭甲骨”即H11：1、H11：82、H11：84、H11：112等的族属问题上。一种认为是“（周）文王在周原建立殷王宗庙”的产物；[25]一种认为是“周文王被囚居于殷时所卜，……随周文王归周时，从殷带回周原的”；[26]一种则认为“应是属于商族而不是周人的”。[27]

笔者并非甲骨学的专门研究家，对上述看法无法直接赞一词。这里只是从汉字形体字的角度，想用几个字例（大部分是上文涉及过的）表达个人的若干困惑，以此就教于大方之家。

1. 貞　在殷甲中从来写作鼎形，没有任何多出的部件。何以在 H11:1、H11:84、H11:112 中，共出现 4 个貞字，有 3 个加卜形？这种加卜形的貞字的写法，与其他周甲上的貞字（尚有 7、8 个）完全相同，只是所从鼎形间或有所歧异而已。[28]

2. 周　在《甲骨文编》中共收录有 31 个形体，均作田形或田格中加点、小划等，何以在 H11:82 和 H11:84 的“册周方白（伯）”中，突然都出现了田下加口形的“周”？有人说：“殷商甲文之周，与姬周有别。”[29]但何以在其他周原甲骨片如 H11:31（背面）、H11:117、H11:104 中，周字仍只作田形？况且，在岐山凤雏、扶风召陈西周建筑基址中出土的器物残陶片上，也多次发现田形符号，一般也认为是周字。可见田形的“周”很难说不为姬周所用。加口形以示可出政令的“周”很可能是文王受册命后所创，以示诸侯的权势。但创制者为谁？是殷王室的贞人吗？如为殷贞人所制，则在殷甲五期卜辞中似当另行出现，为何只在这两处使用？

3. 成　陈梦家早已指出，殷墟卜辞“成汤之‘成’从戌从丁”，是一个专用字。（411 页）[30]但周原庙祭甲骨 H11:1 中“成唐（汤）”的“成”字，却写作，所从之丁（当作口形）已然消失。[31]若

是殷人如此书写(契刻)他们祖宗的专用字,岂非大不敬?

4. 唐　在全部周甲中仅一见,即用于上述 H11:1 中指称"成汤"的汤,形体却因书写草捷而发生了讹变(见前),似乎也是不应该的事。

总之,在周原庙祭甲骨为数不多的文字中,却出现了数个与习见殷墟甲骨文颇相异作的形体,不能不说是奇怪的事。希望在探讨这些甲骨的族属问题时,也能对这一角度予以顾及。

附　注

① 李学勤:《周文王时期卜甲与商周文化关系》,《人文杂志》,1988 年第 2 期。

② 本文周甲字形所属的甲片编号,悉数为通行使用者,即陕西周原考古队的《陕西岐山凤雏村发现周初甲骨文》(《文物》,1970 年第 10 期)、《扶风齐家村西周甲骨发掘简报》(《文物》,1981 年第 9 期)、陈全方《陕西岐山凤雏村西周甲骨文概论》(《四川大学学报丛刊》第十辑,1982 年 5 月)等文的原发表号。

③㉕ 徐中舒:《周原甲骨初论》,《四川大学学报丛刊》第十辑,1982 年 5 月。

④ 陈全方:《陕西岐山凤雏村西周甲骨文概论》,同上。

⑤ 徐朝华认为:"根据这些描述,古代所说的貘,很可能就是大熊猫。"(《尔雅今注》,333 页,南开大学出版社,1987 年 7 月)我国哺乳动物学家谭邦杰说:"中国古书上所说的一种名叫'貘'的黑白色动物,'貘'实际上指的是大熊猫。"(《世界珍禽异兽》,310 页,中国青年出版社,1994 年 9 月)

⑥ 本文殷甲字形的出处简称与编号,均与通行者同,不另详列。

⑦⑳ 于省吾:《甲骨文字释林》,中华书局,1979 年 6 月。

⑧㉚ 陈梦家:《殷虚卜辞综述》,中华书局,1988 年 1 月。

⑨ 高明:《古文字类编》,125 页,中华书局,1980 年 11 月。

⑩⑪⑭⑰ 俱见徐中舒主编:《甲骨文字典》,四川辞书出版社,1989 年 5 月。

⑫ 缶的上古音为幽部帮母上声,父为鱼部帮母上声。据王力《诗经韵读》(上海古籍出版社,1980 年 12 月),鱼、之二部可以合韵,幽、之二部也可以合韵(如《大雅》中的《绵》、《思齐》、《常武》、《瞻卬》等篇),可知鱼部与幽部亦应有密切的关系。

⑬ 尚有 H11:35 作形,但隶定有争议。

⑮ 孙海波:《甲骨文编》,中华书局,1965 年。

⑯ 李孝定:《甲骨文字集释》,(台北)中央研究院历史语言研究所,1970 年 10 月。

⑱ 高鸿缙《字例》二篇转引,见《金文诂林》(香港中文大学,1975 年)第五册,2451 页。

⑲ 郭沫若:《甲骨文字研究》,收入《郭沫若全集·考古编》卷一,科学出版社,1982 年。

㉑ 裘锡圭:《文字学纲要》,42~43 页,商务印书馆,1988 年 8 月。同处下文又指出:"所谓正体就是在比较郑重的场合使用的正规字体,所谓俗体就是日常使用的比较简便的字体。"

㉒ 董作宾:《甲骨文断代研究例》,《庆祝蔡元培先生六十五岁论文集》上册,1989 年 9 月。

㉓ 参见拙文:《古文字形体的发展规律》之(三),《商周古文字读本》(合著),语文出版社,1989 年 9 月。

㉔ 见山西洪赵坊堆村发现的有字甲骨。"李学勤据伴出铜器、陶器等遗物判断,第一个指出应为西周初期物。这一看法已被普遍接受。"(王宇信:《西周甲骨探论》,14 页,中国社会科学出版社,1984 年 4 月)

㉖ 高明:《略论周原甲骨文的族属》,《考古与文物》,1984 年第 5 期。

㉗ 王宇信:《甲骨学通论》,416 页,中国社会科学出版社,1989 年 6 月。

㉘《甲骨文编》录有一形,采自铁 45.1,亦为某些相关字书所引用。笔者经检原拓影件,乃作,右方另有一 V 形,疑皆为龟板坼纹,非为附加"卜"字形;况且此乃一期甲片,而于整个殷甲五个时期大量贞字中不复出现,是又一可疑之点。

㉙ 陈全方:《周原与周文化》下编之二,上海人民出版社,1989 年 9 月。

㉛ 李学勤、王宇信也指出本片"'成'字写法与周初金文相同,而与殷墟一期卜辞有异。"(《周原卜辞选释》,《古文字研究》第四辑)

[原载《容庚先生百年诞辰纪念文集》,广东人民出版社,1998 年]

周原甲骨文音系特点初探

周原甲骨文(以下简称"周甲")作为商周社会史料的一个组成部分,在汉语言文字学发展史上也具有特殊而宝贵的价值:较之殷墟甲骨文(简称"殷甲"),其内部不少新产生和变异的形体,大都为西周金文所沿袭,并与后代的汉字形体一脉相承,证明了周甲在汉字从殷甲到西周金文发展过程中的过渡性枢纽作用。[①]

本文拟以周甲作为语料,探讨它在音系方面的某些特点。这也许是个难以实现的企图,因为迄今为止借助于殷甲和西周金文勾勒的商代和西周音系,只是比较粗放和不甚严密,因而也远未能获有定论的——这当然与以上两种材料不够宏富有关。而周甲在这方面的局限性就更大了:数量既与那两种无法相比,字句的释读问题也更大(据说即将有更好的照片及拓印文本问世,这当有助于此种局面的改善)。不过,周甲作为语料,也有很大的优点:地点集中,时间跨度较小,这对于共时的音系方面的考察是相当有利的。因此,目前我们无妨就有限的材料进行有限的考察,从而得出若干初步的意见,以资将来或许做进一步深入研究时参考。

考察和架构殷甲和西周金文音系的角度和方法,目前运用的有音韵分布、假借、谐声等。本文也在这三个方面同时做了努力,首先将有关材料整理为两个表:1. 已识周甲文字声韵分布表;2. 已识周甲文字关系字声韵分析表。(见下)关于上古音系的声韵框架及具体字的归属,主要依据郭锡良的《汉字古音手册》(文献[4])。在此基础上结合某些谐声材料提出一些初步意见。

需要说明的是,这些材料大多取自一家之言,为便于取舍查索,判别是非,有关考释文字均摘要列出并说明所依据的出处(编号的文献篇目见文末所列);至于周甲本身的编号,则依据惯例,即遵循引用文献[2]、[11]、[17]诸篇的原发表号。

从上述两个表中可以看出周原甲骨文音系的若干主要特点:

(一) 声母方面

1. 唇音组

帮、滂、并三母存在互谐的现象,如"不"(帮母)读为"丕"(滂母)、"白"(并母)读为"伯"(帮母);又"宝"字在殷甲中写作从宀中置贝及玉,为会意字,周甲加声符"父"(并母)变为形声字,西周金文则易声符为"缶"(帮母)。

明母字则有与晓母互谐的现象,如"血"(晓母)读为"盟"(明母)、"每"(明母)读为"晦"(晓母)等。

上述现象在周秦典籍文献中也有较多的证明。[②]

表1 已识周甲文字声韵分布表

声	喉音							舌头音						舌上音						齿头音					正齿音				唇音			
韵	见	溪	群	疑	晓	匣	影	端	透	定	泥	余	来	章	昌	船	书	禅	日	精	清	从	心	邪	庄	初	崇	山	帮	滂	並	明
之	龟 己		其	牛			又 ナ			邰	乃	异 以	来 吏	止						子 哉 丝 甾		才		巳 祀 祠				史	不			母 每
职		克						陟				翌																				
蒸															爯	乘																
幽			咎						丑	胄		酉	牢	周 舟				受											保 宝（缶）			卯 戊
觉	告									逐																						
冬	降							冬 中		虫										宗										豐		
宵					蒿					兆 召			尞					卲					小									
药																																皃

续表

声 韵	喉音							舌头音						舌上音						齿头音					正齿音				唇音			
	见	溪	群	疑	晓	匣	影	端	透	定	泥	余	来	章	昌	船	书	禅	日	精	清	从	心	邪	庄	初	崇	山	帮	滂	並	明
侯	九																	蜀														
屋																						族							卜			木
东	工公											用	龙									[illegible]										
支	鷄												丽																			
锡								帝				易														冊册						
耕								丁贞鼎					令	正征				成城宬										生牲眚			并	
鱼	古			五鱼围御	乎	于					女奴				车		舍				且					楚				(父)		马武
铎							亚			宅		夜	洛	隻			庶		若	乍									百	帛	白	莫歎
阳	庚更京		弜		享兄	王往				唐							商	上尚											方			

续表

声 韵	喉音							舌头音						舌上音						齿头音					正齿音				唇音			
	见	溪	群	疑	晓	匣	影	端	透	定	泥	余	来	章	昌	船	书	禅	日	精	清	从	心	邪	庄	初	崇	山	帮	滂	並	明
微	鬼						衣	自 追		隹		唯																				
物	既	乞			𠦪					队	内																		弗			未
文								𦎫		豚																						文
歌						[illegible]																										
月	氒			月		曰				大										祭											伐	
元	干 见					還		单					䜌															山				
脂	癸											彝	豊						二 尔				西					洒 师				
质	吉				血		一 乙						利						日	即	七	自	四						八 必 毕			[illegible]
真									天	田	年						身		人				辛									
缉										眔			立						入													
侵	今					酓					南								壬				三									
叶	甲																															
谈																																

表2 已识周甲文字关系字(释字)声韵分析表

本字	释字	声母	韵部	文例及出处	引用文献
告		见	觉	告父后□(H11:83)	
	部	见	觉	“告”与部同声,假借“告”为部字。	[18]
鷄		见	支	唯衣鷄子来降(H31:2)	
	箕	见	之	此衣鷄子即殷箕子。	[20]
	奚	匣	支	周原卜辞中出现的“殷奚子”,……是殷商统治集团的贵族。	[19]111页
古		见	鱼	用古逋妾,此古亦此亡。(H3②:1)	
	许	晓	鱼	假“古”为许字,疑“古国”即为许国。	[19]120页
更		见	阳	王其乎更厥父陟□(H11:11)	
	赓	见	阳	更,即赓,续也。	[2]
既		见	物	既鱼(H11:85)	
	自	从	质	假“既”为“自”。	[19]61页
乞		溪	物	楷白乞今秋来(H11:14)	
	迄	晓	物	“乞”字从郭沫若训为“迄至之迄”。	[2]
蒿		晓	宵	祠自蒿于壴(H11:20)	

续表

本字	释字	声母	韵部	文例及出处	引用文献
	镐	匣	宵	假蒿为镐，疑镐为镐京。	[19]28 页
	郊	见	宵	“祠自蒿”的“蒿”，同样应读为“郊”，意思是祭天。	[9]
兄		晓	阳	兄(H11:198)	
	祝	章	觉	“兄”，即祝。	[19]96 页
血		晓	质	其彝血牲牡三，豚三。	
	盟	明	阳	(此句)意为……进行盟誓。	[19]13 页
又		匣	之	1. 其又大乍(H11:12);2. 囟(斯)又罵(采集:112)	
	祐	匣	之	举行盛大的祚祭，以求降祐。	[24]11 页
	有	匣	之	“又罵”可能读为“有遇”。	[8]
㺃		匣	歌	□㺃商(H11:164)	
	踝	匣	歌	《说文》:“㺃，击踝也，从丮从戈，读若踝。”	[2]
酓		影	侵	王酓□(H11:132)	
	饮	影	侵	酓即饮。	[11]
衣		影	微	衣王田，至于帛(H11:3)	
	殷	影	文	衣王，即殷王。	[11]

续表

本字	释字	声母	韵部	文例及出处	引用文献
冬		端	冬	囟御于永冬(H3②:1)	
	终	章	冬	永冬即永终。	[12]
壴		端	侯	祠自蒿于壴(H11:20)	
	鼓	见	鱼	壴如释为鼓或彭均可通。	[20]
	彭	并	阳	(同上)	
	豐	滂	冬	此处"壴"疑假为豐字。	[17]
帝		端	锡	王其刏帝(H11:82)	
	禘	定	锡	帝,即禘,祭名。	[2]
𠂤		端	微	1. 贞,王其𠂤(H11:174);2. 六𠂤,八𠂤(H11:225)	
	师	山	脂	此言文王在𠂤(师)中举行爯旂大典。	[20]
	屯	定	文	𠂤,郭沫若释为屯。	[13]
单		端	元	王以我枚单塌勿卜(NH1③:1)	
	射	船	铎	"单"与"射",声母、韵腹皆同,故其音义相通。	[14]
郚		透	之	南宫郚其乍(H31:2)	
	突	定	物	假"郚"为突字。	[19]113 页

续表

本字	释字	声母	韵部	文例及出处	引用文献
延		透	元	征隹厥御飤(T1④:1)	
	诞	定	元	征,即征延延(诞),当释为“故”字。	[19]122 页
以		余	之	王以我为枝单骉勿卜(NH1③:1)	
	与	余	鱼	以,假为“与”。	[14]
異		余	职	其肜異鼎□(H11:87)	
	翼	余	职	古文字……以異为翼,翼为異的后起字。	[2]
	禩	邪	之	異,借为禩,禩,即祀之古文。	[13]
虫		定	冬	虫白(H11:22)	
	崇	崇	冬	即崇伯,疑指崇侯虎。	[11]
卲		章	宵	卲曰:子(H11:5)	
	召	定	宵	召,或即卲的省体。	[24]8 页
唐		定	阳	贞:王其刏祭成唐。(H11:1)	
	汤	透	阳	成唐,即成汤。	[11]
队		定	物	队(坠)㤣(武)囟(惟)亡咎(H31:4)	
	坠	定	物	坠武,犹言下行。	[13]

续表

本字	释字	声母	韵部	文例及出处	引用文献
眔		定	缉	其执,眔(暨)厥吏(史)(H31:2)	
	暨	群	物	质留微子及其随行史官。	[13]
女		泥	鱼	1. 女(汝)公用聘(H11:98);2. 二女(母)(H11:1)	
	汝	日	鱼	“汝公用聘”,即是周公用朝聘也。	[18]
	母	明	之	二母,乃成唐的二个配偶。	[20]
令		来	耕	囟御于休令(H3②:1)	
	命	明	耕	休令即休命。	[12]
豊		来	脂	文武丁豊□(H11:112)	[12]
	禮	来	脂	豊,象献玉以祭之形,为禮、醴字初文。	[24]40 页
	醴	来	脂	(同上)	
利		来	质	利早(H11:101)	
	黎	来	脂	利,古与“黎”音同互用。	[2]
立		来	缉	乍天立(H11:24)	
	位	匣	缉	乍,同作;立即位也。	[2]
止		章	之	乃入于止,用牲十(H11:42)	

续表

本字	释字	声母	韵部	文例及出处	引用文献
	此	清	支	止，读如“此”。	[24]40页
正		章	耕	叀又正(H11:1)	
	祯	端	耕	当读为“惟有祯”，言冀求祯祥的意思。	[24]5页
隻		章	铎	王隻田(H11:1)	
	获	匣	铎	隻，即获。	[11]
隹		章	微	隹上。(H11:39)	
	唯	余	微	“隹”即唯字。	[19]39页
庶		书	铎	庶𦅾(H11:153)	
	众	章	冬	“庶”与“众”互训。	[19]86页
商		书	阳	商其舍若(H11:115)	
	赏	书	阳	“商”与“赏”为同声字，可假“商”为赏字。	[19]74页
受		禅	幽	不(丕)ナ(左)于受。(H11:84)	
	纣	定	幽	“不(丕)ナ(左)于受”，“受”，即纣王帝辛之名。	[3]125页
㓤		禅	宵	贞：王其㓤祭成唐(H11:1)	
	昭	章	宵	“㓤”即“卲”，读为“昭”。	[10]

续表

本字	释字	声母	韵部	文例及出处	引用文献
尚		禅	阳	1. 于尚梡(H11:23);2. 月唯五月叀尚(H11:2)	
	上	禅	阳	疑“尚”为上字，即于上虢这个地方。	[17]
	常	禅	阳	尚，读为常。	[24]5 页
子		精	之	□子王其乎更厥父陟(H11:11)	
	巳	邪	之	“□子”，当是“□巳”，为干支。	[2]
哉		精	之	告(部)父後哉(H11:83)	
	载	精	之	“哉”当载字用。……载，行也。	[19]58 页
乍		精	铎	1. 南宫部其乍(H31:2);2. 其又大乍(H11:12)	
	作	精	铎	1. “乍”为“作”。	[2]
	酢	从	铎	1. 乍，假为“酬酢”之酢。	[13]
	祚	从	铎	2. 乍，通为祚，献肉报祭也。	[24]11 页
且		清	鱼	且乙。(H11:226)	
	祖	精	鱼	“且乙”，即祖乙。	
洒		山	脂	洒鱼，既吉。(H11:48)	
	鲜	心	元	假洒为鲜。	[19]44 页

续表

本字	释字	声母	韵部	文例及出处	引用文献
巳		邪	之	弜巳其若䍃正。(H11:114)	
	祀	邪	之	“彐”,即祀字。	[19]74 页
不		帮	之	不左于受(H11:84)	
	丕	滂	之	“不”读为“丕”。	[21]
父		并	鱼	乎宝卜曰(H11:84)	
	缶	帮	幽	寶(从宀、玉、贝,父声)与寶(从宀、玉、贝,缶声)同。	[13]
白		并	铎	㯱周方白(H11:84)	
	伯	帮	铎	周方白,即周方伯。	[11]
每		明	之	隹(惟)不(丕)每(敏)王(H11:174)	
	晦	晓	之	不每(晦)。王……	[13]
	敏	明	之	每,可当敏字用。	[19]91 页
獏		明	铎	獏(H11:19)	
	莽	明	阳	此字从犬莫声,或即“莽”字初文。	[24]14 页
䜌		来	元	庶䜌(H11:153)	
	顽	疑	元	䜌,此处读为顽(䜌、顽叠韵)。	[13]

2. 舌音组

端组与章组(照三)关系密切,常有互通互谐的现象。如"冬"(端母)读为"终"(章母),"单"(端母)通作"射"(船母),"卲"(章母)为"召"(定母)的繁体。从谐声看,"隹"(定母)、"唯"(余母)皆从"隹"(章母)声;"召"(定母)为"绍"(禅母)的初文;"尞"即"燎"(来母)的初文,《说文》卷十:"尞,从火昚,昚,古文慎,祭天所以慎也。"而"慎"为禅母;以"受"(禅母)为"纣"(定母),见于《尚书》的《牧誓》("今商王受")等篇,而实滥觞于周甲。所以黄侃将照三(章组)的上古音归于端组,从周甲的材料看也是可以成立的。

在舌头音的端组字中,诸母彼此互谐互通的现象较为常见,如"帝"(端母)即"褅"字(定母),"自"(端母)可释为"屯"(定母),"延"(透母,一作余母)即"诞"(定母)的初文,"郘"(透母)可假为"突"字(定母),而"成唐(定母)"即"成汤(透母)",则同于殷甲。

3. 齿音组

精组(精、清、从、心、邪)与庄组(庄、初、崇、山)自谐、互谐的字,在周甲中较为常见。自谐的如"子"(精母)用为"巳"(邪母)、"乍"(精母)用为"祚"(从母)或"酢"(从母),"且"(清母)为"祖"(精母)的初文,"祠"(邪母)为"司"(心母)的后起字,又"事"(崇母)、"史"(山母)为一字。互谐的如"楚"字从林从足(H11:4、H11:83),《说文》卷六:"楚,……从林,疋声。"古足、疋为一字，故知“足”为声符，而后世“楚”为初母字，“足”为精母字；又假“洒”为“鲜”，“洒”为山母，“鲜”为心母。从分布看，精组与庄组只在之部、脂部有个别重叠，其余皆为互补状态（即此有彼无，此无彼有）。可见齿音组中，作为齿头音的精组与作为正齿音的庄组，关系确实密切。

4. 喉音组

王力先生论及上古音声母系统时指出：“黄侃把见溪群晓匣疑认为是浅喉音，影母认为是深喉音，他是对的。”[③]所以这里指的喉音包括见溪群疑，即其他一些著作划归牙音的部分。

由于发音部位相同，从周甲的材料看，见、溪、群、疑、晓、匣诸母字多有相互通谐的现象。如“鷄”（见母）从奚声（匣母），“衣鷄子”（H31：2）即“殷箕子”；“乞”（溪母）读为“迄”（晓母）；“古”（见母）假为“许”（晓母）；“蒿”（晓母）或读为“镐”（匣母）、或读为“郊”（见母）；看来都有音理上的依据。从分布情况考察，除少数韵部如之、鱼、阳、物、月、元、质、侵外，喉音组的字也多呈互补状态。

（二）韵母方面

1. 从总体来说，周甲和殷甲一样，也存在着后世韵部阴、阳、入三声混同的现象。[④]如：

（1）阴声韵和入声韵的混同：“異”假为“禩”，“異”在职部属入声，“禩”在之部属阴声；“利”、“黎”音同互用，“利”在质部属入声，“黎”在脂部属阴声；假“郃”为“突”，“郃”在之部为阴声，

“突”在物部为入声。又“眔”，郭沫若谓为“涕”之古字，而“眔”在缉部属入声，“涕”在脂部属阴声；“亚”与“阿”古音同，而“亚”在铎部属入声，“阿”在歌部属阴声；“楚”从林、足声，“楚”在鱼部属阴声，“足”在屋部属入声；“翌”从立、羽声，“翌”在职部属入声，“羽”在鱼部属阴声。

（2）阳声韵和入声韵的混同：“兄”即“祝”字，“兄”在阳部属阳声，“祝”在觉部属入声；“血”读为“盟”，“血”在质部属入声，“盟”在阳部属阳声；“单”、“射”相通，“单”在元部属阳声，“射”在铎部属入声；“庶”与“众”互训，“庶”在铎部属入声，“众”在冬部属阳声；“歎”为“莽”字初文，“歎”在铎部属入声，“莽”在阳部属阳声。又“桒”借为“贲”，“桒”在物部属入声，“贲”在文部属阳声；“天”读为“大”，“天”在真部属阳声，“大”在月部属入声；“告”与“言”通用，“告”在觉部属入声，“言”在元部属阳声；“弜”为“柲”之本字，“弜”在阳部属阳声，“柲”在质部属入声。

（3）阴声韵和阳声韵的混同：“衣王”即“殷王”，“衣”在微部属阴声，“殷”在文部属阳声；“壴”可释为“彭”或“豐”，“壴”在侯部属阴声，“彭”在阳部、“豐”在冬部，皆属阳声；“自”释为“屯”，“自”在微部属阴声，“屯”在文部属阳声。又“尞(燎)”从火眘，“眘”为“慎”之古文，而“尞”在宵部属阴声，“慎”在真部属阳声。

2. 至于具体的分布问题，由于材料实在有限，按说不能有太有力太准确的结论，不过根据分布和谐声、通假等情况，似可对学界前此的有关歧见提供几点看法：

（1）关于冬部：冬、东的分合，从顾炎武以来一直有不同的意见和处理方式，一般趋势是同意东冬分立即东部独立的居多。60年代于省吾根据殷甲的某些材料，提出"东与冬不应该分立，冬部字应该归入东部"，并得到某些支持。[5]其实，殷代和周秦的情况尽可有所不同，基于不同时代层面的不同意见也许都是正确的。从周甲的情况看，我们支持冬部的独立，因为在分布上冬部字和东部字几乎相等，而且涉及的声母也有所重叠，分立似乎不为无据。

（2）关于觉、幽、宵、药诸部：这四部顾炎武统作一部，即"第五部"；从戴震到章炳麟，都析为幽、宵（小）两部（戴氏宵部亦两类）；黄侃将幽部分为豪、沃两部；王力始将幽、宵各分两部，成为幽、觉、宵、药四部，并得到罗常培、周祖谟的响应。有报告认为这种处理可能适用于周秦古韵，但与殷甲状况不合，因只有15个字。[6]在周甲中，觉部的字更少至只有2个（而幽部字有13个，是其6.5倍），其中"告"通"祰"，而"祰"在幽部。所以从周甲的材料看，觉部似亦不必独立。又宵部有5个字，在定母、来母与同为阴声部的幽部发生重叠，其余都是互补。所以总体可以认为在早周阶段，幽觉宵药四部仍以合一为宜。

（3）关于之、职、脂、微、支、物、质、月、锡诸部：这九部统属顾炎武的"第二部"，后来诸家愈分愈细，至王力分为九部（罗常培、周祖谟更从月部析出祭部），分属阴声韵和入声韵两大类。从周甲的情况看，属于阴声韵的之、支、脂、微四部只在见母、余母、来母、章母、山母、帮母发生少量重叠且只有见母于这四部均有字，同为入声韵的职、锡、质、物、月，只在见母、溪母、疑母、晓母、端母、余母、帮母、明母发生少量重叠且无一母于这五部均有字。从通假、谐声情况看，“衣鷄子”或释“殷箕子”，“鷄”为支部，“箕”为之部；“𠂤”为“师”之初文，“𠂤”在微部，“师”在脂部；“異”假为“禩”，“異”在职部，“禩”在之部；“利”与“黎”音同互用，“利”在质部，“黎”在脂部；“西”假为“是”或“思”，“西”在脂部，而“是”在支部，“思”在之部；假“邵”为“突”，“邵”在之部，“突”在物部。又“必”从八、弋，弋亦声，而“必”在质部，“弋”在职部。

综上所述，这九部字在周甲中多呈互补，通用、混用的现象不为少见，所以似可合为一部。

（三）其他

1. 关于声调：周甲中阴、阳、入声三种声韵时有相混的情况，虽然只是指韵部，但也可以据以揆知早周时代或许存在声调之别，但是绝无后世那样严格的四声。

2. 关于复辅音：这是个悬而未决的问题。从周甲的情况看，发音部位相同乃至不同的通假字、古今字、异体字，都有声母相淆的现象，是否均可用上古存在复辅音的理论来解释？目前可以说还有不同意见，但也同样都是揣测之言，证据不足，这里就不再赘述了。

附　注

① 参见拙文《周原甲骨文与汉字形体发展》，载《容庚先生百年诞辰纪念

文集》,广东人民出版社,1998 年。

② 参见文献[16]之第五章第三节。

③ 见文献[15]之卷上第一章。

④ 文献[22]较早描述了这种现象。

⑤ 参见文献[1]。

⑥ 参见文献[1]。

参考文献

[1] 陈代兴:《殷墟甲骨刻辞音系研究》,载《甲骨语言研讨会论文集》,华中师范大学出版社,1993 年。

[2] 陈全方:《陕西岐山凤雏村西周甲骨文概论》,载《古文字研究论文集》,《四川大学学报论丛》第十辑,1982 年。

[3] 陈全方:《周原与周文化》,上海人民出版社,1988 年。

[4] 郭锡良:《汉字古音手册》,北京大学出版社,1986 年。

[5] 郭锡良:《殷商时代音系初探》,载《汉语史论集》,商务印书馆,1997 年。

[6] 郭锡良:《西周金文音系初探》,载《汉语史论集》,商务印书馆,1997 年。

[7] 李新魁:《汉语音韵学》,北京出版社,1986 年。

[8] 李学勤:《西周甲骨的几点研究》,载《文物》,1981 年第 9 期。

[9] 李学勤:《释郊》,载《缀古集》,上海古籍出版社,1998 年。

[10] 李学勤、王宇信:《周原卜辞选释》,载《古文字研究》第五辑,1980 年。

[11] 陕西周原考古队:《陕西岐山凤雏村发现周初甲骨文》,载《文物》,1979 年第 10 期。

[12] 陕西周原考古队:《扶风齐家村西周甲骨文发掘简报》,载《文物》,1981 年第 9 期。

[13] 陕西周原考古队、岐山周原文管所:《岐山凤雏村两次发现周初甲骨文》,载《考古与文物》,1982 年第 3 期。

[14] 田宜超:《“王以我枝单○勿卜”解》,载《古文字研究》第六辑,1981 年。

[15] 王力:《汉语语音史》,中国社会科学出版社,1985 年。

[16] 王宇信:《西周甲骨探论》,中国社会科学出版社,1984 年。

[17] 徐锡台:《周原出土的甲骨文所见人名、官名、方国、地名浅释》,载《古文字研究》第一辑,1979 年。

[18] 徐锡台:《周原卜辞选释及断代》,载《古文字研究》第六辑,1981 年。

[19] 徐锡台:《周原甲骨文综述》,三秦出版社,1987 年。

[20] 徐中舒:《周原甲骨初论》,载《古文字研究论文集》,《四川大学学报丛刊》第十九辑,1982 年。

[21] 严一萍:《周原甲骨》,载《中国文字》新一期,(台湾)艺文出版社,1980 年。

[22] 赵诚:《商代音系探索》,载《音韵学研究》第一辑,中华书局,1984 年。

[23] 赵诚:《上古谐声和音系》,载《古汉语研究》,1996 年第 1 期。

[24] 朱歧祥:《周原甲骨研究》,台湾学生书局,1997 年。

[本文为“甲骨文发现百周年纪念国际会议”参会论文,1999 年 12 月,法国巴黎;发表于《语言》第一卷,首都师范大学出版社,2000 年]

楚文字若干问题的思考

几十年来，由于简帛文献的大量出土，战国文字的研究成为古文字学持续的前沿和热点；其中楚系简帛文字以其发现数量庞大、地方特色浓郁而理所当然地被投以最大的关注。楚系文字在语言文字学方面的意义是十分重要的。李学勤先生指出："六国虽说'文字异形'，彼此究竟有不少共通之处，楚文字研究可认为六国古文研究的突破口。"[①]在诸多学者的共同努力下，楚文字的研究取得了巨大的突破和丰硕的成果，但是应该说还存在若干值得继续思索与探讨的问题。本文拟就学术界对楚文字的认识进行归纳，间或提出一己之惑，用博方家指教。

一　楚系语言文字与中原汉语的关系

这是需要从楚族与楚语说起的问题。从总的方面来说，历史上虽然不乏基于中原正统的角度而视楚地为"夷"，视楚人为"南蛮鴃舌之人"（《孟子·滕文公上》）的观念；但是根据司马迁的说法："楚之先祖，出自帝颛顼高阳。高阳者，黄帝之孙，昌意之子也。”(《史记·楚世家》)则楚族与夏、商、周一样,同属“炎黄子孙”,应为上古“诸夏”之一支。因此,历史上所谓“楚语”,也应当归于古代汉语,更恰切地说是古代汉语的一种方言。所谓“楚人谓乳穀,谓虎於菟”(《左传·宣公四年》)之类,不过是楚方言语词的记录而已。在书面语的层面上,楚地使用的则是古代汉语的通用语即“雅言”,这从现存作于周宣王时代的《楚公逆镈》、《楚公豪钟》等的文体可以见其端倪。又,《诗经》十五“国风”,虽然没有“楚风”,但其中的“周南”、“召南”,朱熹明言前者为“得之国中者,杂以南国之诗”,后者“其得之南国者,则直谓之召南”;而所谓“南国”即“南方诸侯之国”,在“江沱汝汉之间”(《诗集传·国风一》),应该都是楚国的地域。其中的用语和押韵情况,与其他诸“风”,并无不同。

但是,当时口语的实际语音情况如何,是值得思考的一个问题。《孟子·滕文公下》的那段对话是人们所熟知的:“‘有楚大夫于此,欲其子之齐语也,则使齐人傅诸,使楚人傅诸?’曰:‘使齐人傅之。’曰:‘一齐人傅之,众楚人咻之,虽日挞而求其齐也,不可得矣。’”这段文字,说明了上古时期起码南北地区之间的方言语音差异是相当大的;但是为什么在书面语层面都得到了系统的整合?

对于这个问题,有的音韵学家认为:“从上古直到近代,汉语的书面语一直是以中州音为标准音的,这是存在着几千年的雅言传统,虽然不同的作者可能会在文中夹杂某些方言成分,不过为了保持交际功能，语言主体是不可能变的。……因此汉语史所研究的历代音系，除非特别选择，都是以中州雅言的书音音系为对象的，……上古音系的性质当然也是如此。……我们可以大胆地把上古音系视为内部统一的古雅言音系。”②

这种提法，应该说还需要足够周密的论证（这也许是很困难的），但倒是赋予我们一种学术上的“底气”。事实上应用到目前为止音韵学家所构拟的上古音系以及各种音变理论，确实可以说明时无分商周（如从殷商甲骨文到春秋金文）、地无分南北（如战国时的秦文字和其他六国文字）的各种书面语料（包括传世的和出土的）中涉及语音层面的诸种现象。

因此，如果认为楚地使用的书面语所属的音系，大致相同于中原通语，从学理逻辑和基本事实上应该都是可以通得过的。

明确并认同上述认识，应该是必要的，因为这是我们考辨与释读楚系文字的出发点与参照系。产于楚地本身的各种文字材料如墓葬遣册、法律文书、早期道家的作品固然无论，即使在近年发现的楚系简帛文献中，也不乏大量来自中原的文化典籍（如源于齐鲁的儒家学说），经过楚地士子或书手的抄写与过录而带上了浓厚的楚系文字特色，需要进行艰苦的考释工作。而这种工作的前提，就是对于楚语与中州书面语“雅言”异同关系的认识。

同时，我们也不能忽视楚国从政治到文化诸方面自异于中原的另类表现。例如，早在西周时期，当其他诸侯国的元首们无一例外地只是称侯称公的时候，唯有楚国敢于大胆称王。见于《史记·楚世家》:"当周夷王之时,……熊渠曰:'我蛮夷也,不与中国之号谥。'乃立其长子康为句亶王,中子红为鄂王,少子执疵为越章王,皆在江上楚蛮之地。"再有,春秋周定王时期楚庄王"问鼎小大轻重"的故事也是人们所熟知的:当王孙满回答"在德不在鼎"的时候,楚庄王竟然说出"子无阻九鼎!楚国折钩之喙,足以为九鼎"这样的话来,虽然适足见其狂妄,却也显示了楚国桀骜不驯的气魄。楚文化、包括楚文字的个性,于此得以孕育。

二　楚文字和中原文字的关系

同样,在文字方面,从总体上说,楚系文字也是直接承继中原地区的殷商甲骨文和西周金文的。它们的形体演变也基本上可以构成一个连续的系列。

这是一个历来公认的前提性的看法。但是,作为楚文化载体的楚文字的个性,很快就显现出来了。

我们知道,较之中原诸国,楚国的文明开发是相对较晚的。带有铭文的青铜器,迟至西周晚期才开始出现。这就是《楚公冢钟》和《楚公逆镈》。从其铭文来看,个体字的结构和线条都还是相当工整的,总体应是大篆风格;而在某些字的部件安排上,已然不无独特之处,显示出地处南方、原始巫风盛行的楚文化在文字方面不甘与中原同调的端倪。其文字也更加追求王者风范,即是书体式样的艺术美:结构纵向伸长,笔画纤细,线条铺排紧凑,屈曲的力度加大，造成图案化的装饰意趣。这种风格，不妨可以将楚庄王或共王时器《王子婴次鑪》作为前茅，其后不久的《王子申盏》、《王孙遗者钟》作为中权，而以春秋晚期的《楚嬴匜》等作为后劲。

还有对文字形体结构极尽美化装饰之能事的所谓"鸟书"、"凤书"、"龙书"、"虫书"之类，也是滥觞于楚地，扩展至长江流域的吴、越、曾、徐诸国，而后再传播到北方的宋、齐、中山、三晋等地。③

这样看来，楚文字和中原文字，通过南北的政治、经济、文化诸方面的交流，应该认为是相互影响的。

连带着还有一桩公案，就是容庚先生所藏栾书缶所属的年代与地区问题。向来认为它是春秋时的晋器，现在有学者从器型学角度重新审视，定其为战国早期的楚器。④新说如能成立，那么我们对战国楚文字的认识，又能有所深化了。

以上都是铸刻类的作品，其文字无论如何追求形式美、装饰美，总归比较严整、凝重，而与手书墨迹作品就大异其趣了。

说到手书墨迹作品，在整个战国时代，无论就数量还是风格的多样性而言，都应当以楚国所产为巨擘。其中帛书（湖南长沙子弹库楚墓）、绢书（湖北江陵马山一号楚墓）为楚地所独有，而至今尚在源源不断地发现、发布的楚竹简文字材料更是蔚为大观。

但是，从文字学的角度来看，楚文字尤其是战国时期的楚文字与中原地区诸国的文字究竟有何异同？能否将楚文字单独作为战国文字的一个类别？

这就涉及当前有所争议的战国文字“系”别问题。众所周知，许慎的《说文解字·叙》最早提及战国时期文字的“异形”现象：“诸侯力政，不统于王，……分为七国，田畴异亩，车涂异轨，律令异法，衣冠异制，言语异声，文字异形。”到了王国维，始将战国文字大别为东土、西土两大类；唐兰继之，命名为“秦系文字”与“六国文字”。后来的学者多将“六国文字”再加以细化划分，如分为“燕系文字”、“齐系文字”、“晋系文字”、“楚系文字”等。

但是早在上个世纪的20年代，吕思勉在《中国文字变迁考·论古文籀篆》中，就对许慎的说法有所质疑，认为“其说亦不足信”。他说：“所谓异声者，亦不过如今日方言之殊；所谓异形者，亦不过如今日以闽、粤、苏白著书，间有异于官话之字耳。”[5]李运富在他已出版的博士论文《楚国简帛文字构形系统研究》的4—2“楚文字构形系统的横向比较”中，更是就“战国文字的所谓‘系’别及其‘特点’”、“‘系’别‘特点’在研究方法上存在的问题”、“战国文字‘异形’的实质”等方面质疑了现今盛行的将战国文字分成若干系别的说法和做法。[6]从既有的分类大多不是基于同一角度尤其是纯文字学的角度而进行的批评分析，是值得注意和重视的。

这里涉及楚文字与同时代其他地区文字的类型学探讨。首先是如何看待许慎的说法：战国文字是否存在“异形”现象？如何描写与看待这种“异形”现象？其次是有否将战国文字加以分类、分系的必要？再次是关于具体的分类标准。诚然，这种分类，应该主要地立足于文字学角度。吕思勉的说法其实大致也只涉及战国文字的“字种”增加的问题，并非论及整体或单字的形态风格。李运富则主要从构形系统进行论述，结论是“六国文字与小篆的关系，比起秦国文字与小篆的关系来，并没有什么本质上的区别”，“战国文字的内部差异与地域国别没有必然的对应关系”。然而，如果只是将构形（部件的成字或不成字、构字频度等）作为汉字共时或历时比较的唯一参数是否全面？打个也许不恰当的比喻：凡人皆有四肢，其骨头皆为206块，但我们看到的黑、白、红、黄各色人种的区别，乃至于同一人种不同个体的外表区别，是如何得来的呢？

还是启功先生说得好：“汉字的形状方面，千差万别。简单说来，在下列条件下，各有不同的字体。即：(1)时代；(2)用途，如鼎彝、碑版、书册、信札等；(3)工具，如笔、刀等；(4)方法，如笔写、刀刻、范铸等；(5)写者、刻者；(6)地区。”“字体的不同，又要看构造和风格两个方面：(一)组织构造的变化，其中包括：(1)各个组成部分的不同，也可以说各单体或偏旁的不同。……(2)各局部的安排以及笔画数量的不同。……(二)书写风格的变化，其中包括：(1)笔画转折轨迹的不同，即圆转或方折等差别。……(2)点画姿态的不同，……(3)表现字迹的条件的不同，即用途、工具、方法等等的差别。”⑦这里启功先生论及影响汉字形体风貌的各种复杂因素，构造（构形）只是其中的一个方面。“地区”因素也涉及了，可见并非不可考虑。

李零在《简帛古书的整理与研究》一文中有段话说得也很好："当年，分国分系曾是战国文字研究的基础，但现在反省起来，各国字体的差异远没有原来想象那么大，它们内在的共同性和彼此交叉的现象（有些还是多国性的交叉），正越来越多地引起我们的注意。"⑧

所以关于战国文字的内部分类问题，似乎尚有进行思索和探讨研究的余地。

三　楚文字与秦文字的关系

不过，无论战国楚文字与其他诸国的文字能否构成类型学上的区别与联系，注重考察楚文字与秦文字的关系是特别必要的。

20世纪70年代以来，在湖北、湖南地界陆续发掘出土了不少战国时秦国及秦代的木牍竹简。例如1975年底云梦县睡虎地11号和4号秦墓、1986年江陵岳山36号秦墓、1989年云梦龙岗6号秦墓、1990年底江陵扬家山135号秦墓、1993年3月江陵王家台15号秦墓、1993年6月荆州市沙市周家台30号秦墓、2002年湖南龙山县里耶1号古井，等等，都使我们看到数量大小不等的秦文字材料。对于秦文字风格形态特征的研究和描写，现在已有不少已刊和待刊的学术成果（后者如若干博士学位论文），都很应该加以关注。这里要提起注意的是：湖北、湖南地区自西周夷王时期楚国立国以来，就是楚国的辖地，当然也一直使用楚文字。所以后来归入秦版图之后，其文字影响的保留也是显而易见、不难想象的。

上述这些秦文字材料，多数被命名为“古隶”或“秦隶”，现在被公认为汉代隶书之祖。因此，楚文字在某种程度上与隶书有所渊源，也是符合逻辑的说法。

同时，我们知道，秦代法律规定，新官上任不能随带并任命旧属（《云梦秦简·置吏律》：“送见它官者，不得除其故官佐吏以之新官。”）。那么一应部属胥吏就只有在当地人中物色选拔了，其中自然包括誊录书写官府档案文书的“书佐”之类的人员。[9]这些人，无疑是为自幼滋养浸润的楚文化所培植，一向习惯于书写楚文字的。但是在新政权“书同文”的法令之下，他们的书写，需要去除原有的形体结构，确立新的字形规范，也就是“罢其不与秦文合者”（《说文·叙》）的楚文字异体。但是这种转换不大可能是一蹴而就的。这些书手只能是充分调动他们的知识文化积累，尽量快速地适应和完成这种转换。在这样的过程中，出现秦楚文字特点和风格共存的书写作品，是不足为奇的。

四　楚系文字内部的共性与个性

这个问题应该从两个层面来观察：

第一，文字在不同的使用场合呈现不同的风貌。一般来说，在正式的、官方的、庄重的场合使用规范的、整饬的字形和字式，反之则较为随意、潦草。甲骨文、金文都存在“正体”、“俗体”的现象，是不争的事实。

郭沫若《两周金文辞大系考释》收有楚器十二，依次为：a. 楚公逆镈、b. 楚公豖钟、c. 楚王钟、d. 叔姬簠、e. 楚王酓章钟、f. 曾姬无卹壶、g. 王子申盏、h. 中子化盘、i. 楚王领钟、j. 楚子簠、k. 楚王酓忎鼎、l. 楚王酓肯鼎。《图录》则另有 m. 楚王酓肯匋鼎、n. 楚王酓忎盘、o. 楚王酓肯簠（三具）。从总体风格而言，a～d、g～j 无论是字形还是字式，均基本保留西周亦即中原的特点，应是属于宫廷正体；e 即《楚王酓章钟》虽然字式严饬，一丝不苟，不过形体臻于细长，重心上移，已然显示楚文字的风貌；f 即《曾姬无卹壶》则开始不太讲求“篆引”的横平竖直以及部件之间的对称，给人不无潦草的感觉。再看 k～o，则是从字形到体势，都是挥洒随意，无拘无束，与手书的楚简没有太大区别，绝对是“俗体”一路。

第二，既然作为同一系统的文字，楚文字内部的共性即一致性当然也是明显的，这首先包括形体，其次包括形用。形体指个体的字形结构、笔势风格等，属文字的“本体”；形用指文字形体的应用，即文字如何用以记录语言，是为词造字的“本用”，还是依声托字的“借用”，等等。

形体的一致性是显而易见的。即以简帛文字为例：滕壬生的《楚系简帛文字编》[⑩]收录“下”字形体 18 个，除 2 个不加上部羡画外，其余均作丅；其后发表的张守中等《郭店楚简文字编》[⑪]增加

8 个,5 个有羡画,3 个不加羡画。再举一个现代相对不太常用的“苛”字:《楚系简帛文字编》收录形体 37 个,均为“草字头”下带部件“可”,差别仅在于“可”的一横上部是否加羡画(不加者 23 个,加者 13 个,有 1 个是加在“可”内的“口”中)。

形用方面也是如此。“本用”固不必论,在形体的“借用”即文字通假方面,也带有相当的规律性。如“昏”常通“闻”,“女”常通“如”;“亚”一般读作“恶”,“悬”一般读作“仁”,等等。

至于楚系文字内部的个性即差异,虽然并非带有普遍性,却有着丰富的内涵,一定程度上足以影响整个书写文本的面目和风格。归纳起来,大致存在以下几种情况:地域不同导致的差异、文体不同导致的差异、书手不同导致的差异、同一书手由于不同书写环境和情绪导致的差异,等等。我们已知《郭店楚简》与《上海博物馆藏战国楚竹书》在书写的内容方面有不少雷同之处,但是比较同一内容的不同书写文本,例如前者的《缁衣》篇与后者的《紂衣》篇、前者的《性自命出》与后者的《性情论》,在字体结构和风格方面则具有或多或少的差异,适足以说明这一点。[12]关于这一点,似乎还值得进一步深入细致地加以研讨。

五　楚文字的演变与归宿

现在所看到的战国晚期楚器铭文,不但结构笔画日趋简易,字体风格也相当特别。楚国亡于秦王嬴政二十四年(前 223 年)。

在其亡国前5年，还制作了《𨰈鼎》等器，[13]文字形体极为奇诡怪异。应该说，楚文字的特有的形态和风貌在战国末期已然表现得淋漓尽致、臻于极致了。

如果考察楚地为秦国占领后的书风变化情况，湖北云梦睡虎地秦墓出土的竹简，就是一种典型的材料。上文曾提及其书风在"书同文"的严苛政令下，已迅速趋秦。再有一大宗材料，就是湖南长沙马王堆3号墓的帛书文字。一般认为这些文字的形体多为古隶面目，其中书写年代相对较早的帛书《阴阳五行》甲篇则带有不少秦篆的味道。这说明楚亡之后，该地的书体也是向秦风靠拢，同时尚保留不少楚文字的固有色彩。正如李学勤先生所指出："(《篆书阴阳五行》)很可能是秦统一前夕写成的。……字体含有大量楚国古文成分。……说明他(抄写者)是还没有熟练掌握秦人字体的楚人。"[14]同时出土的帛书《老子》甲本，裘锡圭先生认为"大约书写于秦末至汉初这段时间里。在这个抄本里仍可看到个别属于楚国的字形。……可见在楚国故地，楚文字的影响是逐渐消失的"。[15]所以，楚亡之后的楚文字，总体趋势是"秦化"，但由于某些主客观原因，也还保留楚风的痕迹。这是不难想见的。

再往下考察的话，目前我们尤其值得注意的，是历史的长河又流淌了四百余年之后的一批三国吴简。

1996年10月于湖南长沙走马楼出土的10万余枚三国吴简，大多属于有关政治、经济、军事、司法之类的档案文书，所记载的内容都是十分严肃的，甚至还有"××、××校"以示郑重的字样。

不过书写方面就相当洒脱不羁了:以八分汉隶为主,也有浓烈的楷书风貌,时常杂以行草,甚至间或可见篆书结体的单字或部件。但是就总体而言,已然都是中原面目,楚风则荡然无存。验之内蒙古和林格尔东汉末年壁画墓的题记,笔致风格,简直如出一辙。说明当时的中国,从中南的腹地到塞北的草原,到处使用基本一致的汉字体系,"书同文"的功用大矣哉!

附　注

① 李学勤:《简帛书籍的发现及其影响》,《文物》,1999 年第 10 期。

② 郑张尚芳:《上古音系》第一章第三节"上古音系的研究范围和音系性质",上海教育出版社,2003 年 12 月。

③ 参看秋子:《中国上古书法史》第四章第三节"踅入美术化的楚系书法",商务印书馆,2000 年 1 月;丛文俊:《中国书法史·先秦·秦代卷》第四章第五节"东南文化与鸟凤龙虫书",江苏教育出版社,2002 年 6 月。

④ 参看何琳仪:《战国文字通论》第三章第五节"楚系文字",江苏教育出版社,2003 年 1 月;瓯燕:《栾书缶质疑》,《文物》,1990 年第 12 期;李学勤:《栾书缶释疑》,《中国社会科学院历史研究所学刊》第二集,商务印书馆,2004 年 4 月。

⑤ 吕思勉:《文字学四种》,(台北)蓝灯文化事业公司,1987 年 11 月。

⑥ 李运富:《楚国简帛文字构形系统研究》,岳麓书社,1997 年 10 月。

⑦ 启功:《古代字体论稿》之"二,考察的起点",文物出版社,1964 年 7 月。

⑧ 李零:《简帛古书的整理与研究》,《中国典籍与文化》,2003 年第 4 期。

⑨ 参看王焕林:《里耶秦简文字书法论略》,《中国书法》,2005 年第 9 期。

⑩《楚系简帛文字编》,湖北教育出版社,1996 年 7 月。收录简帛文献 18 批。

⑪《郭店楚简文字编》,文物出版社,2000 年 5 月。

⑫ 参看《上海博物馆藏战国楚竹书(一)》的相应各篇的附录。

⑬ 铭文见于中国社会科学院考古研究所所编:《殷周金文集成》第四册 1807 号,中华书局,1984 年起陆续出版。

⑭ 李学勤:《东周与秦代文明》第二十七章“帛书、帛画”,文物出版社,1984 年 6 月。

⑮ 裘锡圭:《文字学概要》四之(四)“秦系文字”,商务印书馆,1988 年 8 月。

[原载《古文字研究》第二十六辑,中华书局,2006 年 11 月]

楚系简帛文字形用问题

近若干年来,国内出土的简帛文献以其次数之多,数量之大,内容之重要,越来越吸引着海内外学术界的关注,投入各方面的研讨与探究。文字学角度的研究,自然更属“题中应有之义”。因为这些文献提供的汉字形体材料,是无比丰富的,有如资山宝海,美不胜收。

其中楚系简帛文献最为大宗,自陆续公布问世以来,尤为学者所瞩目。对于汉语文字学,它也提供了许多有意义的材料,足资探索品味。本文拟从“形用”的角度,结合文献本身的释读,对此略加考察和分析。

所谓“形用”,乃是指形体的运用,包括通假字借用、异体字互用、同形字异用、同义字换用、错写字误用等。使用“形用”这一术语,我们认为具有一定的概括性。

目前出版面世的各种有关简帛文字的“文字编”,大抵只是解决形体的隶定问题;而这些形体在简帛文献中的运用情况,则无从顾及。而我们认为后者对于简帛文献的释读,具有更重要的意义。

一　通假字借用

形体的借用，就是常说的“通假”。其基本条件就是音同音近，即所谓“依声托事”，不论是否“本无其字”。因此，本文所指的“借用”，包括了文字学所指的无本字的“假借”和有本字的“通假”。

为什么要将两种情况统而言之呢？这要先从“本字”说起。所谓“本字”，我们的界定是：对于所记录的词在形体方面理据性最强而沿用于后世的字。本字可以说是为所记录的词专门造的字，因此它才一般具有较强的理据性。然而这种本字，有的是一早就有的，有的是后来才造的（即“后起本字”），还有的是造好后被借去记录其他词而后又为原词另造的。

较之传世文献，在出土的简帛文献中，本字与借字的关系情况比较复杂。例如：

1. 一个本字而用数个借字。如：

孰　(1) 借用“竺”：

竺（孰）能浊以静者将舍清。（郭店简《老子》甲 9~10）

(2) 借用“篙”：

名与身篙（孰）新（亲）？身与货篙（孰）多？（同上 35~36）

治　(1)借用“絧”：

絧（治）之于其未乱。（郭店简《老子》甲 26）

(2) 借用“之”：

以正之(治)邦。(同上甲29)

(3) 借用“绐”：

绐(治)人事天。(同上乙1)

(4) 借用“台”：

邦家之不宁也，则大臣不台(治)而执(亵)臣讬也。(郭店简《缁衣》20～21)

(5) 借用“幻”：

爱而正之，吴(虞)夏之幻(治)也。(郭店简《唐虞之道》13)

(6) 借用“訂”：

圣人之訂(治)民也，民之道也。(郭店简《尊德义》6)

2. 一个借字而用于数个本字。如：

贞 (1) 借作“镇”：

将贞(镇)之以无名之朴。(郭店简《老子》甲13)

(2) 借作“真”：

攸(修)之身，其悳(德)乃贞(真)。(郭店简《老子》乙16)

(3) 借作“正”：

情(靖)共尔立(位)，好氏(是)贞(正)植(直)。(郭店简《缁衣》3)

卞(鞭) (1) 借作“辩”：

绝智弃卞(辩)。(郭店简《老子》甲1)

(2) 借作“偏”：

卞(偏)将军居左。(郭店简《老子》丙8)

这样就带来一个很重要的问题:应该选择哪个本字?有时本字的选择不同,将导致语料理解或者说语料体现的义理大异。例如上海博物馆(以下简称“上博”)楚竹书《孔子诗论》第十简“闗(关)疋(雎)以色俞于豊(礼)”一句,“俞”字可读为“喻”,也可读为“逾”。前者近于《论语·里仁》所谓“君子喻于义,小人喻于利”之“喻”,语义是肯定的;后者则是否定性的,可能造成与《诗经》原诗意思的相违。[①]可见本字的选择,于文献释读的关系至钜,不可不慎。

3. 本字用于借字,同时借用他字,这可以说是“辗转相借”。如“静”用作“争”,而“青”、“清”、“朿”用作“静”:

以其不静(争)也,古(故)天下莫能与之静(争)。(郭店简《老子》甲5)

我好青(静)而民自正。(同上32)

清=[清(静)]为天下定(正)。(郭店简《老子》乙15)[②]

智(知)以朿(静),万勿(物)将自定。(郭店简《老子》甲14)

4. 不用作本字而仅作借字。如:

谷 (1)借作“浴”:

上德如谷(浴)。(郭店简《老子》乙11)

(2)借作“欲”:

谷(欲)人之爱已也,则必先爱人。(郭店简《成之闻之》20)

兑 (1)借作“悦”:

乐其衍(道),兑(悦)其沓(教)。(郭店简《性自命出》21)

(2) 借作"脱":

善建者不拔,善保者不兑(脱)。(郭店简《老子》乙16)

5. 简、帛本或借或不借。

如果将郭店简书的《老子》与马王堆帛书的《老子》进行比较,可以发现汉字形体的借用情况在不同的书写环境中的表现不同,大致为:

(1) 简本用本字而帛本用借字,如:

是以圣人居亡(无)为之事。(简本《老子》甲17)

是以声(圣)人居无为之事。(帛本《老子》甲本)

(2) 帛本用本字而简本用借字。如:

音圣(声)之相和也。(简本《老子》甲16)

音声之相和也。(帛本《老子》乙本)

二 异体字互用

学界对于异体字,曾经存在过不同的理解、界定和处理方式。现在一般可以接受的定义大致是:在同一种书写体系中,与本字同音同义但形体方面有所区别(同时又有所关联)的一组字。

异体字带有地域性,这是毫无疑问的。如今本《诗经·关雎》的"关"字,在楚竹书中作"闗";《鄂君启节》中,"关"亦作"闗",论者指出"大约是楚国较流行的写法"。同样,古"归"字,楚简中多从“辵”。[③]

有的异体字形体的不同部件，体现了不同的理据性。如“勇”作“恿”，见于郭店简的《尊德义》、《性自命出》等篇，这与《说文》所录古文形体同，强调的是出自内心即心理方面的“勇”。“勇”的另一异体作“甬戈”，见于郭店简的《成之闻之》、《语丛四》等篇，强调的是外在的运用武力的“勇”。此点已为庞朴等所指出。[④]

有的异体字的使用，难以理解是出于何等心理及运用的目的。如“一”字在郭店简中多次出现，其中作“一”者 13 例，作“弌”者 7 例；但在《太一生水》篇中有 2 例写作“罷”，如：“罷(一)块(缺)罷(一)浧(盈)。”(简 7)在《五行》篇中亦有 2 例写作“罷”，如：“淑人君子，其义(仪)罷(一)也；能为罷(一)，然后能为君子。”(简 16)按：此形未见于张守一等撰集的《郭店楚简文字编》(文物出版社，2000 年 5 月)，而同篇中尽有作“一”、“弌”者，因何要舍简易之形“一”或“弌”而取繁难之形“罷”，殊不可解。或许有义理方面的原因，待考。

异体字的识别与判断，对于简文释读的重要性自不待言，然而必须言而有据。如“上博”本《缁衣》22 简：“古(故)君子之友也有晳。”末字上部为两禾，此处郭店简作“向”，今本作“乡”。有论者指出：因汉《华山庙碑》“香”字从两禾，古文字中“木”与“禾”往往通用，故而“晳”可能是“香”的异体；而《玉篇·艸部》：“芗，谷气，亦作香。”所以“香”可读作“乡”(同“向”)。[⑤]这样的论证是有道理、可以采信的。

楚简异体字中还有一个不大不小的公案是关于“道”和“衍”的关系问题。尽管早先有人认为“衍”是“术”的形误,但自上博楚竹书《性情论》公布以来,“衍”与“道”的异体关系大致已无异义。问题在于“衍”的构形含义:有的认为是“行”字异体(裘锡圭),有的认为是“‘行’之异文,假为道”(黄锡全),[⑥]我们则认为:从字形上看,“道”从辵从首(《说文·辵部》),“衍”从行从人。古文字中,与“行走”义有关的形旁如彳、止、足、辵等多有相通之处。[⑦]而与“人”有关的字如“元”、“天”等,皆为人侧面或正面之形而大其首,突出人的头部,故而“人”与“首”在构形上有一定的联系。因此,综合地看,“道”与“衍”在构形理据方面是基本一致的,即都是“人走在路上”,那么它们作为异体字,岂非顺理成章?如此解释,似不迂曲且无烦通假为说,姑妄言之以祈方家教正。

三 同形字异用

同形字是指形体相同但记录的词不同因而音、义都不同的一组字。同形字现象肇自甲骨文,如“下”与“入”同形、“山”与“火”同形等,都是人们熟知的。这种现象在简帛文献中也颇为常见,如长沙楚帛书中“未有日月”一句的“未”字,与“朱四兽”一句的“朱”字,形体相同。曾宪通先生于后句释读时指出:“据上下文当是朱字,与未字形同字异。”[⑧]

楚竹书中,“闻”、“问”都写成“䎽”:

子夏曰：五至既䎽（闻）之矣，敢䎽（问）可（何）胃（谓）三亡（无）？

“得”、“德”都写成“㝵”：

不可㝵（得）而见也。

屯（纯）㝵（德）同（孔）明。⑨

同形字有些属于造字时词义尚未分化的，如甲骨文“月”、“夕”早期均作☽，楚简中“教”、“学”均作“季”（上博简《性情论》4），或曰：“读为教、学都可通。”

同形字异用，如不慎加辨析，有时也会导致对简文的误读。如有论者指出：《上海博物馆藏战国楚竹书（一）》的释文中，释为“命”或“令”的字，有可能是“怨”字；释为“惓”（从心从卷）的字，有可能是“患”字。二者皆为“同形异字”。⑩

四　同义字换用

这是就同一文献的不同文本而言的。在近年出土的简帛材料中，常见有与传世典籍内容基本相同的文献，可供比较对勘，这为前者的考辨释读增添了很大的便利。从文字形体的层面来说，我们会遇到大量如上所述的通假、异体等形用现象；但是也有的时候，在语境大致相同时，出土文献与传世文本所用的字，只是意义差不多，而形体不同，也没有语音上的关联，那么这大抵就是发生了同义词换用的现象，属于词汇学层面的问题了。然而直观地看，首先还是用字形体的不同，所以我们也把它归为形用现象的一种，或者可迳称为“同义字换用”。例如：

1. 厚—重

其才(在)民上也，民弗厚也。(郭店简《老子》甲)

故居上而民弗重也。(帛书《老子》乙本)

2. 如—似—若

如[无所归]。(帛书《老子》甲本)

似无所归。(帛书《老子》乙本)

若无所归。(《老子》王弼注本)

有的同义字的识别需稍加说明。如：

3. 曼(谩)—憍(伪)

居处谷(欲)牗蓦(?)而毋曼。(上博简《性情论》28)

……谷(欲)皆虡(度)而毋憍。(郭店简《性自命出》65)

此二简的“曼”与“憍”，不能视为同字或借字，因二字并无形、音方面的纠葛；而应彼此视为同义字，分别读为“谩”与“伪”，即《广雅·释诂二》所谓：“谩、诈、伪，欺也。”⑪

五　错写字误用

简帛文献既系手书，则错写的现象自是不可避免。此种情况，既非异体又非通假，不可不辨。例如郭店简《五行》“圣人智(知)而(天)道也。”(简26~27)中，将“天(、、)”误书为

“而()”;同上《六德》“夫智,妇信,君宜(义),臣宜(忠)”(简32~33)中,将“忠”误书为“宜”,显然,“忠”乃沿上“义”而误书同字;上博(一)《民之父母》中,将“亡服”错写成“亡豊(軆)”(简11)。

附　注

①③参见马承源对于楚竹书《孔子诗论》的释文考释,载《上海博物馆藏战国楚竹书(一)》,上海古籍出版社,2001年11月。

② 用裘锡圭先生说。

④ 参见庞朴:《郢燕书说》,载《郭店楚简国际学术研讨会论文汇编》第一册,武汉大学中国文化研究院,1999年10月。

⑤ 参见赵平安:《上博藏〈缁衣〉简字诂四篇》,载《上博馆藏战国楚竹书研究》,上海书店出版社,2002年3月。

⑥ 参见李若晖:《由上海博物馆藏楚简重论“衍”字》,出处同上。

⑦ 参见高明:《中国古文字学通论》上编第三章“汉字的古形”,文物出版社,1987年4月。

⑧ 见《长沙楚帛书文字编》,31页,中华书局,1993年2月。

⑨ 参见濮茅左对于楚竹书《民之父母》的“说明”,载《上海博物馆藏战国楚竹书(二)》,上海古籍出版社,2002年12月。

⑩ 参见刘钊:《读〈上海博物馆藏战国楚竹书(一)〉札记》,出处同⑤。

⑪ 参见白於蓝:《“孚”字补释》,出处同上。

[原载《第七届全国古代汉语学术研讨会暨简帛文献语言国际学术研讨会论文集》,《简帛文献语言文字研究》特刊,西南师范大学出版社,2005年8月]

郭店楚简《老子》的语言学札记

说明:本文材料主要依据《郭店楚墓竹简》[①]和《郭店楚简〈老子〉校读》[②](以下简称《校读》)。除特定情况外,一般使用通用印刷字形,同一语境的下文中重复出现的生僻字或繁体字均用~号代替。

一

甲本简11:"是以圣人无为故无败,无执故无遊。"整理者云:"遊,它本均作'失'。此字楚文字中屡见,皆读为'失',字形结构待考。"乙本简6则将此字迳释为"失":"得之若惊,~(失)之若惊。"丙本简11同:"为之者败之,执之者~(失)之。"

按:~字字形作遊,亦见于同墓《六德》简41:"不使此民也优其身,~其体。"又《语丛二》简50:"毋~吾势,此势得矣。"又《语丛三》简59:"得者乐,~者哀。"亦见于《包山楚简》80:"执勿~。"以上用例解作"失"均文从字顺。帛书《老子》乙本相当于简丙本11的那句,正作"执之者失之"。可见"~"释为"失"是不错的,问

题在于何以可以作此解释,兹试析如下:

何琳仪认为"～"乃"逪"之繁文,读作"逆",因《银雀山简·孙膑》106、汉碑《郙阁颂》、《白石神君碑》、《曹全碑》之"逆"均作"逪"形,且"逆"为疑纽鱼部,"逪"为喻纽阳部,疑、喻均属次浊音,鱼、阳阴阳对转,故"逆"、"逪"音亦近。而"逆"通"迎",又可释为"乱逆、拒"等义。[3]

这里,可以认为何氏解决了"遧"的字形结构问题,将"逆"作为其通假字也是基本正确的;只是未曾涉及"～"作"失"讲的义项,可能是著书时未见及郭店楚简的缘故。其实该字典已收《包山楚简》80"执勿～"之例,该句的"～"作"逆"的上述义项讲均不妥帖,而作"失"解则涣然冰释。

那么,"逆"又何以能解作"失"呢?

《广雅·释言》(卷五):"逆,遣也。"王念孙《疏证》:"遣,通作错。卷三云:'逆,乱也。'乱,亦错也。"而"错"在古代楚地有"失"的意义,如《楚辞·九思·悯上》:"心为兮隔错。"王逸注:"隔错,失其性也。""隔"有"障隔、阻塞"之意,与此句的"错"为"失"义属近义连用,所以王逸用"失"通释之。

又训诂学有"同步引申"之说,指"一个词意义延伸的过程常常'带动'与之相关的词产生类似的变化"。[4]如"族"与"众"有关,《礼记·祭法》:"大夫立三祀,曰族厉、曰门、曰行。"孔颖达疏:"族,众也。大夫众多,其鬼无后者众,故言族厉。"据《说文》,"族"的本义为"(矢镝)丛聚"(即"簇"之本字),引申为"众多",

再引申为“一般”。而“众”的本义是“人多”，引申为“众多”，也再引申为“一般”。“众”与“族”的词义序列表现出同步引申的关系。反过来说，“如果同步的一方其词义序列清楚，则可以据以推断另一词义序列中的某一项。”⑤

我们知道，“失”的本义是“失掉，丧失”，如《论语·阳货》：“既得之，患失之。”引申为“失错”或“错失”，又为“差错”，如《周礼·春官·大史》“读礼书而协事”唐贾公彦疏：“恐事有失错，物有不供故也。”《颜氏家训·音辞》：“李季节著《音韵决疑》，时有错失。”而“错”的“错误”义则沿用到现代，其引申序列中亦有“错过”（错失）一义，起码见于中古，如宋范成大《再题白傅诗》：“香山晚岁错芳辰，索酒寻花一笑欣。”综上，可将“失”、“错”的同步引申序列归纳为：

失：丧失——错过——错误

错：？——错过——错误

据此我们不难推断“错”在“错过”义之前曾存在过一个“丧失”义。这不一定是“错”的本义，但应是较早的一个意义。

这样，我们又为“遊——逆——遣（错）”的“失”义的存在找到了一个间接的证据，姑且书之于此，留待更多的文献语料加以证明。

（附记：此条札记写毕之后，见及《古文字研究》第二十二辑刊载之赵平安君《战国文字的“遊”与甲骨文“㚔”为一字说》，认为其视野更为广阔；但拙文角度不同，似亦不妨聊备一说。）

二

甲18:“道亘亡名,仆(朴)唯妻(微),天地弗敢臣。”《校读》云:“唯,帛甲、乙本同,皆借作‘雖’,今本皆作‘雖’。”

按:“唯”在上古即可作连词,用同“雖”,不必认为假借也。文献中多见,如《墨子·尚同》:“唯毋欲与我同,将不可得也。”《荀子·性恶》:“然则唯禹不知仁义法正,不能仁义法正也。”《史记·汲黯列传》:“弘、汤深心疾黯,唯天子亦不悦也。”此点已经《词诠》指出。

三

甲21~22:“字之曰道,虐(吾)强为之名曰大。”整理者云:“~,从‘虍’声,读作‘吾’,在本批简文中屡见。信阳楚简‘(吾)闻周公’之‘吾’也作此形。”而有人认为:“此字的形构,上为虎头下为壬,在六书中属形声当无疑义,只是从何得声,令人难以决定。”⑥

按:金文多以“盧”为“吾”。盧,从虎,鱼声。王国维曰:“古鱼、吾同音。”古代典籍及写本也常见“假鱼为吾”,⑦盖二字上古皆属疑母、鱼部,故为同音。而“虍”亦为单字,《说文》五上:“虎文也,象形。”《广韵》荒乌切,古属晓母、鱼部。由于上古疑母、晓母皆属牙音，为旁纽，故“虍”亦可与“吾”相通。可见“虍”在“盧”中为形符，在“虐”中则可为声符；将“虐”读作“吾”，是可以的。

四

甲27：“副其顩，（解其纷。）”整理者注：“此句今本作‘挫其锐’，简文待考。”

按：“挫其锐”句，见于今传本第四章。副，简文写作，疑即“挫”字别构，理由是二字都似乎可以分解为相对应的两个部分：1.和坐；坐，包山楚简作（2·243），信阳楚简作（2·018），重叠则成，盖楚简书写部件上下重叠者甚为多见，如仅包山简中就所在多有：

陆：⿰六阝(2.181)—⿰阝⿱六土(2.62)

败：败(2.128)—贁(2.183)

隋：⿰阝⿱左土(2.167)—⿲阝⿱左土阝(2.22)

而部件“土”、“田”的互作也并非罕见，如天星观竹简的“型”写作(3704、4805)，包山简的“堆”写作(2.157)，故而即“坐”。2.刂（刀）和扌（手）；古文字形体中，“手”和“刀、干、戈”等似多有关涉，如甲骨文的“利”虽从刀，但也有带的异体，见于《铁》10.2、《菁》10.16、《后下》18.8等处（形体略，下同）；金文“扑”、“捷”均从“戈”，[⑧]“搏”从“干”，也从“戈”。[⑨]所

以楚简形体部件中的“刀”，在后世被“手”所取代，并非没有可能。

又上述此句在帛甲本中作“坐其阅”，今查《古文四声韵》，“阅”字有作（古《老子》）、（《义云章》）的形体，皆从两贝，似可作为“𪉉”与“阅”有联系的证据。至于“阅”和“锐”，上古均为余母、月部，属于同音字，二者通用不成问题。

五

丙12：“人之败也，恒于其䖒（且）成也败之。”整理者注：“帛书本作‘恒于其成事而败之’。以上两句不见于《老子》中。”《校读》云：“䖒，字亦作‘摣’。《广雅·释诂一》：‘摣，取也。’《方言》十：‘南楚之间取物沟泥中谓之摣。’‘䖒’，成也，帛甲本作‘成事’，帛乙本作‘成’。”

按：䖒当读作“且”，用作副词，表示将然，“‘且’字，犹云‘将且’也。”[10]

六

“安”在简本《老子》中共出现10次。严格地说，只有一个形体是加了“宀”字头的（甲25），其余有8个只是“女”字加一点，更有一个写作“庀”（甲10），整理者“疑为‘安’字误写”。

全部用例分布在9个语段,缕列于下:

(1) 孰能安以动者将舍(徐)生。(甲10)

(2) 民莫之命天(而)自均安。(甲19)

(3) 国中又(有)四大安,王居一安。(甲22)

(4) 其安也,易持也。(甲25)

(5) 信不足安又(有)不信。(丙1)(标点见下)

(6) 古(故)大道废,安又(有)仁义。(丙2~3)

(7) 六新(亲)不和,安又(有)孝慈。(丙3)

(8) 邦家昏□(乱),安又(有)正臣。(丙3)

(9) 往而不害,安坪(平)大(泰)。(丙4)

以上诸例中的“安”,只有(1)、(4)系用作实词(形容词),其余均用作虚词。后者又可分为两类,一类用在句首,一类用在句尾。用在句尾的属于所谓“兼词”(指示代词兼句尾语气词),如例(2)、(3)。“安”的用法相当于“焉”。上古音“安”、“焉”同为影母元部,自可通借。

我们知道,古汉语用在句首的“焉(安)”有两种意义:一是作为疑问代词,“犹何也”;[11]二是作为连词,“犹‘于是’也,乃也,则也。”[12]判断“焉(安)”的用法及意义时,难免遇到两个问题:首先,“焉(安)”能否肯定是用在句首(因为也可能用于上句的句尾)?其次,用于句首的“焉(安)”是连词,还是疑问代词?上举(5)~(9)诸例就是如此,需要结合语境,具体分析。

(5)~(8)的“安(焉)”集中见于丙组简1~3号,内容相当于通行本的第17、18两章:

> 大(太)上,下智又(友)之;其即(次),新(亲)誉之;其既(次),畏之;其即(次),侮之。信不足安又(有)不信,猷(悠)乎其责言也。成事述(遂)功,而百眚(姓)曰我自然地。古(故)大道废,安又(有)仁义,六新(亲)不和,安又(有)孝慈,邦家昏□(乱),安又(有)正臣。

从“大道废”前有“故”字及简文连写的情况来看,今通行本17、18章实应合为一章。对其内容的理解,从第一句开始,自来就颇多歧异。本来,从王弼本、河上本到龙兴观本均作“太上,下知有之”;但从元代吴澄本开始,明清以后的永乐大典本、焦竑本、潘静观本等诸多刻本、注本,都将“下”改作“不”,作“太上不知有之”,朱谦之《老子校释》也说“作‘不’义亦长”。今人注本如陈鼓应《〈老子〉注释及评介》大抵以此立说,将此句理解为:“最好的世代,人民根本不感到统治者的存在。”[13]而验之以马王堆帛书《老子》的甲、乙本以及郭店简本,“下”不能作“不”,无庸赘言。其实此章论治道,涉及的主体是君王统治者,是他们应该对百姓即“下智”[14]的态度。“又之”,即“友之”(又、友均为匣母之部字),统治者与百姓友善才是最好的;其他的“誉”(通“谀”,二字同属余母,韵部则鱼侯旁转)、“畏”、“侮”皆非平等态度,均不足取。由于平等友善才能谈及信任,信任不够才发生不信任的现象,所以例(5)应读作"信不足,安(焉)有不信"。王念孙指出:"'信不足'为句,'焉有不信'为句。焉,于是也。言信不足,于是有不信也。"[15]是很正确的,也适用于简本。

(6)、(7)、(8)三句的句式同(5),"安(焉)"均置句首当连词"于是"讲,现在似乎已经看法一致了。

例(9)的"安坪(平)大(泰)",朱谦之指出:"依旧说,安,静也。……平者安之至,'安平太'为并列语。王引之《经传释词》持异议,谓'安'犹于是也,乃也,则也。《老子》曰'往而不害,安平太',言往而不害,乃得平泰也。"[16]可见也有两种读法,但似应以"安"作句首连词为是。

附　注

①《郭店楚墓竹简》,荆门市博物馆整理,文物出版社,1998年。

② 彭浩校编:《郭店楚简〈老子〉校读》,湖北人民出版社,2000年。

③ 详见《战国古文字典》,674页,中华书局,1998年。

④⑤ 许嘉璐:《论同步引申》,《中国语文》,1987年第1期。

⑥ 陈高志:《读〈郭店楚墓竹简〉札记》,载《中国哲学》第二十一辑,辽宁教育出版社,2000年。

⑦ 参见《金文编》,757~758页。

⑧《金文编》,782~783页。

⑨《金文编》,776~777页。

⑩《马氏文通》第八章"连字"。

⑪《论语·子路》篇皇侃疏。

⑫ 王引之《经传释词》。

⑬ 陈鼓应:《〈老子〉注释及评介》,132 页,中华书局,1984 年。

⑭《论语·阳货》:“唯上智与下愚不移。”可见“上智”、“下智”可分别指代统治者与被统治者。

⑮《读书杂志》卷十六余编上。

⑯ 朱谦之:《老子校释》,91 页,中华书局,1963 年。

[原载《古文字研究》第二十四辑,中华书局,2002 年 7 月]

郭店楚简《老子》异文的语法学考察

《老子》是我国古代最重要的经典著作之一，虽然只有短短五千言，但历史上传承的文本，语句歧异颇多，而且由于言约意奥，在语义理解及阐发上的见仁见智之处尤其不胜枚举。所幸在20世纪70年代出土了湖南马王堆帛书本（简称"帛书本"，分甲、乙两种），90年代出土了湖北郭店竹简本（简称"简本"，分甲、乙、丙三组），使得学术界对《老子》的文本源流及释读的研究不断向纵深发展。

郭店竹简本是目前所能见到的《老子》一书最早的历史文本，具有重大的研究价值，近年来学术界以之为热点和前沿，在思想史、学术史、文化史、文献史诸方面都取得许多可喜成果。简本《老子》的语言文字特点，当然亦未被完全忽略，但似乎尚有继续探讨的余地。本文拟主要从汉语语法史的角度，就简本《老子》与其他传世文本的异文所涉及的语法成分进行初步考察；并非对《老子》本身的语法做全面描写，而是试图从《老子》文本语言的历时变化中探求战国秦汉时期汉语发展的某些现象和规律，起码可以就学术界以往有关说法、结论增添正面或反面的例证。当然，在许多情况下，更可以肯定简本《老子》在文献学方面的价值。

据以对勘的若干《老子》的传世文本主要有马王堆帛书甲、乙本（汉）以及较早期的注本如河上公本（汉）、王弼本（曹魏）、龙兴观本（唐）等。此外也对简本的甲、乙、丙三组文句进行比较，以期发现《老子》文本流变的更多细节。

为文章排印的方便，所引"简本"《老子》的例句，除非行文必要，一般直接使用本字而不注明通假情况，异体字和繁体字则改用现行通用字形。可能有不同看法，如欲核查，可见"参考文献"所列有关书目（主要为《郭店楚墓竹简》及《郭店楚简〈老子〉校读》）。例句后注明出处用简称，如"甲 1"，即指甲组 1 号简（此为整理后的编号而非出土时的编号），余可类推。

考察的对象主要是若干动词、代词、副词、连词、语气词，分述如下：

1. 亡和无

动词"亡"和"无"的转换，是简本《老子》有别于后世传本的主要特点之一。考察简本三组与传世本的"亡"、"无"使用情况，可以发现两个现象：

(1) 在表示"没有"的意义上，简本多用"亡"，传本（包括帛甲、乙本）则一定用"无"，如：

> 道恒亡为也，……将镇之以亡名之朴。……为亡为，事亡事，味亡味。（甲 13～14）

以上几处简本用“亡”的地方，帛甲、乙本用“无”，其余传本皆用“无（無）”。据统计，这种简本用“亡”而传本用“无（無）”的地方，在甲本有19处，乙本有6处。有2处“亡”字用作“亡失、丧失”讲时，诸传本用“亡”，而简本用“贡”：

得与贡（亡）孰病？……厚藏必多贡（亡）。（甲36）

此“亡”字从贝，本义指财物亡失，可能是一个带有地方特色的专用字。

亡，古音属明母阳部；无，则属明母鱼部。鱼阳阴阳对转，二者例得通假，古书中多通用。不过，亡友刘翔先生指出：“在殷代卜辞记录里，表示有无、没有之类语义的字，是‘亡’而非‘无’。亡字表达有无、没有的语义，一直沿用至战国时期。”[①]当然，“无”字表示“没有”的语义的起始年代也不晚，[②]但相对来说，“亡”字的资格比“无”字为老，使用“亡”字的版本较“无（無）”为早，应该是可以认定的。

只是在表示“存亡”的意义时，简本用“亡”，传本也用“亡”，见于乙组简中有1处：

中士闻道，若闻若亡。（乙9）

此句帛甲本缺，自帛乙本以下的传本皆作“若存若亡”。

上述简本用“亡”而传本用“无（無）”的现象，在甲组简中只有1处例外，即“我无事而民自富”（甲31）。

（2）比较有意思的是，在丙组简里，上述这种区别消失了，即传本用“无(無)”的地方,丙组简也用“无(無)”而不是用“亡”。此类用例一共有5处,尚不包括“无执,古(故)□□□”一处缺文,他本作“故无失”,帛甲本作“故无失也”。在简本三组用字中有这种区别,是耐人寻味的。[③]

2. 其

代词“其”在简本《老子》中共出现47次,使用频率是相当高的。在传世诸本的相关文句中,则减少了8次。有的是从帛书本就开始不用的,如:“善建者不拔,善抱者不脱,子孙以其祭不辍”(乙15~16)。有的则在帛书本中还保留,之后的传本中不用了,如:“其在民上也,以言下之。”(甲3~4),帛甲、乙本均有“其”字,他本则删却。后一种情况可能造成语义方面的细微变异,如简丙12的“人之败也,恒于其叡成也败之。”“叡”读为“且”,是表示动作行为将要实现的时间副词,可译为“将”。此句在帛书甲本中作:“民之从事也,恒于其成事而败之”,帛乙本无“事”字,后世传本在64章相应的文句作“常于几成而败之”。“几”也是表示“将近”的副词,所以删去“其”字,与简本文句意义尚接近,而帛书本虽保留“其”字,但没有了“叡(且)”或“几”,语义则有欠细密了。

有的“其”字被删,于语义无损,只是为了句式的整齐,如“上士闻道,勤能行于其中;中士闻道,若闻若亡”。(乙9)传本第41章改为“上士闻道,勤而行之。……”

也有帛书本用“其”,简本及其他传本皆不用的,如:“唯与可,相去几何?美与恶,相去何若?”(乙4)帛书甲、乙本均在“相去”

前加“其”字，其他传本除在“与”前加“之”外，皆无“其”字，与简本同。这说明《老子》的传世文本也可能有比帛书更古的来源，《老子》文本的传承情况是相当复杂的。

3. 之

和在一般古代典籍中一样，简本《老子》中的“之”依其语法功能而分属两个词类，即代词和连词；后者一般连接定语和中心语，也有不少语法学著作称之为“助词”或“结构助词”。

代词“之”在简本《老子》中的出现次数也是47。简本用“之”而传本不用者有5次，其中同于帛书本而多于其他传本的有2次，即“或命之或乎属”（甲2），“为之者败之”（丙11）；也有同于其他传本而多于帛书本的（1次），即：“故天下莫能与之争”（甲5）。

传本用“之”而简本不用的也有5次，其中2次是用“者”代替，即“孰能浊以静者将徐清，孰能安以动者将徐生”（甲10），这里的两个“者”，其他传本均作“之”（河上公本在“静”前加“止”字，“动”前加“久”字）。细玩两种句式，文义亦有不同，传本只是单纯提出问题：“孰能……？”，简本则是带有答案的：“……者，将……”。

再有一处传本有“之”而简本不带的地方：“故道之出言，淡呵其无味也，视之不足见，听之不足闻而不可既也。”（丙4～5）诸传本将“而”易作“用之”，如此造成句子排比整齐，但语义重心则由“言”转移到“用”方面去了，而简本的“不可既（尽也）”仍是与

“出言”呼应，文气似乎更为贯通。

连词“之”在简本三组中的出现次数是35，相应的内容中帛书甲本为26，乙本为32（甲本少，大抵是由于帛面残损），后世传本则为26～28，较之简本虽然略有删减，但也有增用的情况。

删减的情况如简本的“有亡（无）之相生也，难易之相成也，长短之相形也，高下之相盈也，音声之相和也，先后之相随也”（甲15～16）帛甲、乙本同，而后世传本均将“之”和“也”删去，成为整齐的“四字格”：“有无相生，难易相成，长短相形……”

增用的情况如简本的“唯与可，相去几何？美与恶，相去何若”（乙4），帛书甲、乙本在两“与”字前均未添字，而后世传本则各增一“之”字，也成为整齐的“四字格”。

可见连词“之”在《老子》后世传本中的增删，主要是出于句式整齐或曰韵律的需要，与语义的表达则关系不大。

4. 此、斯、兹

本小节的考察范围拟扩大至全部的郭店楚简，主要是针对指示代词“此”、“斯”、“兹”。这三个词古音接近，语法功能基本相同，但在先秦典籍的使用频率上，却存在历时的差异。早在清初，顾炎武已经注意到这一点，在《日知录》卷六的“檀弓”条指出：

> 《论语》之言“斯”者七十而不言“此”，《檀弓》之言“斯”者五十有三，而言“此”者一而已。《大学》成于曾氏之门人，而一卷之中言“此”者十有九。语音轻重之间而世代之别从可知已。（[原注]《尔雅》曰：“兹、斯、此也。”今考《尚书》多

言“兹”,《论语》多言“斯”,《大学》以后之书多言“此”。)

看来用“兹”最古,“斯”次之,“此”则最晚,《尔雅》用“此”释“兹”、“斯”,也可说明这一点。

在全部郭店楚简中,“兹”字只一见,即在《缁衣》的1号简:“好美如好兹衣”。这是作为“缁”的通假字出现的,并非指示代词,可以不论。“斯”字出现21次,但无一例见于《老子》三组;“此”字出现则为61次,见于《老子》的有4次,均在甲组(6、10、11、15号简各1处)。“此”的使用次数大约为“斯”的3倍,援引上述顾炎武的说法,可见整个郭店楚简的著作或抄录年代,大致与《大学》相当。清代学者崔述说过:“凡文之体,因乎其时,故《论语》之文谨严,《孟子》之文舒畅,《左传》采之群书则文错出不均,《大学》之文繁而尽,又多排语,计其时当在战国,非孔子曾子之言也。”(《东壁遗书·洙泗考信录·余录》)这不啻为郭店楚简包括《老子》著于战国时期的通行说法,又增添了一条旁证。

很有意思的是,简本《老子》用“此”不用“斯”,但传本中却“斯”、“此”兼用,如简甲15的“天下皆知美之为美也,恶已;皆知善,此其不善已。”帛甲本相当于下半句的“此其”写作“訾”,帛乙本则作“斯”,王弼本、河上公本、龙兴观本的第2章亦均作“斯”,又在上半句的“恶已”前加“斯”字。这种遣词用字上的“复古”现象,只能说明到了汉初及其后,“斯”、“此”已混用不别,一般不能据以作为考判典籍文献著作年代的参考依据了。

5. 夫、天、而

这三个字在楚国简帛文字中形体相近，常易相混，简本《老子》中不乏其例，如："天唯弗居也，是以弗去也。"（甲 17～18），"天"字帛甲本以下均作"夫"；又如："民莫之命天自均安（焉）"（甲 19），"故不可得天亲"（甲 28），诸传本"天"均作"而"，简本均误书。

但是也有相反的例子，如："始制有名，名亦既有，夫亦将知止。"（甲 19～20）"夫"字，宋刊河上公本及龙兴观本等第 32 章均作"天"，朱谦之(1963)已指出："作'天'乃字误"，验之简本，又多一条证据。

还有一处与此有关的异文，对于《老子》文义的理解甚为重要。今本 16 章有一句话："夫物云云，各归其根。"这里的"夫物"二字不好讲，傅奕本、范应元本均作"凡物"（顾野王《玉篇·云部》引《老子》即已作"凡物云云"，似为所本）。自马王堆帛书本出，甲、乙本此二字均作"天物"，于是被解为"天下之物"。但也有人认为"天"乃"夫"之误（如帛书整理组），而校之简本，这一句作："天道员员，各复其根。"（甲 24）这里的"天道"乃是"天"和"道"，这两个词都是《老子》一书的关键词，也是道家学派的基本观念。《庄子》一书对这两个词有所界定，如："天也者，万物之总名也。"（《齐物论》）"天也者，自然之谓也。"（《大宗师》）"道者，万物之所由也。庶物失之者死，得之者生。"（《渔父》）[4]总之，简本的"天道"较之帛书本的"天物"、后世传本的"夫物"、"凡物"，孰为高下，适可供进一步研究参考，而此处异文之重要性则自不待言。

6. 弗、不

否定副词“弗”和“不”在语法功能、用法的异同方面的区别和联系，一直是上古汉语研究中备受关注的一个问题。简本《老子》中，“不”的出现次数是49次，“弗”的出现次数是17次，都是高频字。考察“弗”、“不”的用例，可以发现以下几个现象：

第一，“弗”和“不”修饰的词语各不相同，只有及物动词“言”、“知（写作‘智’）”同时被它们修饰。

第二，“弗”都是修饰谓语，一般是动词，如“言、知、蓋（盩也，见甲33）、扣、如、志（识）、居、去、笑”等，由于“弗”后面的动词都不带宾语，所以难以判定这些动词是及物还是不及物。有些看来本应是形容词，但在“弗”字后也都是充当句中的谓语，如“厚、害、厌、美”等。而“不”字除可修饰谓语外，还可与所修饰的词语一起或充当定语，如“不言（之教）”；或充当宾语，如“（是谓）不道”、“（欲）不欲”、“（学）不学”。可见“不”字短语的语法功能比“弗”字短语的功能要丰富些。

第三，在与副动词（也叫能愿动词）的结合上，“弗”只与“能”（1次）、“敢”（2次）连接；而“不”可连接“可、欲、得、克”等，仅“不可”就有10次，可见“不”与副动词的结合能力也较“弗”为强。

第四，“弗”有4处用法，是和“之”呼应的，用例如下：

① 知之者弗言，言之者弗知。（甲27）

② 下士闻道，大笑之；弗大笑，不足以为道矣。（乙9～10）

③ 恬淡为上，弗美也，美之，是乐杀人。（丙7）[⑤]

这几个句子中，同一个动词（“美”是形容词动用）后可带代词宾语“之”，但前头有“弗”，则不加“之”。在简本《老子》的“弗”字全部用例中，“弗”后的谓语动词都是不带宾语的。

对于“不”和“弗”的用法比较的研究由来之久，各种重要意见都是研治语法史的人们熟知的，不必在此重复介绍。这个问题上的较新看法，体现在何乐士先生《〈左传〉否定副词“不”与“弗”的比较》一文中。[⑥]文中指出《左传》的“弗”字句“几乎全都在后续句”，而“在古汉语中，后续句的宾语若已在上文出现过，则在肯定句中常用代词‘之’等代替，在‘不’、‘弗’否定句中，宾语若不被强调，常承前省去。……并不是‘弗’这个词等于‘不’加‘之’，而是作为后续句的‘弗’否定句一般都承前省略了宾语。”

何先生的结论，应该说已把“不”与“弗”的研究推进了一大步。但是我们发现考察《左传》的结论，未必适用于出土文献的《老子》。在上引简本的3个句子4处用例中，①、③句有2处“弗”都是前置（“弗言”在“言之”前，“弗美”在“美之”前）而非后续，前置、后续各占50%。看来这个问题还是可以继续探讨的。

最后要指出的是，简本《老子》的“弗”字句，在帛书甲、乙本中基本沿用下来了（除了“弗美”一处改为“勿美”），但是到了后世传本中，“弗”字几乎都被改成了“不”，只有“成而弗居，天（夫）

唯弗居也”(甲 17~18)中的两处(在今本第 2 章),在王弼本、河上公本等少数传本中被保留了,所以今本《老子》中几乎没有“弗”字句。这说明汉代以后,否定副词“不”、“弗”不再有所区别,基本可以通用,而趋势当然是以“不”取代“弗”。

7. 古(故)、是以

“故”是“承上而申下之辞”(《马氏文通》卷八之三)“因果相承时用之”(《词诠》),与“故”语法意义相同的尚有一个常见短语“是以”,现在都认为是连词。

简本《老子》的“故”均写作“古”,共使用 14 次;使用“是以”共 13 次。还有 1 次“是古”(甲 12),系二者的结合变体。

一般地说,简本的“古(故)”都被沿用到帛本及其他传本了,这共有 11 处;而“是以”则有 4 处在后世传本中改用为“故”。这虽然只是十分细微的表现,却可以看出《老子》在流传定本的过程中,虽然内容增加了,但文字却趋于更加精练了。

但是也有两处是简本不用连词而传本却添加了:

① 江海所以为百谷王,以其能为百谷下,是以能为百谷王。圣人之在民前也,以身后之;其在民上也,以言下之。(甲 2~4)

② 名与身孰亲?身与货孰多?得与亡(无)孰病?甚爱必大费,厚藏必多亡。故知足不辱……(甲 35~36)

由于“故”或“是以”的使用,涉及到句群(语段)层面,所以引文略长些。例①中的“所以”、“是以”，其他传本皆同（王弼本以下将“是以”改作“故”）。只是简本的“圣人之才民前也”，帛甲、乙本均作“是以圣人之欲上民也”（后世传本亦加“是以”，唯无“之”字）。可以看出，前一句已然有了“是以”（或“故”），属于下了结论，这一句是另起一个话题，似不宜劈头再来个“是以”。因此这一句似以简本不用“是以”或“故”更为醒豁些。

例②中的“甚爱必大费”，王弼本、龙兴观本在句首均加“是故”二字，帛甲本则同简本，“甚”字前不加字。以语境来看，也是没有加“是故”二字的必要，所以陈鼓应（1984）指出：“今本‘甚爱必大费’句上原有‘是故’两字，依帛书甲本删。”（239 页）

8. 也

“也”是一个语气词，按《马氏文通》的说法，属于“传信助字”（见卷九之一），即主要表示陈述、判断的肯定语气。

20 世纪 30 年代，唐兰先生撰《〈老子〉时代新考》（收入《古史辨》第六册），认为：“《老子》形成的时期，相当于《墨子》形成的时期，——即战国时期。”理由之一是：“《老子》里几乎没有用到‘也’字，——有人以为《老子》里仅有的几个‘也’字都是后来添的，——这是很重要的一事。大概是战国初年，‘也’字已在齐、鲁盛行，而南方却未普遍的缘故。但到《楚辞》和《荀子》的《赋篇》里，‘也’字却已普遍。由此可见《老子》的撰成，决不在战国中叶以后。”⑦

唐先生所述“《老子》里几乎没有用到‘也’字”的情况，是符合今本实际的，在相当于简本篇幅的《老子》文句中，王弼本用了4个“也”字，河上公本用了2个，龙兴观本则一个也没有。但是我们考察郭店楚简，却意外地发现《老子》简文中的“也”字用得非常多，达到53例；而据张守中等（2000）的统计，全部简文中的“也”字用例为601个。可见郭店楚简的时代，“也”字在南方已然普遍使用；按照唐先生的说法，应是进入战国中期了。

再看简本《老子》的“也”字，在帛书甲本中尚存留46个，乙本中存留39个，虽然有些地方属于帛面泐损，但可以看出在《老子》整理、定本的过程中，“也”字逐渐删减的趋势。

一般来说，“也”字的有无，于语义没有什么影响，只是关系到文气的舒张短促，如简本的“其安也，易持也；其未兆也，易谋也；其脆也，易判也；其几也，易残也（甲25）”，王弼本以下作“其安易持，其未兆易谋，其脆易破，其微易散”（64章）；又如：“返也者，道[之]动也；弱也者，道之用也。”（甲37）传本作“反者道之动，弱者道之用”（40章）。以上文句体咏之际，觉得简本的语气毕竟多点细腻，表达也委婉一些。金克木先生曾谈及《老子》的用字，说：“《老子》……不知是写在简帛上还是刻在竹片上，……都不可能长篇大论。写的刻的字总是籀文大篆，更不能多。所以用字一定要省而又省，慎之又慎……”[⑧]可见简本用“也”字，确有其表达上的需要，不然不会用这么多。传本有时删之太过，如“攻（功）遂身退，天之道也”（甲39），王弼本作“功（他本加“成名”二字）遂身退，天之道”（9章），读起来何其生硬乃尔！

9. 余论

试图从上述有限的异文对比中得出较大并且较肯定的结论，是有违科学的严谨性的。尽管如此，我们也不妨提出以下几点看法（虽然大多并非创见），供有关专门研究者参考，因为从语言史角度得到的证据还是比较实在的：

（1）简本《老子》的书写年代，可能在战国中期。

（2）简本《老子》甲、乙、丙三组中，丙组的书写年代较靠后。

（3）帛书本《老子》的内容虽然较简本大为增益，但相应的具体文句则较多保留简本面目，亦即《老子》早期文本的真实情况。

（4）从简本经帛书本到后世传本，《老子》一书的文句虽然齐整而简练了，但内容方面则发生了某些变异，不过后世文本似多有"以辞害意"、以形式伤内容的情况。

附　注

① 见刘翔：《中国传统价值观诠释学》第三章，232页，上海三联书店，1996年2月。王中江的《郭店竹简〈老子〉略说》也引用了这一观点，文载《中国哲学》第二十辑《郭店楚简研究》，见下列"参考文献"。

② 见于西周金文，同上刘翔（1996），241～242页。

③ 王博在《关于郭店楚墓竹简〈老子〉的结构与性质》一文（载《道家文化研究》第十七辑，见下列"参考文献"）即指出："乙本仍然使用'亡'字来表达'无'字的意义，而丙本则只使用'无'字。这样，丙本与乙本也可以肯定是依据两个不同的传本。"

④ 可参考彭浩：《郭店楚简〈老子〉校读》，51页，见下列"参考文献"。

⑤ 此句中的恬淡，裘锡圭先生别有说，可从。裘说见《郭店〈老子〉简初

探》,收入"参考文献"之陈鼓应主编,1999年。

⑥ 收入《第一届国际先秦汉语语法研讨会论文集》,岳麓书社,1994年12月。

⑦ 收入《古史辨》第六册,开明书店,1938年9月。

⑧ 金克木:《文化卮言》,32页,上海文艺出版社,1996年8月。

参考文献

[1] 陈鼓应:《老子注释及评介》,中华书局,1984年。

[2] 陈鼓应主编:《道家文化研究("郭店楚简"专号)》第十七辑,三联书店,1999年。

[3] 丁四新:《郭店楚墓竹简思想研究》,东方出版社,2000年。

[4] 何乐士:《古汉语语法研究论文集》,商务印书馆,2000年。

[5] 荆门市博物馆:《郭店楚墓竹简》,文物出版社,1998年。

[6] 彭浩:《郭店楚简〈老子〉校读》,湖北人民出版社,2000年。

[7] 王力:《汉语语法史》,商务印书馆,1989年。

[8] 张守中等:《郭店楚简文字编》,文物出版社,2000年。

[9] 章锡琛:《马氏文通校注》,中华书局,1954年。

[10]《中国哲学》编辑部:《郭店楚简研究》(《中国哲学》第二十辑),辽宁教育出版社,1999年。

[11]《中国哲学》编辑部:《郭店简与儒学研究》(《中国哲学》第二十一辑),辽宁教育出版社,2000年。

[12] 朱谦之:《老子校释》,中华书局,1963年。

[原载《中国语文》,2001年第4期]

也论殷商甲骨文中的语气词

关于殷商甲骨文是否存在语气词，学界自来存在不同意见。有关的讨论，在我国学者中，较早见于郭沫若《殷契粹编》425 的按语："按此二辞，一缀以'乎'，一缀以'不'，盖均表示疑问之语词，不者否也。凡卜辞本均是疑问语。"(1937)

嗣后管燮初的《殷虚甲骨刻辞的语法研究》(1953)主张甲骨文中存在感叹词"匃、艅、目"。他对"感叹词"的界定是"描写叹息的声音或语调"，属于语气词范畴。

陈梦家在《殷虚卜辞综述》(1956)第三章"文法"曾专门论述语气词，不过前后似乎有相忤之处。如在该章第一节中说"卜辞里没有语助词，但……亦足以表见语气的变化"；但在第十节"助动词"中则指出：

> 武丁晚期的自组卜辞中，偶有在句末安置语气词的，如：
>
> 丁未卜扶，㞢咸戊，𦥯戊乎？
>
> 丁未卜扶，㞢咸戊牛不？(粹425)
>
> 乙巳卜扶，㞢大乙母妣丙不？(甲248+254)
>
> 庚寅卜徃，王品司癸巳不？(甲241)

丙子卜今日雨不?(乙435)

方其至不?(乙142,177)

……武文卜辞云:

……受又才!(掇一450)

“才”似作“哉”。[①]

在第十二节的“结语”更明确地断言:“句尾亦偶有少数的语气词。”[②]

由于未曾对“语助词”和“语气词”的界定及其关系进行说明,所以自然可以认为《综述》的说法存在矛盾,因为他是把“语助词”置于语气范畴的。

有的学者认为殷商甲骨文中没有语气词,如郭锡良说:“在甲骨文时代语气词还没有产生,句子的语气只能是由别的语言手段来担任。”[③]张振林也认为:“甲骨卜辞中未见单纯语气词。对甲骨卜辞的语气判断,主要是根据动词、副词以及整段卜辞的内容推测的。同样,在商代的金文里,也未见单纯的语气词。”[④]

不过目前在古文字学界,尤其是主要研治甲骨文的学者中,认为甲骨文中存在语气词的,可以说是大有人在。

李学勤于1980年在《古文字研究》第三辑发表《关于自组卜辞的一些问题》,在关于“语末助词”的部分,不但肯定了郭沫若上述关于“乎”和“不”用作疑问语气词的说法,而且还论证了殷墟卜辞中两个以往未被注意的语气词“㞋”和“执”。例如:

> 戊午卜曰:今日啓㞢?允啓。(原释:"今天晴天吗?确实晴了天。")

他认为:"如把'㞢'读为实字,甚或想到俘获一类意义,句子就不可通了。"

同时又指出:

> "㞢"还可以和另一个助词"执"结合起来。这种卜辞是把正反两问并于一辞之中,正问用助词"㞢",反问用助词"执"(有时相反)。……
>
> ……啓疾㞢?亡执?(《京津》3096)
>
> □□卜昜,不其雨至丙㞢?征雨执?(《文录》112)
>
> 这是说:"啓有病,还是没有病呢?""雨不会下到丙日?还是继续下呢?"只要把"㞢"、"执"读为语末助词,就言通字顺。

黄天树在其博士论文中同意李学勤的考察结论,并且进一步指出,这两个句末语气词"主要见于自组小字类卜辞中。……所见甚多"。[⑤]

裘锡圭认为这是"见于殷墟卜辞的最确凿无疑的句末疑问语气词",只是他提出从字形而言,应该把"㞢"释为"卬"即"抑"。他引用并分析了李学勤文章中的诸多文例,指出:"如果不把上引诸例的'抑'和'执'理解为句末疑问语气词,辞义绝大多数根本讲不通,看作句末疑问语气词就文从字顺了。可见李说是不可移易的。"此外,他还指出:这两个句末疑问语气词,不但见于师(按:即"自")组卜辞,而且见于宾组和午组卜辞。连同李文及他补充的有关文例,共有51个。[⑥]

但是郭锡良认为:"把'㞢'(抑)、'执'看作语气词,也是根据不足、大可怀疑的。把'㞢'、'执'看作语气词,只能解释甲骨卜辞,后代一点痕迹也找不到,真是昙花一现。"[⑦]对于这一点,将于下文谈谈我们的意见。

关于"乎"字,裘文认为:"在师组卜辞中,……以'乎'结尾的命辞,实际上是屡见的。"随即举了14个例子。但同时他又认为:"用'乎'字结尾的这种命辞究竟是不是问句,还有待研究。"台湾学者朱歧祥将这14个文例与姚孝遂主编的《殷墟甲骨刻辞类纂》进行比勘,一致者只有4个。朱认为诸如"丁酉卜,王㞢(侑)祖丁乎"(合集1843)这一类见于句末的"乎"字句,"乎"皆当读为动词"呼","应是属于动词移尾的变异用法;'□先祖呼'其实应该是'呼某㞢先祖'的省文倒置。句中前置□祭的祖先名,而省略呼令的人名。这种省文移位的方式,在卜辞中是常见的;例参杨树达先生《积微居甲文说·甲文中之先置宾辞》一文。"[⑧]所以,他们都不同意甲骨文中存在句末语气词"乎"。

陈炜湛在论及甲骨文中的"若"字时指出:"卜辞另有'王若曰羌'一语(《甲》二五零四),'若'为语气词'若曰'或称'曰若',卜辞有'曰若兹妻隹年囚'(《前》五·一七·五)的辞例,与《书·尧典·皋陶谟》'曰若稽古'之语相仿佛。如是,则'若'字既是实词（名词、动词、形容词），又是虚词（语气词）。”[9]明确认为甲骨文存在语气词。他又逐一考察上述李学勤、裘锡圭文章中所列各辞，认为其中“许多‘卬（抑）’和‘执’，与其解释为疑问语气词，毋宁把它们看作实词——名词或动词。”“只能承认李文所举部分文例中的‘卬’和‘执’，似乎有可能借用为疑问语气词。”具体地说，有5例“有关气象一类的占卜之辞”，“可能当理解为‘句末语助’”。[10]这就进一步肯定了甲骨文存在语气词的观点。

赵诚分类解说了76个虚词，其中有语气词8个：不、弜、非、以、乎、卬（“抑”之初文）、𡚸（作动词时“有捕执之义”）、𦨵。[11]

吴浩坤、潘悠认为：“由于甲骨文是占卜时的贞问记录，文句简单而且较为格式化，所以语气词基本上是很少见的。”[12]“很少见”不等于“没有”，所以这也是一种肯定甲骨文中存在语气词的观点。

此外，沈培不赞成有的学者将“惠”和“唯”划为“语气副词”，认为“把它们看成语气词更为恰当些。”[13]张玉金指出：“在殷代甲骨文中只有三个语气词，它们是‘抑’、‘执’、‘乎’。”[14]

看来，认为殷商甲骨文中存在语气词的学者是多数。当然，多数不等于正确，还需要将这一观点进行进一步的论证。

我们认为汉语的语气词在殷商甲骨文中已经产生的论断是可以成立的，理由如下：

1. 作为缺乏动词屈折变化的汉语而言，除了语调以外，很难设想其语气范畴能够不加入语气词的成分。王力虽然在出版于

1956 年的《汉语史稿》中认为："在西周以前，汉语可能没有语气词。"但是后来他有一个观点是很明确的："西洋语言的语气是通过动词的屈折变化来表示的，而汉语的语气则是通过语气词来表示的。"[15]所以在修订本的《汉语语法史》中，他的论断是非常谨慎的："在原始时代，汉语可能没有语气词。直到西周时代，语气词还用得很少。"不过，如果认为汉语的语气要通过语气词来表示，而且学术界公认殷商甲骨文已然是相当成熟的文字，那么它所记录的汉语应该说是更为成熟的语言，在这种成熟期语言的口语中已经产生和使用语气词，并在其书面语中有所反映，也应该说是很自然的现象。

2. 对于上述主张殷商甲骨文中存在语气词的诸家所列出的具体词目，由于对文例的理解不同，读者可能会有不同意见。他们所认定的这些语气词，也不一定都能成立。但是要说没有一个站得住，恐怕也是偏颇之言。尤其是𠂤组的"抑"和"执"，同时也见于宾组和午组，经李、裘二位罗列出 50 余个文例，应该认为绝非孤证寡据；更为重要的是，"如果不把上引诸例的'抑'和'执'理解为句末疑问语气词，辞义绝大多数根本讲不通，看作句末疑问语气词就文从字顺了。"

3. 关于殷周语言的承接与变异。

在上古时代，殷(商)族与周族是不同的两个部族。它们发源地不同，语言不同，文化不同。这是历史学界和语言学界许多专家的共识。只是在具体的表述方面，存在一些差异。例如：

顾颉刚曾在一则笔记中说:“陈文彬同志谓予:‘今日之汉语由周人之语来,周为羌族,是为汉藏语系。其语动词在前,宾语在后。殷人为阿尔泰语系,其语宾语在前,动词在后,如日本人“吃饭”云“饭吃”亦是。殷人之语有留遗于周人者,故文法不一致也。’”[16]

胡明扬认为:“如果承认语言融合可以诞生新的语言,而且这种新的混合语通常在词汇和语法子系统方面会呈现异源结构的现象,那么汉语就可以确认为一种典型的混合语,词汇来自原始羌藏语,语法来自古百越语言,而这就和中国古代史记载的操原始羌藏语的黄帝族和操原始百越语的东夷族和蚩尤族、炎帝族融合而成华夏族或后世的汉族的历史事实一致了。”[17]

还有一种表述来自李葆嘉:“词汇方面藏语和汉语大有关联,是因为作为氐羌一支的姜周带来的是西北氐羌语,周人在承袭殷商乐教文化和甲骨文字的同时致使中原语言‘氐羌化’。中原华夏汉语在持久而丰富的混合过程中,已经从原始黏着结构逐步演化为孤立结构。”[18]

所以,宏观地说,殷商时代使用的语言,到了西周时代,是既有继承,又有演化、变异的。具体地说,殷商时代的语气词,不一定要被西周时代的语言所承继。而西周直至春秋、战国,由于产生并形成了以中原雅言为基础的先秦散文文体,其语言作为后世文言文的祖体绵延千载,而未曾在汉语的发展中发生断裂,因此其含有的各种词类(包括语气词)才有可能保留下来。或者易言之,对于后世文言文语气词系统的追溯,不一定非以殷商甲骨文为源头不可。

4. 根据现代语言变异的理论,任何正在使用中的语言,都“不是一个同质的系统,相反,它是异质的。……不断变异,是语言结构本身固有的一种特性,对语言的发展、改善具有重要的作用”。[19]所以不能排除这种现象,即殷商甲骨文中的某些语法成分,由于周民族未予吸收,便在西周金文及以后的汉语发展过程中消失了。

李学勤也承认:“自组卜辞以‘㞋’(按:即‘抑’字)为语末表示疑问的助词,例子还可以举出好多,但在其以后便完全没有了。”[20]

5. 通过调查考察,我们可以发现:不仅是这个“抑”字,殷商甲骨文中的其他某些具有虚词用法的字,虽然在西周金文以后,字形仍然保留,但是虚词用法也告消失了。例如:“弜”、“弜”二字,在殷商甲骨文中是相当活跃的否定副词。早在1940年就有张宗骞者,在《燕京学报》第二十八期上发表《卜辞弜弗通用考》的文章,指出“弜弗同声,弜弗同用”。陈梦家尽管不完全同意他的说法,但也认为“弜”字是否定副词。[21]直至裘锡圭发表《说“弜”》,明确指出,在殷商甲骨文中使用的四个常见的、主要的否定副词有“不、弗、弜、弜”,但其用法“则有明显的区别。粗略地说,‘不’、‘弗’是表示可能性和事实的,‘弜’、‘弜’是表示意愿的”。[22]可以说已经成为定谳。但是“弜”字已不见于《金文编》,后世作为“卷”(一说为“纠”)的异体字。“弜”字虽在殷周金文中出现整整30次,[23]但已基本作为人名,无一用为否定副词;其后虽然见于《说文·弓部》"弜,强也,从二弓"、《广韵·养韵》"弜,弓有力也",然而可能已经不是这两个字,而仅仅是"同形字"。不过可以说传世文献中均未见"弖"、"弜"二字用为否定副词的书证,但是我们能因此否定它们在殷商甲骨文中的否定副词用法吗?"抑"、"执"二字的情况,也大致如此:在殷商甲骨文中作句末语气词的用法,在后世的传世文献中消失了。

6. 不妨再来考察一下与殷商甲骨文基本同期的《尚书·盘庚》篇。

关于《盘庚》的性质及时代,学术界可能还有一些不同的意见。但是较为主流和权威的看法,似可以王国维、郭沫若、顾颉刚的观点为代表。他们观点的最概括的表述,可见于《尚书校释译论》。[24]该书的相应章节认为:"可以明确地说,当初《盘庚》的原文确是盘庚亲自讲的。就这一点而论,王国维说《盘庚》为'当时所作'(《古史新证》),郭沫若说'那三篇东西确实是殷代的文献'(《古代研究的自我批判》),都是说对了的。"

在现存《盘庚》三篇的文字中,语气词应该说不是很多,要少于今文《尚书》的其他各篇尤其是《周书》诸篇使用的语气词(这一点,应该展开具体研究,深入讨论,拟于日后进行)。这是符合"殷商时代的语气词不如西周发达"的公认论断的。但是可以认为是语气词或是近似语气词用法的文例,也是存在的。例如:

"尔忱不属,惟胥以沈。"【大意:不单你们要沉没,大家也要跟着你们一块儿沉没。忱,同“沉”;属,马融说:“独也”;胥,皆,都。】这里的“惟”,可以认为是语首语气词。

“不其或稽,自怒曷瘳。”【大意:你们不去检查沉没的原因,只是一味发怒,那又于事何补呢?稽,考察,检查;瘳,本义是病愈,此指裨益。】这里的“其”,可以认为是句中语气词。

“呜呼!今予告汝不易。”【大意:呵!现在我告诉你们,(迁移的计划)是不会改变的。】这里的“呜呼”,是后世常见的感叹词。

“往哉,生生!”【大意:去吧!去经营美好的生活吧!】这里的“哉”,也是后世常用的句末语气词。

因此,从传世的文献来看,殷商时代的语言中存在并使用语气词(包括感叹词)。所以,作为基本上属于同时代语料的甲骨文中存在并使用语气词,也是顺理成章的。

附　注

①㉑ 陈梦家:《殷虚卜辞综述》,128 页,中华书局,1988 年 1 月。

② 同上,132 页。

③⑦ 郭锡良:《先秦语气词新探》,《汉语史论集》,商务印书馆,2005 年 10 月。

④ 张振林:《先秦古文字材料中的语气词》,《古文字研究》第七辑,中华书局,1982 年。

⑤ 黄天树:《殷墟王卜辞的分类与断代》第六章,(台北)文津出版社,1991 年。

⑥ 裘锡圭:《关于殷墟卜辞的命辞是否问句的考察》,《中国语文》,1988年第1期。

⑧ 朱歧祥:《甲骨文研究·卜辞中"乎"字非疑问语词考》,(台北)里仁书局,1998年8月。

⑨ 陈炜湛:《卜辞文法三题》,《古文字研究》第四辑,中华书局,1980年12月。

⑩ 陈炜湛:《关于甲骨文"印"、"执"二字的词义问题》,《出土文献研究》第三辑,中华书局,1998年。

⑪ 赵诚:《甲骨文虚词探索》,《古文字研究》第十五辑,中华书局,1986年。

⑫ 吴浩坤、潘悠:《中国甲骨学史》第六章"文法"第二节"词类",153页,上海人民出版社,1985年12月。

⑬ 沈培:《殷墟甲骨卜辞语序研究》,162页,(台北)文津出版社,1992年。

⑭ 张玉金:《甲骨文虚词词典·前言》,中华书局,1994年。

⑮ 王力:《汉语语法史》第二十三章"语气词的发展",《王力文集》第十一卷,山东教育出版社,1990年。

⑯ 顾颉刚:《殷语与周语》,《顾颉刚读书笔记》第七卷,5773页;(台北)联经出版公司,1990年。

⑰ 胡明扬:《混合语理论的重大突破》,《中国语文》,2006年第2期。

⑱ 李葆嘉:《〈汉语的祖先〉译序》,中华书局,2005年10月。

⑲ 陈松岑:《语言变异研究》,广东教育出版社,1999年。

⑳ 李学勤:《缀古集·古文字语辞》,上海古籍出版社,1998年。

㉒ 裘锡圭:《说"弜"》,《古文字研究》第一辑,中华书局,1979年。

㉓ 据张亚初《殷周金文集成引得》874页统计,中华书局,2001年。

㉔ 顾颉刚、刘起釪:《尚书校释译论》,中华书局,2005年4月。

战国文字中的语气词

语气词到了战国时代，有了很大发展，可以说后世文言文中的语气词，基本上都已产生并逐渐成熟了。根据现在我们所能得到的材料，这个时期的传世文献较之同期的出土文献，其中的语气词在用字、用法等方面是有所同也有所不同的。我们初步归纳为四个问题来考察和讨论。

一　两种文献中基本相同的语气词

爰　句首语气词。《商鞅方升》："～积十六尊五分尊。"

矣　句末语气词。《中山王鼎》："閈于天下之勿(物)～。"《上博五·竞建内之》7："天地盟(明)弃我～。"

《马氏文通》早就指出："助字中惟'也'、'矣'两字最习用，而为用各别。'也'字所以助论断之辞气，'矣'字惟以助叙说之辞气。故凡句意之为当然者，'也'字结之；已然者，'矣'字结之。"楚简抄本中有时混而不别，后世文本中辄为别之。如《郭店简·缁衣》："大臣之不亲也，则忠敬不足，而富贵已过也。邦豕(家)之不宁也，则大臣不台(治)，而埶(亵)臣托也。此以大臣不可不敬,民之蕝也。”今文本作:“大臣不亲,百姓不宁,则忠敬不足,而富贵已过也。大臣不治,而迩臣比矣。故大臣不可不敬也,是民之表也。”

已 句末语气词。《郭店·语丛(三)》:“君臣不相才(存)也,则可~;不敚(悦),可去也。”《上博三·彭祖》:“昏(问):‘三迲(去)亓(其)二,幾若~?’”《上博四·曹沫之陈》:“今天下之君子既可智(知)~,箮(孰)能并兼人才(哉)?”

哉 句末语气词。《楚帛书》甲九:“繇□之~!”(?)《者沪钟》:“趄趄~!”

也 句末语气词。《卅二年平安君鼎》:“所受坪(平)安君者~。”《緻书缶》:“余畜孙书~。”《信阳》简1.07:“聕(闻)之於先王之法~。”《上博二·容成氏》:“受(纣)不知亓(其)未有成正(政),而得失行於民之唇(朕)~,或亦记(起)帀(师)以逆之。”

又,句中语气词。《郭店·性自命出》:“宜(義)~者,群善之蕝也。”

需要指出的是:一般说来,竹简因篇幅局促,时常省略语气词(尤其是在句末的),所以如果有条件对照同一内容的简文抄本和传世文本,可以发现通常是前者的句末语气词比后者为少。但是“也”字则有相反的情形。如《郭店简·老子(甲本)》:“亓(其)安也,易朱(持)也。亓(其)未兆也,易悔(谋)也。亓(其)脆也,易畔(判)也。亓(其)幾也,易彧(散)也。”今文本作:“其安易持,其未兆易谋,其脆易泮,其微易散。”

繇 感叹词。《楚帛书》甲九:“帝曰～!”(与三体石经《多士》“王曰～”句式相同)也作“䌛”(?)。《上博五·弟子问》:“～,夫以众軛(犯)难……”

按:同文17简有“夫安能王人～”,“～”字下有■号,当不为发语词。

尔 句末语气词。《郭店·六德》:“乍(作)豊(禮)乐,折(制)坓(刑)灋(法)季(教)此民～。”又:“君子言訐(信)言(焉)～,言炀言(焉)～。”又《忠信之道》:“口叀(惠)而实弗从,君子弗言～;心[疋(疏)而貌]亲,君子弗申～。”

囟 读思,句首语气词。《天星简》4804:“～攻解。”《包山简》136:“～圣之。”246:“～攻解于水上。”248:“～攻解于日月与不殆。”

按:此字见于周原甲骨文。如凤雏H11:1的文末“囟又足”,唐兰读为“叀有足”,认为“叀”古读为“惠”,“惠”字古代用为语词,其义与“惟”字同。而李学勤等则将“囟”读为“思”,“思”义同“惟”,①用为句首语气词。

近年来研究楚简的一些年轻学者如国内的陈伟、陈斯鹏,日本的大西克也认为,“囟”字在楚简的用法与周原甲骨文有所差异,前者大多作为使令动词使用,如《郭店简·太一生水》:“天地名字并立,古(故)过亓(其)方,不囟相尚(當)。”②此处“囟”隶定为“思”,义同“使”。其实本则前将“囟”释作句首语气词时所引的《天星简》、《包山简》诸例,似也可将“囟”理解为

“使”。

思 句中语气词。《上博五·姑成家父》:“不~从。”即“不从”。犹《诗·大雅·文王有声》:“无思不服。”

于 读吁,感叹词。《上博三·彭祖》:“~! 女(汝)孳孳尃(布)昏(问),……”

於 句末语气词。《上博五·竞建内之》:“不践於善而敚(夺)之可虐~?”

按:前一“於”字为介词。

为 句末语气词(?)。《上博五·竞建内之》:“日既,公昏(问)二夫=(大夫):‘日之飤(食)也害(曷)~?’”

二 两种文献中用字方面有所不同的语气词

首先是“焉”、“矣”、“哉”、“乎”、“也”、“与(欤)”、“惟(唯)”这些在同期传世文献和后世文言文中经常出现的语气词,在出土文献中分别使用了不同的字形(“矣”、“哉”、“也”等则也在传世文献中出现),也就是具有用字不同的区别,我们将其分别列组加以说明。

1. 焉字组

安 读为焉,句末语气词。《上博五·季庚子问于孔子》:“民望(?)亓(其)道而备(服)~。”

焉 句末语气词。《中山王分壶》:"不羊(祥)莫大～。"《诅楚文》:"而质～。"

亦读为安,疑问代词。《上博五·三德》:"毋享逸,～救(求)利。"

按:简文的"安",在传世文本中一般易为"焉",如《上博二·民之父母》:"五至虘(乎):志之所至者,勿亦至安;志之□至者,豊(礼)亦至安;豊(礼)之所至者,乐亦至安;乐之所至者,㤩(哀)亦至安。"在今本《礼记·孔子闲居》、《孔子家语·论礼》中,"安"均作"焉"。

言 读为焉,句末语气词。《郭店·六德》:"男女卞(别)生～,父子亲生～,君臣宜(义)生～。"

2. 矣字组

矣 读为矣,句末语气词。《郭店·语丛(三)》:"行聿(盡)此,友～。"

壴 读为矣。《郭店·六德》:"圣牙(与)智就～,仁牙(与)宜(义)就～,忠牙(与)訏(信)就[～]"。又:"能(一)牙(与)之齐,终身弗改之～。"《上博三·中弓》:"昏(闻)虘(乎)足以季(教)～(矣)。"

俟 读为矣。《郭店·成之闻之》多见,如:"君子之于教也,亓(其)道(导)民也不浸,则亓(其)淳也弗深～。"又:"不求者(诸)其本而攻者(诸)亓(其)末,弗得之～。"

按:"俟"字有时用作"疑"的通假字,如《郭店·语丛

(二)》:“弱生於眚(性),悮(疑)生於弱,北(败)生於悮(疑)。”

又有“心”在“矣”下之字,盖为“悮”字异体,《上博一·孔子诗论》:“少吺(文)多恷恷(疑矣),言不中志者也。”

歖 读为矣,句末语气词。《郭店·唐虞之道》:“身穷不困,损而弗利躬,忎(仁)~。”又:“从(纵)仁、圣可牙(与),时弗可秉(及)~。”《上博五·弟子问》:“弗王,善~。”又:“皆可以为者(诸)侯相~。”

按:值得一提的是,在楚简文本中,“矣”字有时也用作“疑”的通假字,如《郭店·唐虞之道》:“君民而不乔(骄),卒王天下而不矣(疑)。”

欯 读矣,句末语气词。《郭店·唐虞之道》:“之正者,能以天下禮(?)~。”

3. 哉字组

才 读哉,句末语气词。《上博五·天下为君者》:“隹(惟)欲畜女(汝)者~?”《上博五·三德》5:“善=~=(善哉善哉)参(三)善~!”又《上博五·竞建内之》6:“公曰:‘尚(当)~(在)吾,不澫(漫)二品(三)子。……’”可否读为“尚(善)~(哉)!吾不漫……”?

𢦏 读哉,句末语气词。《中山王方壶》:“允~若言!”《郪陵君鉴》:“攸~。”?

𢦔 读哉,句末语气词。《鱼颠匕》:“钦~!”

4. 乎字组

唬 疑读虖,即乎,句末语气词。《信阳》简1.011:"不福～。"1.015:"久利～。"《上博五·弟子问》8:"可言～其信也。"

虖 句末语气词。《中山王鼎》:"於～念之哉!"又:"而皇(况)才於少君～!"

虗 读乎,句末语气词。《郭店·成之闻之》:"是古(故)亡～亓(其)身而廌(存)～亓(其)辞。"

虐 读乎,句末语气词。《郭店·成之闻之》:"反此道也,民必因此重以逞(报)之,可不慎～?"又《鲁穆公问子思》:"成孙弋曰:'恢(噫),善才(哉)言～!'"又《上博五·弟子问》:"可言～其信也。"

5. 也字组

殹 读也,句末语气词。《石鼓文·汧沔》:"汧～沔沔。"《新郪虎符》:"行～。"《包山简》:"左司马旅～。"《上博二·鲁邦大旱》:"子赣曰:'否～,吾子女(如)重命(名)亓(其)与(欤)?'"

施(旃?) 读也,句末语气词。《中山王鼎》:"智(知?)为人臣之宜～。"《方壶》:"不顺於人～。"

6. 欤字组

惥 读歟(欤),句末语气词。《上博三·周易》:"此其所取～?"

礜 读欤,句末语气词。《信阳》简1.024:"犹芑蕭～。"

异　读歟(欤),句末语气词。《上博五·竞建内之》:"然则可敚(夺)~?"

7. 惟(唯)字组

隹　读惟,语首助词。《陈侯午镦》:"~十又三年。"《中山王鼎》:"其~能之。"《石鼓文·汧沔》:"其鱼~可。"

隹̣　隹字下加圆点(羡画?),读隹(惟),语首助词。《者汈钟》:"~戊十有九年。"

按:后世常用的句首或句中语气词"惟(唯)",则在出土文献中未见有虚词用法。

还有一些其他传世文献中常见的语气词,在出土文献中也使用了不同的字形,例如:

饵　读为耳,句末语气词。《上博四·曹沫之陈》:"思忘亓(其)死而见亓(其)生,思良车良士往取之~。"

恢　除了上述读为矣作为句尾语气词以外,有时也读为噫,感叹词。《郭店·鲁穆公问子思》:"成孙弋曰:'~! 善才(哉)言乎!'"

乌　读於,感叹词。《上博五·弟子问》4:"韦(回)難(嘆)曰:'~! 莫我智(知)也夫。'"

延　与"延"为一字,读诞,句首语气词。《鱼颠匕》:"~又蚰匕。"

但是"诞"则在出土文献中未见虚词用法。

三 出土文献中语气词连用的现象

於虖 《上博二·鲁邦大旱》:“孔子曰:‘~~!’……”

於唐(呼) 《上博一·孔子诗论》:“~~! 前王不忘,吾敚(悦)之。”

也与(欤) 《上博二·子羔》:“厽(叁)王者之乍(作)也,皆人子也,而亓(其)父戔(贱)而不足偁~~? 殹或城(成)天子~~?”

焉乎 《上博五·鬼神之明》:“亓(其)力能至安(焉)而弗为唬(乎)? 吾弗智也。意亓(其)力古(故)不能至安(焉)唬(乎)?”

也夫 《上博一·孔子诗论》:“孔子曰:此命~~。”又《五·弟子问》4:“韋(回)蘁(嘆)曰:‘乌(於)! 莫我智(知)~~。’”

也乎 《上博五·弟子问》:“前(延)陵季=(季子)其天民也唬(乎)?”同上:“又(有)施之胃(谓)也唬(乎)?”

也已 《郭店·语丛(四)》:“内(纳)之或内(纳)之,至(致)之或至(致)之,至(致)而亡(无)及~~。”

也哉 《上博五·竞建内之》9:“幾(岂)不二子之惪(憂)也才(哉)?”

欤哉 《上博五·姑成家父》6:“为此殜(世)也从事,可(何)以女(如)是亓(其)疾与(欤)才(哉)?”

哉夫 《长台关简·申徒狄》:“吾岂不知~~!”

焉尔 《郭店·六德》:“君子言訏(信)言(焉)尔,言炀言(焉)尔。”

焉尔也 《郭店·语丛(一)》:“正(当)亓(其)然而行,怠(治)安(焉)尔也。”

按:中国社会科学院语言研究所古代汉语研究室编纂的《古代汉语虚词词典》,[3]应该算是同类词典中质量比较好的一部。不过所收语料,大抵仅限于传世文献,而于出土文献这一块基本阙如。该词典也收录连用的语气词,称为“复合虚词”。上述战国出土文献中的语气词连用现象,大多数也已见于其中,只有“欤哉”、“哉夫”两种未收。可见出土文献与传世文献的语料,在体现共时语言特点方面具有相当强烈的一致性,但是出土文献作为上古语料,又可以补充传世文献之不足。

四 若干不见于出土文献的语气词

1. 关于“邪(耶)”字

《马氏文通》说:“‘邪’系楚音,此战国时南学北渐之证。”[4]加拿大学者蒲立本说:“在早期古汉语文献《左传》中,疑问小品词‘乎’被加在‘也’的后面以形成疑问句。在后来的文献中,‘也乎’被‘与’(又写作‘欤’)或‘邪’(又作‘耶’)所替代。‘与’、‘邪’可能是方言变体,它们都是‘也乎’的合音。以《论语》、《孟子》为代表的鲁地文献只用‘与’,而其他战国文献则以用‘邪’

为主。”[5]

但是，在这一时期的出土文献的语料中，我们却未曾见到疑问语气词“邪(耶)”；相反地，在楚简中多见使用“与(欤)”。所以《马氏文通》和蒲立本的说法，值得寻味商榷。看来根据出土文献考察的结论，与仅仅依据传世文献的结论，存在一定的差异。这种差异的由来，大抵在于汉代及汉代以后的儒生对于战国流传文献所做的加工。

此外，《郭店简·老子甲本》中的“其猷囯籥与”，马王堆帛书的甲本作“□犹橐籥与”，乙本作“其犹橐籥与”，但是到了传世的王弼本和河上公本中，均作“其犹橐籥乎”，句末语气词“与”被改为“乎”。这似可说明：第一，“与”并非和“也乎”对应，而是仅仅和“乎”对应；第二，先用“与”，后用“乎”，是“乎”取代“与”，而并非“与”取代“乎”(或“也乎”)。

2. 关于“兮”字

众所周知，“兮”是后世所见战国时代文学作品中相当常用的语气词，尤其是在《诗经》、《楚辞》中的出现频率之高，几乎是独一无二的。但是很奇怪的是，在出土文献中却未曾见及它的身影。

李零在《简帛古书与学术源流》[6]第七讲中论及这个问题：

> 有个现象值得注意，就是今本“兮”字，简文皆作“旖”，相当古书用作语气词的“旖”。这和上博楚简和马王堆帛书的用法可以比较。前者作“可”，后者作“呵”(如《老子》)。王引之曾指出，古书用作语气词的“猗”和“兮”是同一个词

(《经传释词》卷四),整理者说,《毛诗》用“兮”而此本用“猗”,“或与方言不同有关”(46页),但“兮”、“猗”、“可”、“呵”都是从丂音孳生,实出一系,王氏所引,如《书·秦誓》、《诗·魏风·伐檀》和《庄子·大宗师》,也是南北三国共用。它是否为方言字,还值得研究。当然,古书的地方差异,经过汉代的整理,很多已失去原貌,我们研究当时的家法和用字规律,其实往往缺乏可靠的前提。

有一位民俗学的专家林河在《〈九歌〉与沅湘民俗》[7]第二章中引用了一首湖南安乡县的汉族《西乡山歌》:

高坡呐,衣,有水哟,
你两面呐,流啊,
千金呃,小姐哟,
啊!衣也,衣也!
我不求呃。
好吃的懒做衣,
讲穿的,戴也,衣!
你无情呐,无义也,
呀,啊啊衣,也咳,衣也,
你难到头呐,呃咳![8]

他认为:

这首歌中的“衣”字,不就是“兮”的同类词麽?“衣”即南音之始的《候人歌》"候人兮猗"的"猗"字。以"猗"字代"兮"字的歌，在沅湘间还有不少，似说明在古代时，楚歌中的"兮"并不是唯一的语助词。楚歌中的语助词原是丰富多彩的，只因屈原以用"兮"字为主，故而文人们纷纷效尤，不再到民间去发掘新的语助词，便给人一种错觉，以为"兮"字就是楚歌唯一的语助词了。

考察郭店楚简的《老子甲本》(简甲本)、长沙马王堆三号墓的《老子》甲、乙本(帛甲本、帛乙本)，以及传世的《老子》诸本(主要为王弼本、河上本)，凡今本用"兮"字的句子如下(○表示原本所无的字，□表示残缺的字)：

1.	简甲本	夜乎○奴冬涉川
	帛甲本	与呵其若冬□□
	帛乙本	与呵其若冬涉水
	王弼本	豫焉○若冬涉川
	河上本	豫兮○若冬涉川
2.	简甲本	敢乎其奴客
	帛甲本	□□其若客
	帛乙本	严呵其若客
	王弼本	俨兮其若客
	河上本	俨兮其若客
3.	简甲本	涣乎其奴○○○怿
	帛甲本	涣呵其若淩○○泽

帛乙本	涣呵其若淩○○泽
王弼本	涣兮○若冰之将释
河上本	涣兮○若冰之将释
4. 简甲本	屯乎其奴朴
帛甲本	旺呵其若楃
帛乙本	沌呵其若朴
王弼本	敦兮其若朴
河上本	敦兮其若朴
5. 简甲本	坉乎其奴浊
帛甲本	湷□□□□
帛乙本	湷呵其若浊
王弼本	旷兮其若谷
河上本	旷兮其若谷
6. 简甲本	○○○○○
帛甲本	□□□若浴
帛乙本	莊呵其若浴
王弼本	混兮其若浊
河上本	浑兮其若浊
7. 简甲本	敚○滲○
帛甲本	繡呵缪呵
帛乙本	蕭呵漻呵
王弼本	寂兮寥兮

河上本　　　　　　寂兮寥兮

可见传世文献"兮"与出土文献"呵"的对应,犹如"焉"与"安"的对应。通过这些现象研究传世文献语言文字面貌的演变,不仅具有文献学的价值,而且对于汉语史的研究,也是很有必要的。

附　注

① 参见王宇信:《西周甲骨探论》第二篇,50 页,中国社会科学出版社,1984 年 4 月。

② 参见大西克也:《从语法的角度论楚简中的"囟"字》,载《康乐集(曾宪通教授七十寿庆论文集)》,中山大学出版社,2006 年 1 月。

③ 商务印书馆,1999 年 2 月。

④ 吕叔湘、王海棻:《马氏文通读本》,9、10、613 页,上海教育出版社,1986 年 6 月。

⑤ 蒲立本:《古汉语语法纲要》第三章,16 ~ 17 页,语文出版社,2006 年 4 月。

⑥ 三联书店,2004 年 4 月。

⑦ 三联书店上海分店,1990 年 7 月。

⑧《中国民间歌曲集成·湖南卷》(未定稿),1980 年。

里耶秦简所见若干语法现象

2002年6月,在湖南西部里耶古城的一座古井(在同期探明的秦代古城遗址中有4座古井,该座编号为J1)中发现了36000余枚简牍,其数量几乎为此前全国各地所出土的秦简的十倍,其考古与历史文物价值无与伦比,因此轰动了国内外学术界,众多学者争相从各种角度对其进行研究。

遗憾的是,迄今为止这批秦简仅公开发表了38枚,约6000字,而且其中起码有12简的内容与表述是大同小异的,只能令学者"尝鼎一脔"而已。该批原始资料见于湖南省文物考古研究所等撰写的《湖南龙山里耶战国—秦代古城一号井发掘简报》(《文物》2003年1期)和《湘西里耶秦代简牍选释》(《中国历史文物》2003年1期)。尽管如此,还是有不少相关成果问世。其中较为着重于文意梳理的,有王焕林所著《里耶秦简校诂》[①](以下简称《校诂》)等,为本文之主要参考文献。

近世以来,凡是通过考古发掘所得的出土文献,都能发现其中与传世典籍文献不同或独特的语法现象。里耶秦简同样如此。在这批已发表的秦简文字中,《校诂》已注意到其独有的两个语法特点:1.“以”介引时间,用同“于”;2.结构助词“所”的位置,可在动词之后。这都是很有意思的发现。

本文拟在此基础上,继续对这批已发表的简牍文字中反映的比较有特点的语法现象进行介绍和说明,以期为上古汉语的语法研究提供某些材料和思考。

一 关于宾语

1. 特殊双宾语

洞庭上帬(裙)直(值)。[J1(8)152]

这句的意思是上缴给洞庭郡衣物的金额。动词“上”带双宾语“洞庭”和“直”,正常的词序应为“上洞庭帬直”。但是此句“洞庭”作为间接宾语(或称“近宾语”),却置于动词“上”之前。

《校诂》援引西周《蔡尊》铭文,证明西周金文也有类似词序:“王才(在)鲁,蔡易(赐)贝十朋。”②后世正常的词序是“易(赐)蔡贝十朋”。其实,在甲骨文中也能见到这种词序。如:“己丑卜,妣庚岁二牢。”③“岁”即“刿”,指割牲以祭,动词;“妣庚”是间接宾语,前置。

我们知道在传世文献呈现的上古汉语中,一般的情况是:当间接宾语由疑问代词(多为“谁”)充当的时候,该宾语可以前置于动词之前,如:“吾谁欺?欺天乎?”(《论语·子罕》)或者是在否定句中,由代词充当的间接宾语可以前置于动词之前,如:"若受吾币而不吾假道,将奈何?"(《吕氏春秋·权勋》)也就是说,宾语的前置是有条件的。正如王力先生所高度概括的:"总的条件是:这个前置的宾语必须是个代词。"[4]但我们看到,在出土文献中,对于宾语前置的要求是比较宽松的。

2."以"介引时间而宾语前置

八月癸巳,水下四刻,走贤以来。[J1(8)133]

古代用漏壶滴水刻度表示时间,"水下四刻"犹言某时某刻,与"八月癸巳"合起来表示具体时间。"贤"是人名,"走"是他的定语,表性质,犹言"能快走的"。"来"是动词谓语。"以"是介词,在这里介引时间,即"八月癸巳,水下四刻"是它的宾语,然而前置。

上古汉语中,介词"以"介引时间的用法,在传世典籍中较为少见。据何乐士统计,在《左传》中介词"以"的全部用例360个,但多用于介引行为的方法、工具,介引时间的只有16例。[5]

类似这种用法在已发现的其他秦简(如《睡虎地秦简·日书》)乃至汉简(如《居延汉简》)中经常可见。此点经《校诂》指出。

他如[J1(9)981]有"九月庚午旦,佐壬以来",[J1(9)984]有"八月壬辰水下八刻,隶妾以来"等,皆可作类似理解。

二　关于兼语式和连动式

1. 兼语式

狼属司马昌官，谒告昌官，令狼归船。[J1(8)134]

“司马”，官名。“狼”、“昌官”都是人名。“狼”是“令”的宾语又兼“归船”的主语。

上谒言洞庭尉，令毋死署所县责以受(授)阳陵司空。[J1(9)1]

“毋死”，人名。他是阳陵地方的百姓，应募在洞庭郡当兵服役。他在老家有“尚未交清足数的罚款”(即“赀余钱”，见本简前文)。由于服役期间的劳绩可以充当罚款抵债，所以让他服役所在的县将此款拨授给他老家的主管官员即“阳陵司空”。“责”是“债”的古字，名词，此处作介词“以”的前置宾语。“责以”是动词“受(授)”的状语。《校诂》认为此处的“责”是动词，义为“索取”，恐怕欠安，因为如此介词“以”则无所着落。当从“或谓‘责’当训‘债’”之说。本句中，“县”是“令”的宾语又兼“受(授)”的主语。

由于从 J1(9)1 至 J1(9)12 共 12 简，均有“令某(欠债人名)署所县责以受(授)阳陵司空”的文字，是同一类的公文，所以“责”字的意义，不可不辨。

细心比勘可以发现,唯独J1(9)9的同一处地方,多了一个“受”字,应断句标点为:“令某署所县受责,以受(授)阳陵司空”。可见“受责”是动宾关系,犹言“接受债务”;“以”仍理解为介词,宾语仍为“责(债)”,此处“责”同时担任动词“受”和介词“以”的宾语,所以只出现一次。这更可进一步证明此句的“责”为名词。

2. 连动式

谨案致之。[J1(8)156]

“案”是考查、验证某一事件后的文字记录,原为名词。此处活用为动词,意为“立案”,与“致”连动,共带宾语“之”,即“案而致之”。

三　关于成分省略

1. 动词宾语省略

廿六年八月庚戌朔丙子,司空守樛敢言:……谒报,敢言之。[J1(8)134]

《校诂》指出:“首句、末句各用一个‘敢言之’是秦汉上行文书的固定格式之一。文书的内容再少,这两个套语不能少。”(32页)此文书的末句用了“敢言之”,但首句只用“敢言”,省略宾语“之”。

2．介词宾语省略

成里典、启陵邮人缺，除士五（伍）成里匄、成。［成］为典，匄为邮人。谒令、尉以从事。［J1（8）157］

这句意为：成里（地名）的里典（犹言"里正"，掌里闾之政，以避秦始皇名讳而改称）和启陵（乡名）的邮人（掌邮政）的位置出缺，任命士五（即"士伍"，犹言平民。《汉旧仪》："秦制二十等爵，……无爵为士伍。"）"成"为里典，"匄"为邮人。陈请令、尉让他们就职工作。这里的"以"是介词，省略宾语"之"（即"成"与"匄"）。

3．介词省略

四月癸丑，水十一刻下五，守府快行少内。［J1（8）156］

"守府"、"少内"都是秦代官署的名称。"快"人名，亦见于其他简。此简的内容，应与上引 J1（8）133 的"八月癸巳，水下四刻，走贤以来"一致，不同的是动词"来"改为"行"，而且加了趋向补语"少内"。但是更可注意的，是本句省略了介词"以"，却保留了它的宾语，表示时间的"四月癸丑，水十一刻下五"。

4．谓语省略

已除成、匄为启陵邮人，其以律令。［J1（8）157］

按：从 J1（9）7 至 J1（9）12 都有"阳陵卒署迁陵，其以律令从事"，可见本简在"律令"后省略谓语"从事"。

附　注

① 王焕林:《里耶秦简校诂》,中国文联出版社,2007 年 9 月。

②《殷周金文集成》第十一册,中华书局,1992 年 3 月。

③《小屯南地甲骨》1011,中华书局,1983 年 10 月。

④ 王力:《汉语语法史》第十三章“词序的发展”,《王力文集》第十一卷 272 页,山东教育出版社,1990 年 3 月。

⑤ 何乐士:《左传虚词研究》,140 页,商务印书馆,1989 年 6 月。

语言文字发展的多元性和规范化

一

任何一门语言发展成熟之后，随之即演化产生或多或少的变体。只要在类型学许可的界域内，这些变体就会形成该语言的不同方言，但还是属于同一种语言，虽然在其深层，也许已然渗入了其他语言的某些因素。

有证据表明，原始汉语自汉藏语系分化独立以来，即有中原华夏“雅言”和不同变体的方言的对立。从现今可以考察的成系统的书面语言材料——殷商甲骨文、周原甲骨文和西周金文来看，殷商部族和周部族的语言同属来自夏代并发展而来的中原汉语，但是也存在一定程度的差异。由于周初的分封诸侯，各个诸侯国随着政治、经济、文化的不平衡发展以及地理的差异，理所当然地形成了语言方面的不同状况，诸如“雅（夏）言”、“齐鲁之言”以及“南蛮鴃舌”的荆楚之言，等等。其中荆楚的方言可能掺杂有某些古侗台语的成分。[①]但是，它们作为汉语的共同性是绝对主要的；否则，就难以解释作为书面语言的《诗经》中十五《国风》的一致性了(虽然据说经过了孔子的整理)。

这就是汉语发展过程中的多元性表现的一个方面。一直到现代汉语,依然存在以北方方言为基础的普通话和其余起码七八个主要方言共存的局面。

当代英语在世界上不同国家和地区多元性发展的现状,也是人所共知的:英国英语、美国英语、澳洲英语、新加坡英语、印度英语,不一而足,其内部差异,据说已然超过现代汉语普通话及其许多方言的区别。

所以,不同的语言文字和同一语言文字的变体,恐怕是永恒的存在。

二

另一方面,任何共时平面的同一语言,都还存在不同的质素即语言成分。

首先是不同的语体,主要是书面语体和口头语体。现代汉语的这两种语体,尽管自上个世纪五四运动以后,已经都属于白话体系,但其间的差异之大,是尽人皆知的。主要是书面语中保留的古代文言文成分(如诸多的文言虚词),还有比较多的欧化表达(包括许多词组、结构和句式),一般都是口语中不用或少见的。

其次是不同的社会方言或曰行业变体,体现为不同的话语体系。这里主要包括:政治方面的,难免有若干由意识形态决定的基本表达方式(或曰套语);文学方面的,难免有不少出于写手自创的富于文采然而未必规范的词语和句子。还有不可忽视的是:改革开放,经济体制转轨以来,中外文化激烈碰撞,大量外来词语乃至纯由西文字母构成的词语进入现代汉语;尤其是在全球互联网时代,又产生不少网络词语乃至“火星文”之类的东西。

三

近年来,很多人都在谈论“汉语的危机”。究竟什么是“汉语的危机”? 究竟存在不存在“汉语的危机”?

归纳论者的各种有关意见,所谓“汉语的危机”,其实包含两个层面的意思:

第一,是汉语本身的发展过程中存在的一些不纯正、不健康的成分。举其大者,最主要的即为现代八股文调。毛泽东曾在其名文《反对党八股》中给“党八股”列了八大罪状,诸如“空话连篇,言之无物”、“装腔作势,借以吓人”、“无的放矢,不看对象”、“语言无味,像个瘪三”、“甲乙丙丁,开中药铺”等等,说的就是这种现代八股文调。这种文调,曾经由党内而蔓延到几乎整个社会的方方面面,成为一种主流的话语体系。尤其是在臭名昭著的“文化大革命”中,更是登峰造极,“造反、打倒、炮轰”之类充满火药味的语句,充斥所有媒体乃至民众的日常生活,简直是面目狰狞,严重地伤害了数千年来文质彬彬的汉语形象。

英国作家奥威尔在《政治与英语》一文中认为:英语中“最坏的当代文章不是为了表达意思而选词,不是为了使意思鲜明而创造形象,只是把别人早就安排好的长串字眼儿拼凑到一起,看起来挺像样,实际上是空洞的废话。……这些政治套话虽然因党派不同而各有千秋,但有一点是共同的:其中绝对找不到新鲜活泼单纯朴实的语言”。[②]联想到现代汉语曾经有过的遭际,真是令人“心有戚戚焉”。

作为这种八股文调的反动,“文革”之后,许多人热衷于引进比较带“洋味”的欧化的外来词语和句式,多少有些走向了另一极端,这是并不难以理解的。

现在,这种八股式的文风文调是否有所收敛乃至绝迹了呢?我们认为现状是不容乐观的。《北京晚报》2008 年 2 月 26 日曾发表署名苏文洋的一篇文章:《解放表达是什么东东》,里头说:“在我们的社会生活中,套话、空话被人们视为正确的废话,每日每时都在大量生产着,已经如同汪洋大海淹没了真话、实话。照本宣科的官话,不仅充斥各种会议的发言,而且占据主流媒体的大量版面。语言是社会生活的镜子。由套话、空话、废话和官话汇聚而成的官场语言,折射出一种以不讲不准确的话、不讲错话为价值取向的标准化语言生态。这种从上到下、一以贯之的标准化官方语言,反映的不是生动活泼的民主政治局面,而是从思想的贫困到语言的贫困。”

这种语言生态，势必影响现代汉语的健康发展，应该说足以构成一种危机了。

第二，是许多民众尤其是青少年汉语阅读与运用能力的削弱。50年代以来，曾经有相当长的一段时期，由于政治因素的影响，社会上普遍漠视与冷淡英语。及至改革开放以后，又走向另一极端，把对学习英语的重视置于汉语之上，甚至达到“疯狂”的程度（例如有人推出“疯狂英语”而大行其道），如此而欲求母语的水准、能力的进步，恐怕有如缘木求鱼了。

这些问题和现象，如果不加以足够的重视，所谓“汉语的危机”，就可能不仅仅是一种隐忧了；而其对于中华文化发展乃至于经济、社会建设的阻遏作用，也是显而易见的。

四

文字方面的发展和现状，同样体现了多元性。

尽管在汉字起源的问题上，至今还有一些悬而未决的环节尚未处理，但是现在许多人认识到，在这个问题上，应该打破先前以中原文化为中华文化唯一起源的思维定势。汉字的产生，应该说是多源的。无论是主要分布于中原地区的仰韶文化，还是长江流域的良渚文化，直至东北地区的红山文化，恐怕都对汉字的产生，有过或多或少的贡献。这也就是荀子所说的“好书者众矣，而仓颉独传者，壹也”（《荀子·解蔽》）。用今天的话来说，就是汉字起源具有复杂性,早先谁都能造字,只是后来被专一此道的人(传说即为仓颉)统一并且规范了。当代著名古文字学家裘锡圭先生曾经认为1991~1992年山东邹平丁公村遗址出土的陶文"并不是一种处于向成熟的文字发展的正常过程中的原始文字,而是一种走入歧途的原始文字",不仅如此,还有1936年在浙江良渚发现的"黑陶文字"、1974年在江西吴城发现的陶钵陶盂刻文、1981年在山东莱阳发现的陶盉上的刻文、湖南等地发现的"奇字矛"和"奇字戈"上的文字,也都"有可能是走入歧途的原始文字"。[③]其实,我们也不妨认为这些材料只是被"仓颉"们淘汰掉的原始文字而已(当然未必已然成为系统),恰好体现了汉字起源的多元性。

而汉字的发展、孳乳,从字形、字体以及书写风格等方面来看,更是充满了多元性,起码表现在繁简、正俗上,这些元素是和汉字与生俱来的,同时已经并且一定将伴随汉字进化发展的整个生命过程。限于篇幅,这里就无法展开论述了。

在目前世界上的整个汉字文化圈内,无论是海峡两岸四地还是日本、韩国、新加坡,无论是使用简化字还是未曾简化的传承字,甚至是同样使用简化字,也无不存在或大或小、或多或少的差异。举世公认新加坡现行使用的汉字是最接近中国大陆地区的简化字的,但是也还保留了11个本国的"特用简体字"和37个与中国大陆不同的"异体简体字"。这些事实,足以证明汉字在历史传承和现实使用方面的多元性。

所以我们说,多元性的"性",指客体自身的性质,这是客观存在的现象。

五

但是,语言文字的规范化也是必要的。我们所说的规范化的“化”,指以外力使之发生变化,是带有主观意图的行为。这种行为,古已有之,而且往往是出自官方的政府行为。从西周金文规范了殷墟甲骨文、殷商金文乃至周原甲骨文,就可以证明这一点。其后的秦代“书同文”,汉代的熹平石经,唐代的开成石经,都是旨在规范,将当时社会上多元发展的、多少有些混乱的语言文字现象归于一元。

可见,规范化和多元性是对立的,但又是可以统一的。

正因为规范化是为了政令的畅通、交流的便利而实施的政府行为,所以它施用的范围仅限于政权的影响所及,而并非“无远弗届”的。也就是说,在不同地区,可能存在和推行不同的规范。这又是多元性的一种表现。

目前,大陆地区使用的汉字系统为简化字,叫作“规范字”;许多人把与此相对的台湾地区使用的汉字系统称为“繁体字”。但是台湾地区的不少学者不赞成“繁体字”这种称谓,认为是对他们使用的汉字系统的一种“矮化”,而一定要称为“正体字”。其实从大陆的角度说,简化字即是“正体字”,但最好把与此相对的汉字系统称为“传承字”,这与“正体字”的所指,并无扞格之处。同时，亦不宜认为只有台湾地区使用的汉字系统才是“正体字”，舍此以外的汉字系统、包括大陆地区的简化字都是“非正体字”；因为“正体字”实在只是一个一般的“能指”，其“所指”是因时因地而异的。“规范字”也是如此，不能认为只有大陆地区使用的简化汉字才是规范字，而台湾地区使用的传承汉字就不是规范字。同样，日本、马来西亚、新加坡等国家也使用着他们的规范汉字；香港、澳门“一国两制”，语文制度别有特色，简体汉字和传承汉字都可以是“规范字”。

所以，应该承认多元性，应该坚持规范化。在一个国家或地区推行规范化的同时，应该承认并正视其他不同国家和地区在规范化方面的多元性。

六

科学的规范观，不应阻碍语言文字的多元性发展。

语言文字的规范，来自语言文字的社会生活实际。没有社会生活实际的需要，就没有产生规范的必要。而这些规范，较之社会生活的实际，较之语言文字本身的发展，又难免是滞后的。所以，我们应该植根于现实的、鲜活的语言文字实际，而不是先验地从既有的规范出发。

规范具有“规定性”。这种规定性的合理性，必须经过社会的认同，必须经受实践的检验。因此，必须探讨和建立语言文字规范本身的“检验规则”。为什么像“打扫卫生”、“恢复健康”之类的表达，在上个世纪50年代被许多语法学家认为是不规范的，而现在一般又不被视为有问题了？同样，现在被一些学者视为不啻洪水猛兽的怪异的网络语言文字现象，日后是否也有可能产生并形成新的某些规范？

这种对于语言文字规范的检验规则，需要建立在严格调查、科学认知的基础上，包含足够的学理性，同时又要具有相当的可操作性，而不是“我辈数人，定则定矣”的产物。

七

既然承认规范的多元性，不同国家和地区具有不同的规范，那么就要互相尊重，不做强人所难的事情。如上所述，台湾地区将传承字作为正体字，我们就应该尊重传承字在该地区的规范字地位，而不能认为只有简化字才是规范字；反过来，海峡对岸的学者也不宜不承认简化字在大陆地区的正体字地位。

词汇方面也是如此。

2007年6月24日，中央电视台四频道的“海峡两岸”节目，曾有采访国民党2008年台湾地区领导人第二参选人萧万长的讲话，萧有一句说的是：“我内人的态度……”如何如何，但在央视的字幕上，却写成“我爱人……”如何如何。我们知道，只有大陆地区是把配偶（无论男女）称为“爱人”的，而台湾地区的人在自述时,则将夫人称作“内人”,这是符合汉族传统的称谓,为何要强改为“爱人”呢?一则有不尊重采访对象之嫌;二则,凭什么认为大陆地区的观众就不明白“内人”的意思呢?

八

语言文字发展的多元性体现为差异性。不同国家和地区的差异性是客观存在的,只有坦诚面对,努力沟通兼容,才能实现顺畅的交流。同时,面对差异,尽量不使扩大,才是明智之举。自从海峡两岸开始交流至今,在语言文字方面,可以说互有影响。语音方面如大陆吸收台湾的读法,将原先的“说(shuō)服”读为“说(shuì)服”;词汇方面吸收得更多,如现在耳熟能详的“资讯、态势、考量、架构”等等,都是台湾进来的;而在文字方面,则主要表现为台湾地区的学者和民众非常青睐大陆出版的简化字书籍,近年来其在台销量,每年不下数百万。

大陆地区有关机构和专家,现正在制定《规范汉字表》,其间充分考虑了尽量缩小而不是扩大两岸汉字使用的差异。我们这个已然开到第三届的“海峡两岸现代汉语问题学术研讨会”,则是侧重在语音、词汇方面为两岸的沟通构建一个新的平台,相信它一定能不负众望,起到其应有的作用。

如果放眼整个华语华文世界,一个明显的不争的事实是:作为同文同种的炎黄子孙,我们的共同点毕竟是主要的。只要彼此具有和保持对于中华文化的认同，我们之间的差异就不会成为彼此交流和沟通的障碍，而总能具有获得差强人意的解决的美好愿景。

九

现在，在中国内地，各方面对于汉字和社会语文生活的关注度大大增强，如2008年的“两会”期间，不少委员、代表就此发表意见。据3月13日《南方都市报》报道，郁钧剑、宋祖英、黄宏、关牧村等21位文艺界的政协委员联名递交了一份关于《小学增设繁体字教育的提案》，建议在小学开设繁体字教育，将中国文化的根传承下去。“委员们表示，繁体字是中国文化的根，于国家统一、民族兴旺都有好处。”3月2日，有一位文学评论家叫王干的，在“博客”上发表一篇题为《五十年内，废除简化字如何》的文章，也引起一番是否要废除简体字的激烈讨论。

应该说，社会各方面都来关心语文生活，这是社会进步的一个表现；因为语言文字的使用是最为大众化的，绝不是只能由少数人垄断而不容他人置喙的事体。其间有不同的意见，包括对语言文字的使用现状乃至现行规范提出不同意见，是完全正常的。曲直是非，恐怕主要是由社会实践来检验。当然，主管部门和学界人士，也要尽其职责，正确引导。只有这样，才能促进社会语文生活和谐健康的发展。

附　注

① 郑伟:《古代楚方言“鰝”字的来源》,《中国语文》,2007 年第 4 期。

② (英)奥威尔:《奥威尔文集》,远东出版社;转引自汪政:《汉语:在困境中的求索》,载朱竞编:《汉语的危机》,文化艺术出版社,2005 年 8 月。

③ 裘锡圭:《裘锡圭学术文化随笔 · 笔谈丁公遗址出土陶文》,中国青年出版社,1999 年 10 月。

[原载《海峡两岸现代汉语研究》论文集,香港文化教育出版社,2009 年 5 月]

电脑时代汉字的教学和应用

一

汉字是世界上现存的最古老而仍然饶具活力的文字。它既是光辉灿烂的中华文化的重要载体,本身又形成和负载了繁富多彩的文化体式即汉字文化。由于古代中国和中华文化的影响浸染,也被周边国家引进使用,从而形成了独特的汉字文化圈。

具有数千年历史的汉字在其自身演变的过程中,不断受到政府行为的规范制约,从而形成了它的独特而连续的形体系统,但是在电脑时代的现代汉字文化圈中又呈现出不同的风貌。

由于地理、历史、社会、政治等因素的制约,目前的汉字在不同的国家和地区存在着同而有异的形体面貌。例如在中国的大陆和台湾地区,分别是简体字和繁体字;香港和澳门地区以繁体字为主,但近年来简体字的学习与运用的程度逐渐加大;而新加坡、马来西亚的华文,基本相同于中国大陆的简体字(但新加坡还保留了11个本国的“特用简体字”和37个与中国大陆不同的“异体简体字”);日本使用的汉字有不少加以简化,但形体与大陆简化字不尽相同;一度废黜了汉字的韩国、越南正在或准备加以恢复，表现出的使用趋势可能是繁体字。

二

中国大陆推行和使用简化汉字，是一种历史的必然。20 世纪 50 年代的这一重大举措，应该说既符合学理（汉字演化的主要趋势是简化），又顺应时势（扫除文盲，促进建设）。其半个世纪以来成就的功德是巨大的。当然也存在某些问题，有的是创制时考虑欠周（如过多的同音替代、某些简化形体易混等），有的是后来产生的（如两岸四地乃至整个汉字文化圈的交流、电脑的文字处理等），但是无论如何，大陆简化汉字的使用现状恐怕是难以改变的。

由于大陆近年来经济及对外贸易的迅猛发展，引发和推进着全球范围的汉语热。据估计，目前全球至少有 85 个国家 2500 余万人在学习中文。再由于大陆适时制定和推出了《中国汉语水平考试大纲(HSK)》，其重要性公认与英语“托福”（TOEFL）考试相埒，而不学习简体字则无法取得 HSK 的及格，所以更扩大了简体字的影响和学习使用的范围。又由于两岸开放人员和文化学术的交流，大陆简化字文本书籍大量涌入台湾，致使台湾校园也漾起认识简体字的浪潮。

年前，曾经有某些媒体报道说：联合国作出决定，自 2008 年起，联合国的中文文件将全部使用简体字，此前繁简并行的局面即将不再。[①]这一消息引起世界华人圈的广泛关注，也产生了一些争议。台湾岛内有人甚至要发起“保卫繁体字”的网上运动。但是经过调查，发现这实际上是一条假新闻，因为据联合国中文处的官员说，自从上个世纪70年代中国重新恢复在联合国的合法席位后，联合国的中文官方文件一直是使用简体字。

据中央社报道，台湾国民党主席马英九先生曾经在日内瓦出席一项会议时说，大陆采用及积极推动简体中文字，会让繁体中文字居于相对弱势，最后甚至可能被人遗忘。马英九说，他尝试向联合国教科文组织申请把繁体字列为文化保护遗产，但却因台湾不是联合国成员而遭拒绝。

其实马英九先生大可不必怀有“繁体中文字可能被人遗忘”的杞忧。一个基本的事实是：在大陆的许多场合和地带，诸如古籍整理、古代汉语教学、书法创作、市井招牌等等，都不难见到繁体字的使用。这说明大陆一直未曾废弃繁体字，更不排斥繁体字作为传承汉字的历史作用与价值。繁体字（应该说是“传统汉字”）是绝对不会被炎黄子孙所遗忘的。

台湾还有人提出：繁简汉字的使用，关乎“中华文化解释权”之争。我们认为：繁简汉字同样都是、也都可以作为中华文化的载体。文化的创造、理解与诠释，主要在于其蕴含的特质与内容，载体一般并不反映所载物的本质特征。文化载体的转换与文化性质的转变有所联系，然而毕竟并非一码事。正如二次世界大战之后，朝鲜和越南废除了汉字，但两国的文化依然在持续和发展。

正如上文所言,汉字本身就是一种文化体式,但是它并未由于繁简体制的存在而分裂,因为大量的汉字包括简体字都是历史的传承,繁简之间的交叉使用是历来存在的不争事实。“中华文化解释权”与使用繁简汉字,并无必然的关系。

到目前为止,汉字繁简之争的前提,还是在于对中华文化的一致认同。这种认同感是两岸四地人民的宝贵财富。只要这种认同感得到矢志不渝的坚持并且发扬光大,两岸的问题不论千艰万难,总是可以获得差强人意的美好愿景。

值得我们共同警惕的是近年开始露头的“文化台独”的危险倾向。在文字使用方面,据台湾媒体报道,台湾当局“教育部”正在正式推广所谓“罗汉文”,据说是“汉字加罗马拼音”,不知道这是一种什么样的文字形式以及其用意何在。台湾媒体在上述关于台湾推广“罗汉文”的报道后加以评论说:“这些年来政府将本土化与中国文化截然区分,对文化传承毫无敬意,又有什么颜面指责联合国弃繁就简呢?”[②]

当然,台湾学术界的主流,台湾民意的主流,是决不会赞成、更不会允许种种刻意诋毁中华文化、制造并扩大两岸文化疏离的倒行逆施的。经历了数千年历史的风风雨雨,中华文化的凝聚力、生命力将是不可战胜的。汉字作为世界上古老而又饶具活力的文字的唯一代表,就是一个最好的证明。

台北的舒啸先生撰文《台湾人看繁简之争》,文章的结语是:“繁简两体并无是非之分,怎么写都是中国字。繁体字的美丽,是历史的美丽;简体字的快捷,是时代的速度。若就国际全局来看,中文的竞争力亦显见上升趋势。无论简体还是繁体,都象征着中华文化的吸引力。"[③]

三

现在,在中国的内地,对于汉字改革的工作现状及未来,也出现了不同的评价和意见。有人提出:鉴于内地的文化教育水平较之上个世纪50年代已有不可同日而语的提高,尤其是电脑进入日常生活,书写之劳大免,那么是否可以废除简体字而恢复繁体字?对此,我们只能说:此举既无必要,也不可能。当然,对50年代汉字改革包括异体字整理、汉字简化的工作中存在的某些未能差强人意的缺点和问题,则应当、同时也正在采取必要的方法与程序加以改善、解决。

同时,也有人认为汉字简化的工作还做得很不够,"二简"不能完全否定,[④]若干电脑不便显示的多笔字应该予以简化,等等。

"十五"规划实施以来,国家语委的一个重大课题,就是《规范汉字表》的制订,投入了大量的人力物力。由于它具有取代50年代以来一系列相关字表文件的作用,因此为各方面所瞩目。目前这个课题已经基本结项,但是距离字表的正式发布,还有一段路要走。

四

有一个提法，叫作“识繁写简”。这是20世纪80年代初期新加坡教育部确定的中文学习的原则。那里的中文课本正文使用简体字印制，但在课本后面附加简体字和繁体字对照表，让学生可以同时认识两种字体。

前一段内地也有人呼吁“识繁写简”，但也有一种意见是担心增加学生的学习负担，所以“识繁写简”未曾成为主流舆论而被采纳实施。

现在看来，汉字的繁简系统是不容回避的存在。对于莘莘学子，“识繁写简”恐怕是一种客观的需要。由于繁简之间的大量有规律的对应，辨识之际不至于太过繁难而造成沉重的学习负担。况且，据悉现在“国家汉办”（全称是“国家对外汉语教学领导小组办公室”）在规划编写给外国人使用的部分汉语教材中，也准备对生词或课文部分添加“繁简字体对照”的设计。中国学生（包括两岸四地）对此应该说是更加“不在话下”了。

五

由于电脑的广泛使用，文字信息处理自动化，人们用笔书写的机会和场合大大减少，必然导致一种“电脑失写症”，即俗话所说的“提笔忘字”。就是说，在电脑上可能敲键如飞，汉字转瞬显示，打印也即刻可就。但是汉字的辨认与书写，是两种有关系而毕竟不同的机制与能力，尤其是一些笔画繁多的字（即使在简体字系统中也比比皆是），辨认起来是容易的，书写正确就有难度了。例如成语“按图索骥”、“罄竹难书”、“沆瀣一气”、“振聋发聩”之类，使用某些输入法如“智能 ABC 输入法”、“紫光拼音输入法”等等，只要敲四个键就能准确无误地显示出来。这些字书写本来就费劲，何况经常不写，能不“提笔忘字”吗？

据 2005 年 5 月份《人民日报·华南新闻》报道，一名大三年级的学生，代别人写一份不足百字的申请书，竟然出现了 28 个错别字！[5]

上述这位大学生据说学的是工科，他的问题带有一定的普遍性，即非文科学生的汉字书写乃至汉语应用能力的弱化。其实，文科学生在这些方面能力的弱化，也是有目共睹的。所以，重视与加强汉字的识读书写教学，仍然是一件丝毫不可疏忽和放松的事情。

尤其是在人类已经进入电脑时代的今天，这方面的问题和压力更加增大了。甚至不仅在中国，而且在大量使用汉字的日本，也是如此。报载近年来日本人青睐“汉字书”，某些有关汉字识、读、写知识的书销量大增，每年有超过 260 万的日本人报名参加“汉字检测”。据日本学者金田一秀穗分析，习惯于用电脑来写文章，手写的时候确实会感觉很多汉字写不出来。这种“写不出来”

所造成的不安感或许才是当下日本人青睐“汉字书”的原因所在。[6]

在汉字的故乡——中国，我们的民众包括广大青少年，面对汉字识读书写诸多问题的尴尬现状，如果产生不了类似的这种“不安感”，那是多么令人遗憾乃至羞辱的事情！我们的学者，应该在这方面尽到自己神圣而义不容辞的社会责任。

六

汉字是一种实用功能与美学功能密切结合的符号系统。在电脑时代，人们的实用性书写减少，于是相形之下，就凸显了汉字的美学功能，使得人们对汉字的审美意识和兴趣大大增强。于是80年代以来，内地持续“书法热”，书法艺术的发展十分火爆，全国性的、地区性的、专项性的赛事如火如荼。尽管因此也难免在商品经济的大潮中沾染些浮躁与铜臭，不过总体的成绩和水平应该是值得称道的。

但是与书法艺术密不可分的汉字书法的基础教育，情况却不能令人满意。一位书法教育工作者对此曾有尖锐批评：“无论教学观念、教育模式还是教学手段、教学方法都陈腐不变，丝毫没有受到影响。”他列举长期以来书法基础教育的诸种表象如下：

入门书体：不外欧、颜、柳三体；

习字宫格：不外“米”、“井”、“田”三格；

写字姿势：身法均为“端坐式”，腕法皆为“枕腕式”，指法都是拇指内凹，食、中指分开的“凤眼法”；

习字本：统通用硬纸印制，其官格仅五公分见方，可封面却堂而皇之地印上“大字本”；

毛笔：多为“白云”大、中、小字笔，且笔毛参差不齐，毫无弹性，价格极为低廉；

师资队伍：力量薄弱，结构混乱（大部分学校没有专门书法教员。通常小学由语文教师充当，中学由美术教师兼任，大学除美术、中文专业之外，其他专业很少有专职书法老师）。⑦

确实，内地的书法爱好者乃至书法家，极少是通过学校的书法基础教育培养出来的（一般是家庭或社会的熏陶）。不知港澳台这方面的情况如何。

据悉，隶属于教育部的国家语委在“十一五”期间，准备开展“汉字书写考级”的工作。这对于全国性的汉字教学，将是一个很好的促进举措。

七

电脑时代的汉字应用，还有一个输入法对汉字识读书写能力的影响问题。据报道，某报刊对其20个月中由于电脑录入输入法造成的1896处错误进行了分析：因“同音输入”造成的错误，如“突破”误为“图破”、“重点”误为“终点”之类，共有1703处，占

90%；而因“字形相近”造成的错误，如“紧”误为“紫”、“租赁”误为“租凭”之类，共有193处，占10%。结论为：“拼音输入法”的错误率是“字形输入法”的9倍！[⑧]

在目前的汉字电脑录入工作中，“拼音输入法”确实是占主流的。我们应该为此感谢那些在五十多年前运用拉丁字母制订了“汉语拼音方案”的学界前辈。当然，如上所述，“拼音输入法”也确实在一定程度上造成了“提笔忘字”的现象，削弱了有些人的汉字书写能力。但是，“字形输入法”是否一定不会造成这种能力的削弱，也还需要调查和论证；不过，显而易见的是，“拼音输入法”做到“键随音行”，思维——口语——书面语达到基本的一致，[⑨]其便利快捷的优点是无庸置疑的。而现有的各种“字形输入法”，无不需要拆分字形，而且一般不是根据汉字的文字学构形（如形符、声符）进行有理据的拆分，所以需要记住各种形码符号；虽然掌握烂熟可以达到快速录入（比如“五笔字型输入法”），但只有专业的录入员才能做到，一般写手只要搁下一段不用就难免“回生”，需要从头学起了。因此，“字形输入法”的无法深入普及运用，不是没有缘由的。

八

虽然在当前的电脑时代，在整个“汉字文化圈”中，对于汉字的策略及具体运用，还存在各种或大或小的歧异，但这是历史、民族、国情、区情等诸种因素使然。这里笔者希望做到"四不宜":不宜过于胶着于文字体式的优劣、利弊、存废的争执;不宜以一己之所长比衡对方可能之所短;不宜急功近利而强求一律;不宜扩大彼此间已然存在的歧异。

不必过于追求或急于实现汉字使用的"书同文"。当前世界的潮流固然有"全球化"的一面,但是"多元化"、"多样化"的呼声也很强烈。"无论是以使用的人口,还是以诞生的时间、覆盖的地域判断,汉字都是世界上首屈一指的庞大的文字体系。""汉字的未来在历史的延长线上。"⑩这是日本学者对汉字的评价和展望。我想,对于同属炎黄子孙的两岸四地的同胞而言,我们应当更加珍惜和宝爱这一宗历史的遗产,做到无愧于未来的子孙。

附　注

① 见《环球时报》2006 年 4 月 12 日报道,题为:《联合国废繁体字真相调查》。

② 载《国际先驱导报》2006 年 2 月 17 ~ 23 日,第 12 版。

③ 见台湾《联合报》2006 年 3 月 26 日报道,题为:《文化边缘化》。

④ 二简,即《第二次汉字简化方案(草案)》,1977 年发表,共简化汉字 853 个,简化偏旁 61 个,于 1986 年被废止使用。

⑤ 傅新:《"百字申请书错 28 处"令人警醒》,载《中华读书报》,2005 年 6 月 1 日。

⑥ 戴铮:《日本人青睐"汉字书",为什么?》,载《中华读书报》,2007 年 8 月 1 日。

⑦ 李中原:《建国以来学校书法基础教育弊端种种》,《中国书法》,2001

年第10期。

⑧ 王永民、杨桃源:《警觉拼音输入法对运用汉字能力的销蚀》,载《光明日报》,2005年10月11日。

⑨ 对于健全人而言,思维不能脱离语音,这是现代语言学的一个常识。

⑩ (日)阿辻哲次:《图说汉字的历史》,高文汉译,山东画报出版社,2005年7月。

[原载《中国文字学报》第二辑,商务印书馆,2008年12月]

中国语言学五十年的思考*

一 与语言学有关的若干关系问题

和我们的人民共和国一样，五十年的语言学经历了风风雨雨，自然有许多经验教训值得反思和总结。语言学科的发展有其自身的规律，我们认为与以下几个关系大有关联，什么时候处理得好，学科就顺利发展；什么时候处理不好，学科就难免受到挫折。

（一）政治和学术

语言是一种特殊的社会现象，语言学是一门特殊的社会科学。语言没有阶级性，因而以之作为研究对象的语言学同样也没有阶级性。当然，这样说绝不是否定马克思主义对于语言学的指

---

* 本文系1998年中国社会科学院重点课题“新中国社会科学五十年”的子课题之一“新中国语言学五十年”的理论思考部分，发表于《中国语言学报》第10期，商务印书馆，2001年6月。全文见于《新中国社会科学五十年》，中国社会科学出版社，1999年9月。写作之前，中国社会科学院语言研究所曾于1998年底召开“新中国语言学50年学术座谈会”，所内外专家多人出席并发表了很多精辟见解。

导作用。新中国成立之后，众多语言学工作者包括从旧社会过来的老一辈的语言学家，都真诚接受、努力学习马克思主义，用唯物辩证法指导自己的语言学研究与教学，使新中国语言学出现了与解放前不同的崭新面貌，在理论与应用方面都大踏步前进，获得空前的巨大成绩，这是有目共睹的客观事实。

但是，和社会科学领域不少学科一样，政治与学术的界线不清，关系不能理顺，长期以来都是困扰语言学健康发展的重要因素之一。整个50年代，党和政府对语言文字工作高度重视，群众性和社会影响空前，提出并实施汉字改革、推行汉语拼音方案、推广普通话和现代汉语规范化等任务，应该说成绩是主要的。从历史上看，语言文字的改革有许多也是通过政府行为的干预来促进并完成的（如历代的正字、正音）。然而这种干预必须符合语言文字的社会功能及其自身的发展规律。秦始皇的“书同文”基本上是成功的，而武则天所造的新字却几乎未能流传，都是历史上的明鉴。根据社会主义经济建设和文化教育的需要，50年代在语言文字领域进行的上述工作都是完全必要的。但是现在看来，某些方面不无急躁冒进的成分，如提出汉字改革要“走世界文字共同的拼音方向”，也许基于当时科学技术水平的背景（因汉字在文字信息处理的机械化阶段表现出极大的不适应）而不难获得理解，但从汉语的特点以及汉字与汉语的关系而言，这种论断是未经充分论证，因而起码是有待于进一步研究的。以这种论断为前提而进行的汉字改革如汉字整理（包括异体字整理）、汉字简化等，虽然大方向正确,但应该说多少有点粗疏、草率。如某些异体字属不完全异体,各有司职而不宜归并取消;某些同音替代的简化字以及部分简化形体不够完妥等等。这些问题,多属学术范畴,而且事系草创,不难体察;但及至以政府法令法规形式予以物化,成为国家规范标准,几十年来,未有足够力度的修改订正,积非成是,是令人遗憾的。此为政治与学术的关系在语言文字根本任务方面的经验与教训,不过大体可以认为经验主要,教训次之。

政治与学术界线不清的另一表现是把语言学的某些具体学术问题政治化。如上所述,强调语言学的阶级属性是缺乏理论依据的,可是我们在50年代的语言学文章乃至报刊社论中不难见到诸如"马克思主义语言学"的提法,这对新中国语言学的健康发展造成了一定程度的干扰和损害,因为它肯定了语言学的阶级性,于是自然产生了"无产阶级语言学"和"欧美资产阶级的语言学"的区别。在某些学术性很强(如汉字改革)乃至纯粹的学术问题(如语言和言语关系、汉语词类、语法体系)的讨论中,都出现了把不同学术观点视为"资产阶级语言学谬论"或"资产阶级唯心论"的文章。流弊所及,有如古文字学家陈梦家因对汉字改革问题提出不同意见而在1957年被打成"资产阶级右派分子"。

事实证明,只有在安定和谐的社会生活、宽容宽松的学术环境下,不再混淆政治与学术而是理顺二者的关系,才能真正产生"百花齐放、百家争鸣"的大好局面,才能大力促进各门学科的健康发展。改革开放二十年来繁荣昌盛、成绩喜人的语言学状况,就是一个极好的例证。

（二）学习外国和自立门户

以问世百年的《马氏文通》为嚆矢的中国现代语言学，一直受到西方语言学的深刻影响。尤其20世纪三四十年代，可以说与国际有比较密切的接轨，当时的不少前辈语言学家，都曾接受过西方语言学的洗礼。直至50年代初期，依然是这种局面，如1952年7月至1953年11月在《中国语文》上连载发表的《语法讲话》就明显运用了结构主义的分析方法。

随着马克思主义的大普及，特别是斯大林《马克思主义和语言学问题》的发表以及和苏联语言学界的密切往来，新中国语言学也受到苏联的很大影响。

现代科学基础先天不足的中国现代语言学，在一定时期内和相当程度上引进和学习外国语言学理论，是完全必要的。但是如果在尚未走出自己的路子之前，或是受到某种政治因素的影响，则难免会产生一些弊病或干扰，例如对苏联的学习，部分学者就带有某种教条主义的倾向，不注意语言事实而生搬硬套，所谓对就是一切正确，所谓错就是一无是处。这种形而上学、绝对化的思想方法和做法，对语言学这样的十分接近于自然科学的学科是尤其有害的。

50年代后期提出批判"重洋轻中"，甚至连陆志韦运用统计方法于音韵学研究，也作为"资产阶级学术思想"予以否定。这就大大阻碍了普通语言学理论和方法在中国的引进和发展，拉大了中国语言学和世界语言学的距离,自然也谈不上成熟的中国语言学。

改革开放以来,学术环境全面宽松,为国外语言学理论的充分引进和从容消化吸收创造了最好的条件。即以语法理论而言,从布龙菲尔德的结构主义到乔姆斯基的转换生成语法,以及主要由这两大派衍生的层次语法、法位学、格语法等,还有异军突起的系统功能语法、认知语法、蒙塔古语法之类,无不接踵鱼贯而入,各领风骚。当然,其间还有一个消化吸收的过程,即从单纯的译述评介到结合汉语的特点进行研究,收获成果。可以认为,八九十年代之交大致成为这个过程的界线。近年来中国运用新理论、新方法而结合汉语特点的语法研究,已日益引起国际学界的瞩目和重视。

只有承认我们的弱点和不足,虚心而大胆地引进和学习外来先进的理论和方法,结合汉语的特点消化吸收,才能成熟自己的中国语言学,中国的语言学工作者才能为世界语言学理论和方法的建设作出自己的贡献。

(三)一元和多元

语言学是一门既古老又年轻的学科,语言属于极为普遍而特殊的社会现象,处于不断演化发展的状态,有许多复杂情况尚未正确认识,所以至今为止没有一种语言学理论能解释所有的语言现象,解决所有的语言学问题。几十年来,世界语言学学派纷繁,理论林立,体现出多元发展的态势。

可是反观中国的语言学界，长期以来却是喜欢搞一元化的，习惯于统一领导，一种理论，一种方法，不太容易容纳不同的声音和做法。例如，一度提倡汉字改革，准备“走世界共同的拼音文字方向”，就很难听进“保留汉字”的意见；讨论汉语词类问题，大有把“汉语无词类”的意见几乎视作异端邪说的倾向；层次分析法盛行之际，则将此前的句子成分分析法弃之如敝屣。……

从新时期开始，上述这种毛病开始有所改进。学术环境的宽松与宽容，使得各种语言学理论与方法可以各行其道，并行不悖而不必定于一尊，新中国语言学迎来了真正的繁荣。即以汉语语法观而论，有词本位、句本位、词组本位，近年又有人提倡“字本位”、“小句本位”，这都是正常现象。你可以不赞成，可以不以为然，但你不能不让别人发表意见，也没有必要马上作出对或者错的结论。大家都在探索，而探索本身则往往是多元的。多元化带来了新时期语言学真正的繁荣，促进了新中国语言学的全面发展，这是语言学界人士的一致认识，也是新时期的一条宝贵经验。

（四）继承和创新

中国现代语言学前有两千年来的古老小学，特别是乾嘉以来注重实证、“无征不信”的朴学传统。解放后众多前辈学者在继承传统方面依然身体力行，他们的语言学论著中体现出来的立论平实、材料丰赡的严谨学风，在国际学术界是有口皆碑的。不过由于50年代后期开始滋长蔓延的极“左”思潮，在学界也产生了轻视传统的倾向，致使许多较为年轻的语言学工作者忽视传统或起码在传统方面缺乏必要的基本功。

但是更应该指出的,是我们在创新方面也一直注重不够,主要表现在多年以来存在着重视材料、轻视理论,重视描写、轻视解释的倾向。我们满足于材料的扎实,却多少忽视了理论的思考。

纵观世界范围内的语言学发展,数千年来主要经历了三大阶段:1. 规定性的(prescriptive);2. 描写性的(descriptive);3. 解释性的(explanatory)。现在的趋势是从第二阶段向第三阶段转化。语法理论方面,乔姆斯基的转换生成语法、韩礼德的系统功能语法,都代表了这种倾向。语言学在这方面的进步,理论的指导意义是很突出的。我们在这方面的欠缺和不足,势必影响中国语言学整体水平的进一步提高。

说到理论和材料的关系问题,我们很容易联想起吕叔湘先生所说的关于“钱串子”和“散钱”的著名比喻:“当然成串的钱最有用,可是如果二者不可得而兼,那么,散钱虽然不便携带,捡起一个钱来还有一个钱的用处,光有绳子没有钱可是毫无用处。”(《把我国语言科学推向前进》)这确是至理名言。不过当今信息发达、竞争激烈的世界上还存在一种可能,那就是:如果过于忽视钱串子的话,那么我们的散钱有可能被别人的绳子串走的,而人家拿出来的成串的钱可能就比我们的散钱像样多了。

可喜的是,90 年代以来我国语言学界逐渐产生注重创新、注重理论思考的良好风气,这方面的自信心也不断加强。国外语言学新理论、新方法不断“汉化”,越来越多的论著不再满足于仅仅只是描写,而是还要试图运用某种理论解释某些相关的语言现象,所以能够新意盎然、胜义迭出,体现了新时期语言学的新气象。不过,继承和创新两个方面,从整体上都还是具有进一步加强的必要的。

二 语言学当前发展存在的问题

当前,科学技术迅猛发展,人类进入了信息时代。电子计算机的发明和普及,网络技术的运用和推广,极大地影响和改变着人们的工作和生活方式。许多高科技手段的使用和完善,都与人类表达和交流思想的最主要工具——语言文字密切相关,所以语言学在现今和未来社会中所起的作用必将越来越大。中国有其特殊的国情,汉语汉字有其复杂的特点。为了建设有中国特色的社会主义,中国语言学工作者的责任是重大的,任务是艰巨的。针对当前汉语汉字使用和语言学研究的现状,我们认为需要着重解决的主要问题有:

(一)普及和加强语言学教育

这个问题涉及三个方面:一是中小学校的语文教学,尽管这些年在对语文课性质的认识和教学方法等方面有所进步,取得成绩,但是仍然未能从根本上改变“少慢差费”的状况,仍然是影响中小学总体教学质量提高的“瓶颈”,有待于新的更大的突破。二是对外汉语教学,作为一门年轻的学科,在体系、方法等方面均需要进一步成熟和优化。随着中国国际影响力的增强而导致的国外汉语热的持续升温，对外汉语教学现在已是全面开花，兴旺异常，据称全国已有300多所院校开设对外汉语教学窗口，但是恐怕良莠不齐，泥沙俱下，需要语言学界更多地予以关注，推广成果，促进提高。三是面向全社会的语言学科普教育，诸如语言的功能和作用、语言和文字的异同、对国家现行语言文字政策的了解和一般规范标准的掌握，等等。一旦草拟中的“语言文字法”出台，还有这方面普法教育的问题。这些任务和职责，都是语言学工作者义不容辞的。

（二）汉字“书同文”问题

自从20世纪70年代的科学技术初步解决了汉字进出电子计算，从而使中文信息处理的自动化成为可能以来，汉字终于摆脱了可能被拼音文字取代的阴影，有了一个稳定使用和发展的前景。目前，使用汉字的主要有中国海峡两岸（大陆和台湾）、日本、韩国、新加坡、马来西亚等国家和地区，汉字仍然是一种国际性文字。但是，有一个重大的麻烦是不同的国家和地区使用的汉字形体存在或大或小的差异，增加了中外人士识解和使用汉字的负担；特别是在电脑字库中不能互通、兼容，造成很大的浪费和不便。例如我国大陆的简体字和台湾的繁体字交叉并存，一共创制了6套以上的电脑字码。

因此，汉字“书同文”已成为广大有识之士担忧并着意解决的问题，近年来有关部门和学者已就此问题召开了若干次带有国际性质的学术会议；然而，这并不是一个单纯的学术问题，而带有许多政治因素。我们认为这个问题应该引起领导部门高度重视，以期有一个较为妥善而可行的解决前景。

（三）人才培养问题

改革开放以来，通过招收研究生、派遣留学生等途径，培养了一大批年轻的语言学人才。他们中的许多人，在学术上起步早，外语水平高，理论意识强，肯钻研，所以进步很快，迅速进入研究领域，有的甚至已然能够独树一帜了。这是新中国语言学未来的希望所在。

但是人才匮乏的问题依然存在，在许多单位甚至极为严重，它正在造成某些学科的逐渐萎缩，更有不少学科虽然繁荣依旧，却面临后继乏人、人才断层的威胁，因此千万不可忽视青年人才的培养，要把出人才放在与出成果同等重要的位置上来看待。

要注意全面改善和优化青年人才的知识结构。未来的有成就的语言学家，应该：第一能够兼擅文理，即除了通晓语言学及其直接相关的某些学科领域如逻辑学、心理学等之外，还要掌握和运用电子计算机以及自然科学基本理论和方法，至于像哲学、数学这样的带普适性的学科就更不待言了，20 世纪不少语言学名家都是从学哲学或数学领域出身的；第二能够打通古今，即既懂共时语言学，也懂历时语言学，尤其对中国古代文献要有足够感性的了解；第三能够贯穿中外，即中文、外语都好，善于及时引进、消化和吸收国外语言学的新理论、新方法。

但是现有的语言学工作者队伍中，正有不少人的知识结构由于各种主客观的因素而未能尽如人意，抱残守缺、画地为牢的现象并非鲜见，令人难免有“失之在陋”的慨叹。

标准和要求是很高的，但是舍此不能出名家、出“大家”，乃至出大师。

（四）学风问题

千百年来的中国传统语言学一向以学风严谨著称，新中国的语言学工作者一直致力于发扬光大这一特点。不过，和许多以基础研究为主的学科一样，在市场经济的商品大潮冲击下，学风不正的问题不说是日益严重，起码也是不可忽视的。心态浮躁，急功近利，不是着眼于学科发展和学术进取，而轻易为经济利益所驱动，已成为时下一些学者尤其是不少年轻人的通病。有的为了追名逐利，不惜“拉大旗做虎皮”，甚而拼凑、抄袭，堕落为令人齿冷的学术政客或学术骗子。当然，更有从来没有做过什么学问，只是一味招摇撞骗，根本不是语言学界中人，与这类人是无从谈起学风问题的。

当前，语言学的研究完全无视社会和现实生活的需求，是不可取的。著书立说是艰苦的精神劳动，但也不可能完全“著书不为稻粱谋”。一方面，科研领导部门要尽可能为科研人员安排好生活，筹措足够的经费，减少他们的后顾之忧；另一方面，科研人员要树立崇高的职业道德，安贫乐道，恪守学术规范，专心致志于语言学研究，奉献真正有价值有分量的学术成果。只有端正了学风,学术的发展才是真正可以期望的。

(五)沟通协调问题

有不少资深学者认为,与五六十年代相比,现在存在另外一种倾向:那时是过分的组织领导,统一集中,现在则各自为战,缺乏足够的沟通协调,导致信息不灵,该做、可做的事或是无人牵头,无人问津,或是一哄而上,重复建设,或是有价值的成果得不到及时的推广与应用。例如许多单位(主要是高等院校)凡有志于建立电脑文本语料库的,大都从头做起,投资既大,彼此之间又不能兼容,其间的浪费以及难以完备之处是可想而知的。因此,大家呼吁适度的沟通、协调,希望诸如国家语委、社科院语言所这样的单位能承担语言文字学界必要的组织协调工作,引导科学研究的更加有序和深入。

三 展望未来

展望即将来临的新世纪,语言学工作者任重而道远。总的说来,我们应该适应时代和社会的需要,重视语言学的基础与应用、普及与提高的并重、结合,进一步发挥语言学作为一门先行学科(pilotscience)的作用,使中国的语言学为科学和人类的进步,为具有中国特色的社会主义的建设作出应有的贡献。

第一,面临新世纪的中国语言学,应该进一步重视和加强语言学理论和方法的建设,争取为世界语言学的发展与进步作出自己的贡献。科学是没有国界的,语言学也是没有国界的;但是汉语是有自身特点的,因此汉语的研究也必然带有自身的特点。目前我们对汉语之外的全世界的语言的了解还相当不够,因此也谈不上对汉语的真正全面了解,需要在研究世界语言共性的基础上来认识汉语的个性;反过来,通过研究汉语的个性所得的成果也能为深化世界语言共性的研究作出贡献。由于众所周知的诸多原因,可以说前此以往的中国语言学对世界的贡献是不够的。我们应该在新世纪争取更大的进步,争取在尽可能多的方面进入世界语言学研究的前列。

第二,面临新世纪的中国语言学,应该进一步重视和加强自身的队伍建设。前面已经谈了人才培养问题,新旧世纪交替之际,尤有重复强调这个问题的必要,因为现状是令人担忧的。从总体说,我们要大力提高语言学工作者的全面素质和学术品格,在塑造和确立像许多前辈学者那样崇高的人品风范、严谨的学风文风和完善的知识结构方面进行不懈的努力。对未来的年轻一代来说,因为他们一般具有较高的外语水平和现代科学的素养,所以尤其要重视博采众长,重视学习和继承我国数千年语言学中好的传统。

第三,根据目前初步的调查和若干专家的意见,未来的中国语言学似可围绕下列具体课题开展研究和攻关:

1. 汉藏语系的深入研究。诸如汉藏语系的起源、分类及其各种具体语言的原始状态和历史演变,目前的研究都缺乏足够的广度和深度，共同认可的科学结论不多。须知汉藏语系中有许多汉语的亲属语言，它们的研究水平和经验，对于汉语的研究水平的提高，具有更为直接而重要的意义；中国语言学在这方面争取进入世界领先水平，也具有较大的可能性。

2. 汉语通史（多卷本）。许多国家的语言早已有了类似的成果（如英语、俄语、日语），而目前有关汉语史的有数的几种著作均较为简略，与我们这个历史悠久、文献丰富、使用人口最多的语言应有的地位很不相称。

3. 汉语历史大词典。利用尽可能大的历史文献电子计算机文本语料库，穷尽性地占有与掌握第一手资料，追源溯流，全面、准确地反映汉语具体词汇的历史。

4. 大型汉语和少数民族语言口语语料库。世界语言学研究的潮流与重点，已经从书面语逐步转向实际口语，这同时也是基础研究与实际应用的极好的结合点。口语语料库作为口语研究的基础建设，其重要性是显而易见的。

5. 计算机人机接口和多种文本整合处理问题。这是计算机技术目前面临的重大难题，应该由计算机学界和语言学界联合加以攻关。

6. 其他一些跨学科的课题，如语言哲学、符号学等方面的研究。

最后必须指出，对于新世纪的中国语言学所可能取得的巨大进步，我们是抱有充分信心的。从学界的外部来说，只要国家政治形势安定、经济发展平稳、文化教育繁荣，就能为语言学的可持续发展提供良好的条件；从学界的内部来说，只要我们重视自身队伍的建设，重视与世界的交流，开阔视野，努力进取，那么，中国语言学在新世纪的新的飞跃，就是毫无疑问的。

[原载《中国语言学报》第十期，商务印书馆，2001 年 4 月]

传统语言学的回顾与继承

一

这里所指的“传统语言学”，即传统的“小学”，包括音韵学、训诂学和文字学。中华学术史上还有“汉学”、“朴学”等名称，则将“小学”包容在内，此外还包括考据学、校勘学等学问。

长期以来，虽然“小学”只是被标榜为“经学的附庸”，但是实际上，它是独立发展的，而且从某种意义上可以说，它在传统国学中占有核心和主流的地位。这是不难加以论述和证明的。我们只要举出东汉许慎在《说文解字·叙》所说的“文字者，经艺之本，王政之始”的经典论断，就大抵不必多所赘言了。

事实也是如此。简单举几个例子：

第一，作为经学的两大门派——经今文学派和经古文学派，以及由此产生的汉唐之学与宋明理学之争一直绵延到大清王朝的末期（各自的代表人物分别为康有为和章太炎）；而究其根源，乃是在于对经典的文字文本的释读与认同，因此，可以说首先是属于传统语言文字学范畴的问题。这也成为中国学术史方面的一个常识。

第二,中国许多知识分子,不论地位多高,成就多大,或已然"学而优则仕",都不能忘情于语言文字学,力图在这个领域有所建树。这是因为他们都是科班出身,饶具传统小学的根柢。即以清代而论,许多官员乃至封疆大吏均在这方面多加致力。如毕沅(1730~1797)官至湖广总督、兵部尚书,其《墨子校注》开近代"墨子学"先河;阮元(1764~1849)历官湖广、两广、云贵总督,自著《诗书古训》、《曾子注释》等,主编《经籍纂诂》、校刻《十三经注疏》、汇刻《皇清经解》;梁章钜(1775~1849)官至江苏巡抚,著有《夏小正经传通释》、《论语集注旁证》、《孟子集注旁证》、《仓颉篇校正》等;至于王氏父子:王念孙(1744~1832)"累官至永定河道",王引之(1766~1834)"累官至工部尚书";就连著《尔雅义疏》的郝懿行(1757~1825),也官至户部主事;……真是不胜枚举。已故的当代国学大师启功先生,其在文学、史学、文献学、文物鉴定等诸多领域的杰出成就,是众所周知的。但是他自己最为在意的,却是在语言文字学方面的努力与成果,比如他曾说过:"回忆起来,这五十年工作的绝大部分,都是把文言变成白话。"[①]这就是语言文字学的工作。当然启功先生的语言文字学已然超越了传统语言学,但是从传统语言学起步,则是毫无疑问的。

第三,开启一代新风、具有现代学术眼光的近代国学大师梁启超在其代表作之一《清代学术概论》[②]中,将清代学术的发展分为四期:一、启蒙期,二、全盛期,三、蜕分期,四、衰落期。"其启蒙运动之代表人物,则顾炎武、胡渭、阎若璩也。"(二)而"炎武著述，其有统系的组织而手定成书者，惟《音学五书》耳。其《天下郡国利病书》、《肇域志》，造端宏大，仅有长编，未为定稿。《日知录》为生平精力所集注，则又笔记备忘之类耳。自余遗书尚十数种，皆明单义，并非巨裁。”(四)在他眼中，第一期的代表人物顾炎武，首先是作为音韵学家进入学术界的。又，“其全盛运动之代表人物，则惠栋、戴震、段玉裁、王念孙、王引之也，吾名之曰正统派。”(二)这几位，众所周知，更是传统语言学的巨擘大腕了。他们的主要学术成果，甚至仅仅在于“小学”即传统语言学方面。可见梁氏对于传统语言学在整部学术史中地位的重视。这与中华文化史固有的价值观念和判断是完全一致的。

二

但是我们必须遗憾地指出，在中华学术整体进入现代社会以来，现代语言学并未取得有如传统语言学在传统中华学术中那样的地位，甚至就连传统语言学在传统中华学术的地位，也被大大地边缘化了。这也可以举一个例子：

上个世纪90年代，河北教育出版社出了一套《中国现代学术经典》，主编为刘梦溪。收入丛书的每部著作的前头，都冠以主编撰写的《总序》，长达76页。

在这篇《总序》中，有的是对于中国传统学术的回顾，其中提及“先秦子学、两汉经学、魏晋玄学、隋唐佛学、宋明理学、清代汉学"之处,所在多有,但几乎不明确提及传统语言学;虽然丛书也收了几部中国现代语言学的经典,如赵元任、董作宾的著作。

现在的"国学热"中,似乎更没有传统语言学的地位了。而语言文字学界在这方面似乎也是集体"失语"。

如果我们承认上述这种事实和现象,那么就值得探讨一下,这究竟是为什么?

这个问题很大,很复杂,限于本人的学养水平,恐怕未必能说得充分、合适、到位。

首先我们是否应该了解,什么是"现代"或"现代化"?"现代化"在思想文化方面有什么区别于传统的特质?这可以参考 1999 年版《辞海》对于"现代化"一词的解释:"不发达社会成为发达社会的过程和目标。作为过程,其首要标志是用先进科学技术发展生产力,生产和消费水平不断提高,社会结构及政治意识形态也随之出现变化(其标志为政治民主、理性主义和科学精神、社会流动和现代化人格)。作为目标,它一般指以当代发达社会为参考系的先进科学技术水平、先进生产力水平及消费水平。……"③

这里应该注意的是"以当代发达社会为参考系"一语。这就是说,包括文化学术的是否现代化,也必须是"以当代发达社会为参考系",语言学自然也是如此。《辞海》也有一条"现代语言学",注为:"指 20 世纪以来开创的关于语言系统的研究。重在口头语言的共时描写,区别于传统的以书面文献为资料的语文研究和追溯语言源流的历史研究。一般把索绪尔奉为现代语言学的奠基人。……”[4]而叶蜚声先生指出:“20世纪语言学最显著的特点是共时描写占优势。索绪尔是实现这个转折的关键人物。他区分语言和言语,能指和所指;他指出组合和聚合的关系,系统和意义的关系,共时和历时的关系,这些都已成为现代语言学的基本概念。正是在这个意义上,他是现代语言学的开创者。”[5]

索绪尔的这些贡献,虽然并非完全没有吸收在他之前及与他同时代的语言学科诸如历史比较语言学的成果,但基本上可以说都是他的原创,是传统语言学所不能包容的。如此,宜乎在现代语言学乃至整个现代学术中都没有传统语言学的地位了。而中国社会的现代化,虽然带有中国特色,却基本也是“以当代发达社会为参考系”的。这样,传统语言学在当代学术界被“边缘化”,就是不难想象的了。

当然,对于现代和现代语言学的这种认知是否完全正确,尤其是对于我们这样具有如此悠久传统文化的中国社会,应该如何树立自己的“参考系”?如何建立具有我们自己特色的包括中国现代语言学在内的学术体系?我们应该进行思考和探究。

三

我们评价传统语言学之于现代语言学,似乎可以认为,主要差距在于前者缺乏诸如索绪尔体系的理论元素,在于缺乏后者所具有的若干明确的自觉的语言学理论观念。但是据初步研究,中国在春秋战国的百家争鸣时代，语言学思想也是相当发达和活跃的。美国学者查德·汉森（Chad Hansen，中文名“陈汉生”）曾在他的著作《中国古代的语言和逻辑》中，以现代西方语言哲学的视角考察、分析先秦诸子著作，“他发现在中国古代思想中，语言哲学问题占据着重要的地位。这与汉语这种语言本身的特点有关。作者提出了隐含在古典思想中关于语言的四个假定：(1)关于语言功能的假定，即语言的作用是什么？(2)关于语言与世界相联系的方式的假定，即什么样的现实模型提供了对语言功能的说明？(3)关于语言的起源和现状的假定，即语言是怎样出现的，以及我们要有何种知识才能知道怎样使用它们？(4)关于语言跟心理的或抽象的对象（思想、意义、共相、类等等）之间关系的假定中的各种各样的对比。这四个方面，不管是儒家、墨家，还是道家、名家或法家，都有所涉及，只是各家涉及的重点有所不同而已。”[⑥]当然，类似的研究中国学者做得还很不够、很不到位。但是即此可见，这些形而上的思辨性的语言学基本观念问题，在先秦诸子的理论视野中是占有重要的一席之地的。这一传统，为什么后世没能得以继续发展，发扬光大？似乎只能归咎于中国思想文化史上两次大规模的、毁灭性的戕杀与摧残：一是秦始皇的“焚书坑儒”，二是汉武帝的“废黜百家，独尊儒术”。这是众所周知的历史事实。到清代顾炎武、戴震、段玉裁、二王父子这些传统语言学大师那里，固然也能提出类似“因声求义”这样符合现代语言学理念的观点，但已然难以颉颃于索绪尔这种重大的理论建树工作，从而开启并形成一代之风了。

还可以联系我们的近邻,同样是东方古国的印度。我们知道,由于古代印度重视祭祀,重视祭神时来自吠陀的颂歌,为了保持吠陀圣典的完整准确,于是产生发展所谓“吠陀六分支”,其中之一是“毗伽罗”即语法学,并且在公元前4世纪就产生集大成的语法学著作《波你尼经》。但是,现代语法学并不是直接承继自印度语法学,而是来自印欧语系的比较语言学(虽然后者多少吸取了波你尼语法学的营养)。正如岑麒祥先生所指出的:“古印度人语文研究的成果是巨大的,影响也是很深远的,可是由于缺乏适当的气候和丰腴的土壤,终于不能在原地蓬勃发展,开花结实。”⑦这其间的曲折奥妙,同样是值得我们思索的。

四

传统语言学在中国现代社会的遭际及现状如何?我们不妨从最宏观的角度考察一下传统语言学的三大块——文字学、音韵学、训诂学。

由于清末以来甲骨文的发现与研究,以及随后带铭青铜器和战国简帛材料的大量出土,使得自《说文》发轫的传统文字学大有用武之地,它与现代考古学、历史学和传统文献学有机结合,构成了现代中华学术的一大亮点和持续的前沿。此外,由于新的语言文字理论和观念的注入,基本上已经构建了源于传统而又具有现代科学理念(包括应用中的标准和规范)的汉字学。

音韵学这一块,则由于传统只是研究历史语音,只能着力于音理而不能进入实际音值的层面,加之古代音值难以实证,所以在一些重大问题上始终是言人人殊,难以产生可以共同接受的结论(复辅音问题即为一例)。这当然影响到音韵学学科体系的建立和完善,无法与现代的实验语音学抗衡。不过,“这一门古老的传统学科,由于西方现代语音学理论和方法的引进、多年来理论和教学队伍的培养(音韵学知识是方言调查的基础)以及研究材料和范围的拓宽(从传统韵书到出土文献、从拘于汉语到结合汉藏语系研究,从重视古代到与中古、近古并重),改革开放以来大为活跃,成绩斐然。”⑧

至于训诂学,早在《清代学术概论》中,梁启超就指出:传统语言学“成绩最高者,惟训诂一科,然经数大师发明略尽,所余者不过糟粕。其名物一科,考明堂,考燕寝,考弁服,考车制,原物今既不存,聚讼终末由决。典章制度一科,言丧服,言禘祫,言封建,言井田,在古代本世有损益变迁,即群书亦末由折衷通会。……今纷纭于不可究诘之名物制度,则其为空也,与言心言性者相去几何?”(二十)就是说,传统训诂学在晚清就已成强弩之末(当然,梁启超的看法是否正确,可能会有不同评价),加之50年代的“厚今薄古”,给以致命一击,于是萎缩沉寂几达三十年。不过,“80年代以来则有所中兴,成立了专门的研究会,举办培训班,编写有关教材,在归纳总结乾嘉以来训诂学说和成果的基础上,运用现代语言学理论，定位学科的性质和任务，整理诠释旧有的术语，探讨古代语言学主要是语义方向的内部规律（如同源词、词义引申）以寻求新的学科生长点。……老一辈虽已陆续谢世，但薪尽火传，训诂学的队伍正在不断壮大之中。”[9]况且训诂学解读与训释传统文献的工作远未完成，在出土文献即古文字材料的释读方面，也能大大发挥作用。

五

传统语言学最早是经学的附庸，它一开始就是致用型的学问。在逐渐独立之后，除了仍然具有服务于传统文献释读的功能之外，它还形成了独有的研究理论和方法，尤其是建立了严谨的学术规范。

梁启超非常重视归纳和总结乾嘉学者的治学方法，《清代学术概论》不止一处论及这一点：

> 然则诸公曷为能有此成绩耶？一言以蔽之曰：用科学的研究法而已。试细读王氏父子之著述，最能表现此等精神。吾尝研察其治学方法：第一曰注意。凡常人容易滑眼看过之处，彼善能注意观察，发现其应特别研究之点，所谓读书得间也。……《经义述闻》所厘正之各经文，吾辈自童时即诵习如流，惟王氏能注意及之。凡学问上能有发明者，其第一步工夫必恃此也。第二曰虚己。注意观察之后，既获有疑窦，最

易以一时主观的感想，轻下判断，如此则所得之“间”，行将失去。考证家决不然，先空明其心，绝不许有一毫先入之见存，惟取客观的资料，为极忠实的研究。第三曰立说。研究非散漫无纪也，先立一假定之说以为标准焉。第四曰搜证。既立一说，绝不遽信为定论，乃广集证据，务求按诸同类之事实而皆合，如动植物学家之日日搜集标本，如物理化学家之日日化验也。第五曰断案。第六曰推论。经数番归纳研究之后，则可以得正确之断案矣。既得断案，则可以推论于同类之事项而无阂也。（十二）

一般认为胡适是一位“洋派”的国学大师，因为他曾留学美国达七年之久，又是实用主义哲学家杜威（John Dewey）的信徒，殊不知他对中国传统学术也是至为留意的。1919年11月，他在《北京大学月刊》发表《清代学者的治学方法》一文，认为清代的“朴学”最具科学精神，他指出朴学包括四个部分：

一、文字学（Philology）。包括字音的变迁，文字的假借通转，等等。

二、训诂学。训诂学是用科学的方法，物观的证据，来解释古书文字的意义。

三、校勘学（Textual Criticism）。校勘学是用科学的方法来校正古书文字的错误。

四、考订学（Higher Criticism）。考订学是考定古书的真伪，古书的著者，及一切关于著者的问题的学问。[10]

可以看出，在胡适的心目中，清代“朴学”的核心即为“小学”亦即传统语言文字学。此前在他的博士论文《中国古代哲学方法之进化史》的序言中，他说：“我对近两百年来，中国学者在训诂学和校勘学的研究成果，曾尽量加以利用。……因为只有通过训诂学的研究，吾人才能摆脱古人主观注疏的成见，而真正能了解古代典籍的原义。”[11]因此，胡适对传统语言学同样给予很高的评价。

在美留学期间，胡适还曾撰写《诗三百篇言字解》、《尔汝篇》、《吾我篇》等有关古代汉语语法的文章，晚年他还十分得意地提及这些文章，说道：

我所要说明的便是在我于一九一一和一九一六年所写的三篇文章里，我的首要兴趣便是归纳法；也就是把相同的和不同的例子归纳起来加以比较研究，以求其概括性的结论。那也是我第一次企图发展我自己的治学方法。我那研究代名词的两篇文章（《尔汝篇》和《吾我篇》），都说明了我对时代变迁所影响的语言和文法上变化的研究兴趣。[12]

其实，归纳法本来就是传统语言学的主要的治学方法。梁启超在《清代学术概论》中也专门论及：

清儒之治学，纯用归纳法，纯用科学精神。此法此精神，果用何种程序始能表现耶？第一步，必先留心观察事物，觑出某点某点有应特别注意之价值。第二步,既注意于一事项,则凡与此事项同类者或相关系者,皆罗列比较以研究之。第三步,比较研究的结果,立出自己一种意见。第四步,根据此意见,更从正面旁面反面博求证据,证据备则泐为定说,遇有力之反证则弃之。凡今世一切科学之成立,皆循此步骤,而清考证家之每立一说,亦必循此步骤也。既已如此,则试思每一步骤进行中,所需资料几何,精力几何,非用极绵密之札记安能致者?训诂学之模范的名著,共推王引之《经传释词》、俞樾《古书疑义举例》。苟一察其内容,即可知其实先有数千条之札记,后乃组织而成书。又不惟专书为然耳,即在札记本身中,其精到者,亦必先之以初稿之札记,——例如钱大昕发明古书(无)轻唇音,试读《十驾斋养新录》本条,即知其必先有百数十条之初稿札记,乃能产出。——故顾氏谓一年仅能得十余条,非虚言也。(十七)

我们不能认为胡适抄袭梁启超,因为他又有这样的表白:"吾治古籍,盲行十年,去国之后,始悟前此不得途径。辛亥年(1911)作《诗经言字解》,已倡'以经说经'之说,以为当广求同例,观其会通,然后定其古义。吾自名之曰'归纳的读书法'。其时尚未见《经传释词》也。……"[13]况且梁启超的《清代学术概论》是1921年才由上海商务印书馆出版的,所以只能认为他们是针对学术史同一现象的考察而得出同一结论。

六

最后我们还必须着重提及传统语言学作为乾嘉学术核心所树立和标榜的学术规范问题。梁启超对此也有很精彩而经典的归纳：

正统派之学风,其特色可指者略如下:

一、凡立一义,必凭证据。无证据而以臆度者,在所必摈。

二、选择证据,以古为尚。以汉唐证据难宋明,不以宋明证据难汉唐;据汉魏可以难唐,据汉可以难魏晋,据先秦西汉可以难东汉。以经证经,可以难一切传记。

三、孤证不为定说。其无反证者姑存之,得有续证则渐信之,遇有力之反证则弃之。

四、隐匿证据或曲解证据,皆认为不德。

五、最喜罗列事项之同类者,为比较的研究,而求得其公则。

六、凡采用旧说,必明引之,剿说认为大不德。

七、所见不合,则相辩诘,虽弟子驳难本师,亦所不避,受之者从不以为忤。

八、辩诘以本问题为范围,词旨务笃实温厚。虽不肯枉自己意见,同时仍尊重别人意见。有盛气凌轹,或支离牵涉,或影射讥笑者,认为不德。

九、喜专治一业,为"窄而深"的研究。

十、文体贵朴实简洁,最忌"言有枝叶"。(十三)

这里提到的"认为不德"(或"大不德"),"在所必摈",都是有关学术道德与规范的问题,非常精辟而深刻,即使在当今,也是很有针对性的。

何九盈先生指出:"两千多年的中国古代语言学史,内容相当丰富,成就不可低估。"[14]这后十二个字,言简意赅。我们拥有数千年流传并保留下来的珍贵的中华文化遗产,万不可妄自菲薄。从发展学术来说,我们当然需要学习和继承中国传统语言学和国外现代语言学的许多具体结论和成果,站在巨人的肩上,进行我们的攀登。因此,以乾嘉学术为代表的所有这些中国传统语言学的科学的研究方法与严谨的学术规范,在我们寻求突破现有学术研究范式和水准的今天,在浮躁乃至腐败学风泛滥的今天,应该是尤其值得我们重视、继承和发扬的;而传统语言文字学自身在现代社会学术中发展并取得相应的地位,也是可以预期的。

附　注

① 启功:《汉语现象论丛 · 有关文言文中的一些现象、困难和设想》,第25页,中华书局,1997年。

② 梁启超:《清代学术概论》,东方出版社,1996年3月,重排本。以下只列篇目序号,不再专门注出。

③④《辞海》1999年版缩印本(音序),上海辞书出版社,2002年1月。

⑤《中国大百科全书·语言文字卷》,第379页,中国大百科全书出版社,1988年2月。

⑥ 李先焜:《中国古代的语言和逻辑·译者序》,第1页,社会科学文献出版社,1998年10月。

⑦ 岑麒祥:《语言学史概要·古代语言学史》,第16页,北京大学出版社,1988年4月。

⑧ 董琨:《新中国语言学五十年》,载《新中国社会科学五十年》,第578页,中国社会科学出版社,2000年5月。

⑨ 同上,第580页。

⑩《胡适全集》,第壹卷,第371页,安徽教育出版社,2003年。

⑪ 同上,第拾捌卷,第287页。

⑫ 同上,第拾捌卷,第282页。

⑬《藏晖室札记》卷十五,载《胡适学术文集·语言文字研究》,第132页,中华书局,1993年10月。

⑭ 何九盈:《中国古代语言学史·全书结语》,北京大学出版社,2006年6月。

[原载《民俗典籍文字研究》第六辑,商务印书馆,2009年11月]

训诂学要为母语教学做贡献

我们尊敬的前辈学者陆宗达先生自从 1957 年在《中国语文》发表《谈一谈训诂学》开始，为曾经长期辉煌而近代以来饱受冷落的我国传统语言学科——训诂学，在广泛深入而成果丰硕的研究之外，还做了许多宣传和普及工作。现在他的高足王宁先生承嗣师统，将这一重要事业不断推向前进，取得令学界瞩目的成就。

但是在许多人看来，训诂学依然笼罩着神秘的色彩。训诂学究竟是什么样的一门学问，在当今高科技信息时代中还能起到什么作用？我们认为关于训诂学的普及宣传工作，还是需要继续进行的。本文拟结合近期重新被审视和引起争议的中小学语文教学问题，谈谈个人的浅见。

基于改革开放以来社会上对英语学习和应用的高度重视，以及汉语水平由于各种因素导致下降的现状，对此痛心疾首之士，甚而提出了"汉语保卫战"的口号。不论这个口号能否为语言学界和社会上的多数人所接受，目前全国范围内汉语、亦即母语的教学情况确实是令人不容乐观的。尤其是中小学语文教育，自从

1978年吕叔湘先生给予"少慢差费"、"咄咄怪事"的尖锐批评后，虽屡经探索改革，却至今未能差强人意。究其根由，恐怕在于对语文课程的性质和相关的教学理念，尚需有进一步的认识与明确。

在我国，语文教育具有悠久的历史。"《周礼》：八岁入小学，保氏教国子，先以六书。"（《说文解字·叙》）这是从文字学入手的语文教学。孔门四科："德行：颜渊、闵子骞、冉伯牛、仲弓；言语：宰我、子贡；政事：冉有、季路；文学：子游、子夏。"（《论语·先进》），起码有一半属于语文教学的范畴。以中国人的智能和心力，如果说几千年来的传统语文教育全无经验和成效，那也岂非"咄咄怪事"！前辈学者张志公先生曾对传统语文教育进行深入的探索与研究，有《传统语文教育初探》、《传统语文教育教材论》等专著问世。成果俱在，无庸赘述。

经过多年的探索总结，教育部于2001年出台了《全日制义务教育语文课程标准》（下文简称为《课标》）。《课标》在普通高中教育部分，将语文课程的性质界定为："语文是最重要的交际工具，是人类文化的重要组成部分。工具性与人文性的统一，是语文课程的基本特点。"我们认为，在中国传统语言学的各门分支学科中，训诂学恰恰具有工具性与人文性相统一的特点，这个问题，很值得探究和分析。

训诂学的工具性特点是显而易见的。按照陆宗达先生在《训诂简论》[1]中所揭橥的，训诂的内容主要有：（一）解释词义，

(二)分析句读,(三)阐述语法,(四)说明修辞手段,(五)阐明表达方法,(六)串讲大意,(七)分析文章结构;训诂的方法主要有:(一)以形说义,(二)因声求义,(三)核证文献语言,(四)考察古代社会。所有这些内容和方法的指向,无不是围绕解决古代文献释读的方方面面,这充分表明:训诂学不但是一门传授有关古书阅读的基本知识和方法的学科,更是一门综合培养阅读古代文献的基本能力的工具性学科。

现在我们经常提及"人文性"。到底什么是人文性呢?似乎尚未见到谁给过较为明确的界定。前几年在北京市有关部门组织的一次讨论新《课标》的专家座谈会上,曾经有一位相当驰名的大学中文系教授垂询笔者:何谓"人文性"?然而遍检手头常见的工具书,居然都未见将"人文性"单独出条。"人文"一词是有的,最早见于《周易·贲卦》:"文明以止,人文也。观乎天文,以察时变;观乎人文,以化成天下。"这里的"人文",按照唐代孔颖达《周易正义》所说,为"人之文德之教"。这可以认为与我们今天所说的"人文性"有关,因而可以认为我们的先民是存在人文观念的。当然这与现代意义上的"人文",还有一定的区别。前几年读书界曾经有不少人讨论"人文精神失落"问题,著名作家王蒙先生也有一篇《人文精神偶感》,[②]内中稍微考证了一下"人文精神"一词:"人文精神是一个外来语,本身并没有严格的界说。Humanism,从字面上看是'人'的'主义'或学说,那么,我们无妨视之为一种(以)人为主体,以人为对象的思想。"《辞海》(2002年版)有"人文主义”一词(其实也是 Humanism),释文为:“欧洲文艺复兴时期代表新兴资产阶级文化的主要思潮。……它强调以人为‘主体’和中心,要求尊重人的本质,人的利益,人的需要,人的多种创造和发展的可能性。……”这是否接近于我们今天所常说、尤其是《课标》所指的“人文性”的含义?恐怕是“虽不中,不远矣”了吧。

训诂学的人文性,大概是历来未经专门论证的一个问题;同时也不大容易着手,因为直接涉及的材料实在不多。姑妄言之,可以认为主要表现为对“人”的尊重。这不妨从以下几方面加以考察:

第一,对于原作者的尊重。训诂学是释读古代文献的一门学问,那么对于古代的语言文字,乃至政治历史、社会制度、人事关系等,都需要有客观准确的了解。清代主编《经籍纂诂》的学者阮元说过:“稽古之学,必确得古人之义例,执其正,穷其变,而后其说也不诬。”(《湖海文传·汉读考周礼六卷序》)“不诬古人”,就是尊重古人,这难道不是人文性的一种体现吗?清代又一位训诂学家陈启源在他所著的《毛诗稽古编·叙例》中说:“三代迄今,垂二千余载,雕朴刓方,匪一日之积;时世屡更,风俗迴异,古圣贤行事,因乎时耳。宜于古者未必宜于今,然据今人习俗,并谓古人无其事,亦非通论也。惟立身于古世,以断古人斯诗之性情,得矣。”[3]这是提倡针对古代社会的特点,来准确领会古人的用意。近代训诂学大师章太炎先生也指出:“训诂不可展转附会。如格物二字本无穷理之意,宋人展转附会,谓格古训来,来可训至,至又训极，又训尽。故格之训尽，实非古训，乃由展转附会而生。”[④]不可展转附会，也是对于古人的尊重。

忠实于原作者，忠实于文本原意的释读，既然是人文性的一种体现，那么不论对待古代文献还是现代文本，都应该是如此。人文性的释读不能对作者的原意进行随心所欲、无中生有的理解。据说现在有些中学语文教师为了突出语文教学的“人文性”，引导学生搞一种所谓“无中生有式创造性阅读”，比如“从朱自清的《背影》中解读出父亲‘违反交通规则’”，“还比如有的学生学了《愚公移山》后批评愚公没有经济头脑，没有效率观念；学了《南郭先生》后称赞他有‘参与意识’，‘善于抓时机，有胆识’，而最后‘急流勇退，毅然地离开乐队让贤的做法实在令人赞赏’。”虽然现在似乎可以找到某些理论诸如“结构主义”、“解构主义”（“后结构主义”）之类为此种方式的“阅读”张目，但是这种阅读方式也是对这些理论的无知和曲解。[⑤]无中生有式的阅读，应该说首先是对原作者的极大的不尊重，因此与人文性是背道而驰的。在中国主流的传统阅读方式以及与此关系密切的训诂学中，是绝对没有此类荒谬绝伦的文本解读方式的一席之地的。

第二，对于前人训诂成果的尊重。在这方面，章太炎先生也有所告诫：“吾人释经，应有一定规则。解诂字义，先求《尔雅》、《方言》有无此训，不宜离已有之训诂而臆造新解也。”[⑥]古代训诂讲求师承，讲求“疏不破注”，可以说是很重要的学术规范和治学行为准则。这是一般接触这门学术的人们所熟稔的，不必赘述。当然这些规则也产生了某些负面的消极的影响和后果，但是尊重别人，首先是尊重前人，这难道不是人文性的一种体现吗？

第三，尊重前人训诂，并不等于一味剿袭前人成说而不可有所发展，有所前进。历代注经解经者，人才济济，门派繁多，每一部经典文献的训诂，都是无虑千数百家，成果汗牛充栋，这样当然就会在师承之外，也各抒己见。例如对《诗经》而言，“郑笺”之于“毛传”，“孔疏”之于“郑笺”，都是有所突破的；后世朱熹的《诗集传》，也推翻了不少前人成说；现代研究《诗经》的学者，更是“与时俱进”，不乏运用考古学、民俗学、古文字学等现代科学的新方法、新材料释读《诗经》的成果，如闻一多的《诗经新义》、于省吾的《诗经新证》等。而训诂学领域对这一切异彩纷呈的学术成果都一一给予接纳与兼容，体现了学科的开放性，尊重在学术园地上所有辛勤耕耘的劳作者。这应该说也是学科人文性的一种表现。

所有这些不同角度的人文性尊重，彼此之间并无牴牾之处，而是相互补充、不断完善的。当然，其前提是基于对于文献文本客观性的尊重，对于科学真理探索精神的尊重。

综上所述，我们认为传统训诂学是一门工具性与人文性相结合的学科，应该并且可以在现代的母语教学包括中小学语文教学中起到一定的积极作用，大概不是哗众取宠、危言耸听吧。

再者，20世纪50年代以来的中小学语文教学，一直困扰的一个问题是知识与能力的关系处理问题。《课标》在高中语文的"课程目标"中确立了五个方面的能力培养:积累·整合、感受·鉴赏、思考·领悟、应用·拓展、发现·创新,对于语文知识的要求,则在"必修课程"的"阅读与鉴赏"部分加以体现,其中涉及古代文本阅读的有:"8. 学习中国古代优秀作品,体会其中蕴涵的中华民族精神,为形成一定的传统文化底蕴奠定基础。学习从历史发展的角度理解古代作品的内容价值,从中汲取民族智慧;用现代观念审视作品,评价其积极意义与历史局限。""9. 阅读浅易文言文,能借助注释和工具书,理解词句含义,读懂文章内容。了解并梳理常见的文言实词、文言虚词、文言句式的意义或用法,注重在阅读实践中举一反三。诵读古代诗词和文言文,背诵一定数量的名篇。"由此中可以感受到对于古代作品阅读、评判的能力和相关知识方面的要求。我们认为,这一部分的教学要求,恰恰是传统训诂学可以发挥作用的用武之地,因为它们涵盖了训诂学的目的与内容。训诂学在现代语文教学中发挥作用,绝不是要向学生正面、专门介绍乃至灌输训诂学的术语、体例和对于古代文献的训释方法和过程等,——这些只是对教师(当然是足够水平和合格的)提出的要求。一般地说,给予学生的,可以只是经过训诂学研究和论证之后的正确结论。正如陆宗达、王宁两位先生在《训诂学的普及和应用》[7]一文中举的一个关于"质"字的例子,"质"字在原先的中学语文课本中出现了下列词义:(1)质地,底子(《捕蛇者说》"永州之野产异蛇,黑质而白章");(2)天资,素质

(《送东阳马生序》"德有不成者,非天质之卑");(3)抵押人质(《触龙说赵太后》"必以长安君为质");(4)斧垫(《廉颇蔺相如列传》"君不如肉袒伏斧质请罪")(5)询问(《送东阳马生序》"余立侍左右,援疑质理");(6)端始(《指南录后序》"质明,避哨竹林中");(7)进见之礼(《屈原列传》"厚币委质事楚")。这些意义之间具有什么联系?经过两位先生的考证,"质"(繁体字为"質")的古字为"斦"(zhì),字形是两斧相对,本义是"建筑物柱子下垫着的立方体基石"(从章太炎说,见《文始》)。由此引申、整理出包括上述七个意义的"义列"。这种考证过程是不必向学生讲授的,但是如果将其结论即经过整理的"义列"交给学生,应该是可以"收事半功倍之效"的。

已故的当代著名语言学家郭在贻先生在他的《训诂学》一书中,也以现代应用的视角,阐述训诂学的作用:一、指导语文教学,二、指导古籍整理,三、指导辞书编纂。其中关于"指导语文教学",从五个方面加以认识:(一)训诂学可以指导我们确认古代词语的正确含义;(二)在遇到众说纷纭的疑难问题时,训诂学可以帮助我们进行裁断,以决定取舍,避免盲从;(三)在遇到课本或选本中当注而未注的疑难问题时,训诂学可以帮助我们进行独立的研究,从而求得正确的答案,以弥补课本或选本在注释方面的不足;(四)课本或选本如有误注之处,训诂学可以帮助我们发现这种错误,并加以匡正;(五)训诂学能够使我们不但知其然,而且知其所以然。郭先生还随文举出大量例子作为佐证。如果广大教师能够举一反三,循此以求,则对于提高自身学养、提高教学水平,对于《课标》的执行贯彻,势必裨益良多。

关于训诂学在传统语文教学中的地位,存在一种矛盾的状况:一方面,历史上许多有成就的学者,在指导学生阅读的时候,都十分强调准确理解文义,强调名物训诂的作用。宋代理学家程颐指出:“凡看文字,先须晓其文义,然后可求其意。未有文义不晓而见意者也。”(朱熹编、张伯行集解《近思录》卷三)朱熹也说过:“汉魏诸儒,正音读,通训诂,考制度,辨名物,其功博矣。学者苟不先涉其流,则亦何以用力于世?”(《朱文公文集》卷七十五《语孟集义序》)同时,另一方面,这项工作实际上并没有得到应有的重视,做得很不够。张志公先生通过对传统语文教学的长期深入的研究,曾经痛陈传统语文教学的积弊,大致有四点:1. 忽视语言实际;2. 忽视应用实际;3. 忽视语文知识的教学;4. 忽视文学教育。每一项“忽视”前面,还都冠有“严重”二字作为状语。其中关于第3点即“严重忽视语文知识的教学”,张先生指出:“我国本来有历史很久的、很发达的文字、训诂之学和声韵之学,但是在语文教学之中并不教给学生这些知识,也极少运用这些知识去处理文字教学和文章教学。……”[8]在另一个地方,张先生又对传统语文教学有同样的批评:“从语言教育的角度看,……不教系统的语文知识,且不说历史上还没有现代的语法学之类,就是传统的文字、训诂、声韵之学,也只是极少数学问家的研究对象,而其成果又决不有计划有选择有步骤地教给学生。其结果是语文教学长期停留在松散的'粗放经营'的状态,陈陈相因,代代相传,没有大的突破。"[9]如果我们认为张志公先生的分析不无道理,则何不在去除这种积弊方面酌加考虑呢?据说有些人认为前些年教学中的语文知识讲得太多了,连带着对张志公这些老先生重视语文知识的观点都颇不以为然;但是他们下过类似张先生这样的深入调查考察和研究的功夫吗?

在目前应试教育气氛浓厚的中国,中学语文教学是免不了要跟着高考指挥棒运作的。因此关于高考语文科目的命题,从指导理念到具体命题都是广大语文教师高度关注的焦点,这可以说是中学尤其是高中语文教学的一个带有根本性的问题。许多优秀教师和专家对此发表了许多好的意见和建议。我很赞成福建师大孙绍振教授的看法,他直截了当地指出:"在我看来,考语文最理想的只要考两道题,翻译一段文言文,写一篇作文就可以。"[10]确实,这样的两道题,在书面语方面,足以准确考察和测查学生的阅读能力、理解能力和写作能力了,真是所谓"以少少许胜人多多许"。如果按照这种思路,中学阶段的文言文教学的分量是可想而知的;而训诂学对此所能作出的贡献,也是不难想见的。

不过我们也得知,目前在《课标》的理解和运作,以及高考命题等方面,还有许多不同意见。在如何提高中小学语文教学水平的争论中,又凭空增添关于"老古董"训诂学的几声聒噪,似乎显得有些不合时宜。只好同时借用"聒噪"一词的两个义项:

“说话琐碎,令人烦躁”和“打扰了,对不起”,[11]来表示我们的歉意吧。

附　注

① 陆宗达:《训诂简论》,北京出版社,1980 年 7 月。

② 王蒙:《人文精神偶感》,载《王蒙说》,中央编译出版社,1998 年 10 月。

③ 见陈启源:《毛诗稽古编 · 叙例》,第 1 页,光绪十三年上海书局石印《皇清经解》本。

④ 见黄焯:《文字声韵训诂笔记》,第 224 页,上海古籍出版社,1983 年。

⑤ 参见李海林:《“无中生有式创造性阅读”批判》,《中学语文教学》,2005 年第 1 期。

⑥ 见黄焯:《文字声韵训诂笔记》,第 223 页,上海古籍出版社,1983 年。

⑦ 陆宗达、王宁:《训诂学的普及和应用》,载《训诂与训诂学》,山西教育出版社,1994 年 9 月。

⑧ 张志公:《汉语文教学的过去、现在和未来》,《张志公文集(四)》,广东教育出版社,1991 年 1 月。

⑨ 张志公:《传统语文教学的得失》,同上。

⑩ 孙绍振:《直谏中学语文教学》第二章,第 73 页,南方日报出版社,2003 年 4 月。

⑪ 参见《汉语大词典》第八卷。

[原载《陆宗达先生百年诞辰纪念文集》,中国广播电视出版社,2005 年 8 月]

汉语拼音正词法的现状及问题

一　进一步认识汉语拼音正词法在新时期的必要性

汉语拼音的正词法是伴随汉字改革、汉语拉丁文字化的思潮与实践而产生的。它的历史沿革,为诸多业内人士所熟知,不必在此赘述。

现在有必要重新审视汉语拼音正词法在新时期亦即进入21世纪的高科技信息时代的必要性问题。答案是依然有必要。诚然,在可见的时间阶段内,汉字将继续使用,由中华人民共和国第一届全国人民代表大会于1958年2月批准的《汉语拼音方案》将不会彻底取代汉字而成为汉语的拼音文字;但是,这个拼音方案于1982年经"国际标准化组织"全体会员国投票通过,已经成为汉语罗马字母拼写法的国际标准(ISO 7098),在汉字的电子计算机使用(输入输出)、信息处理以及电信通讯、中外人名地名的翻译、书刊目录索引的编制等诸多方面,都发挥着越来越重要的作用,可以说,《汉语拼音方案》早已大大超越了它为汉字注音的功能,客观上取得了仅次于汉字的记录汉语的工具的地位。

这种作用和地位，在当前电脑国际网络高度普及、广泛应用的高科技信息时代，不但没有削弱，反而有所加强。在某些场合，例如在不会或不能使用英语（只能使用其他语种）的情况下，国际电子通邮的双方或一方缺乏汉字字库的支撑或汉字字库的系统不能兼容的时候，汉字失去用武之地而只能由汉语拼音奏其效了。

既然汉语拼音具有准拼音文字的功能和作用，那么对于它记录汉语的拼写法即“正词法”的规定就是有必要的。

二　汉语拼音正词法与汉语的特点

王力先生曾经这样来描述汉语的特点：“依我们看来，汉语有三个特性：第一，元音特别占优势；第二，拿声调作词汇的成分；第三，语法构造以词序、虚词等为主要手段。”[①]根据这种归纳，汉语使用汉字或者拼音文字作为记录工具，似乎看不出二者有多少难度上的区别。不过，如果从制定正词法的角度来看待汉语，我们就不得不指出，汉语有若干特点使得拼音文字的应用增加了不少困难，也无妨归纳三条，例如：

第一，词与非词的界限难以确定，无明显的形态标志；而“分词连写”是正词法的首要目标。

第二，一个语言片段可能具有或强或弱的离合性，[②]跨越语素、词、词组（结构）等不同的层面；这就使得音节之间的分写或合写颇费斟酌。

第三,同音词(声母、韵母、声调全同)多,不但单音节词同音多,双音节词同音的也不少;这个难题汉字用上千上万不同的形体基本解决(虽然也有不能解决的时候,例如“杜鹃(花)”与“杜鹃(鸟)”),而对用26个拉丁字母符号的拼音文字来说则相当棘手。

当然,看清困难,不是望而却步,更不是束手无策。根据汉语的特点制定针对《汉语拼音方案》的汉语拼音正词法,是语言文字工作者的一项光荣而艰巨的任务,也是义不容辞的神圣而重大的职责。

三 修订现行汉语拼音方案正词法的基础

现行汉语拼音方案的正词法,目前也已然存在着很好的基础。现在我们起码可以看到有关这个问题的三个比较正式的成文的材料:

1. 中国社会科学院语言研究所为编纂《现代汉语词典》而制定的《汉语拼音注音的分词连写条例》[③]

这个材料标示的主要功能诚然是基于“注音”,某些符号如离合词之间加双短斜横(//)更是意在揭示词语的结构;但是就其整体来看,所体现的指导思想却是处在正词法层面的。例如对于“能够广泛结合”、“意义结合不紧密”、“中间能插入别的成分”、

“补充成分能分析的”之类的词语或结构，都有“本词典一般不收”的申明；再如复合数词、数量词结构、多数的“不 ×”、“最 ×”以及人名、地名等等，皆非作为中型语文词典的《现汉》的收录对象，但是在该材料中都有相当详尽的考虑与说明。所以这个条例应该视同一份“汉语拼音正词法基本规则”的试用稿，可供未来修订有关国家规范标准时参考。

2. 1982 年国家成立的“汉语拼音正词法委员会”于 1984 年所制定并公布的《汉语拼音正词法基本规则（试用稿）》[④]（以下简称“试用稿”）

3. 由国家技术监督局 1996 年 1 月发布、标有“中华人民共和国国家标准”字样的《汉语拼音正词法基本规则》（ICS 01. 140. 10 A14、GB/T 16159—1996）[⑤]（以下简称“标准稿”）

由于本材料最后的“附加说明”中指出：“本标准由汉语拼音正词法委员会负责起草”，所以它与上一个材料的承继关系不言自明；不过，二者的行文结构和作为规则的格式颇有所不同。如后者有“主题内容与适用范围”、“术语”、“制定原则”等项说明文字而前者阙如；更主要的是，后者描述的基本规则较为简明扼要，体现了“规则条目尽可能详简适中，便于掌握应用”（见“制订原则”3.3）的指导思想。这里不拟就条目的内容与行文展开具体讨论，仅将二者的规则条目的数量进行列表比较：

内容项目	试用稿	标准稿
名词	10	5
动词	7	3
形容词	4	2
代词	3	3
数词和量词	8	4
虚词(合)	12	7
成语	2	2
大写	4	3
移行	1	1
标调	1(见“总原则”)	1
合计	52	31

四　有关汉语拼音正词法的若干理论问题和技术问题

归纳起来,这些问题主要是:

1. 有否必要为正词法中的“词”重新定义(比如:“正词法中各自独立拼写的语言片段”)?

2. 有否必要区分所谓“理论词”(语法词、词汇词、词典词……)与“形式词”?

3. 如何综合考虑语法、语义、语音、语用诸因素,进行汉语的拼音书写?

4. 如何认识汉语拼音正词法的历史原则以及如何考虑识别原则?[6]

5. 如何最大程度地解决同音词问题(语境分化、语音分化、语义分化、书写形式分化)?

6. 如何促进汉语拼音正词法与电子计算机自然语言信息处理的有机结合?

7. 特殊符号的采用(如"-"、"~"之类)。

几十年来,已经有许多前辈时贤在上述方面进行了艰苦而卓有成效的探索,取得了丰硕的成果。这些成果,主要集中体现为上述关于汉语拼音正词法规则的材料以及大量相关的学术论文。这些,都值得我们很好地学习消化。我们的任务,是争取在已有成果的基础上前进一步。

五 认真做好汉语拼音正词法的修订工作

制定汉语拼音正词法的目标,是为了使汉语拼音方案能准确、顺畅地表达汉语(主要是现代汉语),成为汉字之外又一个记录汉语的工具;所以它的实践性很强,也必须具备最大的群众性。吕叔湘先生指出:"一种正词法要取得群众的欢迎,须要满足三个条件:一是一致,二是易学,三是醒目。"[7]要使正词法同时满足这三个条件,不是一件容易的事,尤其对汉语的正词法更是如此。所以,进一步的艰苦、认真、细致的努力工作是非常必要的。

目前所看到的上述有关汉语拼音正词法的材料，有一个共同的特点，就是专业性很强，处处都是语言学尤其是语法学的专门术语；当然鉴于正词法的性质，这属于“题中应有之义”，是不可避免的；但是如上所述，正词法又是基于广大群众使用的，一般使用者能了解并判别这么复杂而繁多的语言现象和语言学术语吗？这种矛盾如何解决？又，仅从已有的关于正词法规则的材料来看，可以说不断地注重了“简明性”，在规则的数目方面的确表现为“后出转精”（精简，少而精），例如早年倪海曙先生的《中国拉丁化新文字的写法》一文，制订了拼写规则68条，[8]而上述“试用稿”的规则数目为52条，其后的“标准稿”则为31条。不过，在广大群众的掌握与应用上，是否还存在困难？是否还存在进一步压缩的余地或空间？

现在，国家语委已经为汉语拼音正词法的修订专门立项，有关部门及领导对此期望甚殷。作为承担这一课题的科研人员，我们应当竭尽全力，合作攻关，争取拿出较能差强人意的成果。

附　注

① 王力：《语文讲话》第一章，商务印书馆，2002年12月。

② 现在有学者对以“离合”法即运用扩展法判别词与词组的理论与操作提出了质疑，如沈怀兴：《“离合”说析疑》（载《语言教学与研究》，2002年第6期）。但不管怎样，汉语词语具有离合性的现象是客观存在、不可否认的。

③ 见金有景：《〈现代汉语词典〉汉语拼音注音的分词连写条例》，载《语

文现代化》丛刊,1980 年 3 ~4 辑。

④ 见《汉语拼音正词法论文选》,同名编辑组编,文字改革出版社,1985 年 10 月。

⑤ 见《语言文字规范手册》1997 年重排本,语文出版社,1997 年 9 月。

⑥ 参见冯志伟:《英德法语与汉语拼音正词法》,载《语文建设通讯(香港)》,2003 年 2 月,第 73 期。

⑦《一致　易学　醒目——关于汉语拼音正词法的意见》,载上述《汉语拼音正词法论文选》。

⑧同⑥,但文中未说明倪文出处,经查《中国语言学家》第二分册(河北人民出版社,1982 年 9 月)“倪海曙”条,在其“语言学论著目录”中未见此文,而另有《中国拉丁化拼音文字的写法》一书(东方书店,1953 年),不知是否为同一著作?

[原载《海峡两岸语言与语言生活研究》,商务印书馆(香港)有限公司,2008 年 12 月]

《语言学名词》前言*

在中国，语言学是一门既古老又年轻的科学。从具有数千年历史的传统学科（如文字学、音韵学、训诂学）到发展不足百年的新兴学科（如社会语言学、计算语言学），术语繁多，涵义复杂，理解歧异，历来缺乏全面的整理，至今尚无公认的规范。因此，开展语言学名词审定工作，对于中国语言学的进一步发展，以及更好地与国际语言学接轨，其重要性是不言而喻的。这一点也早已成为语言学界的共识。

本次语言学名词审定工作始于2001年，自始至终得到了全国科学技术名词审定委员会、中国社会科学院的指导和支持，并被批准立项为国家社科基金的重点项目（批准号:01AYY001）。

审定工作按分支学科分别进行，分支学科大致参考《大百科全书·语言文字卷》的分类，但“世界诸语言”、“心理语言学”等阙如，而增加了“辞书学”、“计算机语言学”等，实际完成了13个

---

* 由全国科学技术名词审定委员会公布的《语言学名词》，已于2011年经商务印书馆出版，本人作为该课题第一负责人，代表语言学名词审定委员会撰写了这篇前言。

分支。

每个分支学科均聘请资深的专家学者为主要负责人，他们是：

理论语言学	赵世开、王惠
文字学	黄德宽
语音学	林茂灿
语法学	陆俭明、周建设
词汇·语义学	苏新春
辞书学	章宜华
方言学	侯精一
修辞学	王德春
音韵学	鲁国尧、刘广和
训诂学	王宁
计算语言学	冯志伟、傅爱平
社会语言学	祝畹瑾
民族语言学	戴庆厦

本次审定的总条目控制在4000条左右，每个分支学科大约300条。用大致数量作为宏观调控的办法，便于各个分支学科遴选出基本的重要术语。

术语的每一条均列出中文名称、英文名称和简明的定义。

语言学术语，作为人文科学的学科概念，较之自然科学、技术科学，具有一定的特殊性，主要表现为：或者同一中文名称可能属于不同的学科分支，或者同一英文词对应不同中文名称。例如：词（word）既是词汇学的单位，又是语法学的单位；它的下位概念morpheme，既作为词汇·语义学“词素”的英文名称，也作为语法学的“语素”的英文名称。

对于音韵学、训诂学等传统学科，本次审定工作尤其带有清理的性质。例如“等”作为音韵学中的概念，从来没有较为明确的、统一的界定。

某些在国内较为年轻的学科，本次审定工作则带有进一步构建学科框架的性质，例如社会语言学。

关于各分支初稿汇总时所见某些交叉、重复条目问题的处理，大致方式如下：

1. 根据学科性质，保留在关系相对更为密切的学科。例如：“四呼”归音韵学，而不入语音学。

2. 根据释义行文，又分三种情况：

（1）彼此互不涵盖者，则均予以保留。例如：“本义”，训诂学、词汇学均收；“推导”，语音学、计算语言学均收，但界定区别甚大；“喉音”的解释，音韵学是传统说法，语音学是现代说法。

（2）保留释义涵盖面较大者。例如：“词”，语法学、词汇学均收，保留在词汇学；“词库”，辞书学、词汇学、理论语言学均收，保留在词汇学。

（3）有的都不收，取同义而名称不同者。例如：“双言现象”，方言学与理论语言学均收，但均不取，而选择社会语言学所收的

“双语现象”。

针对术语审定工作的复杂性和诸多不同的意见，我们注意做到以下几点：

1. 非学界共识而仅仅属于某一学派观点的内容，一般不予写入；

2. 有的内容可能见仁见智，但不应有明显的知识性硬伤；

3. 收入的一般是各个分支基本的、必用的学科术语。

但是，即便我们反复地做了努力，还是可能难以完全令人满意；所以，公布本次语言学名词审定的成果，应该说在很大程度上带有征求意见的性质。我们认为：学科术语审定是一个没有终点的工作，任何阶段的成果都只是一个过程。希望将来在学界反馈意见的基础上，结合新的语言学研究成果，出版更加成熟的、水平更高的修订本。

此次语言学名词审定工作的整个过程中，语言学界诸多专家学者投入了辛勤的劳动，除了审定委员会成员及上述各分支的负责人以外，主要还有下列各位（名单系由各分支提供，按音序排列，所在国家、地区及单位名称均略）：

白兆麟、鲍怀翘、曹广顺、曹建芬、陈松岑、陈伟、陈燕、程丽丽、程丽霞、迟铎、杜纯梓、杜翔、方梅、封一函、冯胜利、冯蒸、高一虹、耿振生、郭芹纳、郭锐、何九盈、华学诚、黄良喜、黄行、黄笑山、黎新第、李爱军、李茂康、李晓东、李芸、李运富、刘丹青、刘华、刘辉修、刘晓南、刘祥柏、陆丙甫、吕士楠、马庆株、麦耘、孟蓬生、宁继福、潘碧丝、潘文国、潘悟云、沙宗元、沈阳、施向东、苏宝荣、孙宏开、王大昌、王洪磊、王嘉龄、王理嘉、王茂林、王仁强、谢俊英、邢福义、熊子瑜、颜红菊、杨端志、杨亦鸣、杨振兰、易敏、于屏方、余霭芹、余国庆、尉迟治平、张标、张伯江、张普、张渭毅、张燕春、张云秋、张志毅、赵诚、赵克勤、郑述谱、郑文菁、郑张尚芳、周庆生、邹立志等。

在此,谨向支持和参加语言学名词审定的全体专家学者和工作人员表示由衷的感谢!

[原载《语言学名词》,商务印书馆,2011 年 5 月]

关于语言学术语审定工作的若干问题

术语是人类创造的物质文明和精神文明在各个学科领域通过语言表现出来的物化形式,也可以说是人类科学技术知识的结晶。对于现代社会的自然科学、技术科学、社会科学、人文科学的各门学科而言,术语体系既是学科现状和水准的体现,又是促进学科发展的催化剂。同时,术语还可以成为不同学科之间相互理解、沟通乃至于跨越、融合的最佳切入点。科学而完善的术语体系,对于社会进步、国计民生的意义和价值,也是不言而喻的。

随着现代科学的昌明,健全的术语体系对于学科健康发展的重要性,已经成为学界的共识。恩格斯曾经高度评价术语对于科学发展的重大意义:“一门科学提出的每一种新见解,都包含着这门科学的术语的革命。”①

正因为如此,早在中华人民共和国成立之初,国家就启动了现代意义上的学科术语建设工作。进入改革开放的新时期以后,专门成立了“国家科技名词审定委员会”。二十余年以来国家名词委共构建和审定了几十个学科的术语。新世纪伊始,术语工作扩进到社科和人文学科领域,语言学名词审定,就是顺应整个术语工作与时俱进的大好形势而发动和开展起来的，也是该领域正式而全面进行这一工作的第一个学科。语言学与术语学具有最为密切的关系，因此语言学名词审定工作理所当然地得到了各有关领导部门（如国家名词委、中国社科院、国家社科基金办）的高度重视；更由于其自身的必要性和迫切性，得到了语言学界专家学者的热诚支持，积极介入，时至今日，已经取得了应有的成果。

此次语言学名词审定的工作始于2001年，为国家社科基金立项的重点项目（批准号：01AYY001）。当时有如下几项重要设想：

1. 分设若干学科分支，大致根据《大百科全书·语言文字卷》的分类，但“世界诸语言”、“心理语言学”等阙如，而增加了“辞书学”、“计算机语言学”等。实际完成的13个分支，大抵是在术语建设方面比较有基础或是迫切性比较强的学科。某些分支因当时条件不够而未曾开展，现在也已专门立项进行，如语言教学。

2. 每个分支均聘请资深的权威专家为首席或主持，由他们亲自动手或组织其他专家（包括若干中青年教师和博士生）具体操作并进行把关。这些首席专家或主持人的单位包括社科院语言所、教育部语用所、北京大学、北京师范大学、中国人民大学、中央民族大学、首都师范大学、南京大学、厦门大学、安徽大学、上海外国语大学、广州外经贸大学等，均为相关领域的学术重镇；首席专家包括中国语言学会副会长、文字学会会长、音韵学会会长、修辞学会会长、对外汉语教学学会会长、中国辞书学会兼亚洲辞书学会副会长等，其阵容公认为学界的“一时之选”。

3. 第一批审定的总条目数，控制在4000条左右。每个分支平均大约300条。我们的设想是用适当的数量进行宏观调控和限制，便于每个分支遴选出比较基本的、重要的以及相对成熟的术语。

4. 每一条均列中文名称、英文名称和简明的定义。由于内容“一步到位”，在很大程度上增加了此次审定工作的难度，拉长了完成的时间和进度。在自然科学和技术科学领域，有不少学科的名词审定工作是分两步走的，即先确定中英文名称，再完成定义。我们考虑组织这么多专家不容易，宁可慢一些，也要拿出相对完整的成果。

整个工作前前后后进行了八九年之久，这是事先未曾预料到的。在这几年的工作过程中，我们有以下几点体会：

1. 语言学，或者推而广之到社会科学、人文科学的术语，作为学科的概念，较之自然科学、技术科学，具有一定的特殊性。

(1) 所指与能指的对应，不一定带有唯一性。例如：

词(word)既是词汇学的单位，又是语法学的单位；它的下位概念morpheme，既作为词汇·语义学“词素”的英文名称，也作为语法学的“语素”的英文名称。

(2) 对于某些传统学科诸如音韵学、训诂学，此次的术语审定工作，带有清理或整理的性质。例如“等”作为音韵学中的概念，从来没有较为明确的、统一的界定。

(3) 某些在国内较为年轻的学科，此次的术语审定工作则带有进一步构建学科框架的性质，例如社会语言学。

我们认为上述诸点体会非常重要，已写进即将公布的《语言学名词》中的《前言》部分。

2. 关于语言学名词审定的组织问题：即仅由一个研究所做，还是整个学界做？

我们认为，两种做法各有利弊：前者便于组织、沟通，及时反馈与交换情况，编写成本相对也较低，但是在向学界征求意见时，可能不易取得一致；后者在组织、调度、联络方面工作量较大，编写成本也较高，但是由于前期已然调动了学界的力量，不同的意见已大致在编写过程中得以沟通并基本解决，所以后期的统稿程序可能较为顺利，而且权威性也比较高。

语言学名词审定工作由中国社科院语言所负责，基于语言学界的情况，我们采取了后一种做法，即除了本所的专家以外，还广泛动员与组织了整个学界的力量，尤其是高校的力量。我们将此次审订的13个分支都分别设立子课题，慎重遴选各个分支领域中的权威学者作为首席专家或是主要负责人，由他们再去组织所了解的相应领域的专家（大多属于相应的学会）进行和完成具体操作（包括条目的确定、初稿的撰写、反复的审订）。

当然，在整个工作过程中，我们保持与各个分支的及时沟通与联络，尽可能参加各个分支的审订过程中的工作，并且就所发现的问题及时编写动态,交流情况,提出我们的处理意见。事实证明这是行之有效的做法。

3. 就整个学界而言,由于不同的学术流派的存在,不少术语从名称到含义,都难免有不同的认同和理解,例如语法学的体系就是格外异彩纷呈的。有些老专家担忧术语审订将向某一体系倾斜,这也是我们要着重避免的结果。在审订工作的各个阶段,我们都注意吸收不同学派的专家参加,尽量做到化解矛盾,求同存异。现在的成果,应该在这方面是没有太大问题的。

4. 吸收多数专家的意见,某些术语的归属,如有的专家认为“异形词”这个术语应属文字学,而学界一般认为是词汇学问题。最后只能从众而放在词汇·语义学部分了。

5. 贯彻“四性”原则:

(1) 权威性,这从各个分支的首席或主要负责人组成的专家阵容大致可以表明;

(2) 可接受性,非学界共识而仅仅属于某一学派观点的内容,一般不予写入;

(3) 科学性,有的内容容或见仁见智,但不能有明显的知识性硬伤;

(4) 适用性,收入的应该是各个分支基本的、必用的、许用的学科术语。

6. 本次语言学名词审定的成果,应该说在很大程度上带有征求意见的性质,而不是刚性的规范。希望将来在学界反馈意见的基础上，结合新的语言学研究成果，出版更加成熟的、水平更高的修订本。我们一再强调：学科术语审定是一个没有终点的工作，任何阶段的成果都只是一个过程。所以，迄今为止，我们只不过完成了一个初步阶段的工作而已。

附 注

①《〈资本论〉英文版序言》，《马克思恩格斯全集》中译本第45卷，第32页，人民出版社，2001年6月第2版。

［原载《中国科技术语》，2010年第2期］

术语三难

千禧年之际，在国家科学技术名词审定委员会和中国社会科学院领导的指导与支持下，语言所向国家社科基金评审委员会申报了“语言学名词审定”的课题并得以作为重点课题立项。根据学科内部的通常分类，该课题分为理论语言学、语音学、词汇学、辞书学、语法学、方言学、修辞学、文字学、音韵学、训诂学、应用语言学等十来个分支，动员、组织了诸多科研机构、高等院校的专家学者参与这一工作，是一项不折不扣的系统工程。

目前，这一工作仍在积极进行之中。就现有已经发现和了解的一些问题来看，学科术语规范的难度是相当大的。举其要者，略述有三：

一　同一术语，理解和表述不同

以语言学最基本、最常用的术语“语言”、“文字”为例，我们一般将汉语的“语言”与英语的 language 对译，但问题并不如此简单。前辈学者周有光指出：“凡是读过英语的就应该知道，他们（指西洋人——引者）对文字和语言是分不清的，今天我们的翻译中常常发生这个问题。英语里的language,它有几种不同的含义,究竟应该译成语言还是文字呢?有的时候是表示语言,有的时候既表示语言又表示文字,还有少数场合,人家把language用来表示文字。而中文很清楚,文字就是文字,语言就是语言。"[①]而"文字"一词,《中国大百科全书·语言文字卷》为"文字"条目做定义时的英译名为writing,该书中"朝鲜文"、"藏文"等条目的"文字"一词均用此英译;但同书中"察合台文"、"玛雅文"、"满文"等条目的相应之处则英译为scripto,同一书中就不统一。相关的不同的书自然更有不同,例如同一出版社出的《中国大百科全书·民族卷》中,"满文"、"蒙文"、"突厥文"、"藏文"用script,而"朝鲜文"、"傣文"、"维吾尔文"、"彝文"则用writing。[②]看来都有道理,但要统一起来,是需要一番斟酌的。

二　学术发展,术语的能指、所指随之变化

也试举一例:morpheme是现代语言学中一个很基本的术语,吕叔湘先生指出:"morpheme有过三种译名:形素,词素,语素。三个译名都对,因为morpheme这个术语先后有过三种意义。(1)最早指一个词里边的形态成分,跟表示实在意义的semanteme相对。……这个意义的morpheme译做'形素'最合适。(2)稍后又用来指一个词的组成部分,不管它的意义是虚还是实。……这个意义的morpheme译做'词素'最合适。(3)最后出现、现在最通行的意

义是指最小的有音有义的语言单位，不管它是词还是词的部分。这个意义的 morpheme 译做‘语素’最合适。”[③]不过，1938 年王力先生曾把 morpheme 译为“语法成分”，与“理解成分（semanteme）”相对。[④]近年来，有的学者又将它译为“形位”，而将“形素”对应为 morph。[⑤]可见，随着语言学的发展以及研究的深入，同一个术语会产生不同的译名（能指），被赋予不同的意义（所指）。当然，新的不一定都对或者遽成定论，旧的也未必错误或者没有道理；但是，不同的译名体现了不同的语法学观念，达成共识，谈何容易！

三　对术语规范工作的指导思想不易统一

从十多年来自然科学、技术科学术语整理与规范的情况来看，每个学科动员、组织、从事这一工作的专家学者大多动辄几十人乃至上百人，彼此的学术背景、知识构成不同，观点难以一致。除了具体术语的定名定义之外，甚至涉及学科发展的导向性的争议。对语言学的术语审定工作而言，这方面的争议自然也不可避免。比如说，整理音韵学术语的先生们提出来：音韵学这方面的工作是面向历史、面向传统，还是面向现代、面向未来？还是二者兼顾？他们现在有不同的意见，体现了不同的指导思想；而不同的指导思想势将影响到术语的收录范围以及定名定义，等等。对于这种具体学科的重大学术问题，我们一时也难以作出裁定。只是考虑到未来的术语审定成果是面向并且综合整个语言学科的，例如，理论语言学和语音学分支将涉及现代语音学、音系学以及历史比较语言学的有关术语，所以希望音韵学在现阶段的工作，主要是提供有关音韵学的历史的、公认的、基本的术语。至于音韵学学科的发展，似属另一个层面的问题，需要通过其他的途径讨论研究。这种意见对不对，能否被接受并且投入具体运作，尚不得而知。

此外，还有内地和台、港、澳的学科术语能否统一的问题，也都殊非易事。尽管学科术语整理规范工作的难度很大，但我们一定要群策群力，努力调动语言学界专家学者的集体智慧和学识，争取做好语言学名词审定工作。

附　注

① 周有光：《谈谈比较文字学》，香港《中国语文通讯》，2002 年 11 月，第 72 期。

②《中国大百科全书》，中国大百科全书出版社，1988 年。

③ 吕叔湘：《汉语语法分析问题 · 附注》，《吕叔湘自选集》，上海教育出版社，1989 年。

④ 王力：《中国语法理论》第一章，《王力文集》第一卷，山东教育出版社，1984 年。

⑤ 如周流溪为英国语言学家 A. Radford 等编的《语言学导论》所写的“导读”，外语教学与研究出版社，2000 年。

[原载《中国社会科学院院报》，2003 年 4 月]

关于法律责任条款中“的”字的使用规范

一　有关的语法知识

（一）关于“的”字结构

1.“的”字结构的作用相当于名词（人或事物），在句中可以充当主语或宾语，如：“卖西瓜的过来了。”“我想买点吃的。”

2.“的”字结构具有比较大的概括性，如“新的”要比“新的房子”概括性大。

3. 中心词所指事物不够明确时，适宜用“的”字结构，如：“最显眼的是一盆茉莉和一株文竹。”

（二）关于“的”字的自指与转指功能

现代汉语句法平面上名词化的主要手段是在谓词性成分后头加“的”。

表示自指：

开车的技术|说话的声音|走路的样子|到站的时间|爆炸的原因|打架的事情

这种意义只能在定语位置上出现，而且不能离开后头的中心语独立。

表示转指：

红：红的(红颜色的东西)

吃：吃的(食物)

没钱：没钱的(没钱的人)

木头：木头的(材料)

我哥哥：我哥哥的(物件)

开车：开车的(司机)

表示转指的"的"有两方面的功能，一是语法功能的转化，就是名词化；二是语义功能的转化。[①]

"的"字结构转指的一般是具体的人或事物，而不是抽象的概念(如"情况"、"行为"之类)。如：

切：切的(主体：人；对象：西瓜；工具：刀)

所以，"……(行为、情况)＋的"，表示的是具有该情形或行为的人(行为人，主体)，如"重婚的"、"聚众赌博的"，或"有下列(情形、行为)之一的"，分别指重婚者、聚众赌博者，或"有下列(情形、行为)之一的人"。

(三)关于复指结构

也叫"复指成分"、"同位结构(成分)"、"复说"等。

界定：用两个(或者两个以上的)词或者词组，指同一种事物，作同样的句子成分，这是一种复说的表示法。复说的后一部分，复指前一部分，对前一部分补充说明，是复指成分。[②]

复指结构可以分为：

1. 重叠复指：

文学家鲁迅

离休干部老王

2. 称代复指：

青春，这是最美好的时光；

这个人，我认识他。

3. 总分复指：

同学们有的在读书，有的在写字；

我买了两本工具书：一本是《新华字典》，一本是《现代汉语词典》；

下列问题是重中之重：一、政治纪律，二、经济建设，三、文化教育。

前一部分叫作“总说”，后一部分叫作“分说”。

分说和总说应该“指同一种事物，作同样的句子成分”，如：

有下列……（情况、行为）之一的：

1. ……

2. ……

3. ……

1、2、3 的内容应是“指同一种事物”即“情形、行为”，属于“情形、行为”的具体化；从语法成分说，都是动词“有”的宾语。

（四）关于大小主语

句子中有主语和谓语，但是谓语本身又是主谓结构，这就造成两个主语。全句的主语（一般在句首）称为大主语，作为谓语的主谓结构中的主语称为小主语，如：

那个人我认识。

他什么都不怕。

这株牡丹枝叶茂盛。

老同志器量很大。

保险公司有下列情形之一的，应当经保险监督管理机构批准。

按：大小主语之间，多数具有整体与部分的关系。

二　用上述语法理论、观点考察若干带“下列……之一的”表述方式的法律条文

用例见法工委提供的相关材料，所涉及的法律文本都是已经公开发布的。

特点：一般是有关法律责任的条款。

分为两大类：

（一）“下列……之一的”所列的款项后面不加“的”字的例子

共4部法律，7条条文。可分两类：

1. 总说、分说都不加“的”，如《农村土地承包经营纠纷调解仲裁法》总说中的主语：“仲裁员”，谓语：“符合下列条件之一”；分说诸条均表述具体“条件”。《邮政法》：因下列原因之一造成的给据邮件损失（主语），邮政企业不承担赔偿责任（谓语）；分说诸条均表述具体原因。

2. 总说句加“的”，分说不加，如《保险法》、《食品卫生法》均是总说加“的”，又有两种情况：

（1）本身带明确的大主语：“保险公司有下列情形之一的”，“有下列情形之一的”是小主语，是对行为主体的进一步明确（只是其中的一部分）。

（2）没有明确的大主语，由“‘的’字结构”充当主语（这就带有较大的概括性）：“违反本法规定，有下列情形之一的（行为主体）”（《食品卫生法》第八十六条），以下分说，表述各种具体情形。

这些例子所运用的格式，全部正确、规范。

（二）“下列……之一的”所列的款项后面加“的”字的例子

共9部法律，35条条文。也可分两类：

1. 总说句本身带明确的大主语：如《统计法》第三十七条：“地方人民政府、政府统计机构或者有关部门、单位的负责人有下列行为之一的，由任免机关或者监察机关依法给予处分，并由县级以上人民政府统计机构予以通报”。《邮政法》第七十三条：“快递企业有下列行为之一的，由邮政管理部门责令改正”。“有下列行为之一的”成为其小主语，是对行为主体的进一步明确。

2. 总说句子没有明确的大主语，由“‘的’字结构”充当主语：如《邮政法》第八十条“有下列行为之一，尚不构成犯罪的，依法给予治安管理处罚”，这是由“的”字结构（“有下列行为之一，尚不构成犯罪的”）充当主语，明确其为行为主体。

所以上述条文在总说句中的表述都是正确的，规范的。

但是，上述条文在分说的部分中均加“的”，对情形或行为用“的”字结构表述，导致转指产生该情形或行为的主体（人），如《统计法》第三十七条：

> 地方人民政府、政府统计机构或者有关部门、单位的负责人有下列行为之一的，由任免机关或者监察机关依法给予处分，并由县级以上人民政府统计机构予以通报：
>
> （一）自行修改统计资料、编造虚假统计数据的；
>
> （二）要求统计机构、统计人员或者其他机构、人员伪造、篡改统计资料的；
>
> （三）对依法履行职责或者拒绝、抵制统计违法行为的统计人员打击报复的；
>
> （四）对本地方、本部门、本单位发生的严重统计违法行为失察的。

对其（一）可理解为“自行修改统计资料、编造虚假统计数据的人”，而不是这种行为本身。因此，这种表述影响对法律条文的正确理解,是有失规范的。此类分说句的末尾以不加“的”字为好。

三　结论

在诸如法律责任条款的表述中,如使用总分复指句式,总说句中宜在“有下列……之一”下加“的”字(如句首有明确的行为主体做主语,也可不加),而分说句中则不宜加“的”字。

四　其他相关的正面例证

(一) 语言学家的用例[③]

凡有下列情形之一者,却又必须用“的”字:

1. 有时候,不用“的”字就变了指行为的仂语。……

2. 有时候,修饰语太长了,不用“的”字就不成话。……

(二) 1959 年高考语文试题评分标准

1. 符合以下情况之一的,每小题给 2 分:

① 答案与参考答案相同;

② 答案与参考答案不同,但改换后意思通顺。

2. 符合以下情况之一的,每小题给 1 分:

① 一题列举两种以上的答案,其中只有一种是对的;

② 加重点的词改对了,别处也改了,但意思还通顺。

3. 符合以下情况之一的,不给分:

① 原句加重点的词根本没改;

② 加重点的词改对了,别处也改了,但意思不通;

③ 改得完全不对。

(三)2010年《公考报考指南·普通录用体检通用标准》(试行)

第一条　风湿性心脏病、心肌病、冠心病、先天性心脏病、克山病等器质性心脏病,不合格。先天性心脏病不需手术者或经手术治愈者,合格。

遇有下列情况之一的,排除心脏病理性改变,合格:

(一)心脏听诊有生理性杂音;

(二)每分钟少于6次的偶发期前收缩(有心肌炎史者从严掌握);

(三)心率每分钟50~60次或100~110次;

(四)心电图有异常的其他情况。

五　有必要予以重视的例子

(上海市)政府规章立法技术规范研究[④]

第一部分　起草规章的技术规范

……

（四）条、款、项、目

……

3. 项

（1）没有分款的条，或者包含两层以上意思的款，都可以分项。项的内容不具有相对的独立性和完整性，各项的内容必须与列项的叙事内容相联系，才能表达完整的意思。从内容上看，通常在列举、分类时使用项的结构。

（2）分项的方法可以归纳为以下三种：

① 择一分项法。即所列举的若干项中，只要具备其中之一项的条件或情况，就可以满足该条或该款适用的条件。多用于表述需要承担或者追究法律责任的条款等（参见范例7）：

《治安管理处罚条例》第十六条：

“违反治安管理有下列情形之一的，可以从轻或者免予处罚：

（一）情节特别轻微的；

（二）主动承认错误及时改正的；

（三）由于他人胁迫或诱骗的。”

根据上述的意见，这样的表述是有欠规范的，值得商榷和修改。

附 注

① 参朱德熙:《自指与转指》,《朱德熙文集》第三卷,商务印书馆,1999 年。

② 参张志公主编:《汉语知识》,人民教育出版社,1959 年。

③ 王力:《汉语语法纲要》第四章,第 35 页,上海教育出版社,1982 年。

④《政府法制研究》,2006 年第 6 期(总第 166 期)。

[本文是 2009 年 11 月应邀在全国人大法工委立法规划室讲课时的讲稿]

词典的文化传播功能论略

一

词典,就其表现形式(如立目、编排)而言,应该说是属于语言学·词汇学范畴。但它毕竟不是纯粹的语言学著作,它所体现的内容,大大超出语言学之外而涉及社会生活的方方面面,也就是人类创造的物质文化和精神文化。甚至可以说,除了字形(词形)及其注音,只要进入释义层面,就已经开始解释、记录、承载和传播各种社会文化。因此并非单纯的语言学知识所能解决。这也就是前些年学界对于辞书学的学科定位曾经有过诸多探讨和争议的缘故。

以狄德罗为首的"百科全书派",利用辞书的形式,传播了那个时代最为先进、科学的启蒙主义思想,开启了整个人类社会现代化的大门。

中国传统的字典辞书编纂,也莫不以传播社会文化知识为己任。许慎的儿子许冲说他父亲所著的《说文解字》"天地鬼神,山川草木,鸟兽昆虫,杂物奇怪,王制礼仪,世间人事,莫不毕载"(《进说文解字表》),康熙皇帝也说字典具有"为万事百物之统纪,而足以助流政教"的功能(《御制康熙字典序》)。

荷兰学者阿尔-卡西姆则把词典的条目词是否具有"文化方面的材料","是否收入了反映最新文化发展的词汇",作为词典编写和评价的标准。①

可见承载和传播文化是词典必备和应备的功能之一。

二

文化,尤其是精神文化,属于上层建筑,是带有阶级性,带有意识形态色彩的。那么,词典记录、承载和传播文化,是否也要带有意识形态色彩?答案无疑是肯定的。这一点,在如今空前宽容、宽松的学术环境中,许多人也许不爱听。他们认为词典更多地是属于语言学成果,而语言和语言学都是没有阶级性的。诚然,这是我们在经历了多年极"左"思潮影响和干扰后所获得的一点宝贵的真知。不过,看问题也不能绝对化。即使是供全民使用的语言,也是在不同的时代、不同的场合、不同的人群中具有不同的话语体系的。不同的话语体系,总是难免要打上阶级的烙印。

陈原先生曾在刚刚拨乱反正后的 1982 年的一次演讲中谈到"词典的阶级性"问题:"一本词典,除了杯子、桌子和粉笔一大堆没有丝毫阶级含义的语词之外,还有'国家'和'革命'等有阶级内容的语词;……依我看,词典中绝大部分的基本语词是没有什么阶级内容的。当然,对词典中牵扯到有关阶级、民族和国家等一些词汇,词典编纂者的阶级立场会表现出来,那也不奇怪。”[②]所以,词典作为体现语言使用的全民性及其局部具有的阶级性都是客观的、不容回避的存在。

词典的编纂,实际上体现了社会的话语权的问题。

词典作为一种工具,传播语言文化,包括传播一定的意识形态。作为词典的使用者,对本国人来说,可以了解本民族各种文化知识;对外国人而言,可借以学习他国的语言,也可以了解他国的文化。从这个意义上说,一个民族可以借助词典扩张自己的话语权。

所有的字典辞书无不带有其所属时代的主流的意识形态色彩,体现了其相应的话语权。

据学者研究,《说文解字》的宗旨与体例“所包含的宇宙观及其构拟的世界模式,是东汉经师的见解”,“所建立的部首,从‘一’部开头,体现‘唯初太始、道生于一’的意义,……最后归结到‘亥’部,体现‘亥而生子,复从一起’的意义。”[③]

“每部主流英语词典都采取这种立场:反对种族和民族偏执,反对歧视和伤害女性和同性恋者,允许各种观点和生活方式并存。”[④]

词典中也存在着文化偏见。

Ann Ediger Baehr 在对 1952 年版和 1962 年版的《桑代克－巴恩哈特初级词典》进行研究后,发现了词典文化偏见的证据。在该词典的众多文化偏见中,她指出了例证对基督教显示了特别的偏爱。“从字母‘a’到‘Yule/圣诞节’的词条中,我们(在例证中)共发现有59处涉及‘Christmas/圣诞节’一词……。”(如“东方之星是耶稣基督降临的前兆;耶稣基督前来拯救世界;教堂仪式的肃穆甚至连儿童也感受得到。”)

Baehr还指出该词典的例证总是将女孩描述为善良、诚实、纯洁、直率和美好,而男孩则被描述成暴力、残酷和无可救药地淘气捣蛋(如“那个残忍的男孩在折磨小动物;那个残忍的男孩用石头砸那只狗”)。[⑤]

又如古今中外字典辞书关于对妇女的释义:

《说文·女部》:“妇,服也。从女持帚洒扫也。”

《广雅·释亲》:“妇,服也。”王念孙《疏证》:“《白虎通义》云:‘妇者,服也,以礼屈服也。’又云:‘妇者,服也,服于家事,事人者也。’”

《释名·释长幼》:“女,如也。妇人外成如人也。(毕沅曰:《说文·女部》:‘如,从,随也。’)故三从之义:少如父教,嫁如夫命,老如子言。”

中国的这几部古代字典辞书对“妇”和“女”的释义,赤裸裸地体现了“男尊女卑”的思想观念,即“服”与“从”。服,无非是“以礼屈服”、“服于家事”,是做家务,侍奉别人(一般是男人);从,《释名》的“少如父教,嫁如夫命,老如子言”,民间通俗的说法则是“未嫁从父,已嫁从夫,夫死从子”。

《法兰西学院词典》(1835年版):“【femme(女人,妇女)】雌性,男子的伴侣。”但对 homme(男子,男人)却不给予“雄性,女子的伴侣”的相应释义。这也就体现了西方社会时至19世纪男女依然有欠真正平等的历史事实。[6]

只有到了20世纪以来的现代社会,才有思想观念上的男女平等:

《汉语词典》:“女:①男之对称。②谓所生之女。③已嫁曰妇,未嫁曰女。”“妇:①子之妻。②妻。③女子已嫁者。”

《现代汉语词典》:“妇:①妇女(【妇女】成年女子的通称)。②已婚的女子。③妻。”“女:①女性(跟“男”相对)。②女儿。”

三

语言是文化的一个部分,但语言作为一种符号系统,其不同于其他文化形式的一个特点就是语言需要规范,否则将无法起到交流思想和信息的作用。因此,它有很多体现民族特点、思维、认知,体现宏观性和准确性的不同层面的规范。

词典是一种文化的载体,通过各类条目尤其是百科条目,通过其释义体现的知识性、科学性,可以起到记录文化、传承文化的功用。《现汉》传播了全人类尤其是中华民族的传统和现代的优秀文化,在这方面的功用也是值得大书一笔的。

首先,《现汉》贯彻和体现了词汇规范,这使得《现汉》传播了规范的现代汉语语言文化。不过,在某种意义上似乎可以说《现汉》记录、承载和传播文化,更多、更直接的是通过百科条目加以体现的。

其次,众所周知,虽然《现汉》的性质是中型的以词汇规范为己任的语文词典,但它与久负盛名的法国《拉鲁斯小词典》一样,在贯彻语文性的同时,也贯彻了百科性的原则。

《现汉》的百科条目,在历次版本中,一般都要占到20%左右,而且鉴于百科词语的释文,一般较之语文词语为长,所以这方面的分量是相当重要、不容忽视的。

《现汉》百科条目的内容,应该说是涉及古今中外,学科门类多达四五十个。

关于学科标签:《现汉》试用本分为42门,可能是参考《国语词典(汉语词典)》的分为43门(医药与中国医学分立);但公开发行的1978年版及以后各版均未标。

《辞海》现在的诸版的百科条目亦未标学科,以百科条目为主的《新华词典》亦复如是。

这也许是因为现代科学的学科术语多为交叉使用、不易判然划界的缘故吧。

《现汉》收录百科条目的特点是注重常见性(即社会日常生活中出现频率高,如收【共产党】、【国民党】而不收其他党派名称)、语文性(释文尽量通俗易懂,与《现汉》风格整体协调)而不是十分强调系统性。

在《现汉》的历次修订中,重视百科条目科学性的不断完善。

四

尊重历史，也就是提高释义的科学性。试以《现汉》的“抗日战争”一词为例：

【抗日战争】中国人民在中国共产党领导下抗击日本帝国主义侵略的民族解放战争，从1937年7月7日日寇向我国北平（今北京）西南卢沟桥驻防的军队进攻起，到1945年8月15日日本无条件投降止。八年间国民党政府一直消极抗日，积极反共；共产党领导八路军、新四军和广大人民坚决抗日，建立抗日根据地，收复许多失地，最后战胜了日本帝国主义。（第1、2版即1978、1983年版）

【抗日战争】中国人民抗击日本帝国主义侵略的民族解放战争，从1937年7月7日日寇向我国北平（今北京）西南卢沟桥驻防的军队进攻起，到1945年8月15日日本无条件投降止。（第3～5版即1996～2005年版）

1996年版以来的释文尽管简略，但是基本上祛除了为极“左”思潮所遮蔽的历史尘霾，起码应该说是科学性方面的一个进步。

《现汉》有关“同性恋”的条目的释义变迁，可以体现出现代社会对不同的人生观点和生活方式的宽容：

【同性恋爱】男子和男子或女子和女子之间发生的恋爱关系，是一种心理变态。（试用本，1978年版、1983年版同）

【同性恋】男子和男子或女子和女子之间发生的恋爱关系，是一种心理变态。也说同性恋爱。（1996年版）

【同性恋】同性别的人之间的性爱行为，属于性心理障碍。（2005年版，2006年4月印制的2005年版"大字本"，依然如此）

到了2006年10月的第360次印刷本，则把"属于性心理障碍"的评价性释文删掉了，这仍然属于2005年版，应该说是"与时俱进"的一种挖改。可见，从"心理变态"降格为"性心理障碍"，再到干脆去除消极性的评价，其间蕴含的社会学意义，是不言自明的。

定性要慎重，也是属于科学性问题。以《现汉》"沙文主义"一词为例：

【沙文主义】一种反动的资产阶级民族主义，把自己民族利益看得高于一切，主张用暴力征服和排斥其他民族。因拿破仑手下的军官沙文（Nicolas Chauvin）对拿破仑盲目崇拜，主张用暴力来扩张法国的势力，所以把这种思想叫做沙文主义。（试用本，1978年版、1983年版同）

【沙文主义】一种资产阶级民族主义，把自己民族利益看得高于一切，主张用暴力征服和排斥其他民族。因拿破仑手下的军官沙文（Nicolas Chauvin）对拿破仑盲目崇拜，主张用

暴力来扩张法国的势力，所以把这种思想叫做沙文主义。（1996年版）

【沙文主义】一种把本民族利益看得高于一切，主张征服和奴役其他民族的思想和主张。因拿破仑手下的军官沙文（Nicolas Chauvin）狂热地拥护拿破仑用暴力向外扩张法国的势力，所以把这种思想叫做沙文主义。（2005年版）

从"一种反动的资产阶级民族主义"，到"一种资产阶级民族主义"，再到"一种……思想和主张"，虽然都是负面性的定性，但是评价语句有所缓和，更为实事求是了。

附　注

① Ali M. Al-Kasimi:《词典编写和评价的标准》，收入石肆壬选编:《词典学论文选译》，商务印书馆，1981年7月。

② 陈原:《词书与社会生活——在中国人民大学词典编辑进修班的演讲》（1982年12月2日），见中国人民大学、中国出版工作者协会词典编辑进修班编《词书与语言》，湖北人民出版社，1985年2月。

③ 洪笃仁:《〈说文解字〉的作者许慎》，载《辞书研究》，1981年第3期。

④ Sidney I. Landau:《词典编纂的艺术与技巧》（第二版），第253页，章宜华等译，商务印书馆，2005年9月。

⑤ 同上，第451页。

⑥ 参见黄建华:《词典论》，第11页，上海辞书出版社，1987年6月。

［本文为中国辞书学会第七次年会的参会论文，2004年，中国成都；曾做大会宣讲］

试谈《现汉》成功的历史经验

中国社会科学院语言研究所词典编辑室编纂、商务印书馆出版的《现代汉语词典》(以下简称《现汉》),从1973年出版"试用本"开始,二十年来,已印行140余次,累计印数达2000多万,在国内外产生了巨大的积极影响,其学术价值与实用价值,在学术界和广大读者中是有口皆碑的。它无疑是一部成功的词典。其历史经验值得认真总结,以推进我国词典编纂事业向更高水平发展。择要言之,《现汉》成功的历史经验主要有以下几个方面:

一 目标明确,准备充分

众所周知,编写《现汉》是1956年2月6日国务院在《关于推广普通话的指示》中责成语言研究所完成的任务。它的目标是"为推广普通话,促进汉语规范化服务",[①]这从一开始就是极为明确的。

国务院把这一重大任务交给语言所,不是偶然的。这不仅因为它是我国语言科学的权威研究机构，而且即便是在现代汉语普通话的词典编纂方面，它也早已具有比较明确的认识和思想准备。1955年4月2日，语言所曾经专门召开“词典编纂法座谈会”。同年10月25～31日举行的“现代汉语规范问题学术会议”上，作为语言所负责人的罗常培、吕叔湘，在题为《现代汉语规范问题》的重要报告里，强调指出：“词典是进行规范化的最重要的工具”，“需要是这样的迫切，不容许我们再推迟下去了。”[2]可见，为了促进现代汉语的规范化，由语言所担当编纂《现汉》的重任，是理所当然的，也是责无旁贷的。

语言所在接受了这一任务后，马上开展了积极的工作，着重从组织、理论、资料等方面做好开编前的各项准备。

组织准备方面：在当年的6月份，就将原属新闻出版总署的“新华辞书社”和原“中国大辞典编纂处”并入该所，加上语言所部分科研人员，成立了词典编辑室。在组成人员中，有一部分已从事词典编纂工作有年，素质良好，具备丰富的编纂经验和高度的敬业精神。这是编写好《现汉》的基本条件之一。在此基础上，不久又组建了“现代汉语词典编审委员会”，成员有丁声树、黎锦熙、吕叔湘、叶圣陶、王力、魏建功、叶籁士、陆宗达等所内外资深专家学者15人。用一位曾参与其事的老同志的话来说，是“几乎聚集了当时可以聚集的所有力量”。[3]著名语言学家吕叔湘、丁声树两位先生，先后兼任或担任了《现汉》的主编，丁先生后来还兼任了词典编辑室主任。这样，就为《现汉》的编写成功做好了必要而充分的组织准备。

理论准备方面:1956 年 7 ~9 月号的《中国语文》杂志上,发表了语言所郑奠、孙德宣、傅婧等人编写的《中型现代汉语词典编纂法(初稿)》。从标题即可看出,其写作目的是非常明确的,针对性很强。它继承了已有的汉语字典辞书中的精华部分,应用了关于汉语语音、语法、词汇各方面的现有成果,参考了外国关于词典编纂的理论和方法,主要集中于选词、注音、释义、编排四部分,进行了较为具体深入的研究和论述。文章中所提的一些原则性的设想,不少都得以实现。如:收词,“以词为主,但同时也兼收构词能力很强的词素,以及非词而经常使用的成语、词组”;注音,“以现代的北京语音为标准音,……以这标准音为注音的依据”;释义,“以现代实际使用的意义为主,尤其注重旧词的新义的发生与发展”;编排,“按音节编排而兼顾汉字字形”。凡此,可以说已经勾摹出了一部《现汉》的主要轮廓。文章的作者,后来多半也参加了《现汉》的编纂。虽然其中的设想,有些在《现汉》的实际编纂中有所修正和更改(例如“每个词除注音、释义之外,还要标志所属的词类”),但是其主要精神基本上是在《现汉》中得到体现的。无疑地,这篇文章作为《现汉》编纂的理论先导,使得《现汉》的编纂,一开始就站在较高的起点上了。同时,在此前后,语言所内外的研究人员相继发表的语言科学成果,也直接或间接地影响了《现汉》的编纂,同样成为《现汉》开编的理论准备,起了良好的作用。这一点,下文还要专门叙及。

资料准备方面:1956 年下半年开始进行。针对《现汉》的编纂目标,资料是从现代报刊和优秀作家的代表著作中搜集勾乙的,还包括了当时通行的中小学课本,连同原有的资料,共积累了100 万张以上的卡片,以后又不断增加补充。这样,就使《现汉》的编纂具有了一个较为坚实的语言材料的基础。

二 借鉴传统,努力创新

中华文化,源远流长。字典辞书的编纂,也有悠久的历史,积累了丰富的经验。《现汉》对于在它之前产生的我国字典辞书的优良传统,注意做到充分继承并加以创新。

在古代字典辞书中,如《尔雅》的区分语词和专科词,扬雄《方言》的以通语释地区语,许慎《说文解字》的规范字形和释义方式,梅膺祚《字汇》的编排方式,等等,都对《现汉》的编纂具有不同程度的影响。就中如《说文解字》的释义方式,早在 20 世纪 40 年代,王力先生在《理想的字典》一文中曾针对其“合理的方法”方面进行过初步归纳,有“天然定义、属中求别、由反知正、描写、譬况”等。[4]这些释义方式,在《现汉》中都有所体现,如:

天然定义:

《说文》:“百,十十也。”

《现汉》:“百,数目,十个十。”

由反知正:

《说文》:“旱,不雨也。”

《现汉》:“旱,没有降水或降水太少。”

譬况:

《说文》:“黄,地之色也。”

《现汉》:“黄,像丝瓜花或向日葵花的颜色。”

近代国语运动的成果,也对《现汉》产生了积极的催化作用。我们知道,发轫于19世纪后期的国语运动,经过一大批志士仁人的倡导与努力,对于现代汉民族共同语的确立与推行,实在是筚路蓝缕,功不可没。这个运动的成果之一,是产生了一批“词本位”(包括词和词组)的标注口语读音(而非传统反切)的字典辞书。这些字典辞书的作者们,一方面从实际语言出发,广泛搜集语料;一方面“欲博采现代各国字书中最进步之方法”(刘复《编纂〈中国大字典〉计划概要》)。由中国大辞典编纂处编纂的《国语词典》及其简本《汉语词典》,就是其中的代表作。《现汉》从编写原则、资料收集乃至具体词语的训释方面,与《国语词典》都具有相当密切的关系。当然,《现汉》克服了《国语词典》的某些历史局限,其规范性比起《国语词典》,是大大地加强了。

问世于50年代初期的《新华字典》则是新中国成立以来第一部以现代标准音注音和规范语体释义的字典。在现代汉语的规范方面,它的作用和成绩也是众所周知的。几十年来它一直保持着相当大的发行量。值得一提的是,这部字典的编写人员,后来有好些位都参加了《现汉》的编纂工作,由此而对《现汉》注入的营养，当然也是不言而喻的。

当然，如果仅仅满足于继承传统而不刻意追求创新，《现汉》也是不成其为《现汉》的。作为我国辞书编纂史上的第一部共时的规范词典，它在创新方面所做的努力及成就是有目共睹的。

字头方面：标明汉字的简化字和繁体字、异体字的对应关系，正确处理了汉字和语素（词素）的关系。

收词方面：既收词，也收较为固定而独立使用的词组；既收语文词，也收常见百科词；既收普通话语词，也收某些有活力的方言词和文言词。同时在中国辞书编纂史上首次贯彻了收词的“封闭性原则”，即用以作释文的词语（人名除外）都建条立目，从而构筑并体现了现代汉语较为完整的语汇系统。

释义方面：完全使用现代汉语规范语言。虚词标明词性，描写细腻，并且适当进行辨析。实词虽未标词性，但用释文和例句恰当加以体现。同时尽量标注词语的感情色彩和应用范围，加强了词典的实用性与指导性。

体例方面：一是创用若干新符号，如〈口〉、〈方〉、〈书〉、⊠、//、◇等。二是用拉丁字母次序的汉语音节编排，体现推广普通话的编纂意图。对于部首笔画索引和四角号码索引，使用“多开门”的排列方法，以便读者检索查找。

《现汉》创新，所在多有，其中每一点都可展开评介，撰为专文，这里不过略加胪列而已。

三　当代成果，积极汲取

一部语文词典，是否体现了当代语言学家在语音学、词汇学和语法学等方面研究的新进展，已经成为评价词典水平的标准之一。[⑤]拿这一条来衡量《现汉》，答案当然是肯定的，而且这也是《现汉》成功的经验之一。

新中国成立以来，在《现汉》开编之先，作为语言学主要分支的语音学、词汇学、语法学，已有一批研究专著相继问世，如罗常培、王均的《普通语音学纲要》[⑥]，徐世荣的《普通话语音基本知识纲要》(1956.7)，陆志韦等的《北京话单音词词汇》和《汉语的构词法》[⑦]，周祖谟的《汉语词汇讲话》(1955.4)，孙常叙的《汉语词汇》(1956.12)，语言所语法小组的《现代汉语语法讲话》[⑧]，黎锦熙、刘世儒的《中国语法教材》(1953.9)等。这些代表了当时语言学界较高水平的研究成果的作者，许多是语言所的研究人员，其中又有不少位在不同的阶段参加了《现汉》的编写和修订。这种独一无二的优越条件，使得《现汉》对于现代语言学成果的汲取，成为势所必然和水到渠成的事情。这种情况，在新中国成立以来的字典辞书的编纂中，也可以说是唯一的。

50年代以来，在推广普通话、制定《汉语拼音方案》的过程中，语言学界展开了有关普通话音位的讨论，加深了对汉语语音的理论认识，对普通话的描写更加细致深入。《现汉》运用拉丁字母的《汉语拼音方案》，按照普通话的实际语音注音，注意划分词和非词，注意词的连读变调和轻声儿化，注意合并和区分异读词和异形词，注意方言词进入普通话的音位转换，等等，无不体现了新中国成立以来汉语语音学的新进展。

《汉语的构词法》是迄今为止对汉语构词法和分词标准研究得最为深入的一部专著。它引进当时比较新颖的结构分析方法——扩展法，来作为确定汉语词的界限的形式标准，摆脱了传统“词义”、“概念”等意义尺度的束缚，致力于解决汉语的字、词素和词之间，词和词组之间的联系与区别。这对于使用汉语拼音方案的正字法，对于汉语词典的收词标准等方面，都具有一定的指导意义。《现汉》的编纂，也在一定程度上接受了该书的指导与影响。据参加《现汉》早期编纂工作的同志回忆，这部著作当时他们是随时查阅参考的。当然《现汉》对于汉语词汇学和语义学成果的吸收，更多地是从所收词素、词和词组的释义中体现出来的。

这里要特别指出《现代汉语语法讲话》对《现汉》的影响。这部著作，被海内外语言学界公认为“大陆出版的最好的一本语法书”，[9]它选择吸收了国外结构主义语言学的部分理论，用层次分析法分析汉语句子。由于它做到了“尽量从事实出发，不从定义出发”（《序》），所以论述详尽，胜义迭出；而《现汉》对其成果的吸收，也是显而易见的，尤其是在虚词的描写方面。这里不妨将《现汉》和《讲话》对于虚词“是”的解释、论述加以对照：

《现汉》(1983年版1053页)	《讲话》(第9章2节)
① 联系两种事物,表明两者同一或者后者说明前者事物的种类、属性。	(甲)拿“是”字做动词的句子,……功用是解释和分类。
② 与“的”字相应,有分类的作用。	
③ 联系两种事物,表示陈述的对象属于“是”后面所说的情况。	(丙)有联系主语宾语的作用。
④ 表示存在,主语通常是表处所的语词,“是”后面表示存在的事物。	(乙)表示存在,主语是处所词,宾语表示存在的事物。
⑤“是”前后用相同的名词或动词,连用两个这样的格式,表示所说的几桩事物互不相干,互不混淆。	(甲)有时候,“是”字的主语和宾语字面上完全一样,也并不是表示“等于”。
⑥ 在上半句里“是”前后用相同的名词、形容词或动词,表示让步,含有“虽然”的意思。	(戊)在“是”字前后用同一个形容词或动词,是“尽管”的意思,表示让步。
⑦ 用在句首,加重语气。	(丁)放在句首,表示加重语气。
⑧ 用在名词前面,含有“凡	(己)放在名词前面,重读,

是"的意思的意思。	表示"任何"。
⑨ 用在名词前面,含有"适合"的意思。	
⑩ 用在选择问句、是非问句或反问句里。	(第十八章"问句"的例句,多有用"是"的句子)。
⑪ 表示坚决肯定,含有"的确、实在"的意思。	(丁)要是后头没有"的"字,就是表示"的确、确实、实在"的意思。

可以看出,除了《现汉》的义项⑨为新增之外,余皆二者相应,若合符契,由此可见《现代汉语语法讲话》对于《现汉》的影响程度,虽然这可能是一个比较极端的例子。同时也可以看出《现汉》对《现代汉语语法讲话》成果的汲取,是融会贯通并有所发展的,而不是机械的照搬和硬套。

四 尊重事实,坚持真理

《现汉》的收词、注音和释义,完全从语言事实出发,着重从第一手资料出发,这样就保证了《现汉》成为当代词典科学性的典范。例如见于鲁迅小说《故乡》中的兽名"猹",多数字典辞书注为 zhā,而《现汉》独注为 chá,其依据是鲁迅老友许寿裳在其《回忆录》中所记亲聆鲁迅的读音。又如"发酵"的"酵"和"荨麻"的

“荨”,一般注为 xiào 和 xún,《现汉》则注为 jiào 和 qián,其依据是实际方言调查所得,参以历史相沿的读法。《现汉》后期主编丁声树先生还专门在一篇讲话中提及这个问题。[10]上述注音,后来都被国家“普通话审音委员会”编订的《普通话异读词审音表》所接受。可见《现汉》的尊重语言事实,言必有据。

另一方面,对于有关领导部门关于语言文字的某些规定,如果有违于语言文字实践的,《现汉》也能做到“不唯上,不唯书”,而是尊重事实,坚持真理。例如1955年12月22日发布的《第一批异体字整理表》中作为异体字而被停止使用的“蒴、邱、澹、骼、彷、菰、溷、徼、薰、黏、桉、愣、晖、凋”等字,《现汉》一直单出字头,并未取消它们的现代汉语用字成员的资格。而1988年3月25日国家语委与新闻出版署联合发布的《现代汉语通用字表》,又确认了上述诸字的规范字资格,不再作为淘汰的异体字了。之所以如此,并非《现汉》未卜先知,而是由于它坚持从汉字使用的实际出发所致。

五　层层把关,一丝不苟

《现汉》拥有一支颇为可观的作者队伍,先后参加过《现汉》编写及修订的各个阶段的工作人员,总数在80以上。除了扎实的语言学根底和词典编纂基本功以外,尤为可贵的是他们所具有的严谨学风和敬业精神。全体工作人员在主编领导下,根据业务需要，分为语文一组、语文二组、科技组、哲社组、资料组等。大组之下有小组，小组之下有“（组员）互助组”。每一词条的产生，都是在资料的基础上写出初稿，然后由组员互看互审，写出意见片，再交由小组长审改，大组长再审改，最后由主编斟酌定稿。每一词条从初稿产生，反复审阅，一再修改直至定稿，都有书面记录并于事后放入专门的以字头词目为单位的“档案袋”。翻看这些“档案袋”便可发现，修改数十次的字头词条并不罕见。如“横”、“竖”两个单字的释义，修改次数都在60次以上。真是名符其实的“水磨工夫”。更有不少专科性质的词条，还曾经分门别类，印送中国科学院各个学部（包括现中国社会科学院的前身即哲学社会科学部）的专家学者审阅。

1959年底，词典初稿基本完成之后，先由商务印书馆分册印成“试印本”，分送北大、北师大等全国100多所高等院校，广泛征求意见。针对反馈回来的意见，部分骨干科研人员，组成专门的“看稿小组”，进行通读修改。1965年，又印出“试用本”，再次送审，以做进一步的修订。如此层层把关、多方修订的结果，自然就能产生收词释义精当恰切、经得起时间考验的第一流词典。

这里要特别提及先后担任主编的吕叔湘、丁声树两位先生对于保证《现汉》的高水准所起的重要作用。以“试印本”为分界，《现汉》工作可大致分为前、后两个时期。吕先生是前期主编，《现汉》的整个架子是他搭起来的，许多具体问题也亲自动手。以《现汉》的注音连写为例，原是根据陆志韦等编撰的《汉语的构词法》

一书的原则分类，确定各类的连写规则，但具体执行起来，某些方面效果不大理想，结果还是吕先生另外拟定了《〈现代汉语词典〉注音连写、大写、隔音暂用条例（附说明）》，具有了更强的可操作性，才基本解决了这一难题。[11]丁先生则担任后期即整个修订时期的主编，他以狮子搏兔的精神，全副身心投入。有时为求一字注音之安，不惜翻箱倒柜，查找资料，精心考证。一个著名的例子是“匼”字。这个字的读音，在古今字典辞书中，除辽代的《龙龛手鉴》注为“苦合反”（今当读 ké）外，从《康熙字典》到《国语词典》，统统只注为“邬感反”（今当读 ǎn）。丁先生通过查证古代史部、集部和小学类书籍中的大量反切和叠韵联语的异文，尤其是调查了现有山西地名“匼河镇”在晋南方言中的实际读音，最后确定为 kē。丁先生为此还撰写了一篇文章《说“匼”字音》，发表在《中国语文》1962 年 4 月号上，实在可谓“一名之立，旬月踌躇”。

正是有了主编这种认真负责、一丝不苟的精神，《现汉》才有了今天的面目，才能成为新中国成立以来语言科学研究的产物而超出以往任何一部旧的字典辞书的总体水平。前辈学者的崇高风范和动人事迹，也是值得专文介绍的。

总之，《现汉》值得总结的成功经验很多，本文所述，也许挂一漏万，即使叙及，也难免隔靴搔痒，没能说到点子上。但是有一点是可以肯定的，即作为“名山事业”的字典辞书的编纂工作，需要的是崇高的献身精神，扎实的学问，严肃认真的工作态度和作风。只有这样，编纂出来的字典辞书才能是高质量的，起到前人所言

“流通当世，衣被后学”的社会功用。[12]反观时下坊间某些编者与出版者，视字典辞书为牟利盗名的津梁，仓促操觚，粗制滥造；更有甚者，剪刀加糨糊，赤裸裸地抄袭他人成功之作。一部《现汉》，在他们眼中，几近成为人人可以得而食之的唐僧肉。近年来有关侵犯《现汉》著作权的事件，已然发生不止一起，实在令人感慨系之。当然，随着社会生活的发展和现代汉语词汇的演变，《现汉》也是需要不断加以修订的。但是，侵权的抄袭与科学的修订，丝毫没有相容之处。这应属最起码的常识，是毋庸赘言的。

附　注

① 见《现代汉语词典·前言》，1978 年 12 月。

② 见《现代汉语规范问题学术会议文件汇编》，科学出版社，1956 年 7 月。

③ 石明远：《在“〈现代汉语词典〉学术研讨会”上的发言》，打印稿。

④ 见王力：《龙虫并雕斋文集》第一册，中华书局 1980 年 1 月。

⑤ 参见（荷）阿尔－卡西姆（Ali M. Al-Kasimi）：《词典编写和评价的标准》；收入石肆壬选编：《词典学论文选译》，商务印书馆，1981 年 7 月。

⑥ 该书 1954 年 1 月～1955 年 5 月曾在《中国语文》上以《语音学常识》的标题连载，作者署名田恭，科学出版社，1957 年 2 月。

⑦《北京话单音词词汇》为陆志韦独著，人民出版社，1951 年 3 月；《汉语的构词法》为合著，科学出版社，1957 年，该书 1956 年 12 月曾在《中国语文》上发表部分章节。

⑧ 1952 年 7 月～1953 年 11 月曾在《中国语文》上连载，商务印书馆 1961 年 12 月出版时，作者署名为：丁声树、吕叔湘、李荣、孙德宣、管燮初、傅婧、黄盛璋、陈治文。

⑨ 周法高:《论中国语言学·二十世纪的中国语言学》,(香港)中文大学出版社,1980 年。

⑩《关于进一步开展汉语方言调查研究的一些意见》,《中国语文》,1961 年 3 月。

⑪ 参见刘庆隆:《〈现代汉语词典〉的注音》,打印稿。

⑫ 见[清]玄烨:《御制康熙字典·序》。

[原载《〈现代汉语词典〉学术研讨会论文集》,商务印书馆,1996 年 10 月]

1996年版《现汉》哲社条目修订的构想和实践

一

哲学社会科学的专科条目在《现代汉语词典》(简称《现汉》)这样的规范型语文词典中占有一席之地,是基于常识而无须论证的事。不仅如此,这类条目的作用,还不能仅是聊备一格作为点缀的。由于其中涉及历史事件评价、现实政治和意识形态问题,带有相当的敏感性而易于引人注意,往往关系到对整部词典水平的评价。所以,这部分的词条从立目、释义的各个角度来说,都是丝毫不可掉以轻心的。

除与语文条目有所交叉的部分,原《现汉》中的哲社词语有5000余条,约占全书收词总量的10%。这些词语涉及哲学、政治、经济、法学、历史、文学、艺术、军事、宗教、民族、考古、教育、体育等将近20个学科。由于指导思想的明确、编写态度的认真和体例的严谨,哲社条目的总体质量是很高的。如果考虑到《现汉》编写过程中某些历史背景的因素,尤其是历时10年的"文化大革命”中林彪、“四人帮”对哲学社会科学领域的摧残和干扰，这类条目达到现有水平确实已是十分难能可贵和令人钦佩的了。但其中某些不足及其显现的历史局限性也是无庸讳言的，尽管只是大醇小疵，但随着社会生活的发展、科学水平的进步，这部分词条的适时修订，也是完全必要的。

二

《现汉》哲社条目的修订，设定的基本构想有三条：1. 突出语文性；2. 增进科学性；3. 加强时代性。具体的运作手段，则和语文词条一样，不外乎“增、删、改”三种。下面结合实例，加以说明。

1. 突出语文性。强调这一点，是从《现汉》为语文性规范词典的前提出发的，其指归则在于使哲社条目与整部词典结构的比例更加优化，义项配置、行文风格的进一步协调等方面。实际的做法是：

首先，在条目数量上做缩减。修订后的哲社条目只收4000条左右，较原《现汉》减少了1000余条，缩减幅度是20%（由于有减有补，所以条目数量实际的变动幅度大大超过这个比例），而在整部词典中的比例则降至约占6.5%。大量较为冷僻、过于专门或时事性太强的词条被删去了，如“民粹派、狂庵运动、共产国际、内在论、童子军、红枪会”等。各种带“主义”字样的条目删去不少，如“费边主义、门罗主义、安那其主义、世界主义、国家资本主义、新殖民主义、大国沙文主义、考茨基主义、社会民主主义、社会帝国主义”，乃至“工联主义、工团主义、实证主义、经济主义、经验主义、经验批判主义（马赫主义）”，等等。

原《现汉》对历代农民起义、农民运动的条目，收得较多、较细，现在则宜有所汰留变动。大体说来，这类条目保留的原则是：a. 导致改朝换代的，如“陈胜吴广起义（大泽乡起义）、绿林起义、黄巢起义、李自成起义”等；b. 全国性的或地区影响较大的，如“黄巾起义、太平天国、义和团”等；c. 由于文学作品等因素而知名度较高的，如“宋江起义、方腊起义”等。其余相对局部性的或影响较小的，多数删去，如“赤眉、瓦岗军、王小波李顺起义、捻军、小刀会起义、平英团”等。有关的年号及政权、帮会名称多半也不予保留，如“大齐、大蜀、大顺、天完、大西、天地会、三合会”等。当然落实到具体条目的删留，并无绝对的界线。

有些删条是因为已有释义类似的词条可据以推知的，如已收“地主”，则删去“地主阶级”（原《现汉》收“农民”而不收“农民阶级”，这样更可取得平衡）；已收“民族区域自治”，则不收“民族自治”。

有些条目则是大体可以见字明义的，因而也不必占据极为宝贵的篇幅，如“工人贵族、黄色文学、民族融合、民族同化、农业资本家”等。

其次，保留的条目，有不少做了篇幅上的精简，下面聊举10个词语的释文所占版面行数（每行约16字～17字）的变化列表说明：

词目	原《现汉》行数	修订本行数	精简行数
辩证法	14	10	4
国际主义	12	3	9
价值规律	10	4	6
民主	7	3	4
民主革命	8	3	5
民族主义	13	7	6
人性论	9	2	7
修正主义	13	3	10
义和团	9	3	6
自然主义	11	6	5

以上10个词语,修订后共精简版面62行。经测算,《现汉》及修订本每个词条所占版面平均约为2行;所以这10条哲社词腾出的版面,足以增补30个以上其他词条。修订本只增加2个多印张,却能净增词目5000余条,诸如哲社条这样在释文篇幅方面的精简,不能不说是其中一个重要因素。

精简释文字数,固然可以为语文条目等腾出更多篇幅,而从哲社条目本身的质量来说,也具有积极意义:一是避免释义的过专过细(语文词典对于专科条目的释义,在意思基本正确的前提下,一般是"点到为止"即可),二是消除原释文中残留的某些"穿靴戴帽"之处。囿于篇幅,不进一步具体举例分析,读者不妨从上列10个词语中自行选择比较。

再次,根据从报刊书籍和实际言语搜集到的资料,注意及时归纳和反映哲社词语中产生的语文义。例如"集约、实体、主旋律”等词原先都只有专门的哲社义,现都增加有泛指的语文义项,反映了某些专科词语进入其他学科或日常语言的变化过程。又如“神圣同盟”一词,原指“1815 年拿破仑一世的帝国崩溃后,俄国、普鲁士和奥地利三国君主在巴黎签订的反动同盟”,作为一个具体的历史事件,按此次修订的原则宜予删去,但是修订时加上“现也用来指反动势力之间的同盟或合作”一句,具有泛指的语文义,就应予以保留了。

2. 增进科学性。哲社条目释义的科学性,和科技条目的释义一样,体现在运用简洁通俗的释文,对概念、术语所代表的事物作出符合其客观存在及发展规律的说明。真正做到这一点却并不那么容易,尤其是哲社条目中的某些部分,其释义基调受社会大环境和学术界、理论界成说的制约而易于造成局限。就词典释义是各门学科的研究成果和水平的体现这一点而言,这正是顺理成章的现象。词典释义的局限性在很大程度上是学术界、理论界研究水平存在缺陷和不足的反映。我国自改革开放以来,学术环境不断改善,实事求是的学风得以真正弘扬,学术界、理论界在许多问题上的研究获得重大突破,在表述上也打破某些“禁区”而更为客观、平实和允当。哲社条目的修订必须对此予以关注并作出及时而恰切的反映,以提高释义的科学水准。在这方面我们也做了尽可能大的努力。

例如“毛泽东思想”条原释文中有一句是“以毛泽东为代表的中国共产党”,修订本改为“以毛泽东为主要代表的中国共产党”,

“社会主义”条在原释文后加上关于“社会主义的本质”一段话共36字(不含标点)。这样不仅体现了理论界的新成果,而且丰富了释义的内涵。

不少条目的改动,都是为了使释义更为准确、科学,再举三例:

1978年本	修订本
【资本】①掌握在资本家手里的生产资料和用来雇佣工人的货币。资本家通过资本来剥削工人,取得剩余价值。②经营工商业的本钱。③比喻牟取利益的凭借。	①用来生产或经营以求牟利的生产资料和货币。②比喻牟取利益的凭借:政治~。
【从刑】随附主刑的刑罚,如在判处有期徒刑权之外所判处的剥夺政治权利的刑罚。也叫附加刑。	随附主刑的刑罚,包括罚金、剥夺政治利和没收财产三种(这几种刑罚也可单独施用)。也叫附加刑。
【工会】工人阶级的群众性组织。在马列主义的政党领导下的工会是党联系工人群众的纽带,是对广大工人群众进行共产主义教育的学校。	工人阶级的群众性组织。最早出现于18纪中叶的英国,后各国相继建立。一般分为产业工会和职业工会两大类。

上文已经提及，对某些条目释文所做的删减，去掉了原释义中某些现在看来多少可谓“穿靴戴帽”的文字，诸如“资本主义”（“参议”、“剩余价值”等条）、“社会主义”（“资金”、“流动资金”等条）一类限制词，使之具有更大的适应面。又如“抗日战争”条删去后面将近 5 行的评论性文字，是为了使释义更为客观；“资本主义”条中，删去“在资本主义制度下，生产能力无限扩大，广大劳动群众的消费能力相对缩小，就造成资本主义的经济危机”一句，是因为这个问题并不如此简单；“土地革命”条的释文，由原来的 70 字减为 20 字，是由于参照了台湾省的有关资料。因此，这样的删减，实际上也增进了释义的科学性与准确性。

3. 加强时代性。任何描写共时词汇使用状况的词典，势必都带有相应的时代性，但哲社词语在这方面打上的烙印难免更加明显和深刻一些，对此应在尽可能保证科学性的前提下给以积极的能动的反映。其实哲社条目的科学性与时代性本来就是密切结合、不可分离的。上文所举增进科学性的例子，大都可以同时说明此次修订对于反映时代性（即我国进入改革开放和经济转轨时期的诸多新特点、新气象）的关注和重视：新增收的哲社条目大都为反映新时期特点的新事物、新思想、新观念的词语，因而带有浓烈的时代气息，例如：“市场经济、公共关系（公关）、股份制、三角债、信用卡、国道、融资、第三人、第一审（一审）、第二审（二审）、成人教育、工读教育、语库（语料库）、健美运动、美声、通俗歌曲、卡拉 OK、原声带、社区、安乐死”等等。

同时也注意在语词或原有专科义项之外,酌补有关的其他哲社专科义项,如:"惯例②、客体②、主体③"等。有的改动,则是反映国家或行业部门法规政策和体制变动的内容,如根据国务院构成人员变化的情况增补"国务委员"一词,并在"国务院"条中做相应改动;又如分布在云南的少数民族"崩龙族",现改名为"德昂族",则增补"德昂族"条,而将原"崩龙族"条的释义改为:"德昂族的旧称。"又如"中栏"作为跨栏项目原来只是男运动员的专利,故原释义为:"男子跨栏项目之一,规定距离为400米,栏架高91.7厘米。"后来也立为女子项目,故修订本改为:"男女径赛项目之一,规定距离为400米,男子所用栏架高91.4厘米,女子为76.2厘米。"再如在1991年6月1日起施行的《中华人民共和国著作权法》的第六章附则第五十一条中明确指出:"本法所称的著作权与版权系同义语。"原《现汉》和修订本都收有"著作权"和"版权","版权"一词的释义原为"作者或出版者对作品享有的出版或作别种处置的权利",这一则对作者和出版者的权利未做区分,二则也与"著作权"条"著作者按照法律规定对自己的著作所享有的权利"的释义有较大的交叉重复。修订本将"版权"释义改为:"即著作权。出版单位可以根据出版合同在合同有效期内获得作品的使用权。""著作权"一词的释文则不做改动,这样似可更为准确地体现这两个术语的含义、内在联系以及我国著作权法的观念的进步。

诸如此类的改动,都有利于加强反映词典的时代性,起到更好地为新时期的读者服务的作用。

三

以上粗略介绍了有关《现汉》哲社条目修订的构想和实践。由于涉及的学科较多，某些条目存在"敏感性"，限于修订者的水平，尽管怀着"如履薄冰"的心情，做了尽可能的努力，但是，肯定还存在不少缺点错误，在"增、删、改"方面未能差强人意之处，所在多有。同时，有些问题似还值得加以讨论，如：删掉不少看来冷僻、过时的哲社条目，这样做当然也是为了给语文条目腾出更多的篇幅，不使《现汉》作为中型词典的规模过于扩大，以减轻读者的经济负担。但是所谓"冷僻、过时"，并无明确的"度"，汰留之际，大有失当的可能；此外，也许有不少读者特别是中小学生无力配置或无由使用各种专科词典，删除过多，是否给这部分读者造成了不便？

又如，众所周知，原《现汉》的收词具有一种系统封闭性的特点，即除人名、地名外，凡释文中所使用的词语，一般都立有条目。此次修订，对于语文词语依然贯彻此项体例。而哲社条目由于删减力度较大，对此无法更多兼顾（当然条目的照应、互见与平衡仍是严格的）。例如"各尽所能，按劳分配"条和"各尽所能、按需分配"条，就字面理解似乎并无太大难度或歧义，但是由于"社会主义"条和"共产主义"条的释文中有这两句话，所以《现汉》立为条目，这是并不错的。但是这两条释文共占版面14行230字之多，故而修订时予以删去，这样就影响了立条“封闭性原则”的贯彻，是否恰当，并不敢自以为是。

要而言之，客观世界不断变迁，社会生活不断发展，人类的认识也在不断深化，凡此种种，昭示着词典的编纂与修订决不能“毕其功于一役”，我们期待着同行专家与广大读者的随时批评指正，以利《现代汉语词典》质量的不断提高。

[原载《辞书研究》，1997年第1期]

黎锦熙先生的辞书学理论与实践

一

和20世纪其他语言学大师一样，黎锦熙先生的学术成就是多方面的，其中辞书学的理论与实际编纂是一个重要的方面。他的辞书学理论引导与推动了中国现代意义上的字典辞书的成长与发展。同时他主持并参与编纂了辛亥革命以来国内产生的许多有影响的重要辞书，如《中国大辞典》、《国语词典》、《国音字典》等等。

纵观黎先生的辞书学理论与实践，我们认为有以下几个特点：

（一）紧密配合“国语运动”

黎先生的辞书学，具有一个大背景，这就是20世纪中国在现代语言学指引下开始的国家语言规划工作，具体的名称为“国语运动”。这个运动的发起者及其主将，是一些经过西方现代语言学洗礼、学贯中西的学者，他们志在拯救与复兴当时积贫积弱、饱受西方列强欺凌的中国，坚信社会语文生活的改造是中国社会变革的重要方面。所以，在辛亥革命推翻数千年的封建统治不久，他们就发起“国语运动”,先是于1912年酝酿成立“读音统一会”,继而于1916年成立“中华民国国语研究会”,1919年成立“国语统一筹备会”(简称“国语统一会”),附设于北洋政府教育部,1928年国民政府教育部改组“国语统一筹备会”,将其定名为“国语统一筹备委员会”,可以说已然成为官方机构了。同时民间还成立了诸如“中华民国国语研究会”、“国语罗马字促进会”等相关的学术性群众团体。

上述组织机构在其宣言和实际工作中,都十分强调字典辞书对于国语运动的作用。“中华民国国语研究会”的第一次大会确定的该会的任务有五项,其中之一就是“编辑语法、辞典等书籍”。“国语统一筹备会”先是设立“国语辞典编纂处”,其后易名为“国语统一筹备委员会”,更将辞书编纂作为该会“立法”的任务提出(“议定方音符号及关于国语文字上各种符号,编定通行字汇辞典之类。”),可见其重视程度,并因此将“国语辞典编纂处”改名为“中国大辞典编纂处”,下设汇集、调查、整理、纂著、统计五个部。

在所有这些有关国语运动的组织及活动中,从“国音统一”、“注音字母”、“国语罗马字拼音法式”到“汉字改革”、“国语文法”等等,无不活跃着黎锦熙先生的身影,同时他还都是其中的领军人物、骨干分子。最早的《国语研究调查之进行计划书》,就是由“国语研究会”委托他拟定的。

辞典编纂也是如此。1917年他就向当时的教育部提出编纂

《国语辞典》的建议,“国语辞典编纂处”及其后的“中国大辞典编纂处”都是由他大力促成的,他还领导编纂处的工作达三十余年之久。1932 年《中国大辞典》开编时,他和钱玄同共任总编辑,并且做了许多具体工作(见下)。

(二)对辞书的使命与功用具有深刻的认识

黎先生以辞书作为国语运动、汉字改革重要成果的体现与标志,他满怀激情地呼吁:“要对中国文字作一番根本的大改革,因而不能不给四千年来的语言文字和它所表现的一切文化学术等结算一个详密的总账,以资保障而便因革,则具体化的工作,唯在‘辞典’,唯在‘大辞典’!‘国语’又嫌流于狭义,就叫‘中国’大辞典吧!”①

这个大辞典的功用有三:1.“给四千年来的语言文字和它所表现的一切文化学术等,结算一个详密的总账,以资保障而便因革”;2.“用正名辨物‘谐声增文’的方式,使国人之精神思想渐趋于系统化、科学化,以为现代和将来所需要的一切文化学术等等,建树一个基础的新猷,以资准确而便应用”;3.因汉字需加改革,使用“新文字”,所以藉辞典而使“汉字所能表达的一切,固有的高深、曲折、精密的观念,决不令其消失”。②

(三)对汉语发展历史的全貌具有独到的观察与勾勒

在《国语词典》的序文中,黎先生认为中国语文的发展演进可以分为七个阶段:第一,原始阶段,只有语言而无文字;第二,图象文字阶段,“包括六书中的‘指事’‘象形’‘会意’三项在内”;第三，主音的六书“假借”阶段，“本无其字，依声托事”；第四，主形的六书“转注”阶段，“凡把另一个字‘转’移做一种符号来‘注’这个假借字之义的，概曰‘转注’”，“‘转注’就是‘形声’的起原”；第五，六书“形声”的普遍化阶段，包括产生“突破字形，藉表字音”的简体字；第六，“文字‘切音’和国语统一的运动”兴起阶段，“民初而注音字母的制作成，而白话文学兴，而学校国文科改为国语，最近则儿童和民众的课本读物皆须行用‘注音汉字’”；第七，“国语罗马字”阶段，即“主‘音’的新阶段”。[③]

他认为现阶段国语运动的使命，即“语文工具革新之完全的工作”，就是：“一，汉字改良，用简体字（追认和审定），这是过去残余阶段（即第五，‘前’阶段）的‘完成’工作；二，汉字改换，用注音符号（推行注音汉字），这是现在过渡阶段（即第六‘现’阶段）的‘紧急’工作；三，汉字改革，用国语罗马字（研究和传习），这是将来必然阶段（即第七，‘后’阶段）的‘准备’工作。”[④]

诸如《国语词典》这样的现代共时语言描写词典，“就是把这同时三步完全的工作‘具体化’起来。”

“至于语文演进第五阶段以前各阶段的贡献，也需要做一番历史的整理，那只好让之于‘按史则’的《中国大辞典》了。”[⑤]

在黎先生的观念中，中国辞书的性质、功能等等，是与汉语史的阶段划分及其特点挂钩的。

（四）注重实际语言尤其是历代的方言俗语材料

中国的语文工具书编纂，可以追溯到产生于汉代的《尔雅》、

《说文解字》，具有近两千年的悠久历史，品种繁多，数量可观。但是与先秦雅言及其书面语逐渐脱离口语，成为词汇、语法体系均具有独特而刻板的特点的文言文一样，长期以来语文工具书反映的内容，只是大抵成为先秦经书、子书等训诂的渊薮，直至清初的官修《康熙字典》，其收录的语词，也是“非三代两汉之书不敢观”（韩愈《答李翊书》）。这样，自然无法体现和反映汉语言文字的实际发展。正如黎锦熙先生所言，所谓“依史则”的《牛津新英文大字典》，所收语料不过始于公元8世纪，“八世纪的头一年是我们唐朝武则天皇后的长安元年，从此就出了诗圣杜甫和文豪韩愈，然而我们的训诂学家便已不认他们的作品为‘古’了（即如《康熙字典》中就没有多少字要引杜诗和韩文作例的）。”[⑥]一直到黎先生主持《中国大辞典》的编纂之时，仍然存在“我们已成的字典倒把唐诗、宋词、元曲、明清白话小说以及现代的方言、俗词、各阶级人的用语一律拒收”的状况。黎先生的辞书编纂思想，就是“反其道而行之”，十分重视这些反映汉语言文字实际的鲜活语料，他认为，“我们若不迳向八世纪以后的这些作品中搜罗词句，勾乙成语，简直就根本上没有材料。”[⑦]

他主持编纂的《国语词典》、《国音分韵常用字表（佩文新韵）》等，在语音方面也是注重记录汉语的实际的。

黎先生的辞书编纂思想，击中了中国传统语文工具书在方针、内容等方面的“软肋”，使得自此以后的语文工具书的编纂，真正进入了“现代化”，其功厥伟，彪炳中国辞书的发展史册。

（五）重视辞书学理论的建设

黎锦熙先生重视辞书学理论的建设，对于辞书编纂的原则、体例与工艺流程都有精到的归纳与揭示，其真知灼见至今仍然值得我们学习、参考。

1. 辞书性质。黎先生认为，不同性质的辞书侧重不同。如《国音大字典》需要收录“古今字书、韵书所有文字及其韵读”、“群书（古文献）中有言及文字与读音者”，这是对于偏重记录语音的辞书的要求；《中国大辞典》虽然标榜“悉数网罗，务期完备”，但它毕竟是一部语文辞书，在科学术语即百科词条的收录方面，则只能“以高级中学毕业程度及大学普通诸科所宜参考者为准，过此以往，只好让诸专科大辞典了”，[8]这是区分语文辞书与专科辞书的界限。

2. 辞书编纂最为要害的问题——收词（包括单字、复合词）和释义，尤其是大型语文辞书的收词与释义。这些方面黎先生的设想与意见，可以用他为《中国大辞典》草拟的“体例”来说明：

> 第一，单字全收前组《国音大字典》所有者，准《国语同音字典》排列为纲，备列此字变迁之历史：（甲）字形：如甲骨文、金文、籀文、小篆、隶书、草书、另别体、俗体等，各择其足以代表本字之形者，依序摹入。（乙）字音：先列国音，次述音变。如假定之周汉古音，代表六朝唐宋音之《玉篇》、《唐韵》、《广韵》（兼及《韵会举要》到《佩文韵府》），代表元明音之《中原音韵》、《洪武正韵》（兼及《五方元音》），各列其“反切”及

“声纽”、“韵部”、“等呼”、“四声”等,并各用国际音标标记之;再附记现代各地之重要方音,及安南、日本、朝鲜可为参考之音。(丙)字义:先本义,次引申义,次假借义,就一字意义及用法转变之历史顺叙之;解诂、举例务求明确简要,并须与上项字音(或及字形)之转变相联。其通常应用之义,则特加标识,以便检查。又文法上之习惯,有使字义受其影响者,则须详举例句,以资明辨。第二,复合词或系双声叠韵之合体,或缘引申假借而比并,或依语言习惯而相属,或随外来译语而联绵,皆就已搜集之材料略加去取。其必须采取之复合词:(甲)常语所用,自成一义,不能望文生训者;(乙)古典须知其来历者;(丙)方言须知其出处者;(丁)人名、地名、书篇名之重要者;(戊)各种科学名词术语为高级中学程度及大学普通诸科所宜参考者;(己)其他如关于史事、公民、社会风习等名词或成语,须加解证者,皆所必收。至于复合词注释之详略,另订条例,惟须注意:(1)与单字音义之引申假借相联;(2)一词多义之缘由,亦须考证语根,顺叙其转变之历史;(3)名物制度等,须述明原委,并附图表。[9]

3. 名物词的释义原则。黎先生曾在《巴苴蘘荷辨》一文[10]中确定了“考释旧籍中一切名物的公例”:(1)实物类别,准现代科学专家所定;(2)古人疏于正名,故诸名纷歧,应视为方俗异文,只就声韵通转;(3)古人疏于辨物,故诸说冲突,应视为见闻不同,只按时代排列;(4)若下断语,须审本文;(5)若行归纳,须按事实;

(6)若证今俗,须广调查。在1936年中华书局出版的《辞海》的序文中,他重申了"正名辨物"的这六条原则。

4. 排列。众所周知,中国古代字典辞书,从《说文解字》到《康熙字典》,其字头排列,一般都是"据形系联",虽然也有少数韵书"依音排列","但以前的标准音既不普及,所用的反切、字母、韵目等等标音的工具亦非一般人所能明白了解,故韵书之排列法尚未能完全适用。"[11]在1932年5月国民政府教育部公布的《国音常用词汇》的"说明"中,黎先生明确指出:"今后的中国字典,以依音排列为唯一之合理的办法。"(同上)这里的"音",是基于国语运动努力推广的欲使全民通用的"国音"标准音,书面符号使用的是"始ㄅㄚ终ㄩㄥ"的注音字母。

特别需要指出的是,黎先生在着手《中国大辞典》编纂之时,即有编著《字典学》一类论述的设想:

> 字典学为《大辞典》重要的副产物之一。工作分为三面:一,将西文各种"字典"(包括百科全书等而言)之例言序目等,概行打出,择要移译……;一,据谢启昆《小学考》,补其所未备,续其所未见……;一,广搜"类书",亦准斯例编录。将来荟萃钩提,自创体例,拟撰成《字典学》一书,此为从来中外学术界未曾从事之作。[12]

可见这是要充分汲取中国和国外辞书编纂的理论精华,"荟萃钩提,自创体例",建立现代中国的辞书学理论。他的雄心是使

《字典学》一书,成为“从来中外学术界未曾从事之作”。

二

谈及黎先生的辞书编纂实践,首要的话题便是“中国大辞典”。这是他毕生最大的宏愿,也为之倾注了莫大的心力。

黎先生筹办编纂的“中国大辞典”,就名称而言,根据他于1930年制订的《中国大辞典编纂处计划书》,实有广狭二义:

第一,广义的“中国大辞典”,是汉语语文辞书的通称,也是语文辞书编纂机构的名称,即“中国大辞典编纂处”。早先称为“国语辞典编纂处”,1920年成立,1928年改名为“中国大辞典编纂处”。

这个允称为中国现代史上第一个官方的、专业的辞书编纂机构,有相当庞大的工作计划和相应的组织,处下设部,部下设组,组下设股,如搜集部设两组:

第一组为字典组,下设说文股、群雅股、音义股、韵书股、俗语方言股、普通字典股、专科辞书股(又分社会科学、自然科学两类);第二组为书报组,下设语录股、白话小说股、戏曲股、俗曲谣谚股、诗词股、专籍股、札记股、教科新书股、新开股(注意新流行之语词)。其他调查部、整理部、纂著部、统计部亦大体如是,共计五部、十五组、二十六股。这种机构组织的周全细密,体大思精,令人叹为观止。当然,这都是出于黎先生的设想经营,因为他是这个编纂处的总主任，并且由他制定或主持制定了《中国大辞典编纂处计划书》以及相关的《中国大辞典编纂处规程》、《中国大辞典编纂处董事会简章》、《中国大辞典编纂处搜集部委托工作章程》、《中国大辞典编纂处整理部包工简章》、《中国大辞典编纂处委托工作督理章程》、《中国大辞典编纂处出版合作章程》等使辞典编纂处赖以运行的相关文件，由此可见黎先生在辞典编纂方面远大的眼光、恢宏的胸襟以及非凡的组织能力与才干。

他又跟钱玄同合作，制定《文字形体变迁考订表》、《文字声韵变迁考订表》，供工作人员作为具体学术问题处理的依据，按栏填注。

第二，狭义的“中国大辞典”，则是指“依史则”（on Historicai Principles）编纂的辞典的专名。在当时，编纂这样一部全面反映与描写汉语词汇发展历史与现状的语文辞书，完全站到了国际辞书编纂的最前沿。

黎先生起意编纂《中国大辞典》，有一个榜样和标杆，这就是1928年才全部出版齐全的《牛津大词典》，当时是辞书编纂世界性的最新成果，于此也可见黎先生高超的学术眼光与“取法乎最上”的学术标准。

《牛津大词典》最初的正式名称是：《根据历史原则编写的新英语词典》（*A New English Dictionary on Historicai Principles*，简称NED），后来才有另一个名称：《牛津英语词典》（简称 OED）。从1858年英国语文学会通过编纂《牛津大词典》的决议，到1928年一万五千多页的全书出版告竣,共用去整整七十年时间,溶入了四代主编和四千多位专家的心血,耗资是原先估计的三十三倍多。该词典收集资料即历时近三十年,制作引文资料卡五百多万张。

仅编写动词 set,就用去将近四十天时间,分出 126 个义项(不包括许多项下分出的若干子项),28 个短语,其中单是 set up 下的义项就有 44 个。整个词条长达 18 页半(该书采用 23 厘米 × 30.5 厘米的大开本,每页三栏,字体均小于 6 号字)。[13]

基于《牛津大词典》的模式,黎先生确定:

> 《中国大辞典》全书的第一个原则,是:每一个词(以单字说),都要须以它的时代(就可能的范围说,是从公元前 16 世纪的甲骨文到现在的国语和方言,绵亘约三千六百年),叙明它的"形"、"音"、"义"变迁的历史。
>
> 因此,我们决不能用从前编纂字典的方法,只就已有的字书(《尔雅》和《说文》以下)韵书(《广韵》以下)等,抄录排比,酌定新字;必须仿照英国牛津大学所编之《新英文大字典》(按:即上述《根据历史原则编写的新英语词典》)的每一步工作。[14]

黎先生在"中国大辞典编纂处"的组织机构中,对于专门的《中国大辞典》的编纂,只是在"纂著部"第二组(普通辞典组)之下设立一个股;但是不难看出,正如他特别注明的"此系本处主要工作”，整个编纂处的工作中心，便是《中国大辞典》的编纂，其他各个部门基本上是围绕这个中心设置并开展工作的。从1928年编纂处成立，到1934年他制定《中国大辞典编纂处第六次总报告书》之际，“综计所得：凡剪录书报，约四百四十种；凡材料卡片，约二百五十万张。”

黎先生对大辞典的预想是：“规模务求大，材料务求多，时间不怕长，理想尽高远，全然学术化”。[15]他提出：“我们向来的预计，是从1928年起到1947年止，二十年间，全书告竣。”[16]但是在工作量、经费和时间方面，如与《牛津大词典》比较，则困难更多更大：

> 这个比较，可以在我们的工作上表明两个特点：(1)凡字源都得追溯到八世纪以前，甚至增加十个世纪的长度(上至东周时)，比他们多一倍。(2)八世纪以后的材料搜集，却又比他们更加繁难；因为他们渐有已成的详备的字典可据，而我们已成的字典倒把唐诗、宋词、元曲、明清白话小说以及现代的方言、俗词、各阶级人的用语一律拒收。因此，我们若不迳向八世纪以后的这些作品中搜罗词句，勾乙成语，简直就根本上没有材料。那么，我们工作的分量，至少又要比他们多一倍。如此说来，我们工作的范围和重量，三倍于他们，但预定的成书期间却不及他们的三分之一，预定的经费更不到他们的十分之一，总算是“操豚蹄以祝篝车”了。[17]

“操豚蹄以祝篝车”，是源自《史记·滑稽列传》的典故：

(淳于)髡曰:“今者臣从东方来,见道旁有禳田者,操一豚蹄,酒一盂,祝曰:‘瓯窭满篝,污邪满车,五谷蕃熟,穰穰满家。’臣见其所持者狭而所欲者奢,故笑之。”

在这里的含意是“拿着很小的本钱却要做大事,这是办不到的”。辛亥革命以来很长的一个时期,中国军阀争斗,战乱频仍,1937 年以后更是全国进入全面抗战,当时的政府哪还能顾得上辞书编纂呢。凡此,都迫使《中国大辞典》的编纂工作只能中途而废,悄然夭折了。

三

至于黎先生本人,除了拟定《中国大辞典》的上述体例外,又和另一位总编纂钱玄同合写了第一册第一卷《“ㄅㄚ”稿本》,一如全书的分工,钱先生负责单字的形体和音韵,黎先生负责义训和复合词。这个稿子于 1934 年出版,书前附有《编纂条例》。此外,黎先生还编写长编《释“巴”第一》两册,并将其中“可组成论文发表者,随时排印单行本”,如《“巴”字十义及其复合词和成语》一册、《芭蕉、蘘荷两种植物异名》一册、《“把”字用法之引申》一册,[18]这些著述都带有示范的意味。有了这些样本,大辞典的面貌就更清楚了。

例如在《“巴”字十义及其复合词和成语》一文中,他通过“上溯语源,旁征典籍,下稽方俗,逐词推证,以类相从”的方法,整理出作为注音字母音序首字的“巴”字十个义项及其衍生的复合词语所组成的词义系统。囿于篇幅，这里就不展开具体介绍了。总之，这是“按照已发现的古今语音转变之规律，从同义词的联系上，推知语源，说明流变”的词义系统性勾勒的一个典型个案。文中声明：“这乃是《中国大辞典》第一个字的‘长编’的一部分”。

《中国大辞典》的“长编”编纂，也是黎先生的创意。他说：

> “长编”者，仿司马光修《资治通鉴》的手续，先采合事迹，粘为‘长编’。本大辞典之长编，其体例：一，仍以本音(如ㄆㄚ)为纲，随其义训声类所及，将已成稿诸词尽行粘附；依《尔雅》体，综为一训，列之于前，以醒眉目。二，凡搜集部所得之材料，或旧诂，或新训，或校勘，或例证，或古语，或方言，悉为系联，不与抛弃，俟缮入《大词典》正本时，再行删繁就简。[19]

在《中国大辞典》搜集、整理资料及初稿编写过程中，还产生了不少“附带的产品”(黎先生名之为“副产物”)，数量也很可观，在《国语运动史纲》第五期之三《中国大辞典编纂处第六次总报告书》中有所胪列，兹不照录，仅观其大类即有：

1. 群书索引(或兼注音)。如《〈说文〉三书及〈广韵〉注音索引》十二卷(黎先生督修)、《〈尔雅〉注音索引》一卷(魏建功督修)、《群〈雅〉及〈方言〉总索引》十二卷(王述达等督修)、《清代文集篇目分类索引》三册(王重民)等。

2. 字音字形之整理研究。如《广韵通检》十二卷（白涤洲）、《古音系研究》（魏建功）、《〈中原音韵〉研究》（赵荫棠）、《说文部首今读表》（钱玄同）、《敦煌变文俗字谱》（刁汝钧）等，另有相关的大量单篇论文；此外是有关国语运动及方言研究的著述，如《国语运动史纲》（黎锦熙）、《国音字母以前的音标运动》（罗常培）、《注音符号总表》（赵元任）、《北音入声演变考》（白涤洲）等。

3. 语言词类及文法之考释。如《文法辞典》二十八卷（黎锦熙）、《联绵字典》三十六卷（符定一）、《辞通》二十四卷（朱起凤）、《历代外国传释词》二十四卷（方壮猷）等以及大量单篇论文，并"附带地有专书校释之工作"，出版有《列子校释》（王重民）、《刘子新论校释》（孙楷第）、《论衡集解》（刘盼遂）等。

这部分的成果还有《单词说解长编》系列，即"当搜集工作时，偶有胜义，便就单词为题，部署材料，汇为'长编'，遂成论文"，如《谈"巴"（河北方言调查之一）》（王向辰）、《说现代语中之"爸爸"与"父亲"》（何容）、《释"墨"》（王重民）、《"打"雅》（刘复）等；黎先生自己也带头撰写了不少篇，如《广"巴"》、《"巴谩"解》、《"ㄅㄚㄌㄚ"说》、《说"把"》、《广"把"》、《"爸爸"考》、《释"篱笆"》、《论"将"》、《"嘛"》、《三百篇之"之"》等。

4. 近代语的文学之整理校辑及书目。如《词牌索引》二卷（汪怡）、《元杂剧总集曲目对照》一卷（黎锦熙）、《重校金董解元〈西厢记〉》二卷（孙楷第）、《中国通俗小说书目》十二卷（孙楷第）等，以及相关的许多单篇论文。

5. 总类(不限于时代与文学作品)。如《中国文学年表》二十卷(敖士英)、《中国学术编年》六十卷(刘汝霖)、《宋元明思想学术文选》九十五篇(黎锦熙)、《增修小学考》一百卷(王重民)、《方言考》(崔骥)等,黎先生并单独编绘有《国语四千年来变化源流图》,在当时也是影响不小。

由于"本《大辞典》既须二十年成书,工程浩大,故为应教育界及社会的需求计,于纂著部先设特股,就已搜集整理之材料,分别从事其小者,谓之'特种辞典'"。截至1934年5月拟订《编纂处第六次总报告书》时,"其已成及将成者"有:

《教育部公布国音字汇》一册,钱玄同主编,黎锦熙、白涤洲、萧家霖合编,赵元任、汪怡参订;

《增修国音字典》一册,张蔚瑜起草,后改为《新编国音字典》,此稿备参;

《国音分韵常用字表》一册,一名《佩文新韵》,黎锦熙、白涤洲合编;

《北平音系十三辙》十三卷,一名《北平同音小字典》,张洵如编,魏建功校;

《北平音系小辙编》一卷,编、校者同上;

《民众辞典》一册,萧家霖主编;

《国音普通辞典》一册,汪怡主编;特别注明:"此种'普通辞典',乃《大辞典》之椎轮,于《大辞典》未成书之前,可供教育界检查之用。"

《中法辞典》一册，刘毅主编。

根据《中国大辞典编纂处第六次总报告书》统计："以上本处纂著之专籍并论文等（与其他文化学术机关合作者并计）共约二百种。——内专籍约占八十种，共约六百卷。"

于此可见黎先生主持编纂《中国大辞典》的规划之恢宏，直接间接参与其事的学者队伍之强大，成果之丰盈，而黎先生自己身体力行，带头撰写大量文章论著，其大师风范至今令人无比钦仰。

根据黎先生于1965年1月面赠张涤华先生的"关于《中国大辞典》的比较详细情况介绍"的材料记载，1934年5月拟定《第六次总报告书》之后，在黎先生主持下，中国大辞典编纂处又继续编有：

《增订注解国音常用字汇》。1932年由国语统一会议定的《国音常用字汇》，只有注音，没有解释。此书加以修订，并增收新字两千多个，每字之下都有注解，1948年出商务印书馆出版。1949年又略据1946年重版的《国语辞典》增收词语约三万。1955年由五十年代出版社出版，书名改为《同音字典》。

《增注中华新韵》。《中华新韵》是1941年印行的，但无注释，印数也少。1947年，就原书扩大收字范围，增加简要注解，别读、歧义，一一辨正。全书分十八韵，与《佩文新韵》（黎先生与白涤洲合编，1934年北平人文书店出版）相同。以上两种，加上1932年商务印书馆出版的《国音字典》，合称"国音三书"。

《国语辞典》。1937年商务印书馆出版第一册，1943年出齐，共八大册。四年后再版，缩为四大册，有“补编”附于卷末。此书是过去收词最多的语文词典，但因是在抗战时期刊印的，流传不广。1957 年商务印书馆重印，有删节，书名也改为《汉语词典》。

《新部首注音汉字字汇》。收注音汉字 6788 个，按新部首编成，供一般索引及印刷业或华文打字字盘检字之用，未刊。

《国字形音大系》。此书先将《说文》“音母”和部首共 1300 多字，按音序排列，每字略举形体变迁（甲骨文、金文、小篆、隶、草，别体），并标明上古、中古、近代的音值；然后将现代常用字约 5000 多个（都是相从得声的）分录于各“音母字”之后，借以说明现行汉字的源流系统。书分字形、字音和常用字三部分，各已成稿，未刊。

《〈广韵〉声义通谱》。此书将《广韵》全书中的字，按照“词类大系”逐字归类；每字之下，标明声纽、韵目、四声、开合等呼，并注明音值。编纂目的在于组合声义，通为一谱，使方言音系和土语词名的研究者溯源穷流、考订疏证，都易着手。到 1947 年，已完成上平、下平、上、去四卷及入声的一部分，未刊。

《学习辞典》。因为 1949 年后“学习”运动逐渐开展，大辞典编纂处就把搜集部的新闻杂志股所搜集的新词语、新材料汇总起来，加以编排，写成这部《学习辞典》。1951 年北京师范大学出版部与天下出版社联合出版。

《学文化辞典》。1952 年，速成识字运动兴起，编纂处又据 1935 年统计部对常用汉字的统计，编成《学文化辞典》。有北京师范大学出版部版、商务印书馆版。

以上诸书，有些是黎先生与人合编的，有些是自编的，体例大多由他手定。其中已经付印的几种，出版以后，流行很广。[20]有的至今还在使用，例如新世纪出版的《王力古汉语字典》对部分字音注有“旧读”，明确指出：“旧读一般根据《增注中华新韵》（中国大辞典编纂处，商务印书馆）。”[21]上个世纪40年代的实际读音规范，现在成了“旧读”，正是反映现代汉语语音变化的宝贵材料。

黎先生领导的中国大辞典编纂处功不可没。

四

中华人民共和国成立之后，作为北京师范大学的教授，黎锦熙先生在从事新中国的文字改革工作外，把主要精力放在汉语的教学与研究方面。但是黎先生始终未能忘怀中辍的《中国大辞典》的编纂，1950年他又出任中国大辞典编纂处总主任时，曾向具有师生之谊的毛泽东主席写过一封信，就中国大辞典编纂处机构归属、人员编制以及辞书编辑事业应合理发展等方面的问题，提出了自己的意见。毛泽东主席很快回信：

邵西先生：

五月十七日惠书敬悉。所提大辞典处各点均可同意。并和胡乔木同志说了，他也同意。请用电话和胡同志接洽为荷。

顺祝健康!

毛泽东

一九五〇年五月二十二日[22]

1956年2月6日,国务院发布推广普通话的指示,责成当时的中国科学院语言研究所(1977年5月起改称为中国社会科学院语言研究所)编纂反映现代汉语词汇规范的《现代汉语词典》(以下简称《现汉》)。语言所为此专门组建"词典编辑室",除抽调语言所自身的业务人员外,还根据上级安排,将原中国大辞典编纂处和新华辞书社并入该编辑室。黎先生的夫人贺澹江女士也调入词典室从事《现汉》的资料工作。中国大辞典编纂处此前所收录整理的300多万张卡片也随之进入中国科学院语言研究所,至今依然完好保存。黎先生本人则成为《现汉》审订委员会的成员,也为这部问世后社会影响綦大綦佳的精品辞书尽其心力。在他晚年得知国家组织力量编纂《汉语大词典》时,深感欣慰。兹迻录安徽大学张涤华教授有关的一段回忆,以作为本文的结束:

1975年10月,我写信给黎先生,告诉他国家出版局根据敬爱的周总理的指示,已经组织了江、浙、鲁、闽、皖五省和上海市的人力,协作编写《汉语大词典》,而我也参加了这一工作。他非常兴奋,很快地就写了热情洋溢的复信,表示支持,并说:这样的大协作,正是几十年来他一直梦寐以求的。此后几年间,他给我写了许多信,几乎每次都谈到词典编写问题,或解答我提出的疑难,或提供解决问题的线索,或介绍他的宝贵经验,使我得到很多的启发和教益。特别叫人感动的是,他还把自己珍藏多年的手稿《中国大辞典编纂处工作记》和一些有关编写词典的资料寄来,供我参考。在一次来信中,还说:"我一向主张文化上要打破本位主义,不能存在私有制的思想,所以你们编大词典,如果需要什么材料,只管来信,只要是手边有的,我一定随时提供。"这种阔大的胸衿和无私的精神,是多么可贵,又是多么值得我们学习啊!㉓

附　注

①⑮《国语运动史纲》第四期之三(三):"中国大辞典编纂处移设中海,扩张工作",商务印书馆,1934年12月,初版;又载《黎锦熙文集》下卷,黑龙江教育出版社,2007年3月。下同。

②⑥⑦⑧⑫⑭⑯⑰⑲《国语运动史纲》第五期之三:"中国大辞典编纂处的工作进度"。

③⑤ 中国大辞典编纂处编:《汉语词典·原序》,商务印书馆,1957年12月,重印第1版。

④《国语运动史纲·序》。

⑨《国语运动史纲》第四期之三(三):"中国大辞典编纂处计划书"。

⑩ 发表于《师大月刊》,1934年第10期。

⑪《国语运动史纲》第五期之一:"教育部公布《国音常用字汇》"。

⑬ 以上参见李荫华:《英语词典初探》第四章,商务印书馆,1985年9月。

⑱ 以上著述,后来收入《汉语释词论文集》,科学出版社,1957年。

⑳㉓ 参见《张涤华语文论稿·黎锦熙先生与词典编写工作》,安徽教育出版社,1983年7月。

㉑《王力古汉语字典·凡例》第9条"关于旧读",中华书局,2000年6月。

㉒ 此墨宝见《毛泽东亲笔手书选》,参见黎泽宁:《我的伯父黎锦熙先生与毛泽东主席的深厚的师生情》,新浪博客,2006年4月6日。

[本文为"纪念黎锦熙先生诞辰120周年学术研讨会"参会论文,2010年4月,北京师范大学;发表于《辞书研究》,2011年第3期]

王力先生辞书学的继承与创新

20世纪现代中国的语言学前辈大师中，有两位可以说特别重视字典辞书的编纂，对于字典辞书编纂的情结特别浓郁，他们都认为辞书学（或称“字典学”）是语言学的一门分支学科，在中国最早提出“字典学”的术语与概念，[①]不但有丰富的相关理论阐述，而且投入大量精力亲身实践，为世人遗留下丰硕的成果。这就是黎锦熙（1890～1978）先生和王力（1900～1986）先生。

两位先生的经历与在这方面的旨趣、风格则有所不同：黎锦熙先生一直在中国本土求学做事，但在辞书编纂上着意取法“按史则”（on Historicai Principles）的《牛津大词典》，为了编纂《中国大辞典》，组织并领导了周全细密的共计五部、十五组、二十六股的“中国大辞典编纂处”；[②]而王力先生有着多年的法国留学经历，现代语言学理论自是了然于胸，却更多地注意吸收《说文解字》以来的中国传统字典辞书的营养，同时他虽然认为“理想的字典，……做起来非得一班人合作不可”[③]，但是他又基本上总是运用个人的学识，在辞书园地辛勤地独力耕耘，“自己来追求他编辞书的梦想"[4]。

今年适逢黎锦熙先生诞辰120周年、王力先生诞辰110周年。关于黎锦熙先生的辞书学成就,本人已有一篇《黎锦熙先生的辞书学理论与实践》加以评述(《辞书研究》杂志即将刊发),这里主要谈谈学习王力先生辞书学理论与实践的体会。

其实,在字典辞书编纂具有数千年的悠久历史与传统的中国,考察其编纂方式,起码可以看出两个特点:第一是多为民间的,与此相关的第二是多为个人的。最早的词典《尔雅》,作者佚名不必说,从西汉扬雄的《方言》、东汉刘熙的《释名》、许慎的《说文解字》,到三国·魏张揖的《广雅》、南朝·梁顾野王的《玉篇》,直至明梅膺祚的《字汇》、张自烈的《正字通》、方以智的《通雅》等,莫不如此。只是到了清代康熙年间,清圣祖玄烨命张玉书、陈廷敬等三十人编纂《康熙字典》,才有了第一部出于众手的、官修的字典。至于韵书,虽然从隋代陆法言即有"我辈数人,定则定矣"(《切韵·序》)的《切韵》,其后宋代陈彭年的《广韵》、丁度的《集韵》、司马光的《类篇》,也都是"主编制"的集体著作,而且具有官修色彩,但是韵书重在"审音辨韵",不重字形训诂,只是"古代字书的别体"[5],况且早期的韵书如三国·魏李登的《声类》、西晋吕静的《韵集》,也都是个人作品。

所以,王力先生编纂《了一小字典》、《同源字典》、《古汉语字典》,都是独自亲力亲为,或者设想独力完成。这一点,可以说是中国字典辞书编纂传统的发扬光大。

再者,我们注意到,王力先生对于他自己的字典辞书编纂工作,往往使用“写”,或者用“编写”,只有一处为避复而单用“编”,如:

> 在理想未实现以前,我想独立写一部小字典。(《了一小字典初稿·说明》)
>
> 从前没有人写过汉语的同源字典,我没有现成的书作为参考,写起来很吃力。(《同源字典·序》)
>
> 编写一部字典,这是我的宿愿。……六十年代,我又和商务印书馆订约编写一部《古汉语字典》,后因“文化大革命”耽搁,没有编成。写出的稿子五十多页也被抄家抄走了。去年四月,我应中华书局之约,编写一部《古汉语字典》,预计分四册,四年完成,每写完一册,即先出版一册。(《王力古汉语字典·序》)
>
> 我写这一部字典,力求释义明确,特别注意词义的时代性,以及本义与引申义的关系。(同上)

我们知道,“编”和“写”可以组成复合词,是“既编又写”。实则二者词义有别:“编”是编辑,按照《现代汉语词典》的解释,是“对资料或现成的作品进行整理、加工”;而“写”则是“写作”,是具有原创性的。中国古代十分重视“述”与“作”的区别。《论语·述而》:“述而不作,信而好古,窃比于我老彭。”这句话是人们熟知的。自称“述而不作”，这是孔子的谦虚；但也体现了“述”、“作”之存在严格的大防。可见王力先生认为他的字典辞书的编纂是具有原创性的“创作”，非一般的“编”可比。

所以，王力先生编写的字典，无论是《同源字典》，还是《古汉语字典》，正文之前都冠之以自撰的《序》。前者的序文不长，但随之刊以三篇论文：《同源字论》、《汉语滋生词的语法分析》、《古音说略》；后者的序文中，则详列该字典的八个特点（实际上就是八个创新点，见下），并且运用大量例子，分析坊间其他辞书（主要是修订本《辞源》）释义方面的问题。这样就大大提高了字典的理论含量和学术水准，非一般陈陈相因、人云亦云的字典辞书可比。

曹先擢先生注意到这一点，指出：“理论与实践相统一，故有成就的作者大多有一篇序，从理论与实践的结合上说明所编撰的著作的内容，有极高的学术价值，如许慎的《说文解字·叙》、陆法言的《切韵·序》、陆德明的《经典释文·序录》等。近代这个传统逐渐淡出，王力先生继承了这个传统。”[⑥]

诚然，王力先生十分重视中国语言学的传统继承。他对中国传统语言学有高度的评价和科学的认识，明确地指出：“中国语言学是有光荣的传统。二千多年前中国就有了很好的语言学理论，实在值得我们引以自豪。”[⑦]他专门著有《中国语言学史》一书，阐发这方面的观点。

对于中国辞书学也是如此。其脍炙人口的《理想的字典》一文,高度评价了自《说文解字》以来"中国字典的良好基础"。众所周知,释义是字典辞书编纂的核心。王力先生归纳《说文》释义的五种方法:天然定义、属中求别、由反知正、描写、譬况,认为"已经具备了理想字典的轮廓",并且进一步指出:"现代世界上最好的字典,也离不了这五种方法。可见许慎对于中国的字典学,已经立下了很好的基础。"对于"近代字书的进步",他也给予了充分的肯定。

毫无疑问,王力先生对于《说文》以来的中国字典学,采取的态度当然首先是继承。他的《了一小字典》乃至《古汉语字典》,在释义方面当然不能脱离诸如《说文》释义的五种方法。

不过,科学的态度和正确的做法,是在继承的同时,应当伴之以发展与创新。王力先生的这个理念也是十分坚定的。他认为:"继承,就意味着发展。不能发展,就不能很好地继承。"⑧

试看王力先生小试其锋的《了一小字典初稿》的首字"人"的释义:

〔人〕日寅切,国音ㄖㄣ。①名词。动物之最灵者。如"语言文字为人类所独有。"②无定代词。隐指某一人或某一些人。《红楼梦》十回:"今日他又去勾搭人。"此义往往说成"人家"。③无定代词。己之反。《红楼梦》四十七回:"这是自己发的,也怨不得人了。"此义往往说成"别人"。④(文言)单位名词,指人的数目。如“会员缺席者七人。”今白话称“个”不称“人”。

〔语源学〕“人”字古音在真部。《广韵》如邻切,真韵。等韵臻摄,日母,开三。《说文》:“人,天地之性最贵者也。此籀文,像臂胫之形。”今按甲骨及金文人字多像人侧立形,有头背臂胫。第二三四诸义皆由第一义引申而来。四义皆源于上古:(一)《诗·大雅·召旻》:“维今之人,不尚有旧。”(二)《诗·鄘风·柏舟》:“母也天只,不谅人只。”(三)《论语·颜渊》:“己所不欲,勿施于人。”(四)《书·泰誓》:“予有乱臣十人。”

除了“人”的释义方法大致承继使用了《说文》的“属中求别”、“天然定义”等方法外,较为明显的创新之处有:标注词性、标明文体、自造例句和书证等,尤其是〔语源学〕的说明,实属匠心独具。

《同源字典》是王力先生在“文化大革命”尚未结束的“浩劫”期间,即1974年8月起,冒着被批“复辟”的风险,以个人之力,费四载之功,“三易其稿”,撰写而成的。全书以上古汉语语音为线索,打破字形的束缚,“以韵部为纲,声纽为目”,把貌似一盘散沙的古代汉语词汇,分成彼此之间存在语音、语义联系即同源的若干组。全书框架如下表所示(按:表格的横向为韵部,竖向为声纽,格内的数字为相应韵部、声纽中所分析的成组同源字(王先生用“条”来表示)的数目):

	之	支	鱼	侯	宵	幽	职	锡	铎	屋	沃	觉	蒸	耕	阳	东	微	脂	歌	物	质	月	文	真	元	缉	盍	侵	谈
影	1	1	6	4	2	2	2	3	1	1			1	2		3	2		1	4	2	3	1	1	7	1	1	1	2
见	3	3	13	4	4	2	6	2		2	1	3		3	6	3	5	3	5	4	1	3	3		14		1	1	2
溪	4	2	3	1	1		1		2		1			2	1	2	1	1	1	1		2	1		4		2	1	1
群	5	1				3	1	1							1					3	1		3					1	1
疑	2	1	11	3	3				1		1				1				3			4	1		3				1
晓	2		4			1	1		1			1		1	3		3		1	1			2		3	1			
匣	1	1	4					1	1			1	1	2	3	2	5	2	1	3		3	5	2	4	1	2	3	1
端		1		1	2	1	1	1		1	1	1	1	2	4	1	2	6			1	3	2		5		2	5	1
透	1		1	1	3	1	1		1		1	1		1	1	2		2	2	2	1	1		1	1		1	1	2
定	3	2	4	5	6	5	2	1	1	6	1			5	6	3	1	3	2	1		1	5	3	5				
泥	2		3			1						1						1	1	1	1			1	2			3	
来	5		7	1	6		1	1	4	1			2	5	4	1	4	1	1	1	1	5		1	3	1		1	3
照	3	1	2	1	1	3	1		4		2	1	1	2	3	2		1			1	1	2	1	2	3		1	
穿			1	1		1													3	1		1	1	1					
神			1				1													1			3	1					
日	1	1	5			1				1			1		4		1	1				1		1	1			1	2
喻			8	3	1		1	2	2	1	1	1	1		3	1				1	3			1	1			2	
审			3		1	1									2			2	1			1	1	1	2	1		1	
禅		3		3		1	1		2						2			1	1				2		2	2		1	
庄	2		1	1		1	1	3						3	1							1		1				1	1
初							1								1	1			3			1			1		1	1	
床	1	1			1	1																							1
山	1	2	1		1	1				1		2		3						1		1				1			
俟																													
精	1	1	1	1	3	1		1	1				2	2	1	2		2	1	1	1	1	1	1	1		1	2	
清				2	1			1	2					2	1			1	2		1		1	1	2			3	
从	3		1	1	1	1			1			2	1	1	2	1	2	2	1	1	1			1	3	1			
心		1	4	2	5	3	3							1	1	2		1			1	1	1		3			1	1
邪	1		3												1					2					2	1		1	
帮	1	2	5	3	2	4	4	1	3			1		1	1	3	1	3	3		1	1	3	2	2			1	
滂	1	1	3	1	1					1				1		1	1	1	2			1	2	1				1	
並	2	1	1	3		2	3		3		2		3	2	1	1	1		1			4	1		3			1	
明	3	1	3		4	2		1	2			1		1	6	1	3	4	2	3	1	1	4		9				
小计	49	27	99	42	49	39	32	19	32	15	11	16	14	42	60	32	32	38	38	32	18	41	45	22	76	13	11	35	19

各个韵部所分析的同源字的条目总数见于表格下方。据统计,整部《同源字典》一共分析了 998 组上古汉语的同源字,涉及到的单字在 3500 个左右。

这部字典继承了前人的许多训诂学成果,按照王力先生的说法:“大量地引用古人的训诂,来证明不是我个人的臆断。”(《同源字典·序》)但是它并非前人遗留材料的简单罗列与排比,而是融入了先生的学术见解与论述。整部字典从体例到框架,都是先生的设计;整个上古音系的确立,也是用的先生自己的体系。他曾经实事求是地强调:"从前没有人写过汉语的同源字典,我没有现成的书作为参考。"(同上)所以,可以说《同源字典》从形式到内容,都是王力先生的创新。而且迄今为止,国内整个学术界,尤其是辞书学界,似乎尚未见到可以与之媲美的类似成果。

至于《王力古汉语字典》,则创新之处更多。王力先生自己归纳了"八个特点",实际上都是这部字典的创新点:1. 扩大词义的概括性;2. 僻义归入备考栏;3. 树立历史观点,注意词义的时代性;4. 标明古韵部;5. 注明联绵字;6. 在每部的前面先写一篇"部首总论";7. 辨析同义词;8. 列举一些同源字。

试以"人"部的"侵"字为例:

侵 qīn　七林切,平,侵韵,清。侵部。

(一)越境进犯。《左传·庄公二十九年》:"夏,郑人~许。凡师有钟鼓曰伐,无曰~。"《公羊传·庄公十年》:"二月,公~宋。曷为或言侵,或言伐?觕者曰侵,精者曰伐。"引申为侵凌,欺负。《史记·游侠列传》:"豪暴~凌孤弱。"又为侵蚀。《北齐书·邢邵传》:"加以风雨稍~,渐致亏坠。"(二)[侵寻]叠韵联绵字。渐进的样子。《史记·武帝本纪》:"是岁,天子始巡郡县,侵寻于泰山矣。"

[备考]荒年。《谷梁传·襄公二十四年》:"五谷不升,

谓之大～。”

[辨]侵，伐，袭，征，讨。见“伐”字条。

[同源字]袭，侵。见“袭”字条。

对于这个字头，只是设立了一个义项，为本义，另带两个引申义，还有就是一个由它构成的叠韵联绵字，一个僻义，再加[辨]和[同源字]的提示。整个释义只有241个字，包含了何其丰富的语义信息！比较《汉语大字典》的“侵”字头，设立有二读16个义项（基本上都是古汉语的书证；姓氏义除外，下同），约1 200字；《汉语大词典》，则有14个义项，约1060字；就连《辞源》（修订本）也有6个义项。可见王力先生十分强调“扩大词义的概括性”，并且大力运用到具体的字典编纂实践中去。又，从本义到引申义的揭示，则体现了他的“树立历史观点，注意词义的时代性”的鲜明主张。

至于“在每部的前面先写一篇‘部首总论’”，更是王力先生的独创。“侵”字所属的“人”部，“总论”归纳出：“人部的字，多与人事有关。大致可分为三类：（一）是关于人的行为的。（例略，下同）（二）是关于人的德性的。（三）是关于人伦、人品的。”最后还特别指出：“后人改‘儋’为‘擔’，改；‘何’为‘荷’，……等等，这就失了人部的原意了。”涉及古今字问题，也是精彩的点睛之笔。

王力先生原来设想独自完成这一巨著，由于年事已高、身罹病患终至不治，只完成了子、丑、寅三集和卯集的大半。所幸他的几位忠实弟子秉承师志，分承馀劳，通力协作，将全书圆满完成，并且冠以《王力古汉语字典》的美名。我们看现在全书的体例、详略度是前后大体一致的,对于字头义项的概括和表述,也都十分注意保持先生的思想与风格。总之,王力先生致力的"八个特点",都得以体现和发扬光大。他们的尊师之道与治学风范,令人感动。这是辞书编纂史上的创举,也是中国学术史上的佳话。

虽然吕叔湘先生曾经发出"非常遗憾的是始终没有机会让王先生主持一部大型词典的编纂工作"的慨叹,[9]但就王力先生在中国辞书学的理论与实践方面的建树而言,他的成果值得我们高度重视,认真学习,他在这方面的努力与成功是不朽的。

附　注

① 黎说可参拙文《黎锦熙先生的辞书学理论与实践》,王说可见《理想的字典》一文。

② 黎锦熙:《国语运动史纲》第四期之三,商务印书馆,1934 年 12 月,初版;又载《黎锦熙文集》下卷,黑龙江教育出版社,2007 年 3 月。

③ 王力:《了一小字典初稿·说明》,载《王力文集》第十九卷,山东教育出版社,1990 年 6 月。

④⑥ 曹先擢:《王力先生治辞书的特点》,《辞书研究》,2010 年第 1 期。

⑤ 刘叶秋:《中国字典史略》第六章,中华书局,1992 年 2 月。

⑦⑧ 王力:《中国语言学的继承和发展》,《龙虫并雕斋文集》第二册,中华书局,1980 年 1 月。

⑨ 吕叔湘:《悼念王力教授》,载《王力先生百年诞辰纪念文集》,语文出版社,2000 年。

[本文为"中国语言学发展之路——纪念王力先生诞辰 110 周年暨郭锡良先生 80 寿辰国际学术研讨会"参会论文,2010 年 8 月,北京大学]

正确解读王力先生的词典学思想

作为中国现代语言学的大师，王力先生十分重视汉语辞书的研究与编纂。早在1945年，他就发表了脍炙人口的《理想的字典》一文，对“中国字典的良好基础”、“古代字书的缺点和许学的流弊”、“近代字书的进步”、“现存的缺点”均进行了基于现代语言学立场的评述，由此出发提出了“理想的字典”的理论设想，并于次年“几经易稿”，发表了《了一小字典初稿》。当然，这“小字典”只是“理想的字典”的样品，是王先生辞书学思想的牛刀小试。直至晚年，先生还郑重申明：“编写一部字典，这是我的宿愿。”1984年，先生以八十四岁的高龄，还“应中华书局之约，编写一部古汉语字典，预计分四册，四年完成”。后来因病谢世，未能完成，而由几位高足继承先师遗志，分工继续编写，终于使《王力古汉语字典》得以问世。这项成果为学术界所瞩目，更是中国辞书学高标的风范。

所有上述这些文章成果和事实，都是语言学界包括辞书学界的业内人士耳熟能详的。当然，为了学习和继承王力先生辞书学的理论与实践，以改善当前辞书界的现状，提高我国辞书学理论与实践的整体水平，需要有专门的研讨与分析的文章，而且需要不止一个人来做这项研究与探讨工作。这里只是结合新近出版的李行健先生主编的《现代汉语规范词典》（以下简称《规典》）略谈一个侧面的体会。

那就是关于“词语义项按历史发展脉络排列”的问题，编写组的同志们认为“这是王力先生几十年前就提出的愿望”（见李先生的《规典·前言》）。此前在1998年出版的该《规典》的前身《现代汉语规范字典》的《前言》中，李先生也有类似的话：“多义词的义项尽可能按照词义的引申发展脉络排列。……这是王了一先生在几十年前提出的构想。”

我们认为，李先生在这里是误解了王力先生的本意了。诚然，王力先生在《理想的字典》的最后即点题的“理想的字典”一节中，确实提到“明字义孳乳”的必要性。但是，我们可以看到：王先生文章中提及并加以评骘的字典辞书，计有：《说文解字》、《释名》、《广韵》、《康熙字典》、《中华大字典》、《辞海》、《辞源》等，而所有这些字典辞书，无一不是带有历时性质的，多数是古、近、今并举（从王先生文中所举例子亦可知），即使作为我国首创第一部字典的《说文解字》，从上古到汉代，所涉及字义词义的时间跨度也很大。王先生的《王力古汉语字典》也是如此。因此，王先生所针对的所分析的字典辞书，严格地说，都不是共时的，即同一时代平面的。故而，王先生在“明字义孳乳”之后马上谈到“分时代先后”，并指出：“本来，‘明字义孳乳’就含有‘分时代先后’在里头：

本义最早，引申义次之，引申义的引申义又次之。”这说明，“意义孳乳”和“时代先后”具有同一性，也都具有历时性。那么，今天我们如果编写描写、规范现代汉语词汇的字典辞书，应不应该运用这种原则呢？答案恐怕应该是否定的。因为现代汉语的字典辞书是针对现代汉语这个时代平面的，并不需要也不应该照顾历时的因素，即“字义孳乳”、“时代先后”等等（这和收录仍然保留在现代汉语书面语中的古代汉语词义是两码事，见下文）。

王力先生在《理想的字典》一文中还有这么一段话：“若就字典方法上说，根本就不该不辨古今死活。英法等语的历史比中国的历史短得多了，但是他们的字典也不是不辨古今死活的。他们普通的字典，总是一部现代字典，里头只有沿用义和新兴义，没有死义。偶然有一二个死义，也必注明‘古义’或‘罕用’。至于古书的字义，自有专书，……像咱们中国近代的字典古今死活都混在一处的，英法等国可以说是没有。”从这段话里，我们不难领略到：第一，王先生是极其注意区分字典辞书的时代性质的。第二，王先生文中评述的字典，多数是把“古今死活都混在一处的”；第三，王先生对这种做法（即“字典方法”）是取批评态度的；第四，对于现代性质的字典辞书，王先生认为只要收录“沿用义和新兴义”，即活在现代语言中的意义。

这就是我们对于王力先生辞书学思想的部分解读和心得，不知是否准确和实事求是？敬祈批评指正。

如果我们的理解尚有可取，那么，基于学理逻辑和辞书学编纂理论的考虑，我们就有必要对收录现代汉语词语的字典辞书将“词语义项按历史发展脉络排列”的必要性提出质疑了。

其次，从《规典》根据上述指导思想而给出的词语义项描写来看，确实多处发生了“古今死活都混在一处”的情况。例如：“班①[文]用刀把玉分开；分开。②旧指按行业区分出来的人群；……③量词。……④为了便于学习或工作而分成的单位。……”(30页)为了体现“班”的词义引申发展线索，只好说其本义是“用刀把玉分开”。这是《说文解字》中的解释：“班，分瑞玉，从玨从刀。”从字形分析，刀在两玉之中，解为“分瑞玉”即“用刀把玉分开”是可以的。然而有意思的是，即便在上古文献中，我们也难以找到这个本义的用例。像《尚书·舜典》：“班瑞于群后。”似乎应该是最贴切的了。《汉语大字典》即以此作为“分瑞玉”的用例。但伪孔传在此处却注道：“班，还。”孔颖达疏云：“更复还五瑞于诸侯者，此瑞本受于尧，敛而又还之。”是同意这个说法的。所以《王力古汉语字典》根本就不提“分瑞玉”，而将“班”的本义界定为“发还瑞玉”(713页)。这是从古汉语的语言实际出发而做的归纳。《汉语大词典》对此的处理方式是：“本指分瑞玉，见《说文·玨部》。引申为赐予或分给。《书·洪范》附亡《书·〈分器〉序》：‘武王既胜殷，邦诸侯，班宗彝，作《分器》。’”在“本指分瑞玉”后并不加“班瑞于群后”的书证，可见也不认为这里使用的是本义，而且另外再也找不到了，所以才紧接着说“引申为赐予或分给”。再退一步来说，这个义项即使在上古存在过的话，对现代汉语而言,也应该说是古得不能再古,死得不能再死,怎么可以混在号称“现代汉语规范”的词典里呢?

王力先生是如何处理针对现代的字典中的义项及其排列的呢?读过《了一小字典初稿》的人都知道,那里面每个字只是列出“沿用义和新兴义”,即是在现代汉语中还有生命力、还在使用的义项。如若是现代汉语书面语中仍然保留的古代文言义,则亦列出,但标明“此义今罕用”。最具特色的是,在上述释文之下,另起一段,标以“[语源学]”打头,详细描写该字的古音、古韵、《说文》说解、古文字字形、古义(上古义直至近代义)死义、本义引申义及其书证,等等。此外,有的字解在[语源学]之后还有[附记],基本是对易混、易错的字形、字音、字义的提示。(为节省篇幅,就不举例而做“文抄公”了。)所有这些内容,充分体现了该字作为汉语语词的记录和使用历史中的方方面面,也充分体现了王力先生对于汉语汉字深湛的学养和功底。这才是先生心目中的“理想的字典”,同时,上述所有内容的综合,适足以构成汉语字典辞书的极致。不过,这样的编纂,实在是太费功夫了,不是每一个人都能做到的;当然,也不是每部字典辞书都需要具备这些内容。但足以令我们汗颜的是,在《了一小字典初稿》发表将近六十周年之际,我们国家还可以说并无一部包罗如此丰富内容的完整的字典辞书问世。所以,编出这样的一部字典此书,应该是我们作为语言学研究者和辞书事业的工作者在现在和未来所应追求的目标。

那么其他针对现代汉语的字典辞书又是如何处理义项及其

排列的呢？仍以“班”字为例，选取手头两部有代表性的词典作为标本进行考察：

1.《汉语词典》(中国大辞典编纂处编，商务印书馆1937年初版，1957年重印第1版)：

班(注音略，下同)①行列，位次。②一组曰一班。③分给。④还。⑤同“斑”。⑥齐等。⑦姓。

2.《现代汉语词典》(中国社会科学院语言研究所词典编辑室编，商务印书馆1997年新1版)：

班①为了工作或学习等目的而编成的组织。(例略，下同)②(～儿)指一天之内的一段工作时间。③军队编制的基层单位。④(～儿)戏班，旧时也用于剧团的名称。⑤量词。……⑥按排定的时间开行的。⑦调回或调动(军队)。⑧姓。

可以看出，这两部词典中所列的“班”字的义项，基本上都是现代汉语中所使用的。《汉语词典》中的③、④两项似有可疑，但是也绝对到不了“分瑞玉”的地步。难道主编、校订《国语词典》(亦即《汉语词典》的足本)的衮衮诸公如黎锦熙、赵元任、钱玄同等先生，主编《现代汉语词典》的吕叔湘、丁声树先生能不知道“班”在《说文》中的说解吗？

由此我们还不得不得出一个结论：这种在现代汉语性质的字典辞书中所谓“词语义项按历史发展脉络排列”的做法，从辞书学编纂理论而言并不可取,在实践方面甚而可以说是一种历史的倒退。

当然,"班"字的例子也许比较极端,不见得所有的单音词的义项按这种方式排列都会产生同样的问题。也许它还有些其他正面的效果,比如把某些《现代汉语词典》认为是同形词而分列的单音词,由于存在"历史发展脉络"而合并了(例如"折"字)。然而这也是见仁见智的事,成败利弊尚可分析。囿于篇幅,在此不拟展开探讨了。但是即便某些同形词因此可以合并了,也不能说分开就有什么错;因为毕竟不是历时性的词典,务必探源溯流,而是共时性的词典,只需罗列得当而已。

[原载《文汇读书周报》,2004 年 4 月;又《语言文字应用》,2004 年第 3 期]

《正字通》及其作者

我国古代的字书编撰，以《尔雅》、《方言》、《说文》为肇始，历经魏晋六朝的《广雅》、《玉篇》、《切韵》等，至宋金辽时期可以说出现了一个小小的高峰，产生了诸如《广韵》（陈彭年）、《集韵》（丁度）、《类篇》（司马光）、《龙龛手鉴》（释行均）、《四声篇海》（韩孝彦）、《埤雅》（陆佃）、《尔雅翼》（罗愿）等一批较大型而有影响的字书。就连颇遭后人非议的王安石《字说》、戴侗《六书故》，也是产生于有宋一代的。在这之后，由元入明，似乎出现了一段较长的岑寂；即使有元李文仲的《字鉴》、明赵撝谦的《六书本义》、焦竑的《俗书刊误》之类，由于编写目的较为狭隘，大多不过意在探讨字源、辨正点画、刊除俗谬等，不是全面收集罗列字形、字音、字义的字书，实用性很差，所以形不成气候，对于当时以及后世，也没有造成大的影响。这也许同元明时期理学大行、一般学者精于义理却疏于训诂的学风不无关系。

这种岑寂，直至明代后期才被打破了，这就是出现于万历年间由梅膺祚编撰的《字汇》。它从内容到编排乃至附录，都全面注重通俗使用，有不少独创性的设计，为后代许多字书所沿用。由于投合了社会的需要，书成之后，风行一时，而且大概各方面效益可观，于是很快出现了一批续补或仿袭之作，如《字汇补》、《同文字汇》、《玉堂字汇》、《文成字汇》、《彩云字汇》、《会海字汇》等，[①]可谓掀起了一阵"《字汇》热"。然而除个别者如吴任臣的《字汇补》得以附骥行世之外，其余的仿袭之作大抵随即湮灭鲜闻了。

不过另外却有一部字书，虽然也是受《字汇》的影响而编撰的，却以它的某些特点弥补了《字汇》的不足，于是得以与《字汇》并行流传，共同成为清代官修《康熙字典》的主要参考书。这部字书，名字就起得相当自负，叫作《正字通》。

一

《正字通》的体例，虽然大致与《字汇》相同，内容却有不少新意。

它的作者，之所以不把自己的著作定名为《××字汇》，是因为自信自己的所作，不是《字汇》的仿制品乃至翻刻本，而是全面搜罗汉字字形、字音、字义的独立著作。其《凡例》的第一条中就指出：

> 虑四方沉湎《字汇》日久，不仍存旧说，彼此是非必不著，故部画次第如旧，阙者增之，误者正之，未可与各坊翻刻同日语。

可见是因为《字汇》影响大,不得不以之为参照系,故而体例编排方面,一遵《字汇》。其最主要之处就是:按照214部首分部;每部再按笔画排列;同笔画者,排列亦与《字汇》相同。

在"阙者增之"方面,《正字通》除了增收若干字头(在《字汇》原收33179个字的基础上,新增加字头360个,在注文中增加异体字形119个)之外,更主要的是对《字汇》的义项简略之处增添书证,使之更呈丰满和具有说服力;同时,增补了不少新义,尤其是俗语义。

《字汇》在许多字的字头下,时常只罗列义项,缺乏进一步的说明。这固然可备人们对字义的查检,但在许多情况下,却令读者感到不满足,即只能知其然而不知其所以然。而《正字通》在这方面做了很多补充说明,或指明出处,或增补书证,使人得其"所以然"。例如:

〔畸〕(田部)

《字汇》	《正字通》
坚溪切,音鸡。畸零;又,残田。	古兮切,音鸡。《说文》:"残田也。"井田为正,零田不可井者为畸,地势多邪曲。井田取正方,则田必有畸零。画井者必计零以足,其数未可拘也。通作"奇"。凡数之零余者曰畸。

〔拉〕(手部)

《字汇》	《正字通》
落合切,音蜡。折也;摧也;又招也。	落答切,音蜡。《说文》:“摧也。”扬雄《解嘲》:“折胁拉髂。”《史·齐世家》:“襄公使彭生抱鲁桓公上车,拉杀之。”又招也,俗邀人同行曰拉。

两相比较,可知《正字通》对于《字汇》所增补的书证和解说,都是很有必要的,也颇具有可读性。

至于义项的增补,《正字通》相当注意收录俗语义、方言义(并注以方音),这往往是以往字书所失收的来自实际口语的词义,也有当时的新义,包括实词义和虚词义。例如:

〔胖〕(肉部)

……方言谓体肥曰胖,读若棒。

〔划〕(刀部)

……方音读若话,俗呼小舟为划子。

〔挨〕(手部)

……又方言强进曰挨,今俗凡物相近谓之挨。

〔怎〕(心部)

俗字,今人用为语助词,犹言如何也。程朱语录中屡用之,如:“未必知怎生是”、“怎生非此信于人者也”、“既自信,怎生夺亦不得”。……今俗读争上声,……河南读怎如楂。

以上内容,都是《字汇》中所未见,其价值自不待言。

“误者正之”方面,则是《正字通》的作者致力最多的。全书《凡例》的第二条中指出:“旧本有字画讹省者,有非古文以为古文、非俗字以为俗字者,有字同训异、字异训同者,有前后注重复自矛盾者……”所谓“旧本”(也常说“旧注”),指的就是《字汇》。同处下文即用众多例子证明这种批评,多是言而有据,此不具引,不妨补充几个例子:

〔𣽁〕(冫部)

《字汇》	《正字通》
移廉切,音严。凝寒貌。	按经史皆作严,赘作𣽁,非。

〔刏〕(刀部)

《字汇》	《正字通》
坚溪切,音鸡。刲也;刺也。……〇又古外切,音脍。与刽同。	……《六书故》:“刏,刲也。渠希切。”谓刏无古外音。刽,屠割也。古外切。此说近是。旧注合刽、刏为一,分刏、盭为二,并非。

〔丢〕(一部)

《字汇》	《正字通》
丁羞切,音兜。一去不还也。	的攸切。方言一去不还也,俗作丢。……旧注音兜,失丢本音。丢、抛音别义同。丢则俗书也。

又如《字汇》大部收“畚”字,注为:“布衮切,音本。蒲器,所以盛种。〇俗作畚,非。”但田部又收“畚”,注全同;同时又立“畬”字,音同义亦近同,实际上是不必要的。《正字通》在大部“畚”字下认为:“(旧注)知畚不当作畬,不知畚亦不当作畚也。田部畬、畚重出,误。”在田部“畚”字下则指出:“畚字之讹。”是比较细密的。

可见《正字通》对于《字汇》的匡正,包括了立字头及形、音、义诸方面。

当然,有些地方《正字通》认为是错的,也未必无可商榷。如丨部“丫”字,《字汇》注为“木之歧头者”,而《正字通》注为“物之歧首者”,认为“旧注木歧头专指草木,并非”。实际上“木之歧头者”是“丫”的本义,“物之歧首者”是其引申义,把二者的注文结合起来就完整了。

从现代辞书学的角度来看,和其他古代字书一样,《正字通》无疑存在诸多局限;但比起早先或同时代的同类著作,《正字通》

对于字书编纂的思想观念与实际操作，则不无较为进步之处。略举数端如下：

（1）有较为强烈的规范意识。这包括两个方面：一方面，对于其他字书（主要指《字汇》）所载或民间使用的形音义，作者认为不正确的，能力斥其非。全书有关“旧本（旧注）”或“俗作”如何如何而加以“非”、“并非”等断语之处，比比皆是，例可见前。另一方面，对于民间的俗体俗音俗义，也常加以承认。如女部“嬭”字，《字汇》但云：“囊海切，音乃。乳也；又乳母。”《正字通》则加：“俗读乃，改作奶。”虽未为“奶”专立字头，却是首见奶字形体的字书，走出了接纳“奶”为规范字的第一步。

（2）较为注意吸收传统语言文字学的新成果。举其荦荦大者，一是注意吸收宋代以来的金石学成果。《正字通》中广泛使用了当时所能接触到的古文字材料，如口部“单”字：“古金石文作，《单父乙鼎》作，《单盉》作，……”。二是注意吸收明代陈第（1541～1617）以来的古音学新观念，摒弃强行叶音的错误做法。先前的字书如《字汇》引用《周易》、《礼记》、《释名》、《白虎通》之类的材料时，常常强叶其音；《正字通》则除诗歌、谣谚、铭赞叶韵外，其他一律不载叶音。[②]

（3）对词本位的认识有进步。例如对于连绵复合词，《字汇》一般在不同字头下重复训释，如心部：“慂，怂慂，劝也。”“怂，怂慂，劝也。”而《正字通》只在一字下作注，另一字下写“见前×注”：“慂，怂慂，劝也。”“怂，怂慂，见前慂注。”这一点，不光是多几个字的问题,而在于它体现了对词本位的认识水平。应该说,《字汇》的处理,是比《说文》后退了。《说文》对于连绵词如"紝紩也"(糸部)并不重复作注。《正字通》在这方面则继承了《说文》的优良传统。现代字典辞书,在这方面也大抵是如此处理的。[③]

(4) 语料采撷面广。主要表现为注释所引书目的范围和内容的扩充。以往字书,大多只是引用《说文》和汉晋人的说法作为注释依据,而《正字通·凡例》中说:"据经概从马(融)、郑(玄)、王(肃)、赵(歧)、程(颐)、朱(熹)、蔡(沉)、陈(淳)诸家传注,粗通大义。"(第三条)又说:"蒐阅释道两藏,凡《法华》、《楞严》诸经及历代禅宗语录,择可存者附本注。……医方杂技诸家,如《灵枢》、《素问》、《物理论》、《本草纲目》、《齐民要术》、《四民月令》,……并辑采增,附补旧本未备云。"(第十条)可见其语料采撷之广。

"征引繁芜,颇多舛驳",是《四库全书总目提要》对《正字通》的一种批评。[④]确实,《正字通》的注文一般较长,广征博引,动辄百字以上,有违字书注释惜墨如金的行文原则;但是它在明季清初与《字汇》并列成为"问奇字者归焉"的重要工具书,[⑤]说明读者是并不嫌弃《正字通》的这一特点的,而对我们今天详治汉语词汇史、古代字书乃至古代文化史的专门工作者来说,《正字通》较为详尽的引证和注释正可谓给我们留下了丰富的资料,具有较高的阅读与参考价值。随便在第3页上举个例子,一部的"万"字,《字汇》只说:“符谏切,音饭。数也。今作萬。○又莫白切,音麦。万俟,复姓。”注文较为简明,也许对一般读者的查检大致够用了。但是《正字通》则对《字汇》的注音等有不同意见,这且不说,有意思的是引用了明代杨慎对于万俟复姓的一种说法:“杨慎曰:俟分氏,高车国姓也。后俟讹为侯,分讹为万,又倒其字曰万俟。据杨说,万俟皆讹文,然无确证,阙疑可也。”按:俟分氏,疑当作侯分氏;“俟讹为侯”当作“侯讹为俟”。此处有引证,有阙疑,态度还是较为谨严的。不宁唯是,又进一步指出:“又萬或作卍,《精蕴》(按即明·魏校《六书精蕴》):‘卍,数之穷也。’……杨桓、周伯琦、朱谋㙔、吴元满皆谓萬古作卍,俗作万。按梵书《华严音义》曰:‘卍本非字,大周长寿二年主上权制此文,著于天枢,音萬,谓吉祥万德所集。’据此说,诸家凡萬字必作卍,并非。”这些不见载于一般字书的材料,应该说还是很有用的。

众所周知,号称“字学之渊薮,艺苑之津梁”的《康熙字典》,[6]实际上只是《字汇》和《正字通》的增订本;也就是说,《字汇》和《正字通》应算是《康熙字典》的祖本。[7]虽然康熙四十九年(公元1710年)三月初九日玄烨在指示编纂《康熙字典》的谕旨中指出:“《字汇》失之简略,《正字通》涉于泛滥。”大量吸取二者的成果,却又痛加诋责,实在是“得了便宜又卖乖”,未免有些不公平。其实,《正字通》的繁冗泛滥,适足作为《康熙字典》的资山宝海。在其总数为十八条的《凡例》中,倒有八条提到了《正字通》,虽然大抵以后者为参照而有所匡正,以收“后出转精”之效,可是也还认为:"《正字通》所载诸字,多有未尽。"有的还在《正字通》的繁冗泛滥方面,更进了一步,如对于字音,"先详考《唐韵》、《广韵》、《集韵》、《韵会》、《正韵》之正音","次列转音","再次列以正音"等,就是如此。综上所述,我们认为对于《正字通》"繁芜泛滥"的毛病,不必一棍子打死,而不妨来个"一分为二",说上一点公道话。

二

《正字通》的作者问题,却蕴涵有一个不寻常的情节,似乎抹有一层神秘的色彩,也是字书编纂史上一桩有关著作权的公案。

此事需先从《正字通》的版本说起。在《康熙字典》于清康熙五十五年(公元1716年)问世之前,《正字通》曾经大行其道,出现了不少版本。根据笔者目验,就出版时间而言,大致可分为三个阶段;各个阶段版本中,关于此书作者及著作权的说法,相继发生了一些有趣的变化。

第一阶段是康熙十年辛亥(公元1671年)左右出现的刻本,有弘文书院刊本、三畏堂重梓本、芥子园重镌本等。这一阶段的刊本,卷前分别有篑山张贞生、南昌黎元宽、合肥龚鼎孳等人序,序文中俱明言《正字通》的作者是岭南廖文英,而且列有廖文英以作者身份于康熙九年所作的《自序》。

这位廖文英,字百子,号昆湖,广东连州人。明崇祯十年(公元1637年)曾任江西南康府推官,后降清,康熙年间任南康知府,并且成为庐山白鹿洞书院的洞主,后去职,携眷返故里。[8]

他在《正字通·自序》中说,他在主持白鹿洞书院期间,勤于“栉比章句”,“少暇,更博探旁稽,出向所阙疑者,与多士共论。性复健忘,遇有所得,辄笔记之。阅三年,粗成定本。”“原以课儿及受业诸生耳”,后应人之请,“会坊人鸠资,就版于白鹿洞,因名曰《正字通》。”以他的洞主身份来看,这一切似乎是没有什么问题的。

但是到了第二阶段,即康熙十七年戊午(公元1678年)年间,出现了一种“谭阳成万材刊本”。除原有的廖文英《自序》及龚鼎孳序文外,新增了甬东钱捷、秣陵吴盛藻、古燕高光夔、颍南刘炳等人撰写的序文。这些新增的序文,异口同声地指出:廖文英不是《正字通》的作者,只是该书的刊行者。它的作者叫张自烈,字尔公。

高光夔《补刻正字通后序》一文,将此事的来龙去脉说得比较清楚,兹摘录如下:

> 《正字通》一书,诚集古今字学之大成也,其有功于先哲、有补于后学者,诸名卿钜公序之甚详。顾诸公皆以为南康太守湟川廖百子所辑,而竟不知为江右处士张尔公之书也。处士殚一生之精力,阅数十年而始成此书,欲以传于世而力不能胜梨枣。太守闻之,许其任剞劂事,且许处士以买山之赀。处士虽喜得终隐,然尤冀得附太守之名以不朽。逮梓成,则

未有一字及处士,并前言亦忘之。处士不久云逝,太守旋解组载归。至五羊,值地方多故,而湟川尤甚。时刘将军焕之出镇湟川,且雅闻太守名而重太守,与太守定交。……无何,连会扰于烽火,将军果以铁骑千余败蚁聚蜂围之师于败垒间。太守亦因之与其二公子而出游,竟没于外。将军终护其家,……公子感将军间尝言及此书,因以遗将军。将军笑曰:“余亦何利于是书耶?然念是书实出处士之手而名不彰,苟不受之,何以正焉?”遂受是书。又是书因烽火多所缺残,适海幢阿字大禅师游湟川,禅师与将军素莫逆,因籍禅师而补定之。又因禅师属余作序,以志颠末。……

作为再版主事人的连州镇守将军刘炳焕之,也在《刊正正字通》序中证实了这一情节,他说:

《正字通》一书,廖太守百子刻于南康。此张尔公之书也。尔公西江名宿,年老食贫,百子请以五百金易其稿。稿已入而金未出,尔公下世,百子擅之。百子之利与名俱得,尔公之名与利俱失,是以识者有不平之叹。丙辰之岁,予镇连阳,兵火之余,受残板于其家,乃为补葺,用表尔公之名,以正百子之实:百子之实在授梓,尔公之名在立言。……余断然刊正,所谓“南山可移,此判不改”者也。……

这是历史上关于《正字通》著作权问题的最初揭橥。根据以上叙述,廖文英窃据张自烈对于《正字通》一书的著作权,已是言之凿凿。

不过在第三阶段，即康熙二十四年乙丑（公元1685年）出现的秀水吴源起清畏堂刊本的序文中，则作出了折中的说法：

> 昨岁走粤中，往来信安、清海间，寻访（昆湖）先生。溘先朝露，家复寥落，感慨久之。寻及成书，则以多故之余，久属他姓，束之高阁，好事者不得过而问也。余竭资斧以得之，南粤诸名士皆大喜，因言书为张尔公先生之手笔，先生购其本于衡州，晨夕较定，授梓南康。

这是根据耳食之言，认为该书虽出自张自烈之手，但廖文英做了定稿工作，也享有部分著作权，于是弁其首为："南昌张尔公、连阳廖百子同辑"。

因此，《四库全书总目提要》说《正字通》"旧本或题明张自烈撰，或题国朝廖文英撰，或题自烈、文英同撰。考钮琇《觚賸·粤觚》下篇，载此书本自烈作，文英以金购得之，因掩为己有，叙其始末甚详。"[9]这三个"或题"，正好在上述《正字通》初期刊行的三个阶段版本中都得到了反映。但《提要》所引钮琇《觚賸》，原文言及此事者，实仅寥寥数语，似非"叙其始末甚详"：

> 《正字通》出衡山张尔公之笔，昆湖为南康太守，以重赀购刻，弁以己名，实非廖笔。[10]

又据《提要》所云，《觚賸》一书"成于康熙庚辰"，即康熙三十九年（公元1700年），所以时间既晚于潭阳本二十余年，记述复颇简略，实在不足以作为有关《正字通》著作权问题的首选材料。那么，上述关于《正字通》作者问题的三种说法，哪一种更为可信？事实的真相又是如何呢？三百年后的今天，要探究这个问题，实在是有些困难和棘手。这是因为无论是张自烈或是廖文英，在当时都不是社会上特别有影响的人物，如今所能得到有关他们的传记材料十分有限。

关于张自烈，据震泽吴山愚《复社姓氏传略》卷六引《西江志》说："张自烈，字尔公，号芑山，宜春人。博物洽闻，著有《四书大全辨》、《古今文辨》、《正字通》十余种行世。累征不就，居庐山，年七十七卒，无子。"⑪因其所著《四书大全辨》二十八卷曾入录《四库全书总目·经部·四书类存目》，《总目提要》对其生平也有简略评介："自烈字尔公，宜春人，崇祯末南京国子监生。自烈与艾南英为同乡，而各立门户，以评选时文相轧，诟厉喧呶，没世乃休，盖亦社党之余派也。"⑫他还著有《芑山文集》二十二卷，刊入《豫章丛书》。该文集中收录《芑山自传》、《自传墓志铭》等文章，自叙其生平及著述情况，但都未尝言及被别人称为"不遗余力，积数十年心力"⑬而著成二百万言的《正字通》。翻检全部《芑山文集》，只发现一篇文章与梅膺祚《字汇》有关，叫作《〈字汇辩〉序》（卷十二），文末说：

> 余故折中诸家，补《字汇》旧本罅漏，合锓问世。……嗟乎，百世而后，岂无有闻余言而兴起者哉？

这部《字汇辩》,看来已然成书,不知篇幅多大。此处序文称“《字汇》旧本”,联系《正字通》对《字汇》例称“旧本”的体制,《字汇辩》有可能乃是《正字通》的稿本。全书完竣,写了序文,声称“合锓问世”,实际上完全有可能由于缺乏财力而未能付梓。

而廖文英则与张自烈具有非同一般的来往与交情。由于他曾经任庐山白鹿洞书院的山长,所以在《白鹿洞志》中有关于他的记载:

> 廖文英,号昆湖,连州人。知南康府,督洞学事,置田清租,增号舍,缮墙垣,宿洞课士,兴废举坠。以师事张汝公,刻有《正字通》行世。[14]

此处提及的张汝公,当即张尔公,即张自烈。可见他们具有师生关系。廖文英还曾延聘张自烈担任白鹿洞书院的主讲。[15]

张自烈的弟弟张自勋,曾在其兄的《自撰墓志铭》(《芑山文集》卷二十二)后面,写了一段跋文:

> 芑山生于明,卒于清,虽非其志,然亦爵然不滓者也。辛亥,康郡太守(原注:芑山旧交廖昆湖先生讳文英)迎寓匡麓,情文备至。不幸癸丑疾革,遗命愿从白鹿游,因葬芑山于鹿洞之侧,可谓得所矣。……

《正字通》果真是张自烈所著,廖文英在自序中却只字不提张,如果没有得到张的默许,恐怕是不会发生这种弟子公然攫取乃师著作权的事件的。

现在设想,此事最大的可能性是:在康熙九年庚戌之前(也许竟就是康熙六年),廖文英或出资五百金,或答应给张自烈养老送终,而张则将所著《字汇辩》稿本彻底奉送给廖。两人达成协议并付诸实施:廖花费了三年左右的时间,对《字汇辩》加以修订增补,“粗成定本”,易名为《正字通》,于康熙九年以自己作为唯一作者的名义付梓刊行;随即,于次年即辛亥,将年迈贫困而无子息的张自烈接到庐山养老送终。而张这一方面,在承认廖为《正字通》唯一作者的同时,还从自己的文集中删去与此有关的记载,只留下一篇与《正字通》似乎没有直接联系的《〈字汇辩〉序》。

他们俩就这样完成了对《正字通》一书的著作权转移。

看来廖文英的人品,实在无足称道:政治上,他是降清的贰臣;学术上,公然攫取他人(还是师辈)成果,据为己有,并在原作者尚健在的情况下,以自己的名义邀序并出版。这种事情,在中国数千年的学术史上,即使不是绝无仅有,起码也是不多见的。

当然,我们不否定廖文英对张自烈的原稿做了未知程度若何的修订加工,使后人不妨以“张自烈、廖文英同辑”的名义刊行《正字通》;但他的行径毕竟是不光彩的,由此引起当世学人的纷纷打抱不平。现在我们还要进一步设想:作为《正字通》著作权当事人的廖文英与张自烈,自然始终都不肯道出此事真相,连帅刘炳、阿字禅师等人看到的,也已是《正字通》的印版而非原始手稿;那么,他们是如何得知此事并言之凿凿的呢?从潭阳本的诸篇序文中,我们知道,廖从江西南康任上到辞官返里,乃至外出避乱直至逝世的过程中,他的两个儿子一直陪随着他。在他去世后,两位公子感谢刘炳的关照,将书的刻版赠送刘炳。由于他们知悉乃父所做此事的内幕,也许在有意无意间有所泄露,遂使世人得知了这一桩不光彩的著作权剽窃事件。

不过,后人仍有以《正字通》的著作权专属廖文英的,如雍正年间徐文靖(位山)撰有《正字通略记》四卷(收于《管城硕记》一书),[16]系对《正字通》进行匡正纠谬的专门著作,其开宗明义即云"廖昆湖《正字通》"。可见有关此桩著作权的公案,并非尽人皆知,尚有揭橥考核的必要。

三

最后还有一个与《正字通》成书作者有关的小问题。

在《正字通》各种版本的卷首,一般都列有满汉文字对照的《十二字头》及《十二字头引》,其意不外乎帮助汉人学习满语,应是廖文英于刊行时所加。该引文末尾署名为"正黄旗教习廖纶玑",钤二印曰"廖纶玑印"、"仲玉"。

这位廖纶玑乃何许人也?根据现有的史料,可知他另撰有反映清初闽南方言的韵图《拍掌知音》,[17]署名为"连阳廖纶玑"。连阳是连州的又称,属广州府。因此他与廖文英同乡,二人均于清代《连州志·选举志》有传。日本学者古屋昭弘指出:"据东洋文库藏《崇正同人系谱》,与廖纶玑同乡的廖文英是客家人,廖文英出版《正字通》时将廖纶玑的《满文十二字头引》与《满文十二字头》附刻在卷首(原来可能是单刊本),这一定出于亲戚或朋友关系。……"[18]这种看法不无道理。我们甚至不妨做进一步大胆的猜测:坐落在江西庐山五老峰下的白鹿洞书院内,尚存有一通撰文于明崇祯十六年(公元1643年)八月的《主洞廖侯去思记》石碑,作者余忠宸,生平事迹不明,大概是廖文英主洞时的学生。文中有"时广成侯先生佩学使者符,即檄公(按即廖文英)领书院事,……诸所著作置之洛阳书肆,逢人说大苏也"之语。[19]此处使用宋代典故,大苏指文学家苏轼,语出北宋王辟之《渑水燕谈录·才识》:"于是,父子名动京师,而苏氏文章擅天下,目其文曰三苏。盖洵为老苏,轼为大苏,辙为小苏也。"[20]碑文以大苏喻廖文英,可见他尚有弟弟,亦能文。很可能这位廖纶玑就是廖文英的弟弟,从他那枚文曰"仲玉"的印鉴中,似乎也透露了一点此中的信息。

此次影印《正字通》,系采用清康熙九年(庚戌)序弘文书院刊本。原本无廖文英自序,从清康熙二十九年(乙丑)吴源起清畏堂刊本补入。为便于读者检索,由曹熙群同志编制了四角号码字头索引。特此说明。

附　注

① 参见钱剑夫:《中国古代字典辞典概论》第二章第三节,商务印书馆,1986年。

② 参见《正字通·凡例》第五条;又见刘叶秋:《中国字典史略》第五章第一节,中华书局,1992年。

③ 例如《现代汉语词典》收"蜈蚣",只在"蜈"字下作注,而对"蚣"字只注"见[蜈蚣](wú·gōng)"。

④ 见《四库全书总目》卷四三经部小学类存目一,中华书局,1965年。

⑤ 见[清]朱彝尊:《曝书亭集·汉简跋》,有《四部丛刊》、《四部备要》等本。

⑥ 见[清]王引之等:《康熙字典考证》,附《康熙字典》末,中华书局,1958年。

⑦ 中华书局版《康熙字典》的"出版说明"中说:"《康熙字典》是清朝政府召集许多学者集体编纂,依据明代《字汇》、《正字通》两书加以增订,成书于康熙五十五年,因此把书名叫《康熙字典》。"

⑧ 参见李才栋:《白鹿洞书院史略》第六章,教育科学出版社,1989年。

⑨ 同④。

⑩ 见[清]钮琇:《觚賸·粤觚下·著书三家》,上海古籍出版社,1986年。

⑪ 转引自余嘉锡:《四库提要辨证》卷二经部二,中华书局,1980年。

⑫ 同④卷三十七经部四书类存目。

⑬ 见潭阳成万材刊本《正字通》的吴盛藻序。

⑭ 见《白鹿洞志》卷五主洞,清康熙五十九年始修、宣统二年重修本。

⑮ 同⑧,第七章。

⑯《管城硕记》收入《徐位山六种》丛书,有志宁堂本、光绪本。

⑰ 影印件曾刊于中国社会科学院语言研究所编:《方言》,1979年第2期。

⑱ 见《关于〈拍掌知音〉的成书时间问题》,载《中国语文》,1994年第6期。

⑲ 见孙家骅、李科友主编:《白鹿洞书院碑刻摩崖选集》,北京燕山出版

社，1994年。

⑳ 有《知不足斋丛书》、《丛书集成》等版本，中华书局，1981年；吕友仁点校。

［本文为《正字通》影印本（中国工人出版社，1996年7月）前言；又刊于《辞书研究》，1996年第3期］

我国古代辞书编纂中的学术道德传统

道德是法律的基础，法律是道德的强化。这一点，可以说古今中外，概莫能外。同时，任何一部法律，在一定程度上都蕴存着使用该法律的民族的相应的道德传统。即以著作权法而论，与之相应的大抵便是学术道德传统，因为它们的共同的出发点，都在于尊重并保护著作者的创造性劳动；而这一出发点的目的，则在于建设并弘扬本民族乃至全人类优秀的学术文化。

据考证，中国著作权保护的萌芽始于雕版印刷十分发达的宋代。近人叶德辉《书林清话》一书中有一篇《翻板例禁始于宋人》，谈的就是这个问题。“翻板例禁”，就是对某种印刷作品的保护。这虽然尚非现代意义上的著作权法（比如那只是保护出版商的权益而非作者的权益，只是向官府申请者得到保护而非一切印刷品皆受保护），但在当时却处于世界领先的地位。由于封建专制的桎梏，直至晚清宣统二年（1910 年），我国才正式颁布了第一部著作权法，即《大清著作权律》。

然而，在我们这个具有悠久文化、重视学术的国度里，众多的学者在长期的学术实践中，自觉或不自觉地形成并躬行的学术道德传统，则是源远流长，根深蒂固的，值得认真探究和研讨。这里仅就古代辞书编纂中的学术道德传统，做些简要的评述。

一　行道利世，献身学术

曾经参与著名韵书《切韵》的策划与起草工作的隋代学者颜之推说过："古之学者为人，行道以利世也。"（《颜氏家训·勉学》）"行道利世"四字，道出了中国古代学者的人生观念和价值取向。从这一点出发，就易于做到献身学术，不求名利。这也正是高尚的学术道德得以萌发培育的根基和沃土。

从我国古代辞书编纂的几个具有开山性质的"第一"中，都能对此有所认同：

第一部篆书字典（其意义当然不止于此），是东汉许慎所撰的《说文解字》。其《叙》文中指出："文字者，经艺之本，王政之始，前人所以垂后，后人所以识古；故曰本立而道生，知天下之至啧而不可乱也。"站在这种高度认识辞书编纂的社会功用，自然有一种强烈的时代使命感，在写作态度上也能做到格外审慎。他向自己的老师贾逵学习，在搜集字典所需语料方面，"苟有可以加于国者，靡不悉集。"《说文》之所以获得我国古代辞书编纂的空前成就，绝非偶然。

第一部楷书字典《玉篇》的作者南朝顾野王，也曾高度评价语言文字的社会功用，在《玉篇·序言》中说："文遗百代，则礼乐可知;驿宣万里,则心言可述”,“设教施法,无以尚兹;经世治俗,岂先乎此。”所以不惜耗费大量精力,“纠先民之积谬,振往古之重疑”,纂成《玉篇》三十卷。揆其动机,则为“经世治俗”,与“行道利世”是异曲同工的。

第一部词典《尔雅》,作者及著作年代均无确证,历来所遗留的只是一些推测。现在被普遍接受的说法是:第一,它的作者不是一个人,即《四库全书总目提要》所言:“大抵小学家缀辑旧文,递相增益。”(《经部·小学类二》)第二,它的成书及流传,历时相当长久,即晋代郭璞《尔雅注·序》所言:“《尔雅》者,盖兴于中古,隆于汉世。”可是,诸多学者在《尔雅》成书的长期过程中倾注了自己的心血,却无不充当无名英雄,没有一个在《尔雅》中留下自己的姓名。当然,如果《尔雅》的《序篇》不曾遗佚,也许能让后人更多地了解它的内情。

第一部方言学著作,全名《輶轩使者绝代语释别国方言》(简称《方言》)产生于西汉,也是以词典的形式问世的。作者扬雄,史称其为人“简易佚荡,少嗜欲”,“非其意虽富贵不事。”他四十三岁时,在长安任黄门侍郎,并且不乏升迁的机会。然而他却上书汉成帝,要求给他三年薪俸,摆脱公务,安心编纂《方言》一书。得蒙批准之后,他就“常把三寸弱翰,斋油素四尺”(《答刘歆书》),广泛进行方言调查。这种生涯,比起当黄门侍郎无疑要艰苦得多。他立志献身这一艰苦的事业,源于年轻时在四川老家所受老师和长辈严君平、林闾翁孺的影响。这两人,前者曾搜集方言资料，不下千言，后者则有方言研究的“梗概之法”（同上），他们都是不重名利的隐者。

最后还有个“第一”，却是一出惨绝人寰的悲剧。这就是清初江西举人王锡侯因编纂刊行辞书《字贯》，被乾隆皇帝下令将其连同子孙七口全家抄斩。这是清初有名的一桩文字狱，王锡侯则成为中外历史上为辞书编纂事业而献出生命的第一人。究其祸由，不过二端：一是在《序》文中批评钦定的《康熙字典》，说它“所收（字）数增四万六千有奇，学者查此遗彼、举一漏十，每每苦于终篇，掩卷而仍茫然”，具有“穿贯之难也”的毛病，他则为了纠此毛病，“便于后学”，而编纂《字贯》一书。二是在《凡例》中将“先师孔子之讳”和“圣祖世宗庙讳及御名字样悉行开列”。这在封建社会中属于犯了“大逆不道”的死罪。对此他曾在审讯中申明自己的动机：“少年时不知庙讳御名，后来参加科举时才知，恐怕少年人不知避忌，故于书内开写，使人人知晓。至将孔子名讳开列于前，……也是要后学知道避讳。”可见他的著书行文，无不想着“后学”、“人人”，即社会上的广大读者。这种“行道利世”甚至因此杀身以殉的精神，是多么可歌可泣！

二　严谨敬业，实事求是

上述那种献身学术、行道利世的精神，必然导致实事求是、严谨敬业的著述作风，成为辞书编纂中又一学术道德传统。这一传统可以从下列几个方面来认识：

1. 书不妄作

我国古代掌者历来注重“述”与“作”的区分。“作”可以说是创作，即创造性的学术劳动；而“述”的意思，据《说文》的解释，是“循也”（《辵部》），就是遵循，顺着别人的路子走，谈不上创造。孔子说：“述而不作，信而好古，窃比我于老彭。”（《论语·述而》）是第一个区分“述”与“作”的学者。孔子一生，在执教从政之外，还做了许多学问，《易经》、《诗经》、《春秋》等都是由他整理定本的。《论语》一书，是弟子门人记录他的言行，非本人自著，所以他认为自己只有“述”，没有“作”。这实在是十分大度的谦虚和高度的严谨。整理古籍，删定六经，何尝没有创造性的劳动存在呢？但孔子的这种谦虚与严谨，却为后世许多学者所效法。许慎之子许冲在《进〈说文解字〉表》中说：“盖圣人不妄作，皆有依据。”这“不妄作”三个字，正体现了古代学者对自己的著述，包括经籍训诂和辞书编纂的严肃态度和敬业精神，当然也体现了从事学术事业的起码的职业道德。

读过扬雄《答刘歆书》一文的人，当能记得这一史实，即扬雄著《方言》尚未杀青，刘歆想借阅并录目于其所撰《七略》。按说这是可以因之而不朽的好事，扬雄却因全书未竣，不愿意从命，并且声言：“君必胁之以威，陵之以武，欲令入之于此，此又未定，未可以见；今君又终之，则缢死以从命也。”竟是宁死而不肯以未定稿本示人。这种态度和反应，是我们今天难以想象的。

清代学者桂馥，曾与挚友周书昌同游书肆，见其中凡好书及善本皆高阁齐整，而一般书籍及散本，则随便列布于门外木板上，谓之“书摊”。周戏言道：“著述不慎，但恐落在此辈书摊上也。”（《札朴》卷一）思想上有此警诫，自然能以谨慎严肃的态度著书。桂馥有感于时逢“小学荒废已久”，于是发愤研治《说文》，从诸生到通籍“三十余年，南北舟车，身劳心瘁”（《说文解字义证》卷五十《附说》），终于完成《说文解字义证》五十卷。这部《说文》学巨著使他得以与段玉裁齐名，被称为“南段北桂”（缪荃孙《桂氏〈说文义证〉原刻跋》）。但他在晚年将被段玉裁誉之为“训诂家断不可少之书”（《札朴·序》）的又一著作《札朴》一书付梓时，依然感慨道：“乌呼！周君往矣，惜不及面质当落书摊上不耶？”于此可见前人对于著述包括辞书编纂的慎重态度。

2. 不逐时尚

语言文字的教化功能在我国古代是得到充分肯定的。孔子有“必也正名乎”（《论语·子路》）公孙龙子有“古之明王，审其名实”（《公孙龙子·名实论》），荀子有“王者之制名，名定而实辨”（《荀子·正名》），这些命题，都落实在名、实之辨，即词及其释义的关系问题上。按说词的确定及其训释，必须符合客观实际，然而由于“王者”的介入，难免大搞实用主义，使名实之辨往往成为政治上的敏感问题，不是那么轻易可以操觚为之的事。是随波逐流，追逐时尚，还是秉笔直书，还词义以本来面目，则使严肃的辞书编纂作者，面临着学术良心和职业道德的严峻考验。

从西汉哀平之世开始，谶纬之学在社会上泛滥公行。所谓谶纬，又叫图纬，是今文经学的政治化、庸俗化并和神学迷信相结合而孕育的怪胎。但它迎合了统治者改朝换代的政治需要，所以大行其道，至东汉光武帝刘秀的建武中元元年（公元56年），索性“宣布图纬于天下”（《后汉书》卷一下），等于奉为国宪，事有神圣的地位。而这种谶纬学对于名、实即词及其含义，完全是从阴阳五行立论，做极其牵强附会的解释。试看他们如何解释“天”字：

天之为言颠也，居高理下，为人经也，群阳精也，合为太一，分为殊名，故立字一大为天。（《春秋纬·说题辞》）

天之为言镇也，居高理下，为人镇也。（《白虎通德论·天地》）

这里把“天”解释成为有意志的“居高理下”的最高统治者，当然只是从政治需要出发而做的曲解。

然而就在这样乌烟瘴气的神学迷雾中，正直的学者却不为所动，他们对同一“天”字的解释是这样的：

天，颠也，至高无上，从一大。（《说文·一部》）

天，显也，在上高显也。……天，坦也，坦然高而远也。（《释名·释天第一》）

虽然与谶纬之说，同为声训，但许慎和刘熙对“天”的解释，是从自然界的客观现象出发的，属于理性的认识，给出了辞书训释的应有之义。如果了解当时的社会背景，应当认为这种行文是难能可贵的。当然,无庸讳言,诸如《说文》、《释名》这样的高水平辞书间或也杂有阴阳五行的神学色彩的说解,但是从总体来看,所占比例是很小的。例如有人统计《说文》这类说解约50条,占全书9000多条的5.5%左右。我们毕竟不应苛求古人完全脱离时代的局限。

3. 不知阙如

这是"书不妄作"的敬业精神在辞书编纂方面的又一体现,源于孔子倡导的:"知之为知之,不知为不知,是知也。"(《论语·为政》)时分古今,地别南北,对于语言文字在广袤的时空中留存与衍化的种种历时的遗迹与共时的表现,作为学者的个人,乃至或大或小的学术群体,势难做到无所不知。那么,严肃的态度当然应该是实事求是,不搞穿凿附会。古代从事辞书编纂的学者,在这方面也为后人作出了示范。这里首先必须提及的还是许慎。他用一句响亮有力的话:"其于所不知,盖阙如也",作为表明他编纂宗旨与态度的《说文解字·叙》一文的结束语。我们现今所见的《说文解字》一书的说解中,确有多处大书其"阙",据统计有47处之多,正是许慎这句话的注脚与证据。

无独有偶,在北魏江式的《进〈古今文字〉表》中,也有"遵修旧史,不敢穿凿"和"其所不知者,则阙如也"的表白。尽管他致力字书《古今文字》四十卷的编纂,未成而逝,书稿也散佚殆尽,但从他的这篇宣言中可以看出,他也是一位参与传承我国古代辞书编纂学术道德传统的严肃学者。

4. 重视目验

重视目验,即力求掌握第一手材料,也是古代学者在辞书编纂工作中严肃认真的一个重要方面。

西汉扬雄曾自叙其搜集方言的情况:

天下上计孝廉及内郡卫卒会者,雄常把三寸弱翰,赍油素四尺,以问其异语,归即以铅摘次之于椠,二十七岁于今矣。(《答刘歆书》)

《方言》一书,可以说即是他坚持利用在京师居住的条件,向各地人士做面对面调查达 27 年之久,从而收集到大量第一手材料的结果。

将近三百年之后的晋代郭璞,则采取亲身游历、实地调查的方法搜集各地方言。他生遭乱世,颠沛流离,羁旅所经不下二三十处。所以他得到的方言材料,地域范围很大,既有面上的包括好几个州,也有点上的只有一个郡或一个县。他在注释《尔雅》和《方言》时,大量运用了这些方言材料,不但整理与弘扬了这两部古代辞书,也使注文本身成为研究魏晋六朝汉语言发展情况的重要材料,具有极高的学术价值。

《尔雅》一书,历来研习者甚众。宋代邢昺曾为郭璞《尔雅注》作疏,被列为《十三经注疏》之一。清代则有邵晋涵著《尔雅正义》二十卷,翟灏著《尔雅补郭》六卷,"然后郭注未详未闻之说,皆可疏通证明"(宋翔凤《尔雅义疏·序》),尤其是邵著,更取得了“自是承学之士，多舍邢而从邵”的成就（《清史稿·邵晋涵传》）。然而数十年后，又有一位学者郝懿行花费了几乎是毕生的精力，“稿凡数易，垂殁而后成”（《清史稿·郝懿行传》），撰写出《尔雅义疏》十九卷，竟能做到“后出转精”，凌驾于邵、翟等人之上，实大为不易。揣其所以，则可见其一段自白：

> 余田居多载，遇草木虫鱼有弗知者，必询其名，详察其形，考之古书，以征其然否。今兹疏中其异于旧说者，皆经目验，非凭胸臆，此余书所以别乎邵氏也。（同上）

当然尚有其他因素，但是这种“皆经目验，非凭胸臆”的严谨的著述作风，却是《尔雅义疏》取得重大成就的关键之一。在《尔雅义疏》一书中标明“今验”字样者屡见不鲜，确实发扬了古代学者在辞书编纂及注释中重视第一手材料的优良学术道德传统。

5. 志在创新

古代学者既然严格界定“述”与“作”之大别，又抱“书不妄作”的宗旨，苟有所作，则势必追求创新，尽量不落前人窠臼。所谓创新，针对辞书编纂而言，无非是在形式与内容两个方面。

我国古代辞书的种类之多，举世罕与其匹。大而言之，则有解字释词的语文性质的字典辞书，也有百科性质的类书和各种专科辞典。即以语文类的字典而言，既有立足于部首分类的《说文解字》系统，又有立足于韵目分类的《切韵》、《广韵》系统。而《说文》系统中，则许慎始创以小篆立字头的形式之后，顾野王又创以楷书立字头；许慎所定的540个部首，又被明代梅膺祚的214个所取代。此间种种，难以缕述。可以说，每一种新形式的出现，都是辞书编纂者志在创新的成果。

如果未曾着意于形式方面的创新，则必然致力于内容方面的增广与拓深、纠谬与补正。这往往也是后代辞书较之前代大抵有所突破的主要表现。最典型的一类例子，先是三国时张揖为补《尔雅》的不足，力著《广雅》一书，凡“文同义异，音读失误，八方殊语，庶物易名不在《尔雅》者，详录品核，以著于篇”。(《上〈广雅〉表》)《广雅》在体例、篇目乃至训释字义的格式上，虽然因袭《尔雅》，但所收录的词语，确都在《尔雅》之外。这是需下大气力的，也因此使它获得了几乎可与《尔雅》比肩的学术地位。其后更有不少学者沿着这条路子走，出现了宋代陆佃《埤雅》、罗愿《尔雅翼》、明代朱谋玮《骈雅》、方以智《通雅》、清代吴玉搢《别雅》、程先甲《选雅》、洪亮吉《比雅》等“雅书”，使之成为一种中国独有的辞书系统。但其中有价值的部分都是在内容上有新意，并在其深度与广度上有所前进的。

古代字典辞书在收字与设项立目方面的不断扩大与丰富，同样也是如此。这里应该指出，语言文字本身随社会生活变化而导致的自身的发展，固然是古代字典辞书不断繁富纷呈、兴旺发达的根本动力，但也与从事辞书编纂的学者不事剿袭、志在创新的著述态度是分不开的。

三 尊重前贤,不掠人美

任何学术的发达都是通过不断积累而获得的。体现语言文字渐进的发展的辞书编纂事业,自然更是如此。学术高峰的攀登,不能脱离前人的肩膀。因此首先必须给前人以充分的尊重,实事求是地评价前人的贡献。这是古代从事辞书编纂的学者在学术道德方面留给我们的又一可贵传统。

在许多古代字典辞书的序文中,我们感到这种传统的精神是无处不在的。每部于后代有影响的辞书,其作者几乎都要在序文中简述该门类学术的历史发展概况,同时怀着崇敬的心情,提及前人著述给予自己的影响和帮助。他们共同喜欢使用的一个词,是“圣人”。这实际上是一种对前此以往各相应门类的学术发展有杰出贡献的先人的集合称谓。

其次,区分个人的劳动和他人的成果,不剿袭,不掠美。在必须引用他人成果时,应当注明出处。这是从事学术著述的起码规范与要求。古人于此也是十分重视的。许慎在《说文解字·叙》中说:“今叙篆文,合以古籀,博采通人,至于小大,信而有征。”他所采用的通人之说,确乎达到了“博”,凡字形、字义、字音各方面都有,但他总是明确地标明这些通人的名字,计有:孔子、孟子、董仲舒、司马相如、尹彤、杜林、韩非、贾侍中、谭长、官溥、扬雄、王育、逯安、卫宏、爰礼、淮南子(刘安)、刘歆、刘向、徐巡、班固、欧阳乔、伊尹、吕不韦、张衡、傅毅、京房等，以示不掠前人及时贤之美，也为后人在学术道德方面树立了一个良好的榜样。

现代著作权法不论属于何种法系，都有对某些进入公有领域的知识及唯一表述方式不做保护的条款。这对发展全社会、全人类的科学文化事业是必需的，有利的。但这有时也会给予某些从事剽窃抄袭行径的人诸如“共识”之类的口实，尤其在辞书编纂方面更容易如此。关于“公有”、“共识”等概念，究应如何界定和认识，是另外一个问题。我们的古代学者在这方面可以说是十分慎重的。不妨举一个随手可得的简单例子，就是关于“一”的释义：

《说文·一部》：“一，惟初太始，道立于一，造分天地，化成万物。”

《玉篇·一部》：“一，认逸切。《说文》曰：‘（引文略）。’《道德经》云：‘（引文略）。’王弼曰：‘一者，数之始也，物之极也。’……”

《广韵·质部》：“一，数之始也，物之极也。”

可以看出，《说文》对于“一”的解释，不是语文意义上的解释。《玉篇》后于《说文》四百余年，它引用《说文》的释义是标明出处的。它又引用王弼的说法，因为王的释义才真正属于语文角度。王弼是三国时魏人，亦早于《玉篇》约三百年，顾野王在引用王说时，同样仍标明出处。只是到了成书于宋代的《广韵》，引用王弼释义时，才不标出王弼之名。也就是说，又过了四百多年，王弼的说法才被视作“进入公有领域”，不必标明出处了。然而，此中尚须加上韵书重在字音，解释字义例行简略的因素，否则也许仍然要标明出处。

事实确乎如此。《广韵》在尊重前人、不掠人美方面，做得也是十分地道的。清代学者陈澧在《切韵考》一书卷一的《序录》中，曾以不无赞赏的语气说：

> 陆氏《切韵》之书已佚。唐孙愐增为《唐韵》，亦已佚。宋陈彭年等纂诸家增字为《重修广韵》，犹题曰“陆法言撰本”。

我们知道，《切韵》系隋代陆法言集中刘臻、颜之推等八人与其父陆爽讨论音韵的成果，于仁寿元年(691 年)编写出来的一部工具书，收字 11500 个左右，按平上去入分 193 个韵。而陈彭年编成《大宋重修广韵》，已是景德四年(1007 年)，时间方面，事隔四百余年，早已超过专有著作权时限；内容方面，则韵部增至 206 个，收字达 26194 个，较之《切韵》增字在一倍以上，按理说迳直署以己名并不过分，况且书名也已改了，而如今翻开《广韵》，书首确实赫然大书“陆法言撰本”五字，使千载之下的我们，和陈澧一样，对古代学者这种崇高的学术道德，依然肃然起敬。

四　鄙夷薄行，伸张正义

上述几个方面，是从正面立说。反过来，如若违背学术道德，剿窃攫夺他人著述成果，在古代当然谈不上用著作权法加以制裁,但在舆论上的谴责是严厉的。中国学术史上有关著作权的第一桩公案,大概要算是《世说新语·文学》篇记载的郭象剽窃向秀的《庄子注》一事了:

> 初,注《庄子》者数十家,莫能究其旨要。向秀于旧注外为解义,妙析奇致,大畅玄风,唯《秋水》、《至乐》二篇未竟而秀卒。秀子幼,义遂零落,然犹有别本。郭象者,为人薄行,有儁才,见秀义不传于世,遂窃以为己注,乃自注《秋水》、《至乐》二篇,又易《马蹄》一篇。其余众篇,或定点文句而已。后秀义别本出,故今有向、郭二《庄》,其义一也。

这里把郭象对向秀《庄子注》的剿窃底细,说得昭然若揭。虽然他还做了一些增补改易的工作,水平也能与向秀原注相称,故被许为"有儁才";但此种行径,毕竟为学人所不齿,故而谥之曰:"薄行"。在中国封建社会里,这种评语是相当鄙夷的了。

还有一桩大公案更为切合辞书编撰的主旨,即是关于字书《正字通》的作者问题。《正字通》是清初于《康熙字典》问世之前,和梅膺祚《字汇》并列风行的一部字典。官修的《康熙字典》即是在这两部字典的基础上编纂而成的。它的价值与地位,可见一斑。

《正字通》出版于清康熙十年。较早的版本有弘文书院本、三畏堂本等,书首有江西南康知府岭南廖文英(字百子)以作者口气作的《自序》,说他曾主持庐山白鹿洞书院,在此期间著成《正字通》,“原以课儿及受业诸生耳”,后应人之请,“会坊人鸠资,就版于白鹿洞,因名之曰《正字通》”。根据他的洞主身份,以及其他人所作诸序,这一切似乎是没有什么问题的。但是过了七年,出现了一种“潭阳成万材刊本”,新增了若干篇序文,却异口同声地揭发:廖文英不是《正字通》的作者。它的作者,是一位穷困孤苦的处士张自烈,字尔公。其中最重要的一篇是刘炳的《刊正〈正字通〉序》:

> 《正字通》一书,廖太守百子刻于南康。此张尔公之书也。尔公西江名宿,年老食贫,百子请以五百金易其稿。稿已入而金未出,尔公下世,百子擅之。百子之利与名俱得,尔公之名与利俱失,是以识者有不平之叹。丙辰之岁,予镇连阳,兵火之余,受残板于其家,乃为补葺,用表尔公之名,以正百子之实:百子之实在授梓,尔公之名在立言。……余断然刊正,所谓“南山可移,此判不改”者也。

这位刘炳,字焕之,是廖文英老家广东连阳的镇守将军,与廖有私交,曾于战乱中出力照护廖家。廖死后,其子稍泄其事,并“感将军间尝言及此书,因以遗将军,将军笑曰:‘余亦何利于是书耶?然念是书实出处士之手而名不彰,苟不受之,何以正焉?’遂受是书。”(高光夔:《补刻〈正字通〉后序》)

此后就是钮琇的《觚賸》将此书盖棺论定为“实非廖笔”(《粤觚》下),《四库全书总目提要》也做了记载(见卷四三)。我国辞书编纂史上一桩严重的著作权侵夺案，终于真相大白于天下。

由于廖文英也做了些补葺校定的工作，所以后来《正字通》一般印本中仍有他的名字。

不过，考察此事本末，我们实在应当感佩刘炳等人，不曾昧于与有权势的廖氏的私交，而为千里之外素昧平生且又是贫困没世的张自烈打抱不平，使神圣的学术殿堂，不为廖文英之流所玷污。千百年来的学术道德传统，终于得到有力的维护。三百年之后重新揭橥与评骘这桩公案，还是令人感慨系之的。

［原载《庆祝中国社会科学院语言研究所建所45周年学术论文集》，商务印书馆，1997年6月］

墨子其人其书

绵延五个世纪(前770～前221)的春秋战国,是我中华古国最为奇特而辉煌的一个历史时代。从政治方面说,这个时代可能不无遗憾,因为作为中央政府的东周王朝大权旁落,逐渐衰落,而地方诸侯蔚起日盛,相互兼并;战乱频仍,民不聊生。但是政治权力的无奈分流却造就了思想和学术的肥沃土壤,成长起一批又一批的文化巨人,形成百家争鸣、学派林立的社会局面。这是中国数千年古代史上的第一次,可以说也是唯一的一次。这些巨人创造的精神文化财富,早已属于全人类;其思想和著作的光焰所及,从某种意义上说,仍然普施于当今每一个具有足够文化程度和学养的中国人。

墨子,就是上述这个时代一位伟大而神秘的人物。说他伟大,可以主要从三个方面来认识:

一是他的高尚人品。墨子代表广大下层劳动人民说话,提倡“兼爱”,反对战争(“非攻”);提倡“一同天下之义”,“为万民兴利除害、富贫众寡、安危治乱”(《尚同中》),为此他身体力行,“劳身苦志,以振世之急”;[①]至于提倡节俭(“节用”、“节葬”),反对奢靡（"非乐"），尚属相对的见小而已。墨子的上述境界和行为，在众多的先秦诸子中是罕见的，赢得了与他思想分歧甚而对立的其他学派人物的称赞，如《庄子·天下》篇中说："墨子真天下之好也，将求之不得也，虽枯槁不舍也，才士也夫！"孟子曾对墨子有"墨氏兼爱，是无父也"的批评（《孟子·滕文公下》），但也对他的"摩顶放踵，利天下为之"（《尽心上》）表示推崇。

二是他的渊博学识。墨子的学术成就，主要保留在《墨子》一书中。从内容来看，涵盖哲学、政治学、伦理学、经济学、军事学、语言学、逻辑学、数学、物理学、力学、光学等等。完全可以说，在先秦同时代的诸子中，墨子的学问不是数一，也是数二的。不过，倘若提及政治思想、治世策略、伦理道德、价值观念等等，诸子大抵各有一套，见仁见智，难以品评，这里仅就具有可比性的方面略举一二。

在迄今传世的先秦早期诸子著作如《论语》、《老子》中，我们看到的多是语录体的集合，虽然提出了许多观点和论断，可是极少展开论证，更谈不上有什么方法论的问题了。所以无怪乎黑格尔要认定"孔子只是一个实际的世间智者，在他那里思辨的哲学是一点也没有的"。[2]此论也许不无偏激，但是并非毫无道理。黑格尔很可能不知道古代中国有个叫墨子的哲学家，如果他读过《墨子》的话，大概是会肃然起敬的。墨子是讲求逻辑论证的，他常用的论证方法，叫作"三表法"（即"有考之者，有原之者，有用之者"），这是见于《墨子·非命上》明确提出的"言必立仪"、"言必有三表"的。至于未明说而可在《墨子》一书中归纳出来的，则有"六物式"（"辞、故、辟、侔、援、推"）以及一般的演绎论证、归纳论证等方法和形式。[③]

墨子重视发展经济，重视物质生产尤其是粮食生产，提出"凡五谷者，民之所仰也，君之所以养也"（《七患》）。此外，《墨子》中的经济思想还涉及储备、分工、人口、消费等诸多方面，许多观点"为前此所无，唯后之法家可与伦比"，例如，"法家的生产论实源于墨子"。[④]

语言学方面，虽然孔子说过"必也正名乎"（《论语·子路》），老子说过"信言不美，美言不信"（《老子》第81章）一类的话，可是"正面探讨和论述语言本身，从而使语言学有可能成为一门独立的学科，在中国应该说是从墨子开始的"。《墨子》中有着关于语言本体和若干语言范畴的论述，例如针对事物与名称（即思想与词）的关系提出"所以谓，名也；所谓，实也"（《经说上》82）；又如，划分事物名称的层次为"达、类、私"（《经上》79），较之今人称道于荀子的"大共名"、"大别名"（《荀子·正名》），则早了一百多年。因此，书写中国语言学史第一章的正是墨子，而不是荀子，更不是其他先秦诸子。[⑤]

逻辑学，无论在西方或东方都是从论辩中起源和发展的，因而古称"辩学"。在先秦，孔子教育学生，虽设"言语"一科，但孔子厌恶"巧言令色"，"恶利口之覆邦家者"（《论语·阳货》），"是故恶乎佞者"（《先进》），就是说，不喜欢强嘴利舌好辩论的人，自然也不会重视逻辑学。墨子则反乎此，鲜明地提出："辩是非不察者，不足与游"(《修身》)，整部《墨子》中有关政论的文章，几乎都是辩论体，当时流播很广，影响很大，以至于"外人皆称夫子好辩"(《孟子·滕文公下》)的孟子，也不免有意无意地学习墨子的辩论术。[6]像《墨子》中的《经》上下、《经说》上下、《大取》、《小取》等篇，更有许多关于辩学的正面论述，这样当然极大地促进了中国古代逻辑学的发展。现代逻辑学家经过比较研究，认为墨子的逻辑学，"其成就不在古代希腊、印度逻辑学之下"。[7]

先秦儒家的治学态度十分严谨，孔子提倡"知之为知之，不知为不知"(《论语·为政》)以及"多闻阙疑"、"多见阙殆"(同上)，都是众所周知的；然而这样一来也难免产生一种始料未及的负面影响，即对于客观世界的探索，不是足够积极，以至于荀子鼓吹："(君子)于天地万物也，不务说其所以然，而致善用其材。"(《荀子·君道》)世间万物，只要"善用其材"就行了，不必在意其"所以然"。而墨子则提倡"明知"(一部《墨子》中出现 11 次)，提倡"明其故"(《非攻下》中出现 2 次)，"明故"就是"知其所以然"。又说"知也者，以其知(智)过(亦有版本作"遇")物，而能貌之"(《经说上》5)，就是对于所接触的客观事物，要做到准确认识、描摹表达。很明显，这是更为讲求进取的态度；所以墨子及墨家学派除了持有诸子共同的治国安民、弘道立言的人间关注和社会情怀之外，还注意观察和探求客观世界的方方面面，并且尽可能地进行描写或给出答案。这也许就是《墨子》中不但有社会科学、人文科学，而且还有许多自然科学乃至技术科学的原因吧！这种情况在其余的先秦诸子的著作中是不多见的。下面也试为胪列一二：

根据现代科学视角的观察，《墨子》的“墨经”中有关于心理学的论述共14条，涉及心与物的关系、睡眠状态、梦的定义、盲目意欲、思维的作用、感觉与感情的区别及感情的本质等等。[8]

关于数学的概念和理论有19条，涉及部分和整体的关系、“端”的问题、有穷无穷问题、同异问题、加倍问题、圆与方的问题、间与有间的问题、虚实问题、相交相比相次问题、建位问题、极限问题等等，“都有细密深入的分析与论证，构成了相当完密的逻辑体系。”[9]

关于物理学基本概念的论述有10条，涉及空间和时间、运动和静止、物理量对比、物质不灭等等。“文字非常简少，含意极为朴素，结论基本上符合现代科学思想。”[10]

关于力学和机械设备的论述有8条，涉及力的定义、随遇平衡，以及应用杠杆、斜面、滑车等原理制造的几种简单机械的描写与说明，等等。“内容丰富多彩，理论分析每达极为精湛之域。”[11]

关于光学的论述有8条，涉及光和影、针孔成像和球面反射镜成像等等。“这样有条理的完整的记载，文虽前后仅8条，寥寥数百字，确乎可称为二千多年前世界上伟大光学著作。”[12]

尚有可贵的在军事学方面，《墨子》一书的后半部有11篇关于古代防御战术技术的文章，被现代专家评价为“冷兵器时代最早、唯一专论守城作战的军事著作”。[13]一般认为这些篇章乃墨家后学所作，但是墨子本人的《非攻》、《鲁问》等篇都有关于战争和军事的论述，是足以与《孙子兵法》等著作相提并论的。

所以墨子的广博学识令人赞叹，《墨子》一书作为古代中国的文化瑰宝，是无论如何高度评价也不过分的。

三是墨子的非凡的实践。墨子并不满足于当一个坐而论道的思想家，他也聚徒讲学，不过他和他的弟子之间不是一般的师生关系。《淮南子》一书对此曾有引人注目的描述：“墨子服役者百八十人，皆可使赴火蹈刃，死不还踵，化之所致也。”（《泰族训》）他建立了，或者说在他身后形成了一个“墨家集团”，为首的叫作“巨子”，一般门徒都愿意被他们施行绝对领导，即：“墨家以巨子为圣人，皆愿为之尸，冀得为其后世。”（《庄子·天下》）而且将“杀人者死，伤人者刑”标为“墨者之法”（见《吕氏春秋·去私》）。墨子的生平事迹中有一件为后人熟知的大事，是阻止楚王利用公输般发明的云梯等器械侵略宋国（见《墨子·公输》）。为此他一方面亲赴楚都郢地劝说楚王，并与公输“过招”；另一方面则令大弟子禽滑厘率领门徒三百人，带着他制造的守城器具，去往宋国安排守卫。于此可见墨子奉行社会正义的情怀，也表明了他高超的运筹与组织能力。至于据记载他还能“为木鸢”（见《韩非子·外储说左上》）、“为车辖”（见《墨子·鲁问》），只是身怀绝技的余事而已。凡此种种，很明显在先秦诸子中都是罕见乃至仅见的。

墨子及墨家学派，因而在战国时期享有盛名并在社会上产生巨大影响，成为不折不扣的“显学”。当时的不少诸子著作对此都有所反映，如《孟子·滕文公下》指出：“杨朱、墨翟之言盈天下。天下之言，不归杨，则归墨。”这里连孔夫子都被排除在外，其后则多是孔、墨并举，如《韩非子·显学》篇开宗明义就是：“世之显学，儒墨也。”编纂于战国末期的《吕氏春秋》则说：

> （孔子、墨子）此二士者，无爵位以显人，无赏禄以利人，举天下之显荣者，必称此二士也。皆死久矣，从属弥众，弟子弥丰，充满天下。……孔墨之后学，显荣于天下者众矣，不可胜数。（《当染》）

这种当年的盛况，是后世难以想象的。

但是好景不长，随着秦始皇的“焚书坑儒”直至汉武帝的“废黜百家，独尊儒术”，墨家学派便急剧沦入衰落，以至于司马迁编纂《史记》，只把墨子生平附列在《孟子荀卿列传》之后，缀以寥寥数语：

> 盖墨翟，宋之大夫，善守御，为节用。或曰“并孔子时”，或曰“在其后”。

一个“盖”，一个“或”，都是表示不确定语气的虚词；当时竟连墨子是否与孔子同时都搞不清楚了，着实令人感慨之至。

由于《墨子》一书有《非儒》篇，对孔子及其儒家学派有所批评，引起孟子极端不满，竟将他与扬言“不拔一毛以利天下”的杨朱相提并论，斥为异端，说："杨氏为我，是无君也；墨氏兼爱，是无父也。无父无君，是禽兽也。……杨墨之道不息，孔子之道不著，是邪说诬民，充塞仁义也。"(《孟子·滕文公下》)主张"距杨墨，放淫辞，邪说者不得作。……能言距杨墨者，圣人之徒也"。(同上)以数千年封建社会中孟子所拥有的仅次于孔子的"亚圣"地位，其一言九鼎，简直将墨子及墨家学派置于万劫不复的境地，《墨子》一书虽然侥幸逃过秦火而存世，却基本上被整个社会束之高阁，很少有人问津。直至清代中叶以后，由于乾嘉学派对先秦学术进行全面清理，墨子及其著作才又开始逐渐引起注意。但那时的学者并不敢公然褒扬墨子，而是小心翼翼地试图淡化儒墨对抗，甚而融通儒墨，如清代第一个为《墨子》作注的毕沅就说：

> "非儒"则由墨氏弟子尊其师之过，……是非翟之言也。……是翟未尝非孔。孔子之言，多见《论语》、《家语》及其他经书、传注，亦无斥墨词。(《墨子校注·叙》)

另有一位学者汪中则说墨子的理论与儒家只是角度不同，"其意相反而相成也"，墨子主张"兼爱"，是"教天下之为人子者，使以孝其亲；而谓之'无父'，斯已枉矣"(《述学·墨子序》)，公然为墨子喊冤叫屈。这就引起保守人士的不满，有一位叫翁方纲的，因为毕沅是当大官的，不敢得罪，于是把汪中骂一顿："有生员汪中者，则公然为《墨子》撰序，自言能治《墨子》，且敢言孟子之言'兼爱无父'为诬墨子。此则名教之罪人，又无疑也。"(《书墨子》)[14]

为墨子说几句话，竟要被扣上“名教之罪人”的帽子，当时的社会风气以及墨子的长期际遇，也就可见一斑了。

然而到了19世纪后期即清朝末年，以1895年孙诒让的《墨子间诂》的问世为标志，竟然发生了墨学的大复兴，据现代学者栾调甫在撰写于1932年的《二十年来之墨学》一文中所说：

《墨子》书自汉以来，已不甚显闻于世。宋元而后，益弗见称于学人之口。独至晚近二十年来，家传户诵，几如往日之读经。

这是有其现实原因的，主要是：一，“道咸以降，西学东来。声光化电，皆为时务。学人微古，经传蔑如。墨子书多论光重几何之理，足以颉颃西学。”二，“光宣之交，博爱之教，逻辑之学，大张于世。而孔门言语之科，不闻论辩之术；孟轲剧口之谈，亦多不坚可破之论。加以儒先克己慎修为教，更无舍身救世之慨。惟墨子主兼爱则杀身以利天下，出言谈则持辩以立三表，事伟理圆，足与相当。”[15]于是许多学者投入了对墨子和《墨子》一书的研究，形成“墨学”。一时蔚为风气，名家辈出，著述如林，如梁启超、章炳麟、胡适、章士钊、钱穆、张纯一、吴毓江、栾调甫、谭戒甫等人及其著作，都是其中的翘楚。

于是墨子被重新发现，重新诠释。由于思想比较解放，一些老公案重新被翻出，同时又产生了许多新公案。仅以墨子的生平事迹而论，就有不少令人感兴趣的问题，如：“墨子是否姓墨？”“为何先秦诸家如儒、道、法、名的命名皆不以姓冠之,而墨家反是?”“墨子的出身是工匠,还是士人?”等等,似乎不无神秘的色彩。

上引栾调甫所说墨学复兴的缘由,提到学界认为墨学“足以颉颃西学”或“足与相当”,这是当时的一种社会思潮。梁漱溟早年就说过:“孔子代表中国,而墨子则西洋适例。”[16]以至于到了20世纪30年代,不少人甚至提出墨子的国籍问题,如胡怀琛认为墨子是印度佛教徒(《墨翟为印度人辨》),卫聚贤认为墨子“生地究为印度为亚剌伯,亦不易定”(《墨子小传》),金祖同认为“墨子为回教徒”,“或即为印度回教,其弟子亦皆印度人”(《墨子为回教徒考》)。[17]直到20世纪后半叶的当代,还有人如台湾学者苏雪林主张墨子是犹太人。[18]按照占优势的正统说法,以上意见纯属奇谈怪论,不值一驳。其实,以今天的思维方法和我们对上古史的认识水平来看,这个问题可能并不那么简单,还是不要过于匆忙、武断地下结论为好。这是需要另行撰文专门探讨的。[19]

与现存其他先秦诸子的著作不同,《墨子》一书的内容较为丰富、驳杂。根据《汉书·艺文志》的记载,《墨子》原有71篇,现存53篇。前辈学者如梁启超、胡适曾划分为五大部分,栾调甫、吴毓江则划分为六大部分。因栾氏的分类,每组加以冠名,兹胪列如下:[20]

1. 杂论,包括《亲士》、《修身》、《所染》、《法仪》、《七患》、《辞过》、《三辩》,共7篇;

2. 十论,包括《尚贤》上中下、《尚同》上中下、《兼爱》上中下、《非攻》上中下、《节用》上中、《节葬》下、《天志》上中下、《明鬼》下、《非乐》上、《非命》上中下，共23篇；

3. 非儒，包括《非儒》下，1篇；

4. 墨辩，包括《经》上下、《经说》上下、《大取》、《小取》，共6篇；

5. 墨语，包括《耕柱》、《贵义》、《公孟》、《鲁问》，共4篇；

6. 备守，包括《公输》、《备城门》、《备高临》、《备梯》、《备水》、《备突》、《备穴》、《备蛾傅》、《迎敌祠》、《旗帜》、《号令》、《杂守》，共12篇。

我们的意见是在栾氏的分类基础上加以归并，划分为三大部分，类名也稍作更改：

1. 墨论，包括栾氏的“杂论”、“十论”、“非儒”、“墨语”以及“备守”中的《公输》，共36篇；

2. 墨辩，同栾氏，共6篇；

3. 墨守，同栾氏而少《公输》，共11篇。

“墨论”是《墨子》一书的主体，阐述墨子及墨家学派的哲学思想、政治主张、价值观念等等，是用先秦的中原雅言写成的政论体散文，也有一些对话体。其中的所谓“十论”各有“上中下”三篇（有的已经亡逸），是比较特别的。由于《韩非子》里说过：“自墨子之死也，有相里氏之墨，有相夫氏之墨，有邓陵氏之墨，……取舍相反不同”（《显学》），所以清末学者俞樾据此指出：“墨子死而墨分为三,……今观《尚贤》、《尚同》、《兼爱》、《非攻》、《节用》、《节葬》、《天志》、《明鬼》、《非乐》、《非命》,皆分上中下三篇,字句小异,而大旨无殊,意者此乃相里、相夫、邓陵三家相传之本不同,后人合以成书,故一篇而有三乎?"(《墨子间诂·序》)从语言学的角度来看,这是同一论题的三种共时的记录文本,有详略之别,也可能还有记录者的地域与用语用字习惯之别,是颇有研究价值的。[21]

举例:天下之所以乱者

(上)内者父子兄弟作怨恶,离散不能相和合,天下之百姓皆以水火毒药相亏害。至有余力不能以相劳,腐朽余财不以相分,隐匿良道不以相教。天下之乱若禽兽然。夫明乎天下之所以乱者,生于无政长。

(中)内之父子兄弟作怨雠,皆有离散之心,不能相和合。至乎舍余力不以相劳,隐匿良道不以相教,腐朽余财不以相分。天下之乱也,至如禽兽然。无君臣上下长幼之节,父子兄弟之礼,是以天下乱焉。

(下)上之为政也,不得下之情,则是不明于民之善非也。若苟不明于民之善非,则是不得善人而赏之,不得暴人而罚之。善人不赏而暴人不罚,为政若此,国众必乱。

比较:

1.(上)的"内者",(中)为"内之","者"、"之"相对为文。

2. “离散”一词，在（上）作谓语，在（中）作定语。

3. 表示“天下乱”的原因，（上）用“之所以”，先果后因；（中）用“是以”，先因后果；（下）用隐性因果句：“为政若此，国众必乱。”（拙文《〈墨子·尚同〉三篇语言比较》）

“墨辩”的内容，都与墨子及墨家学派创立的“辩学”有关，栾调甫概括为：“盖自墨子创立言仪，分析辩说而后，学者历经探讨，至是遂建成其辩学。”[22]它们的语言，也很是特别，大多诘屈拗口，与“墨论”的风格迥然不同。尤其是《经》上下，大多是对词或概念、观念的定义，言约意奥，语法则一般使用判断句式，如：“知，材也”，“仁，体爱也”。这种文字在一般先秦著作中比较罕见。有意思的是，1993年10月在湖北省荆门市郭店楚墓中发现的八百余枚竹简，有一部分书写的是成组的短语，内容为传世文献所未见，被考古专家命名为《语丛》，共分四组。从形式来说，不少与上述“墨经”类似，如：“丧，仁之端也。”“礼，交之行述也。”看来先秦存在并使用这样一种简短的札记式语录式的文体，便于竹简的书写和保存。这方面也值得深入研究。

“墨守”部分，则如《四库全书总目提要》所说：“第五十二篇以下，皆兵家言，其文古奥，或不可句读，与全书为不类。”（卷第二十三）每篇的开头，大抵使用对话体；主要部分是说明文，记叙战争中防守一方的措施与方法，所以文章体裁即“与全书为不类”；又有大量的记载古代名物、度量衡与行政法律制度的词语，为后世所罕见，难以稽考，因而被认为“其文古奥，或不可句读”。今人

“考此十一篇内所记官称，如役司马、都司空、次司空、丞、校、亭尉、门尉、枭候、中涓等，参据明董说《七国考》，尚未见于其他六国，城旦之刑亦然，因此，认为这几篇最少一部分是秦人所写，殆已毫无疑问。亦唯如此而后它的文体何以与战国时东方齐鲁、三晋的作风不同，才得到合理解释。”[23]

所以现行存世的《墨子》，可以说是一部墨家学派的丛书或者说是集体著作，内容驳杂，风格非纯；既有墨子的亲著，又有弟子的听讲笔记，还有后学的发挥推衍；存在一定的年代跨度，不过其总体的著作时代下限，大致不会晚于秦统一六国以前。《墨子》的这些性质与特点，其实与大多数先秦诸子的著作是一致的。

以上诸方面的内容，都需要并且已经有许多专家从不同角度进行研究，但是难度都比较大，除了知识、学理的因素以外，语句的梗遏滞碍是重要的原因。由于墨家学派在封建社会里长期受压抑，《墨子》一直没有后世的注释本，只有西晋的鲁胜作了一部《墨辩注》，但也早已亡逸了。所以于省吾先生曾经感慨道：

> 《墨子》于诸子中最号难读，以其讹牾衍脱，更见迭出，既无旧注，又无明以前刊本。明本之传于今者，亦不多见。[24]

语言方面既缺乏梳理，传统的教学与研究也就极少运用《墨子》作为材料。启功先生曾回忆他少年时从吴县戴绥之先生读书的情况说：

> 戴先生最不喜《墨子》。我读了些种重要的子书，都是先

生放手让我自己点读,不懂的问题才提出来问老师。只有《墨子》,却又给我选出应读的篇目,一看,是《备城门》那些篇。哎呀,这怎么点?这是先生对这部古书的表态,我瞎点,先生也没怎么看。至今也没见讲语法的学者用这些篇的句子为例。即俞曲园先生的《古书疑义举例》中,也没见涉及这些篇中的难点和问题。[25]

《墨子》的"最号难读",主要在"墨辩"与"墨守"部分,既多名学术语辩式、典章器物的词语,几无辞章文采之可言,又且不乏语句的"讹牾衍脱,更见迭出",所以为许多文人或私塾先生所不喜。如果说到占《墨子》一书主体的"墨论",其实并不难读,文句流畅,口语化的成分非常丰富,甚至给人以繁复啰嗦的感觉,可以说是"质有余而文不足"。有人认为这是墨子的"劳动人民出身"所致。[26]在分析研究"墨论"的"十论"上中下文句异同时,甚至有人认为"《墨子》中下篇的文体句法有与中国普通文体句法不同"而"与中国边地民族及外国文句法相近,尤其是回文者",因此,"《墨子》中下篇作者,或是外国人,而学习中国文字,因其文字没有相当的训练,所以文中便有非驴非马的句子杂糅附益于其间。否则作者必是中国人,而精通外国文,耳濡目染,于不知不觉间,所做的文体便受了外国文体的影响。"[27]这些当然都可以研讨商榷,未为定论。但是,我们不难得出这样的看法,就是说作为先秦一部有重要影响的专书,《墨子》的语言,《墨子》的语法,是非常值得注意并且加以研究的。

随着清末以来学界对墨子研究的重视，整理、校勘、注释《墨子》的著作也逐渐增多，最为著名的当然首推孙诒让的《墨子间诂》。该著作曾蒙俞樾赞誉为“自有《墨子》以来未有此书”（《墨子间诂序》），不过由于所接触和依据版本的局限，也存在不少问题，以至于也有人认为“《间诂》虽具集校之劳，实棼已乱之丝，殊无裨于初学”。[28]近人吴毓江的《墨子校注》则是公认的《间诂》的后出转精之作，也就理所当然地成为进行《墨子》语言及语法研究的版本依据的首选。中华书局1993年出有此书的点校本（孙启治点校），甚便购买和研读。

附　注

① 孙诒让:《墨子间诂·墨子传略》。

②《哲学史讲演录》（一），第120页，贺麟、王太庆译，商务印书馆，1983年。

③ 参见钟友联:《墨家的哲学方法》，东大图书有限公司，1981年2月。

④ 参见杨俊光:《墨子新论》第七章，江苏教育出版社，1992年7月。

⑤ 参见拙作:《〈墨经〉语言论探微》，《中国语言学报》第九期，商务印书馆，1999年5月。

⑥ 参见谭家健:《墨子研究》第十一章，贵州教育出版社，1995年8月。

⑦ 见沈有鼎:《墨经的逻辑学》，第90页，中国社会科学出版社，1982年7月。

⑧ 参见詹剑峰:《墨子的哲学与科学》第六章，人民出版社，1981年12月。

⑨ 见方孝博:《墨经中的数学和物理学》第一章，中国社会科学出版社，

1983 年 7 月。

⑩ 同上,第二章。

⑪ 同上,第三章。

⑫ 同上,第四章转引钱临照:《古代中国物理学的成就 I,论墨经中关于形学、力学和光学的知识》,《物理通报》第一卷,第三期。

⑬ 见谭家健:《墨子研究》第十五章转引《中国军事史》第五卷,126 页,解放军出版社,1990 年。

⑭ 参见崔清田:《显学重光(近现代的先秦墨家研究)》第二章,辽宁教育出版社,1997 年 12 月。

⑮㉒ 载栾调甫:《墨子研究论文集》,人民出版社,1957 年 6 月。

⑯ 见《梁漱溟全集》第一卷,山东人民出版社,1989 年。

⑰ 参见杨俊光:《墨子新论》第一章,江苏教育出版社,1992 年 7 月。

⑱ 参见(美)李绍昆:《墨子:伟大的教育家》,第 2 页,湖南教育出版社,1985 年。

⑲ 例如上个世纪的 50 年代,前辈学者马叙伦曾提出庄子哲学是受印度佛教影响的意见。他根据《庄子》本文,认为“在我国商代印度已与今新疆之于阗、莎车有交通,而新疆之东与甘肃接壤,则佛法在周末自有传入删丹、张掖之可能。……庄子记及此事,而其书述义大氐与佛法相同。”(《庄子天下篇述义》,龙门联合书局,1958 年)中西文化和人员的交流,可能比我们一般想象的要早。又如“国际文化出版公司”,近年出版了一套《中华文明重大谜案破解丛书》,其中如冯翔、李达所著《中国人发现美洲》(2000 年 6 月出版),运用《山海经》及国外资料,论及上古中西方之间“鲜为人知的历史大迁徙”,似乎有助于我们对这个及类似问题的思考。

⑳《墨子要略》,出处同注⑮;又见栾氏《〈墨子〉书之传本源流与篇什次第》,载《古史辨》第六册,上海古籍出版社重印本,1982 年 10 月。

㉑㉒ 笔者撰有《〈墨子·尚同〉篇语言比较》,是这方面的尝试。

㉓ 岑仲勉:《墨子城守各篇简注·再序》,古籍出版社,1958年6月。

㉔ 见《双剑誃墨子新证·序》,上海书店出版社,1999年4月。

㉕ 见《汉语现象论丛·前言》,(香港)商务印书馆,1991年12月。

㉖ 笔者在研究生时代曾面聆学界前辈、华东师范大学教授史存直先生教诲,谈及墨子及《墨子》一书的此种性质特点,并嘱以《墨子》的语言研究为事。

㉗ 陈良盛:《墨子文法的研究》,转引自杨俊光:《墨子新论》第一章,出处同注⑰。

㉘ 栾调甫:《墨子要略》,出处同注⑮。

《墨经》语言论探微

一　引言

墨子之前的中国学者，有的虽然注意到了语言的政治和社会功用，如孔子说过“必也正名乎”（《论语·子路》），老子说过“信言不美，美言不信”（《老子》第81章）一类的话，都是人们所熟知的，但是正面探讨和论述语言本身，从而使语言学有可能成为一门独立的学科，在中国应该说是从墨子开始的。

墨子对于语言的论述，主要体现在《墨子》一书中，尤其集中在《墨经》部分。虽然该书存在作者非一以及成书年代有所争议等方面的问题，但这些问题在传世的绝大多数先秦典籍中所在多有，而相对年代则大致无讹，所以并不妨碍我们把它作为考察本题的依据。

《墨经》对语言的论述，可以大致分为两大部分，一是有关语言本体的理论，二是有关语言和语言学某些基本范畴的阐述。

本文所引《墨子》原文，主要据孙诒让《墨子间诂》（世界书局《诸子集成》本），诸条经文及《经说》的编号，则据吴毓江《墨子校注》（中华书局点校本）。

二 语言本体论

东西方学者有关语言的理论，都是从讨论事物与名称的关系、思想与词的关系开始的。如公元前5世纪的希腊学者赫拉克利特(Heraklitos)主张事物的定名是“按本质”，亦即根据对事物本质的真实认识来指称事物；而德谟克利特(Demokritos)则主张是“按法则”，亦即仅仅根据人为的协商和习惯来指称事物。[①]

这个问题，在中国称为“名实”关系问题，是墨子最早加以正面论述的。《墨子·经说上》82说：“所以谓，名也；所谓，实也。”对于事物的指称叫作“名”；对于所指称的事物，叫作“实”。用符号学的术语来说，“所以谓”就是“能指”，“所谓”就是“所指”。

这还只是区分了名与实。至于二者的关系如何，则首先，“实”是“名”的前提，亦即“实”是第一性的，“名”是第二性的，墨子指出：“有文(之)实也，而后谓之；无文(之)实也，则无谓也。”(《经说下》4)其次，名实要相符，即：“名实耦，合也。”(《经说上》82)。[②]

还有一条与此相关的表述是：“举，拟实也。”(《经上》31)举，在这里是称言的意思。《礼记·杂记》：“过而举君之名。”郑玄注：“举，犹言也。”《广韵》：“举，擎也；言也。”称言某一事物之名，则应摹拟该事物之实。诠释阐发该条经文的《经说》指出：“举，告以文名，举彼实也。”大意是，以名表述事物，应当反映事物的真实情况。

看来墨子在名实关系方面，大略接近于赫拉克利特的观点。名称的拟实，就学理而言似乎是完全必要的，然而却缺乏可行性，因为人们只要感知到事物即可为之命名，而在感知阶段则未必真实了解其原貌本质，同时事物复杂的原貌本质也殊难表现于相对简单的名称上。这个问题在中国又过了一百多年，才由荀子提出“约定俗成”（《荀子·正名》）的原则而较好地解决了。

但是墨子的更为可贵之处，是划分了事物名称的层次，《经上》79说：“名，达、类、私。”同条《经说》指出：“物，达也。……命之马，类也。……命之臧，私也。是名也，止于是实也。”称一切事物为“物”，这是达名；把某种动物称为“马”，这是类名；把某个人叫作“臧”，这是私名，这个私名只能用来指称这个人。

我们知道，凡要创立一种学科或理论，必须要对研究对象所涉及的范畴，按其外延的大小进行层级的划分。墨子对于事物名称的层级划分，为中国语言学（当然此初始阶段与逻辑学尚难以判然区分）的创立奠定了基石。其后的荀子，也不过提出区分事物名称层次的“大共名”、“大别名”（《荀子·正名》）而已。

语音是和言语紧密联系的。墨子指出：“声出口，俱有名。”（《经说上》79）

又说：“言也者，诸口能之出民（名）者也。”（《经说上》32）言语要通过口，口发出声音（语音），才能进行交际。可见墨子所创立的中国语言学，的的确确是语言学，而不是语文学。这也说明了中国的语言学具有一个很好的起点,只是后来很长一段时间由于各种原因而未能得以足够的发扬光大而已。

三 语言范畴论

公元前4世纪的古希腊思想家亚里士多德(Aristoteles)曾将语言表达的范畴归纳为十个方面:实体、数量、性质、关系、地点、时间、姿态、状况(即领有)、活动、遭受。[③]

中国古代的学者似乎未曾注意到这个问题而做有如此明确详尽的划分。但是客观世界只有一个,无论西方东方,人们对客体的感知及语言表达,所涉及的范畴应该并无太大的区别,只不过也许认识有深浅、术语有差异罢了。《墨子》是中国古代难能可贵的一部谈论科学和理性的典籍,尤其《墨经》部分,更是广泛论述认识论、逻辑学、语言学和物理光学、力学等。对于亚里士多德所讨论的语言表达范畴,《墨经》也多有涉及,足资阐发。

(一) 语义方面

1. 空间 《墨经》中用"宇"等字表示。

> 宇,弥异所也。(《经上》4)
>
> 宇,东西南北。(《经说上》4)

按:王念孙《读书杂志》卷九指出:"弥,遍也。宇者,遍乎异所之称也。《经说上》解此云:'宇,东西南北。''东西南北'可谓异所矣,而遍乎东西南北,则谓之宇。故曰:‘宇,弥异所也。’”

> 宇,或徙。(《经下》14)
>
> 徙而有处,宇。(《经说下》14)

按:“或”是“域”的古字。“宇,或徙”,谓空间体现为运动物质的位移。无论物质运动状况如何,必占有某一空间位置,虽然这一空间位置必将随物质运动状况而不断变换。

2. 时间 《墨经》中用“久、且、已”等字表示。

> 久,弥异时也。(《经上》40)
>
> 久,古今旦莫。(《经说上》40)

此条诸家多认为“久”用如“宙”,“宇久”即“宇宙”,就是高诱在《淮南子·原道训》注文中所说的:“四方上下曰宇,古往今来曰宙。”按《说文》五下:“久,象人两胫后有距也。”段注:“相距则其候必迟,故又引申为迟久。”又七下:“宙,舟舆所极复也。”段注:“舟车自此至彼,复自彼至此,皆如循环然。”可见“久”、“宙”经引申后都可用来表示有关时间方面的意义。“弥异时”与指空间的“弥异所”都有运动的意味而指向有别。《经说》中的“古今旦莫”,指的是具体的不同时间形式。莫,是“暮”的古字。

> 且。自前曰且,自后曰已,方然亦且。(《经说上》33)

按:“且”和“已”都是《墨子》中表示时间状态的术语。“且”

表示时态的将来时和现在时。"自前曰且"，指在事前预言将要发生而实未发生的情况，如《小取》篇说："且入井，非入井也；止且入井，止入井也。且出门，非出门也；止且出门，止出门也。"这是"且"的将来时。"且"又指"方然"，"方"是"方今"，《诗经·秦风·小戎》："方何为期。"郑玄笺："方今以何时为还期。""方然"犹言"方今正如此"，这是"且"的现在时。而"已"字表示过去时，是从事后而言的。《经说下》3："过而以已为然"，明言"已"和"过"的联系。《玉篇》："已，卒事之辞"，更揭示了"已"的过去时性质。

俞樾《诸子平议》卷十一云："盖凡事从事前言之或临事言之，皆可曰'且'，如'岁且更始'之'且'，事前之且也；如'匪且有且'之'且'，毛传曰'此也'，此方然之且也。惟从事后言之，则为已然之事，不得言且，故云'自后曰已'。"这段话，对"且"、"已"的阐发很见精要。但我们一想到先秦时代的墨子就能对时态做如此明确的划分，不由得至为敬佩。

3. 异同

同异交得，放有无。(《经上》90)

同异变得。於福(富)家良恕(智)，有无也。比度，多少也。免纫(轫)还园(辕)，去就也。鸟(鸟)折用桐，坚柔也。剑尤(戈)早(甲)，死生也。处室子，子母，长少也。两绝胜，白黑也。中央，旁也。论、行[行行]、学、实，是非也。难宿，[4]成未也。兄弟，俱适也。身处志往，存亡也。霍(鹤)为，[5]姓

(性)故也。贾(价)宜,贵贱也。(《经说上》90)

按:这段文字是说"同"和"异"可以一并从同一事物中得到,即"同"、"异"可以存在于同一事物,且可以相互转化,犹如"有"、"无"一样。以下历举富家家资与智识的可能偏有偏无、事物度量的或多或少、驱车运行的去就、藤蔓桐木性质的刚柔、兵器涉及的生死、女子为子为母的长少、颜料互掩显现的白黑、中央和旁侧的相对、言行学识的是非、鸟卵孵化的成未、兄弟称呼的相对、身体处此而神志往彼的存亡、鹤猴习性的不同、货物价格的贵贱,等等,统统都是相对而可以共存的。

这里所列举的大量的同异相反的词义组合,具体而细致,是对立统一规律在语言表达中的体现。这种同异,诚然如上所述,也许在程度上是相对的,但其构成的词义差异,则是凸现于表层,因而是明显的。这与下述的另一种同名异实的"同异"则有性质的不同:

……橘(桥)、茅,食与招也。白马多白,视马不多视,白与视也。为丽不必丽,不必丽与暴也。……(《经说下》3)

按:此条文字尤为简古,颇费诠释,故仅截取一部分,大意谓:桥是木瓜,供人食用;茅是菅草,用以招神,二者读音相近而意义完全不同。可以说"白马多白",却不能说"视马多视",二者句式相同而或成句或不成句。"丽"有"偶丽"、"美丽"之分,"暴"有"残暴"、"暴露"之别,这是词形相同而词义不同。以上说明语言中多有表面形式相同而语义实质不同的现象。墨子对这类语言现象的敏锐捕捉与表述,也是令人不胜佩服的。

(二)语法方面

1. 构词

问者曰:“子知‘羁’乎?”应之曰:“‘羁’何谓也?”彼曰:“羁施(旅)。”则智(知)之。⑥(《经说下》41)

按:此条大意是,如若有人问:“你知道‘羁’字怎么讲吗?”回答道:“你指的是哪个‘羁’?”他说:“是‘羁旅’的‘羁’。”这样就明白应如何解答了。因为“羁”是多义字,《说文》七下:“羁,马络头也。”这是本义。《广雅·释诂》:“羁,寄也。”这是引申义。所以单说“羁”字,可能不知指的是哪种意义,但如说出“羁”是“羁旅”的“羁”,那么立即可知是指它的引申义了。这就是说,多义的单音语素的意义是不易孤立地确定的,但当它与另一单音语素构成双音词之后,由于该双音词的意义明确,那么原先那个单音语素的意义也就较为容易确定了。这体现了墨子对汉语构词性质的理解。

2. 指代

彼。正名者“彼此”。“彼”、“此”可:彼“彼”止于“彼”,此“此”止于“此”。“彼”、“此”不可:“彼”且“此”也,(“此”亦且“彼”也)“彼此”亦可:“彼此”止于“彼此”。(《经说下》68)

按:“彼”、“此”都是汉语中的指代词。这一段话的大意是,在语言表达中需要正名的是关于“彼”、“此”的指代方式。一种是正确的指代,即“彼”只用于指代“彼”事物,“此”只用于指代“此”事物。一种是不正确的指代,即“彼”也用于指代“此”事物,“此”也用于指代“彼”事物。再有一种是“彼此”事物的集合,如果只用“彼此”指代,那也是可以的。这段话的中心意思是说明:指代的对象及内涵必须明确而不可淆乱。这也正是指代范畴的本质特征。其后《公孙龙子·正名篇》中指出:“彼此而彼且此,此彼而此且彼,不可。”也是同样的意思。语言表达的规则必须和思维逻辑原理一致,否则就是错误的。

3. 句式

谓:移(命)、举、加。(《经上》80)

谓狗、犬,命也。狗犬(吠),举也。叱狗,加也。(《经说上》80)

按:依照谭戒甫的说法,“谓”指动词(Verb),具有三义:(1)命谓(Noun used as Verb),(2)举谓(Intransitive Verb),(3)加谓(Transitive Verb)。(《墨辩发微》,第103页)那么,用现今通行的语法术语表达,说“狗,犬(也)”,是名词谓语句;说“狗吠”,是不及物动词谓语句;说“叱狗”,是(省略主语的)及物动词(带宾语)谓语句。可见同一名词“狗”,在句中居于不同分布位置,则使句子成为不同类型形式。

所存与[存]者,於(乌)存与孰存,驱(四)异。(《经下》42)

室堂,所存也;其子,存者也。据在者而问室堂“恶[可]存也?”主室堂而问存者:“孰存也?”是一主存者以问所存,一主所存以问存者。(《经说下》42)

按:本条是用动词“存”(意为“居住”)的不同分布说明不同的句式:所存、存者、乌(恶)存、孰存,即:所存之处、居存之人、存于何处、何人居存。室堂是所存之处,“其子”泛指居存之人。就所在之人而询问其室堂之时,只能说:“何处居存?”就所处之室堂而询问其居存之人,只能说:“何人居存?”后两句,一是从居存者出发来询问其所居存之处,一是从所居存之处来询问其所居存之人。这是正面涉及主体客体互易时的不同角度的表述而生成的不同句式。

四　结语

类似《墨子·墨经》这种着眼于语言本体和表达范畴的纯学理讨论,在先秦诸子的著作中是不多见的。语言学工作者从语言学角度对《墨经》进行研究的著述似乎也较为罕见。而这项工作的开展,对于我们重新审视与深入认识我国古代语言学的宝贵遗产,应该说是有必要的。

附 注

① 参见“参考文献 8”之第五节。

② 参见“参考文献 7”之第一章。

③ 北京大学哲学系外国哲学史教研室编译:《古希腊罗马哲学》,三联书店 1957 年,第 309 页。

④《说文》四上:“难,鸟也。”高亨《墨经校诠》:“宿者,卧宿也。难宿谓雌鸡伏卵卧于卵上也。”

⑤《说文》三下:“为,母猴也。”母猴即猕猴。自罗振玉以来多依甲骨文字形而判其为误,然以《墨子》一书言之,许说未尝无据也。《经说下》3 尚有“为麋同名,俱斗”之语,“为”似亦可解为母猴。

⑥ 本条“羁”字原形复杂难辨,诸家所释多歧,此从谭戒甫说,见“参考文献 4”之第 274 页。

参考文献

[1] 孙诒让:《墨子间诂》,世界书局《诸子集成》本,1935 年。

[2] 吴毓江:《墨子校注》,中华书局点校孙诒让本,1993 年。

[3] 高亨:《墨经校诠》,中华书局,1962 年。

[4] 谭戒甫:《墨辩发微》,科学出版社,1958 年。

[5] 姜宝昌:《墨经训释》,齐鲁书社,1993 年。

[6] 汪子嵩等:《希腊哲学史》第 2 卷,人民出版社,1993 年。

[7] 何九盈:《中国古代语言学史》,广东教育出版社,1995 年。

[8] (丹麦)威廉·汤姆逊(Vilhelm Thomsen):《十九世纪末以前的语言学史》,科学出版社,1960 年。

[原载《中国语言学报》第九期,商务印书馆,1999 年 5 月]

《墨子》称代系统论隅

一　引言

吕叔湘先生在《近代汉语指代词》的序文中指出:指代词“数目不多而用法复杂,……是语法中很值得研究的一个部分。”[①]梅祖麟也指出:“以往语法著作讨论某一个时期的语法,几乎都是从指代词开始。”[②]

本文讨论与《墨子》一书称代有关的若干语法现象。众所周知,在先秦诸子著作中,《墨子》内容庞杂,前后风格不一,文字讹误甚多,历代允称难治。通过清代毕沅、孙诒让以来诸多学者的努力,现在总算有了一个大致可读的文本,也为《墨子》的研究,创造了必要的前提条件。

本文所指的称代系统,是在指代词之外,加上称数法部分。这是由于王力先生曾根据叶斯泊森(O. Jespersen)“数词与代词有某些共同之处”的论断,在他的代表作《中国语法理论》和《中国现代语法》中,都是“把替代法和称数法合为一章”,确认“二者之间确有极相似之处”,[③]周法高的《中国古代语法·称代篇》也专辟“称数”一章。

二 第一人称代词“吾”和“我”

《墨子》中的第一人称代词计有“我、吾、余、予、朕”等。其中“余”仅一见(《耕柱》:“舍余食。”),“予、朕”则全部见于引自书传(如《泰誓》、《禹誓》)的文字,只有“我”、“吾”用于《墨子》本文中(引文中间或用之)。其中,“吾”字用173次,“我”字用190次。就功能而言,“吾”多用作主语和定语,“我”则用于主语、定语和宾语;这和同期其他著作的情况并无二致。但是进一步考察“吾”、“我”在全书各篇中的分布,会发现一种不平衡的现象,拿几篇同题而分上、中、下的文字做比较:

次数/成分		尚贤			尚同			兼爱			非攻			天志			非命		
		上	中	下	上	中	下	上	中	下	上	中	下	上	中	下	上	中	下
吾	主	0	0	1	0	3	0	0	3	12	0	0	0	1	9	11	2	0	4
	定	0	1	0	0	0	0	0	0	10	0	0	4	0	5	2	2	0	2
我	主	8	0	9	0	0	0	0	0	7	0	4	3	13	0	3	2	7	3
	定	0	0	2	0	0	0	0	0	0	0	1	3	3	0	0	2	2	0
	宾	0	2	0	0	0	1	0	0	3	0	0	0	0	0	1	0	0	0

从表中可以看出,除了《非命上》篇外,“吾”和“我”在各篇的分布并不均衡:有的篇章侧重用“吾”,有的篇章侧重用“我”,有的则因文字较为简略,二者都用得很少甚而基本不用(如各篇的“上”)。因为前辈学者多认为《墨子》这些篇章的上、中、下是同一主题的不

同的记录文本(如俞樾曾经指出:“墨子死而墨分为三,有相里氏之墨,有相夫氏之墨,有邓陵氏之墨。今观《尚贤》、《尚同》、《兼爱》、《非攻》、《节用》、《节葬》、《天志》、《明鬼》、《非乐》、《非命》,皆分上中下三篇,字句小异,而大旨无殊,意者此乃相里、相夫、邓陵三家相传之本不同,后人合以成书,故一篇而有三乎?”[4]),所以看来“吾”、“我”的不同分布首先体现了记录者对第一人称代词不同的使用习惯,但是都能遵守二者在当时雅言中的语法规则。

关于“吾”与“我”用法上的区别,早已见于《马氏文通》的归纳。《马氏文通·代字·指名代字》说:“发语者‘吾’字,按古籍中用于主次、偏次者其常,至外动后之宾次,惟弗辞之句则间用焉,以其先乎动字也”,而“‘我’、‘予’两字,凡次皆用焉”。[5]嗣后,胡适在《吾我篇》中总结了二者用法区别的八条规则,在第四条“‘吾’字不可用于宾次”中特别指出:“其用于宾次者,非由错写,必系后人之变化,而非古人之用法矣。”[6]他连马氏所注意的“惟弗辞之句则间用焉”的现象也否定了。

其实在《墨子》的《公孟》篇里,不但有“令告子言谈甚辩,言仁义而不吾毁”这种“吾”字作否定句(即“弗辞”)动词宾语的用法,而且还有一例甚可注意:“厚攻则厚吾,薄攻则薄吾。”此句王引之认为:“吾,读为‘列御寇’之‘御’,‘御’古通作‘吾’。”孙诒让认为:“王说是也,‘吾’当为‘圄’之省。”但也不乏将“吾”作人称代词解的,如曹耀湘的《墨子笺》解此句为:“攻,谓辩难也。凡与吾言相诘难者厚,则视吾亦厚,薄则视吾亦薄。言圣人之道,欲人相诘难,不畏人之攻也。"张纯一的《墨子集解》释为:"言议论设不称其实,则为誉为毁皆过也,固望有人攻之。故人厚攻之,则是厚吾;薄攻之,则是薄吾。"[⑦]从训诂学的原则来说,只有就本字讲扞格不通时,才能考虑通假。此句按曹、张说解,文从字顺,自是胜于王、孙的易字为训。如此,将此处"吾"字视为谓语动词"厚"、"薄"的宾语,当是可以成立的。

"吾"、"我"二字,上古的发音部位同为喉音 ng,属疑母字;韵部则"吾"属鱼部[a],"我"属歌部[ai],可以旁转;音近义亦近,可谓同源词。在现代的山东方言里,第一人称代词有"俺"、"我"同时存在。"俺"字的声母,各地多为喉音 ng,韵母则多为 a,正是"吾"的古音的遗留;"我"字今多发 v 或 u,古疑母 ng 转为零声母或 w,歌部开一 ai 变为 u 或合口 uo,是符合汉语语音发展规律的。[⑧]所以上溯到古代,"吾"、"我"虽有区别,但基于同源偶有混用也是可以理解的。

三　指示代词"是"和"此"

"是"和"此"是《墨子》中使用最频繁的指示代词:"是"出现 586 次,"此"出现 553 次。

《马氏文通·代字·指名代字》认为:"'是'、'此'二字,确有不可互易之处:凡指前文事理,不必历陈目前而为心中可意者,即以'是'字指之;前文事物有形可迹且为近而可指者,以'此'字指之。"杨树达对此说不以为然,认为文献中不乏"指前文事理,乃不用'是'而用'此'。"[9]确实,从《墨子》用例来看,"是"与"此"可互易的地方很多,尤其是一些固定的结构句式。例如:

是以=此以

节于身,诲于民,是以天下之民可得而治。(《辞过》)

慧者心辩而不繁说,……此以名誉扬天下。(《修身》)

是谓=此谓

是谓天德。……是谓天贼。(《天志中》)

此谓进贤。……此谓事能。(《尚贤中》)

则是=则此

则是明于民之善非也。……则是不明于民之善非也。(《尚同下》)

则此富贵为贤以得其赏者也。……则此富贵为暴而以得其罚者也。(《尚贤中》)

是其故=此其故

是其故何也?(《尚贤上》)

此其故何也?(《尚贤中》)

在以上格式中,"是"和"此"完全等值而可以互易。

然而这两个代词确乎时常又表现出具有"不可互易之处"。总的说来,"是"的语法功能和意义要比"此"丰富,在《墨子》中甚而有时逸出指代范畴。用“此”的地方一般可以用“是”，反之则未必。“是”的下列用法是“此”所不具备的。

1. 复指前置宾语。一般出现在引述前人书传的文字中：

帝式是恶，用（阙）[丧厥]师。（《非命中》）

帝式是增（憎），用爽（丧）厥师。（《非命中》）

五谷既收，大丧是随。（《非儒下》）

2. “是”不表示近指：

譬之若楚越之君，今是楚王食于楚之四境之内，故爱楚之人；越王食越，故爱越之人。（《天志下》）

此例中的“是”不是指“这”，而是指不在言者近旁、仅仅作为比喻的人物。这种地方，《墨子》中又多作“今夫”，如“今夫师者之相为不利者也”（《非攻下》）、“今夫轮人操其规，将以量度天下之圜（圆）与不圜也”（《天志中》），可见“是”略相当于“夫”，即“那”，表示远指。[10]当然，“今夫”也可理解为“如今、现在”，“夫”是用于时间名词后面的词，但“今是”的“是”恐怕不好这样理解。

今王公大人惟毋处高台厚榭之上而视之，钟犹是延鼎也，弗撞击，将何乐得焉哉？（《非乐上》）

此句的大意是：“如今的王公大人站在高耸的楼台上看去，大钟就像那倒放的鼎一样，不去撞击，将会得到什么乐趣呢？”这也是个假设的比喻，句中的“王公大人”和“钟”等，都是“不必历陈目前而为心中可意”的事物，所以句中的“是”并非如同“此”字的近指，指代不在眼前的事物。

3.“是”表示“将”：

若苟不足，为人弟者求其兄而不得，不弟（悌）弟必将怨其兄矣；为人子求其亲而不得，不孝子必是怨其亲矣；为人臣者求其君而不得，不忠臣必且乱其上矣。（《节葬下》）

此三分句中，“必将、必是、必且”互文，“将、是、且”三字同义，可见“是”表示“将”。裴学海《古书虚字集释》：“‘是’犹‘且’也。”即引此例。

4.“是”表示判断：

谓彼是是也，不可。（《经说下》）（大意是：“说彼就是此，不可以。”）

此句被郭锡良先生列为“现存先秦古籍中，也确有几个用系词‘是’的判断句”之一例，虽则后文又认为“应予排除”，姑录以备考。[11]联系到《墨子》指代系统中其他若干特殊语法现象，此例还是值得重视，也许是混入了后代的语法成分了。

四 数量称代的若干特点

（一）表零数

1. 整数与零数之间不用“有”

春秋战国以前的称数法，在整数与零数之间一般要加“有”

或"又",无论是出土的殷商甲骨文、两周金文还是传世的《尚书》,都是如此。《论语》中虽只有1例,即"吾十有五而志于学"(《为政》),但遍检全书再无此类称数,所以出现频率竟是100%。

到了《墨子》,此种情况有所变化。《墨子》全书只有1处可以见到这种称数法:

> 神曰:"无惧,帝享女明德,使予锡女寿十年有九。"(《明鬼下》)

此句下文有"非惟若书之说为然也"的话,很明显,这是援引古书传中的用法,而《墨子》本文在这种地方都不加"有":

> 女子年十五,毋敢不事人。(《节用上》)
>
> 敢问守此十二者奈何?(《备城门》)(大意是:攻城方法有十二种,请问应如何防守?)
>
> 十四者无一,则虽善者不能守矣。(同上)(大意是:十四个守城条件无一具备,那么即使善于防守的人也不能防守了。)
>
> 里二百五十八渠。(《杂守》)

据统计,与《墨子》同期或稍后的另外一些先秦典籍中还有保留"整数+有+零数"形式的,如《左传》有7例,《国语》8例(占全书"整数+零数"75个用例的10.7%)、《孟子》10例,《庄子》5例,《荀子》3例,《韩非子》11例。[12]可见《墨子》把这种形式去除得如此彻底,是值得注意的。

2.《墨子》中还有一种表示零数的方式,是整数用上位单位词而零数不用下位单位词,即“整数+单位词+零数”。如:

为薪皋,二围,长四尺半。(《备城门》)(薪皋:柴火堆。)

今一人操二丈四(方)[矛],刃其两端。(《备蛾傅》)

亭尉各为帜,竿长二丈五,帛长丈五、广半幅者(大)[六]。(《旗帜》)

有的则是难以标明下位单位词的,如:

柱大二围半。(《备穴》)

筐大三围半,左右有钩距。(《备高临》)(钩距:发射箭矢的弩机上的一种部件。)

“围”不是度量单位词,没有上下位之分。但是说“×围半”或“半围”,意义还是明确的。这种称数法,一直沿用至今。

(二)表分数

1. 分母+分子

有能得若告之,赏之什(十)三。(《号令》)(大意是:有能抓住隐藏粮食的人并报告到官府的,赏给他其中的十分之三。)

2. 分母+之+分子

藉车夫长三尺,四之三在上。(《备城门》)(藉车:即巢车，古代兵车的一种；夫：通“趺”，车座。）

3. 分母＋分＋之＋分子

一谷不收谓之馑，二谷不收谓之旱，三谷不收谓之凶，四谷不收谓之馈，五谷不收谓之饥。岁馑，则仕者大夫以下皆损禄五分之一；旱，则损五分之二；凶，则损五分之三；馈，则损五分之四；饥，则尽无禄，禀食而已矣。（《七患》）（禀食：没有俸禄，只供饭食。）

凶饥存乎国，人君彻（撤）鼎食五分之三。（同上）（鼎：青铜食器。）

（车）夫（趺）四分之三在上。（《备城门》）

这种与后世“几分之几”的分数形式相同的表示法，以往已有报告指出在《左传》中已经产生，[13]而《墨子》是并不晚于《左传》的先秦典籍，这里的类似用例，也很值得重视。

（三）表不定数

1. 相邻数字连用

如：“二三年”（《节用上》）、“四五国”“四五人”（《非攻上》）、“二三子”（《耕柱》）、“七八员”（《备穴》），这是不少先秦著作中常用的，不赘述。

2. 数字＋名＋有余

蹈火而死者，左右百人有余。（《兼爱中》）

古者天子之始封诸侯也，万有余；今以并国之故，万国有

余皆灭，而四国独立。此譬犹医之药万有余人，而四人愈也。（《非攻下》）

吾取饰车食马之费与绣衣之财以畜士，必千人有余。（《贵义》）

还有一例是不用“有”的：

命有力者三人用颉皋冲之，灌以不洁十余石。（《备穴》）（颉皋：即桔槔，一种汲水的工具。）

3. 用“若干”

吾攻国覆军，杀将若干人矣。（《天志下》）

4. 用“几何”

共2例，都用于否定，意为“（没有）多久”：

人之生乎地上之无几何也，譬之犹驷驰而过隙也。（《兼爱下》）

毋几何，而遗十金于子墨子。（《耕柱》）

这里的“无几何”或“毋几何”，都是指时间的。

（四）表示统括之数

古代主要使用“等”、“诸”一类的词来表示统括的数字。《马氏文通·代字·指示代字》指出：“‘等’字用于平列诸名之后，以概夫同类而未列者；‘诸’字则先于同类诸名，且可先于一读者，凡皆用为统括之辞也。”这也都属于称数范畴。

1. 用"等"

周法高认为:"'等'字通行于汉代及其后。"[14]所举用例与《马氏文通》一样,都是《史记》及其后的文献。但从《墨子》中却见有下列用例:

然臣之弟子禽滑厘等三百人已持臣守圉(御)之器在宋城上而待楚寇矣。(《公输》)

前辈学者如梁启超、胡适等都认为《公输》篇可能是"墨家后人"所作,不过据孙诒让《墨学传授考》"犷秦隐儒,墨学亦微"的论断,[15]说《墨子》全书基本上是先秦文献,应该是没有问题的。

2. 用"诸"

如果不算"诸侯"这一复合词,那么《论语》中用"诸"置于名词前表示统括用法的,只有"夷狄之有君,不如诸夏之亡(无)也"(《八佾》)一处。《孟子》中也只有"诸臣、诸大夫、诸君子"的用例。而"诸"字作为表示统括数量的词,在《墨子》中却很活跃。归纳起来,大致有两类用法:

(1)"诸"+一般名词(或名词性词组),如:

(周武王)分主诸神,祀纣先王。(《非攻下》)

诸圣人所先,为人(欲)[效]名实。(《大取》)

诸灶必为屏。(《号令》)

诸吏必有质,乃得任事。(《杂守》)

诸人士、外使者来,必令有以执。(同上)

（2）“诸”+谓词（或谓词性词组）+“者”，如：

诸加费不加于民利者，圣王弗为。（《节用中》）

诸不敬慎祭祀者，鬼神之诛至若此其憯速也。（《明鬼下》）

诸守者，审知卑城浅池而错守焉。（《备城门》）

诸作穴者五十人，男女相半。（《备穴》）

诸盗守器械财物及相盗者，直一钱以上，皆断。（《号令》）（断：斩首。）

五 结语

《史记》只在《孟子荀卿列传》后极简略地介绍了一下墨子："墨翟，宋之大夫，善守御，为节用。或曰并孔子时，或曰在其后。"连他的籍贯都未记载。至东汉末，学者高诱指出墨子为鲁人。[16]

墨子生存的年代，根据多数学者的考证，应是略后于孔子而早于孟子。《论语》、《墨子》、《孟子》三书的成书年代，当然都在这三位大师的身后；从书的主体来说，产生的年代也大致是如此排列。另外，我们知道孔子为鲁人，孟子为邹人，邹与鲁相邻，所以墨子与孔子、孟子的生活地域相近，语言亦应同属一个方言系统。综此，可知三书在语言现象方面的差异，恐怕首先具有历时因素（其次也有社会因素，见下）。这就给我们从历史语法学角度的比较与考察，提供了依据。

从历史上看,某一语法意义的形成与发展是有其规律的。变化是逐渐的,有轨迹的。例如表示不定数的"几",在《论语》中只用为"几谏、几乎"等,尚未进入数量范畴;到《墨子》中能够用在固定结构"几何"中表示不定数(虽然在功能方面还受只表否定的限制),而到了《孟子》中就能单独与名词结合表达不定数的意义了。(如《离娄上》:"子来几日矣?")

另一方面,新的语法现象、新的语法功能的产生,也许是带有突变性的。例如《墨子》中第一人称代词"吾"的作宾语、指示代词"是"的具有系词功能、表统括之数的"等"的出现,都是较为突兀的,在此前的《论语》和稍后的《孟子》中都不曾见到。

对于这类语言变异现象,是否一律以"错简"、"讹误"、"后人窜改"等理由而不予承认?这当然是一种处理态度。不过,传世有征的典籍的讹误窜改,如果都是恰巧发生在这类关键而又呈细微变化的语法现象方面,那种解释同样也是不无牵强的。

似乎可以考虑运用"词汇扩散"理论来对这类语法现象加以一定程度的解释。我们知道,由王士元教授提出的这个理论首先是针对历史语言学中的音变现象的。"但从本质来看,词汇扩散是一种以变异和选择为基础的语言进化理论。"[17]既然是这样,变化物就不一定仅仅是语音,变化的媒介也就不一定是词汇。国内外一些学者的研究证明了这一理论可以用来解释汉语语法史的某些现象。本文叙及的《墨子》一书称代系统中的某些语法现象和特点,不妨作如是尝试。例如称数法方面,在甲骨文、金文乃至

《荀子》、《韩非子》中表示整数加零数，中间一般要加“有”，但是在《墨子》的本文中就基本不用了。这就是一种多少突兀的变异。

这种变异往往表现为共时性的，如“是”在《墨子》中的既有指代作用，又有表时态和表判断的作用，体现了“是”字正处于语法化的进程之中。这种进程在同期其他文献典籍中的表现，也许很不平衡，具有相当大的偶发性，以致我们不能过早地予以定性；但无论如何，这种偶发性体现的语法化进程是不应加以忽视的。

从称代系统体现的《墨子》若干异于同期其他诸子著作的语言特点，产生一些比较“趋前”（就是比一般典籍出现得年代早）的语法现象，可能是因为在先秦诸子中，墨家是比较接近下层劳动大众、代表他们说话的，在语言表达方面大概也是较多地吸收了当时的民间口语。这样，虽然显得质朴而文采不足，经常还不免冗赘拖沓，但是也因而较多地保留了当时口语的表达方式及语法成分。

清初学者顾炎武已发现一些代词在不同典籍中的不同分布现象，他说：“《尚书》多言‘兹’，《论语》多言‘斯’，《大学》以后之书多言‘此’。”（《日知录》卷六“檀弓”条原注）按：用“此”比用“兹”、“斯”是更为符合汉语口语发展趋势的。据统计，《论语》用“斯”71 次（用于人名除外，下同）而从不用“此”；《孟子》用“斯”44 次，用“此”110 次；《庄子》（据考证也是山东人）[18]用“斯”4 次，用“此”246 次。但晚于《论语》而早于《孟子》、《庄子》的《墨子》却用“此”字达 553 次，而“斯”字仅用 1 次。这几部著作的年代早晚及地域区别均不算大,只能说明《墨子》一书比较接近当时的实际口语而已。

当然,较为“趋前”的语法现象的存在,也可用《墨子》一书的写作年代跨度大来解释,如同有些专家所断言的那样。不过类似这样的解释,其带有较多的主观臆测成分,也是难以避免的。

附　注

① 吕叔湘:《近代汉语指代词》(江蓝生补),学林出版社,1985 年 7 月。

② 梅祖麟:《关于近代汉语指代词》,《中国语文》,1986 年第 6 期。

③ 王力:《中国语法理论》第四章第三十节,《王力文集》第一卷,山东教育出版社,1984 年 11 月。

④ 见孙诒让:《墨子间诂·俞序》,世界书局《诸子集成》本。

⑤ 吕叔湘、王海棻编:《马氏文通读本》,上海教育出版社,1986 年 6 月。本文凡引《马氏文通》处,皆用此版本。

⑥ 胡适:《胡适文存》(二),上海亚东图书馆,1922 年 3 月。

⑦ 参见吴毓江:《墨子校注》,中华书局,1993 年 10 月;张纯一:《墨子集解》,文史哲出版社,1982 年 2 月。

⑧ 参见钱曾怡主编:《山东方言志丛书》,语文出版社;王力:《汉语语音史》卷上第一章、第十章,中国社会科学出版社,1985 年 5 月。

⑨ 杨树达:《马氏文通刊误》,见④中所引。

⑩ 杨伯峻、何乐士:《古汉语语法及其发展》第三章第三节,语文出版社,1992 年 3 月。

⑪ 郭锡良:《关于系词“是”产生年代和来源论争的几点认识》,载《王力先生纪念论文集》,商务印书馆,1990 年 7 月。

⑫ 刘利:《〈国语〉的称数法》,载《第一届国际先秦汉语语法研讨会论文

集》,岳麓书社,1994 年 12 月。

⑬ 何乐士:《〈左传〉的数量词》,载《语言文字学术论文集——庆祝王力先生学术活动五十周年》,知识出版社,1989 年 1 月。

⑭ 周法高:《中国古代语法:称代编》第六章之拾壹。

⑮ 孙诒让:《墨子间诂》附《墨子后语》,世界书局《诸子集成》本。

⑯《吕氏春秋·慎大览》高诱注:"墨子名翟,鲁人也。著书七十篇,以墨道闻也。"亦见《诸子集成》本。

⑰ 沈仲伟:《词汇扩散理论》,载石锋编:《汉语研究在海外》,北京语言学院出版社,1995 年 6 月。

⑱ 见《庄子故里在(山东)东明——全国庄子研讨会述要》,《光明日报》1996 年 5 月 14 日。

[原载《第二届古代汉语国际学术研讨会论文集》,语文出版社,1998 年 6 月]

《墨子·尚同》三篇语言比较

《墨子》“十论”是墨子关于其哲学思想、政治主张、价值观念的正面的集中论述，论题分别为《尚贤》、《尚同》、《兼爱》、《非攻》、《节用》、《节葬》、《天志》、《明鬼》、《非乐》、《非命》，每个标题均分上中下，所以应是30篇，但现存篇数有所残缺，只有《尚贤》、《尚同》、《兼爱》、《非攻》、《天志》、《非命》是保留完整的上中下诸篇的。

每个论题下的三篇文章，中心思想是相同的，内容方面则有详略和侧重点的不同。这种做法，在其他先秦诸子的著作中是见不到的。只有现存《孟子》七篇，各分上下，但其间并无主题和内容上的联系，不可相提并论。关于《墨子》“十论”这种文章编排的性质和原由，清末学者俞樾曾经推测：“墨子死而墨分为三，有相里氏之墨，有相夫氏之墨，有邓陵氏之墨。今观《尚贤》、《尚同》、《兼爱》、《非攻》、《节用》、《节葬》、《天志》、《明鬼》、《非乐》、《非命》，皆分上中下三篇，字句小异，而大旨无殊，意者此乃相里、相夫、邓陵三家相传之本不同，后人合以成书，故一篇而有三乎？”（《墨子间诂·序》）这当然不失为一种事实，但似乎还存在下列两种可能:一是《墨子》同一次讲述的三种笔记文本,二是墨子就同一论题多次演讲的三种记录文本。

无论如何,“十论”的各自三篇文章应该是严格共时的作品,这就为我们研究《墨子》的语言提供了一种有特色和有趣味的语料,因为我们可能在同一语义的框架下发现两种或三种不同的表达方式,从而尝试研究其是否具有不同的语法或语义表达特点。在先秦诸多的文献典籍中,也许只有《墨子》为我们提供了这样的机会。

现在先以《尚同》的上中下三篇为例,开始我们的这种尝试。我们的做法是先列出三篇中语义相同或基本相同的语句并有所归纳,然后进行主要是语法或语义表达方面的比较。

一　古者天下之人异义

(上)古者民始生,未有刑政之时,盖其语,人异义。是以一人则一义,二人则二义,十人则十义。其人兹众,其所谓义者亦兹众。

(中)方今之时,复古之民始生,未有正长之时,盖其语曰:“天下之人异义。”是以一人一义,十人十义,百人百义。其人数兹众,其所谓义者亦兹众。

(下)古者天之始生民,未有正长也,百姓为人。若苟百姓为人,是一人一义,十人十义,百人百义,千人千义。逮至人之众不可胜计也,则其所谓义者,亦不可胜计。

比较:

1. 时间的表达:(上)的表达方式是“古者……之时”,(中)的是“方今之时,……之时”,(下)则是“古者……之……也”。用于以“之”取消句子独立性的分句末尾的语气词“也”,是可以表示时间的,如《左传·僖公三十年》:“臣之壮也,犹不如人。”

2. 结果的表达:(上)、(中)都是承前用“是以”,系不完全的因果复句句式;(下)则用“若苟……则……”,系完整的假设复句句式。

二　天下之所以乱者

(上)内者父子兄弟作怨恶,离散不能相和合,天下之百姓皆以水火毒药相亏害。至有余力不能以相劳,腐朽余财不以相分,隐匿良道不以相教。天下之乱若禽兽然。夫明乎天下之所以乱者,生于无政长。

(中)内之父子兄弟作怨雠,皆有离散之心,不能相和合。至乎舍余力不以相劳,隐匿良道不以相教,腐朽余财不以相分。天下之乱也,至如禽兽然。无君臣上下长幼之节,父子兄弟之礼,是以天下乱焉。

(下)上之为政也,不得下之情,则是不明于民之善非也。若苟不明于民之善非,则是不得善人而赏之,不得暴人而罚之。善人不赏而暴人不罚,为政若此,国众必乱。

比较：

1. (上)的“内者”,(中)为“内之”,“者”、“之”相对为文。

2. “离散”一词,在(上)作谓语,在(中)作定语。

3. 表示“天下乱”的原因,(上)用“之所以”,先果后因;(中)用“是以”,先因后果;(下)用隐性因果句:“为政若此,国众必乱”。

三　天子百官之立

(上)选天下之贤可者,立以为天子。天子立,以其力为未足,又选择天下之贤可者,置立之以为三公。天子三公既以立,以天下为博大,远国异土之民,是非利害之辩,不可一二而明知,故划分万国,立诸侯国君。诸侯国君既已立,以其力为未足,又选择其国之贤可者,置立之以为正长。

(中)选择天下贤良圣知辩慧之人,立以为天子,使从事乎一同天下之义。天子既已立矣,以为唯其耳目之请,不能独一同天下之义,是故选择天下赞阅贤良圣知辩慧之人,置以为三公,与从事乎一同天下之义。天子三公既已立矣,以为天下博大,山林远土之民不可得而一也,是故靡分天下,设以为万诸侯国君,使从事乎一同其国之义。国君既已立矣,又以为唯其耳目之请,不能一同其国之义,是故择其国之贤者,置以为左右将军大夫,以远至乎乡里之长,与从事乎一同其国之义。

(下)是故天下之欲同一天下之义也,是故选择贤者,立为天子。天子以其知力为未足独治天下,是以选择其次,立为三公。三公又以其知力为未足独左右天子也,是以分国建诸侯。诸侯又以其知力为未足独治其四境之内也,是以选择其次,立为卿之宰。卿之宰又以其知力为未足独左右其君也,是以选择其次,立而为乡长家君。

比较:

1. 完成体的表示:(上)、(下)用"……立","立为……",俱无形式标记;而(中)则用"既已立矣",即状态副词"既"+时间副词"已"+动词+句末语气词"矣"。(上)另有"既以立","以"通"已"。

2. "以……为……"与"以为……":一般是词组,(上)、(中)的"以为天子",等于"以之为天子";但(中)又有"以为唯其耳目之请……"(两处)、"以为天下博大……",这里的"以为"应当视为一个动词,下接成分为其宾语。

3. "贤人"的表示:(上)用"贤可者",(中)用"贤良圣知辩慧之人",(下)用"贤者"。

4. 官阶的层次:(上)为"天子—三公—诸侯国君—正长",(中)为"天子—三公—诸侯国君(国君)—左右将军大夫—乡里之长",(下)为"天子—三公—诸侯—卿之宰—乡长家君",自"诸侯"以下有所不同。这是比较有意思的。

四　天子发政施教

（上）天子发政于天下之百姓，言曰：闻善而不善，皆以告其上。上之所是，必皆是之；所非必皆非之。上有过则规谏之，下有善则傍荐之。上同而不下比者，此上之所赏而下之所誉也。意若闻善而不善，不以告其上，上之所是弗能是，上之所非弗能非，上有过弗规谏，下有善弗傍荐，下比不能上同者，此上之所罚而百姓所毁也。上以此为赏罚，甚明察以审信。

（中）天子为发政施教，曰：凡闻见善者，必以告其上；闻见不善者，亦必以告其上。上之所是，必亦是之；上之所非，亦必非之。已有善，傍荐之；上有过，规谏之。尚同义其上，而毋有下比之心；上得则赏之，万民闻则誉之。意若闻见善不以告其上，闻见不善亦不以告其上，上之所是不能是，上之所非不能非，已有善不能傍荐之，上有过不能规谏之，下比而非其上者，上得则诛罚之，万民闻则非毁之。故古者圣王之为刑政赏誉也，甚明察以审信。

（下）天子亦为发宪布令于天下之众曰：若见爱利天下者必以告，若见恶贼天下者亦以告。若见爱利天下以告者，亦犹爱利天下者也，上得则赏之，众闻则誉之。若见恶贼天下不以告者，亦犹恶贼天下也，上得且（一作“则”）罚之，众闻则非之。是以遍天下之人,皆欲得其长上之赏誉,避其毁罚,是以见善不善者告之。天子得善人而赏之,得暴人而罚之。善人赏而暴人罚,天下必治矣。

比较:

1. 行为目的对象的表达:(上)"天子发政于天下之百姓",格式是"名词主语+动词谓语+于+介词宾语";(中)"天子为发政施教",格式是"名词主语+为+动词宾语(谓语?)";(下)"天子为发宪布令于天下之众",格式是"名词主语+为+动词宾语(谓语?)+于+介词宾语"。

2. 行为范围的表达:(上)"闻善而不善……",用"……皆……必……"的句式;(中)"凡闻见善者……",用"凡……者,必……"的句式;(下)"若见爱利天下者必以告",用"若……者,必……"的句式。

3. 行为结果的表达:(上)"意若闻善而不善……",用"意若(假如)……,此……也"的句式;(中)"意若闻见善不以告其上……",用"意若……者,……则……"的句式;(下)"若见爱利天下以告者……",用"若……者,……则……"的句式。

五　里长家君发政

(上)里长发政里之百姓,言曰:闻善而不善,必以告其乡长。乡长之所是,皆是之;乡长之所非,必皆非之。去若不善言,学乡长之善言;去若不善行,学乡长之善行,则乡何说以乱哉?察乡之所治者,何也?乡长唯能壹同乡之义,是以乡治也。

(中)里长既同其里之义,率其里之万民,以尚同乎乡长,曰:凡里之万民,皆尚同乎乡长,而不敢下比。乡长之所是,必亦是之;乡长之所非,必亦非之。去而不善言,学乡长之善言;去而不善行,学乡长之善行。乡长固乡之贤者也,举乡人以法乡长,夫乡何说而不治哉?察乡长之所以治乡者,何故之以也?曰:唯以其能一同其乡之义,是以乡治。

(下)试用家君发宪布令其家,曰:若见爱利家者必以告,若见恶贼家者亦必以告。若见爱利家以告,亦犹爱利家者也,上得且赏之,众闻则誉之。若见恶贼家不以告,亦犹恶贼家者也,上得且罚之,众闻则非之。是以遍若家之人,皆欲得其长上之赏誉,辟其毁罚,是以善言之,不善言之。家君得善人而赏之,得暴人而罚之。善人之赏而暴人之罚,则家必治矣。然计若家之所以治者何也?唯以尚同一义为政故也。

比较:

1. 第二人称代词,(上)用“若”,(中)用“而”。

2.“若”字在(下)中有两种用法:(1)假设连词(“若见爱利家者……”)(2)近指代词,相当于“此”(“遍若家之人……”),不见于(上)、(中)(中篇他处“若”字尚有动词用法:“圣王之为若此”)。

3. 相当于(上)篇中的动词“学”(“学乡长”),(中)篇用名词“法”(“法乡长”),名词动用。

4. 表示疑问的方式:(上)用“何说”(“乡何说以乱哉”)、“何也”;(中)用“何说”(“何说而不治哉”)、“何故之也”;(下)用“何也”(“若家之所以治者何也”)。

六 天降罚

(上)今若天飘风苦雨溱溱而至者,此天之所以罚百姓之不上同于天者也。

(中)故若天降寒热不节、雪霜雨露不时,五谷不熟、六畜不遂,疾灾戾疫、飘风苦雨荐臻而至者,此天之降罚也。

(下)然而使天下之为寇乱盗贼者,周流天下无所重足者,何也?其以尚同为政善也。

比较:

1. 对现象的判断:(上)、(中)俱用“若……者,此……也”的句式;(下)则用“使……者,何也?此……也”的句式,中间加一设问句。

2. 定语的复杂化:从(上)的“……者”到(中)的“……者”可知。

《墨子》的使动用法和使成式

汉语书面语中很早就出现了用“使”字的使役用法，格式是“主语＋使＋兼语＋动词谓语”，如甲骨文中：

乙酉卜，宾贞：使人于河沈三羊，三牛，三月。（《殷契粹编》三六）

王使人于沚若。（《殷虚文字乙编》一三五五）

西周金文中：

王事（使）小臣守事（使）于尸（夷）。（《守簋》）

唯三月丁卯，师旂众仆不从王征于方雷，使厥友引以告于伯懋父。（《师旂鼎》）

“使”字在《墨子》中的出现次数为241，是高频字。其中用作兼语式表示使役的有88次，如：

夫无故富贵、面目佼好则使之，岂必智且有慧哉！若使之治国家，则此使不智慧者治国家也。（《尚贤中》）

予必使汝大堪之。（《非攻下》）

以此求众，譬犹使人负剑而求其寿也。（《节葬下》）

子墨子南于楚，见楚献惠王。献惠王以老辞，使穆贺见子墨子。（《贵义》）

从上述例子可以看出，这种使役式一般只能表示某种行为，而不能表示行为的结果。如若需要表示行为的结果，在上古汉语中则有一种“使动用法”，即：使某动词的宾语所代表的事物产生该动词所表示的行为动作、性状，也就是产生了某种结果。这个宾语前面的词，本身可以是动词，也可以是名词或形容词。前者即是动词的“使动”，后者是名词或形容词临时“活用”为动词而又用作“使动”。这些语法现象，都是上古汉语的研究者所熟知的。但以前许多人把动词的使动也视为“词类活用”的范畴，而也有不少学者（从杨树达开始）则认为动词的使动用法并没有改变动词的词性，所以不属于“词类活用”。本文的主旨之一是介绍《墨子》中所见的“使动用法”，因此对“词类活用”问题，不做正面论述；只是按照用作“使动”的词的来源，分名词、形容词、动词，尽量加以穷尽性罗列，并注明出现次数，每个词的使动用法例句，一般不超过3个。至于词的来源即“本类”的归属，可能大有见仁见智之处，这里体现的是笔者个人的看法，一并在此说明。

一　名词的使动用法

（1）**利**　出现次数为352。基本意义是“利益、好处”，名词，338次；引申义有“锋利”等，形容词（见下）。名词作“使动用法”

的意思为“使……获利、得到好处”,71 例:

惟法其言、用其谋、行其道,上而可~天,中而可~鬼,下而可~人。(《尚贤下》)

今君封之,以~齐俗,非所以导国先众。(《非儒下》)

孝,~亲也。……功,~民也。(《经上》)

大人之爱小人也,薄于小人之爱大人也;其~小人也,厚于小人之~大人也。(《大取》)

(2) **外** 方位名词,出现次数为 108,用作使动的意思是“使……(排除)在外”,1 例:

爱人不~己,己在所爱之中。(《大取》)

二 形容词的使动用法

(1) **安** 出现次数为 40,使动用法 12 例:

在今而~百姓,女(汝)何择言人?(《尚贤下》)

将以为万民兴利除害、富贵贫寡、~危治乱也。(《尚同中》)

本例的特点是一系列的使动词并列连用:兴、富贵、安、治。

与其百姓兼相爱、交相利,则是以近者~其政,远者归其德。(《非命上》)

（2）**薄** 出现次数为33，使动用法2例：

又相率强不食而为饥，～衣而为寒。（《节葬下》）

义可厚，厚之；义可薄，～之。（《大取》）

（3）**繁** 出现次数为13，使动用法1例：

～登降之礼以示仪，务趋翔之节以观众。（《非儒下》）

（4）**富** 出现次数为114，使动用法20例：

欲众其国之善射御之士者，必将～之贵之，敬之誉之，然后国之善射御之士将可得而众也。（《尚贤上》）

贤者举而上之，～而贵之，以为官长。（《尚贤中》）

本例的特点是并列的两个使动词“富”和“贵”用而连接，共同带一宾语“之”。

此诸侯之所谓良宝也，可以～国家、众人民、治刑政、安社稷乎？（《耕柱》）

（5）**高** 出现次数为97，使动用法1例：

古者上帝鬼神之建设国都、立正长也，非～其爵、厚其禄、富贵〔游〕佚而错之也。（《尚同中》）

（6）**贵** 出现次数为114，使动用法6例：

此固国家之珍而社稷之佐也，亦必且富之～之，敬之誉之，然后国之良士亦将可得而众也。（《尚贤上》）

凡我国能射御之士,我将赏~之;不能射御之士,我将罪贱之。(《尚贤下》)

本例的特点是在使动词前面加有状语。

(7) **和** 用作“和谐、协调”意义时为形容词,出现次数为15,使动用法1例:

故圣人为衣服,适身体、~肌肤而足矣,非荣耳目而观愚民也。(《辞过》)

(8) **厚** 出现次数为131,使动用法3例,其一见上“高”,另2例为:

于是~其礼,留其封,敬见而不问其道。(《非儒下》)

义可厚,~之;义可薄,薄之。(《大取》)

(9) **坚** 出现次数为27,使动用法3例,但均为“坚甲利兵”格式:

鬼神之罚,不可为富贵众强,勇力强武,~甲利兵。(《明鬼下》)

(10) **贱** 出现次数为48,使动用法2例:

贤者举而上之,富而贵之,以为官长;不肖者抑而废之,贫而~之,以为徒役。(《尚贤中》)

凡我国能射御之士,我将赏贵之;不能射御之士,我将罪~之。(《尚贤下》)

(11) **谨** 出现次数为23,使动用法2例:

《诗》曰:"必择所堪,必~所堪"者,此之谓也。(《所染》)

此言三圣人者,~其言,慎其行,精其思虑,索天下之隐事遗利以上事天。(《尚贤中》)

(12) **近** 出现次数为40,使动用法1例:

善为政者,远者~之,而旧者新之。(《耕柱》)

(13) **精** 出现次数为2,使动用法1例,见上"谨"例2。

(14) **利** 用作"锋利"意义时为形容词,出现次数为14,使动用法3例,但均为"坚甲利兵"格式:

于此为坚甲~兵,以往攻伐无罪之国。(《非攻下》)

(15) **乱** 出现次数为138,使动用法10例:

大夫各爱其家,不爱异家,故~异家以利其家。(《兼爱上》)

若大国之攻小国也,大家之~小家也。(《兼爱下》)

夫无兼国覆军,贼虐万民,以~圣人之绪,意将以为利天乎?(《非攻下》)

(16) **破** 出现次数为3,使动用法2例,均为"破军杀将"格式:

夜半而城上四面鼓噪,敌人必或(惑),~军杀将,以白衣为服,以号相得。(《备蛾傅》)

(17) **强** 出现次数为85,使动用法1例:

其为食也,足以增气充虚、~体适腹而已矣。(《辞过》)

(18) **荣** 出现次数为5,使动用法1例:

故圣人为衣服,适身体、和肌肤而足矣,非~耳目而观愚民也。(《辞过》)

(19) **慎** 出现次数为33,使动用法8例:

戒之~之,处人之家不戒不~之,而有处人之国者乎?(《天志下》)

昔者三代之暴王,不缪(纠)其耳目之淫,不~其心志之辟。(《非命中》)

不~厥德,天命焉葆?(《非命下》)

(20) **实** 出现次数为69,使动用法5例:

收敛关市山林泽梁之利,以~官府。(《尚贤中》)

辟草木,~仓廪。(《节葬下》)

内治官府,外收敛关市山林泽梁之利,以~仓廪府库。(《非乐上》)

(21) **适** 出现次数为30,使动用法2例,见上(16)(17)。

(22) **新** 出现次数为6,使动用法1例:

善为政者,远者近之,而旧者~之。(《耕柱》)

(23) **虚** 出现次数为19,使动用法3例:

~其府库,以备车马衣裘奇怪;苦其役徒,以治宫室观乐。(《七患》)

(存)乎诸侯死者,~库府,然后金玉珠玑比乎身……(《节葬下》)

若用子之言,则是禁天下之行者也,是围心而~天下也,子之言不可用也。(《贵义》)

(24) **众** 作为形容词"众多"义出现的次数为71,其使动用法14例:

欲~其国之善射御之士者,必将富之贵之,敬之誉之,然后国之善射御之士将可得而众也。(《尚贤上》)

古者上帝鬼神之建设国都立正长也,……将以为万民兴利除害、富贫~寡、安危治乱也。(《尚同中》)

欲以~人民,意者可邪?(《节葬下》)

三 动词的使动用法

按照王力先生的说法,"使动用法只是造句法的问题,不是构词法的问题"。他认为"在古代汉语构词法上有一种特殊现象,就是自动词和使动词的配对",所以,动词的使动,既有造句法的问题,又有构词法的问题。为此他专门写有《古汉语自动词和使动词的配对》的论文[1]（以下简称“王文”），列举了古汉语中37对自动词和使动词的配对，分为三类：（一）字形相同，（二）由字形相同变为不同，（三）字形不同。经过考察，这三类在《墨子》一书中都有或多或少的反映；还有些配对情况，是王文中未曾提到的，兹加以胪列说明（亦按音序排列）。这里先分为两大类，一是王文中提及的，二是王文中未提及的；然后再按王文的分类罗列。排列次序按今读音序，如有成对而今读不同，则按首字音序。

（一）王文中提及的自动词、使动词配对在《墨子》一书中的分布情况及用法（反切及义项说明均据王文）

1. 字形相同

（1）**败**　出现次数为19；自动词为薄迈切，使动词为补迈切，使动用法10例：

君子进不～其志，内究其情。（《亲士》）

实知其不能也，不使之也，是何故？恐～其财也。（《尚贤下》）

至夫差之身，北而攻齐，舍于汶上，战于艾陵，大～齐人。（《非攻中》）

（2）**别**　出现次数为40；自动词为凭列切，使动词为彼列切，使动用法4例：

宫墙之高，足以～男女之礼。（《辞礼》）

禹既已克有三苗，焉（乃）磨（离）为山川，～物上下。

（《非攻下》）

故天意曰：此之我所爱～而恶之，我所利交而贼之。（《天志上》）

（3）**解** 出现次数为13；自动词为胡买切，使动词为佳买切，使动用法5例：

其长子生，则～而食之，谓之宜弟。（《节葬下》）

子墨子～带为城，以牒为械。（《公输》）

请（诸）有怨仇不相～者，召其人明白为之～之。（《号令》）

（4）**去** 出现次数为87次；自动词为丘据切，使动词为羌举切，使动用法40例，义为“使离；除去”：

～若不善言，学国君之善言；～若不善行，学国君之善行。（《尚同上》）

因其国家～其无用之费，足以倍之。（《节用上》）

戒之慎之，必为天之所欲，而～天之所恶。（《天志下》）

（5）**饮** 出现次数为22；自动词为於锦切，使动词为於禁切，使动用法2例：

若使鬼神请（诚）有，是得其父母姒兄而～食之也，岂非厚利哉！（《明鬼下》）

内者宗族，外者乡里，皆得如（而）具～食之。（同上）

（6）**折** 出现次数为11；自动词为常列切，使动词为旨热切，使动用法6例：

(杜伯)追周宣王，射之车上，中心～脊殪车中，伏弢而死。(《明鬼下》)

羊起而触之，～其脚。(同上)

昔者夏后开使蜚廉～金于山川而陶铸之于昆吾。(《耕柱》)

(7) **着** 出现次数为13；自动词为直略切，使动词为张略切，使动用法3例：

吏卒民各自大书于杰(桀)，～之其署同(间)。(《号令》)

人自大书版，～之其署隔。(同上)(《说文》："隔，障也。")

人自大书版，～之其署忠(中)。(同上)

2. 由字形相同变为不同

(8) **辟(避)—辟**：作为自动词的"避"(早先写作"辟")，毗义切，出现次数为17；而作为使动词的"辟"，必益切，出现次数为40，使动用法仅17例，说明其余的"辟"尚多保留"避"的本字身份(也有的是"僻"、"譬"等的本字)。使动用法例为：

(圣王)为宫室之法，曰：室高足以～润湿，边足以圉(御)风寒。(《辞过》)

知(智)者之事，必计国家百姓所以治者而为之，必计国

家百姓之所以乱者而～之。(《尚同下》)

古者圣王明知天鬼之所福,而～天鬼之所憎。(《天志中》)

(9) **见—见(现)** “见”的出现次数为160,自动词为古电切,使动词为胡甸切。按照王文的意见,“使见”和“谒见”都属使动用法,前者4例,后者17例:

君子之道也,贫则～廉,富则～义,生则～爱,死则～哀。(《修身》)

孔某之齐～景公,景公说(悦),欲封之以尼溪。(《非儒下》)

(文公之臣)入以～于君,出以践于朝。(《兼爱中》)

作为使动词“见”的后起字“现”,曾出现在《墨子·明鬼下》的“夺人车马衣裘以自利者,有鬼神见之”一句中,毕沅云:“‘见’,旧作‘现’,非。”[②]此句的“见”当为自动词,可见《墨子》中并无“现”字。或者说,在《墨子》的著作年代,“现”字尚未产生。

(10) **趣—趣(促)** 《墨子》一书未见“促”字,“趣”字出现次数为4;自动词七句切,使动词七玉切,使动用法仅1例:

知人不忠,～之为乱,非仁义之也。(吴毓江案:“疑当作‘非仁之义也’,义训为宜。”)(《非儒下》)

案:此句又有毕沅注云:“趣,读‘促’。”[③]可见前人亦认定为使动用法。

(11) **入—入(内)** “人”字出现次数为104;自动词人执切,使动词奴答切(又奴对切),使动用法5例:

> 慝之言,无~之耳。(《修身》)
>
> 今农夫~其税于大人,大人为酒醴粢盛以祭上帝鬼神。(《贵义》)
>
> 外匡其邪,而~其善。(《鲁问》)

“内”字出现次数为103;绝大多数为名词,与“外”相对;用为古“纳”字(即“使入”义)的有7例:

> 吏行其部,至里门,(里)正与(父老)开门~吏。(《号令》)

案:此句苏时学云:“内读如纳”,可见前人亦认定为使动用法。

> 子墨子归,过宋,天雨,庇其闾中,守闾者不~也。(《公输》)
>
> 守必察其所以然者,应名乃~之。(《杂守》)

(12) **视—视(示)** “视”的出现次数为68,自动词为承矢切,使动词为神至切,使动用法6例:

> 或以名~人,或以实~人。(《经说下》)
>
> 夫义,天下之大器也。何以~人?必强为之。(《公孟》)

神至切的“视”又写作“示”，出现次数为8，全部可理解为使动用法，即“给看”：

若苟王公大人本失尚贤为政之本也，则不能毋举物～之乎？（《尚贤下》）

彼其爱民谨忠，利民谨厚，忠信相连又～之以利，是以终身不厌，没世而不卷（倦）。（《节用中》）

置此其中，安则～以危，危～以安。（《杂守》）

王文指出：“‘示’当‘示人’讲只是汉代的事，而先秦古籍的‘示’字可能是后人改的。”从《墨子》作神至切的“视”、“示”皆有来看，存在着改而未曾尽改的可能性。这一组的其他配对的情况大概都与此类似。

（13）**食—飤（饲）** 《墨子》全书未见“飤（饲）”字，“食”字出现次数为164；自动词乘力切，使动词祥吏切，使动用法13例：

畜种菽粟不足以～之，大臣不足以事之，赏赐不能喜，诛罚不能威，七患也。（《七患》）

故孝子不以～其亲，忠臣不以～其君。（《非攻中》）

子墨子曰：翟尝计之矣，翟虑耕而～天下之人矣。（《鲁问》）

3. 字形不同

（14）**藏—葬** 藏，自动词，昨郎切，出现次数为11：

～于心者，无以竭爱；动于身者，无以竭恭。（《修身》）

车马～乎圹，又必多为屋幕。（《节葬下》）

书之竹帛，～之府库。（《天志下》）

葬，使动词，则浪切，出现次数为 50，全部用于“使死人隐藏”的意义：

古者圣王制为节～之法。（《节用中》）

今唯无以厚～久丧者为政。（《节葬下》）

子～子父，我～吾父。（《公孟》）

（15）**瘳—疗**　瘳，自动词，敕鸠切，出现次数为 1：

令吏数行闾视病，有～，辄造事上。（《号令》）

疗，使动词，使瘳，力照切，全书未见。

（16）**出—黜**　出，自动词，尺律切，出现次数为 126：

居处无节，～入无度，男女无别。（《尚贤中》）

义不从愚且贱者～，必自贵且知（智）者～。（《天志中》）

先王之书所以～国家、布施百姓者，宪也。（《非命上》）

黜，使动词，丑律切，本义为“使出”，全书未见。但“出”有“使出”义的用法，可理解为“出—黜”在《墨子》著作时代，字形方面尚未分化：

上将以度天下之王公大人为刑政也，下将以量天下之万民为文学～言谈也。（《天志中》）

故万民～财，赍而予之。(《非乐上》)

古之圣王发宪～令，设以为赏罚以劝贤。(《非命上》)

又：《鲁问》篇有一句："子墨子出曹公子于宋"，俞樾认为："'出'字义不可通，'出'当为'士'字之误。'士'与'仕'通，言子墨子仕曹公子于宋也。"④但从紧接下文"三年而反，睹子墨子曰：'始吾游于子之门……'"来看，直接将"出"理解为"使出游"亦未尝不可，这样就不必"改字为训"了。所以连同此例，"出"的使动用法一共为4例。

(17) **垂—縋** 垂，是为切，出现次数为12；但半数以上用为名词，"邮"的古字，义为"表"(标识)；动词用例为：

是以使百姓皆攸(放)心解体，沮以为善，～其股肱之力而不相劳来也。(《尚贤下》)

故古者圣人之所以济事成功～名于后世者，无他故异物焉，曰：唯能以尚同为政者也。(《尚同中》)

处丧之法将奈何哉？曰：哭泣不秩(常)声，縗绖～涕，处倚庐，寝苫枕块。(《节葬下》)

縋，使动词，驰伪切，全书未见。但从上引"垂"的动词用例来看，"垂名"、"垂涕"都有"使垂下"的意思，本身就有使动词用法(一共3例)。"縋"是"以绳有所县(悬)也"(《说文》)，用绳使下垂，词义反而变狭了。

(18) **存—全** 存，自动词，徂尊切，出现次数为30；使动用法

2例,均为“存天下”格式:

杀己以~天下,是杀己以利天下。(《大取》)

全,使动词,疾缘切,使全。出现次数为8,但均为形容词。

(19) **啖—啗** 啖,自动词,徒敢切,全书1例,亦为王文所引:“楚之南有~人之国者”(《鲁问》)。啗,使动词,徒滥切,全书未见。

(20) **到—招、召** 到,自动词,都导切,出现次数为15;2例用作“倒”的借字,当除去:

斗大容二斗以上~三斗。(《备城门》)

敌傅攻前池外廉,城上当队鼓三,举一帜;~水中周,鼓四,举二帜;~藩,鼓五,举三帜;~冯垣,鼓六,举四帜;~女垣,鼓七,举五帜;~大城,鼓八,举六帜。(《旗帜》)

招,使动词,止遥切,出现次数为5,但无一例用为使动。(如《亲士》篇“招木近伐”,毕沅释为“乔”的通假字,因“招与乔音相近”)

召,王文认为“与‘招’并为‘到’的使动词。以手曰‘招’,以言曰‘召’”。出现次数为9,为“使到”义:

子墨子说(悦)而~子今禽子。(《耕柱》)

时~三老在葆宫中者,与计事得失。(《备城门》)

请有怨仇雠不相解者,~其人明白为之解之。(《号令》)

(21) **籴—粜** 籴,自动词,徒厉切,出现次数为6:

刀(泉币也)~相为贾:刀轻则~不贵,刀重则~不易。王刀无变,~有变;岁变~,则岁变刀,若鬻子。(《经说下》)

粜,使动词,他币切,出现次数为4:

越(王)不听吾言、不用吾道而吾往焉,则是我以义~也。钧(均)之~,亦于中国耳,何必于越哉!(《鲁问》)

子欲学子之子,今学成矣,战而死,而子愠;而是犹欲~籴(谷),雠(售)则愠也,岂不费(悖)哉!(同上)

(22) **动—荡** 动,自动词,徒总切,出现次数为22;

既以天为法,~作有为必度于天。(《法仪》)

是以~则不疑,速通成得其所欲而顺天鬼百姓之利,则知(智)者之道也。(《非攻下》)

凡言凡~利于天鬼百姓者为之,凡言凡~害于天鬼百姓者舍之。(《贵义》)

荡,使动词,徒朗切,出现次数为5(另有"荡荡",不算):

子墨子曰:言足以复行者,常(尚)之;不足以举行者,勿常。不足以举行而常之,是~口也。(《耕柱》)

孙诒让云:"《贵义》篇亦有此章而文小异,'荡口'此篇亦两见,盖谓不可行而空言,是徒敝其口也。"⑤案:"荡口"释为"敝其口",使动用法。

（23）**坏—隳** 坏，自动词，下怪切，出现次数为9，使动用法2例：

有善攻者，穴土而入，缚柱施火以～吾城，城坏，城中人为之奈何？（《备穴》）

城之外，矢之所及，～其墙，无以为客菌（圉）。（《迎敌祠》）

隳，使动词，许规切，全书仅在《修身》篇出现有“华发隳颠”，一般认为此乃“堕”字之误。

（24）**回—运** 回，自动词，户恢切，全书一见，回转义：

凡～于天地之间，包于四海之内，地壤之情，阴阳之和，莫不有也。（《辞过》）

运，使动词，王问切，出现次数为5，使动用法3例，2例文句重复：

故古者之置正长也，将以治民也，……将以～役天下淫暴而一同其义也。（《尚同中》）

言而毋仪，譬犹～钧之上而立朝夕者也。（《非命上》）

（25）**进—引** 进，自动词，即刃切，出现次数为28，但也有使动用法7例：

归国宝，不若献贤而～士。（《亲士》）

越王亲自鼓其士而～之。（《兼爱中》）

所以整设师旅、~退师徒者,誓也。(《非命上》)

引,使动词,余刃切,引导,使进;出现次数为12:

车为服重致远,乘之则安,~之则利。(《节用中》)

~机发梁,适(敌)人可禽(擒)。(《备城门》)

适(敌)人甚病,故~兵而去。(《备梯》)

(26) **敬—警** 敬,居庆切,用作不及物动词时为自动词,出现次数为16:

爵位不高,则民弗~;蓄禄不厚,则民不信;政令不断,则民不畏。(《尚贤上》)

今法为酒醴粢盛以~慎祭祀。(《明鬼下》)

于召公之执令于然,且~哉,无天命。(《非命中》)

警,使动词,居影切。全书未见"警"字,唯一见"譈"字,毕沅谓为"警"之异文:[⑥]

为君者以教其臣,为父者以~其子,曰:戒之慎之,……(《明鬼下》)

(27) **就—造** 就,自动词,疾僦切。出现次数为15,但全部用于"趋就、靠拢"义,与王文引《广韵》"就,成也"非为一词。

造,使动词,昨早切,出现次数为4:

今王公大人虽无~为乐器以为事乎国家,……将必厚措敛乎万民以为大钟鸣鼓琴瑟竽笙之声。(《非乐上》)

无天命，惟予二人，而无～言。(《非命中》)

案：此句孙诒让引《周礼·大司徒》"选言之刑"句郑注云："造言，讹言惑众。"则"造言"乃谓无事实而生造谣言也，[7]与王文引《广韵》"造，造作"即"使成"同意。

公输盘为楚～云梯之械成，将以攻宋。(《公输》)

(28) **买—卖** 买，自动词，莫蟹切，出现次数为5，都集中在"墨辩"部分，多为定义式"～无贵"(《经下》)、"～、鬻，易也。"(《经说上》)之类。卖，使动词，莫懈切，全书仅见1例：

能捕得谋反～城逾城敌者一人，以令为除死罪二人，城旦四人。(《号令》)

(29) **穷—鞠** 穷，自动词，渠弓切；但《墨子》中的"穷"均为"贫穷、穷尽、尽头"义，用作形容词或名词，未见作自动词用者。

鞠，使动词，居六切，全书未见。

(30) **湿—渐** 湿，自动词，失入切，全书一见：

古者人之始生，未有宫室之时，因陵丘掘穴两处焉。圣王虑之，以为掘穴曰(者)，冬可以辟风寒，逮夏，下润～，上熏烝，恐伤民之气，于是作为宫室而利。(《节用中》)

渐，使动词，使湿，子廉切，全书亦一见：

日月之所照，舟车之所及，雨露之所～，粒食之所养，得此莫不劝誉。(《尚贤下》)

(31) **失—夺** 失,自动词,式质切,出现次数为61:

其贼人多,故天祸之,使遂~其国家。(《法仪》)

当王公大人之于此也,则不~尚贤而使能。(《尚贤下》)

春秋祭祀不敢~时几(机),听狱不敢不中,分财不敢不均。(《尚同中》)

夺,使动词,徒活切,使失,出现次数为17:

厚作敛于百隆,暴~民衣食之财,以为宫室。(《辞过》)

~人车马衣裘以自利者,有鬼神见之。(《明鬼下》)

今大都攻其小都,大家伐其小家,~之货财,则寡人必将厚罚之。(《鲁问》)

(32) **受—授** 受,殖尊切,自动词,出现次数为30,义为接受,可带宾语:

~天子之严教,退而治国。(《尚同中》)

刀~其利,试者~其不祥。(《鲁问》)

夏后氏失之,殷人~之;殷人失之,周人~之。(《耕柱》)

授,使动词,承咒切,出现次数为11,全部带宾语:

举三者~之贤者,非为贤赐也。(《尚贤上》)

必务宽吾众,信吾师,以此~诸侯之师,则天下无敌矣。(《非攻下》)

待女(汝)以千盆,~我五百盆,故去之也。(《贵义》)

(33) **顺—驯** 顺,自动词,食闰切,出现次数为45:

是故里长~天子政,而一同其里之义。(《尚同中》)

故于富且贵者,当天意而不可~。(《天志上》)

为人后子者心且欲~其先君之行。(《天志下》)

驯,使动词,使顺,详遵切,出现次数为3:

动于身者,无以竭恭;出于口者,无以竭~。(《修身》)

(吾)又以先王之书,~天明不解之道也知之。(《天志中》)

昔越王勾践好士之勇,教~其臣。(《兼爱中》)

(34) **效—教** 效,自动词,故教切,出现次数为7:

今王公大人,亦欲~人以尚贤使能为政。(《尚贤中》)

孔某所行,心术所至也,其连属弟子皆~孔某。(《非儒下》)

~者,为之法也;所~者,所以为之法也。(《小取》)

教,使动词,使仿效,古孝切,出现次数为46:

有力者疾以助人,有财者勉以分人,有道者劝以~人。(《尚贤下》)

昔者越王勾践好勇,~其士臣三年,以其知为未足以知之也。(《兼爱下》)

～人学而执有命，显犹命人葆而去其冠也。（毕沅云："葆，言包裹其发。"[8]）（《公孟》）

（35）**移—推** 移，自动词，弋支切，出现次数为13：

古之民未知为舟车时，重任不～，远道不至，故圣王作为舟车，以便民之事。（《辞过》）

约食、焚舟、苴（粗）服，此天下之至难为也，然后为而上说之，未逾于世而民可～也。何故也？即求以乡（向）其上也。（《兼爱下》）

尧、舜、禹、汤、文、武之兼爱天下也，从而利之，～其百姓之意焉。（《天志下》）

推，使动词，使移，他回切，出现次数为9：

是故～而上之，古者圣王既审尚贤，欲以为政，故书之竹帛；琢之盘盂，传以遗后世子孙。（《尚贤下》）

说在于是～之，意未可知。（《经下》）

蒺藜投必遂而立，以车～引之。（《备梯》）

（36）**至—致** 至，自动词，脂利切，出现次数为126：

后世子孙毁之，～今不息。（《法仪》）

无乃非有血气者之所不能～邪？（《三辩》）

日月不时，寒暑杂～，五谷焦死。（《非攻下》）

致，使动词，使至，陟利切，全书一见：

车为服重～远，乘之则安，引之则利。安以不伤人，利以速至，此车之利也。（《节用中》）

案：此例中“至”、“致”并用，一自动而一使动，判然有别。

（二）王文中未提及的动词使动用法

这些动词，大多首先并未产生读音方面的分化，形不成自动词与使动词的配对；有的虽然存在不同读音且彼此具有音理上的联系，但在义项归属方面没有自动与使动的对立，依然不能认为是自动词与使动词的配对。例如“劳”在《广韵》有“鲁刀”、“郎到”二切，前者义为“倦也、勤也、病也”，后者则为“劳慰”，二者虽然不无联系，但并非自动与使动的关系。

（1）**观** 排除名词用法，用作动词的“观”出现次数为41，使动用法2例：

故圣人为衣服，适身体、和肌肤而足矣，非荣耳目而～愚民也。（《辞过》）

案：此处的“观愚民”不是“观看愚民”，而是“让（使）愚民观看”。

繁登降之礼以示仪，务趋翔之节以～众。（《非儒下》）

案：此处的“观众”不是“观看众人”，而是“让（使）众人观看”。

（2）**来** 出现次数为49，使动用法4例：

近者不亲，无务～远。（《修身》）

先王之治天下也，必察迩～远。（同上）

我欲以义名立于天下,以德~诸侯也。(《非攻下》)

案:来,一作“求”。

(3) **劳** 出现次数为41,使动用法6例:

不能为君者,伤形费神,愁心~意,然国逾危。(《所染》)

凡费财~力不加利者,不为也。(《辞过》)

将之拙者也,足以~卒,不足以害城守。(《备高临》)

(4) **起** 出现次数为32,使动用法1例:

今有人于此,负粟息于路侧,欲起而不能,君子见之,无长少贵贱,必~之。何故也?曰:义也。(《贵义》)

(5) **勤** 出现次数为3,使动用法2例:

非将~劳其喉舌,而利其唇吻也。(《非儒下》)

予必怀亡尔社稷,灭尔百姓,二参(三)子尚夜自厉,以~寡人。(《迎敌祠》)

(6) **摄** “慑”的假借字,出现次数为1,使动用法,使……恐惧:

越王勾践遇吴王之醜(耻),而尚~(慑)中国之贤君。(《亲士》)

(7) **退** 出现次数为29,使动用法5例:

越王亲自鼓其士而进之,……越王击金而~之。(《兼

爱中》)

民之为淫暴寇乱盗贼、以兵刃毒药水火～无罪人乎道路、夺人车马衣裘以自利者,有鬼神见之。(《明鬼下》)

所以整设师旅、进～师徒者,誓也。(《非命上》)

(8) **兴** 出现次数为38,使动用法26例,多为“兴利”格式:

古者上帝鬼神之建设国都、立正长也,……将以为万民～利除害、富贵贫寡、安危治乱也。(《尚同中》)

且大人惟毋～师以攻伐邻国,久者经年,速者数月。(《节用上》)

是故用财不费,民德不劳,其～利多矣。(同上)

(9) **朽** 出现次数为5,均为使动用法,宾语均与身体有关:

棺三寸,足以～骨;衣三领,足以～肉。(《节葬下》)

楚之南有炎人国者,其亲戚死,～其肉而弃之,然后埋其骨,乃成为孝子。(同上)

(10) **学** 出现次数为54,使动用法2例:

鲁人有因子墨子而～其子者,其子战而死,其父让子墨子。(《鲁问》)

案:此处的“学其子”,意思是“让他的儿子(跟着子墨子)学习”,所以是使动用法。

子墨子曰:“子欲～子之子,今学成矣。”(同上)

案：此句紧接上文，“学子之子”，意思是“让您的儿子去学习”，所以也是使动用法。

（11）**游**　出现次数为13，使动用法2例：

子墨子～耕柱子于楚。（《耕柱》）（毕沅注：“游，谓游扬其名而使之仕。”）[9]

子墨子～公尚过于越。（《鲁问》）

（12）**止**　出现次数为82，使动用法9例：

墙外之利害未可知也，趋之而得力，则弗趋也，是以所疑～所欲也。（《经说上》）

今天下莫为义，则子如劝我者也，何故～我？（《贵义》）

今子钩而～人，人亦钩而～子。（《鲁问》）

综合《墨子》全书的使动用法情况：用于使动用法的名词有2个，72例；形容词23个，104例；动词48个，408例。而前面我们已经指出，用于“使”字兼语式的使役句只有88个。可以看出用于使动用法的动词相对最多，这就是陈承泽所分析的：“物大抵有其象，……物又有其动（最广义），而动字所表出，往往不过其一部分；……人于物得变易之，或造成之，于是乎别生一种之他动，如‘天下遂从而君之’之‘君’字，是为致动用。”[10]他所谓的“致动”，就是今天所说的“使动”。在同书中的另一处他更明确指出：“致动主由动字转来”（十三之丙）。单纯使用“使”字使役句，就是上文所说的，往往不足以表达“人于物得变易之，或造成之"的结果。这可以说是上古汉语动词常常产生使动用法的主要原因。

四 使成式的萌芽

汉语的表达是不断进步的,语法也是不断细密的。王力先生指出:"使动用法只能表示使某物得到某种结果,而不能表示用哪一种行为以达到这一结果。若要把那种行为说出来,就要加个'而'字,如'斫而小之'。"[11]为了使"行为+结果"的表达方式更为精练,于是汉语又发展出了一种相应的结构形式,即王力先生所命名的"使成式","从形式上说,是及物动词加形容词(如'修好'、'弄坏'),或者是及物动词加不及物动词(如'打死'、'救活');从意义上说,是把行为及其造成的结果用一个动词性词组表达出来。"[12]在这一类词组里,后面的成分总是补充说明前面的成分,也就是现在常说的"动补结构"。

《墨子》常见两个或两个以上动词并列连用的情况,每组动词彼此之间一般是同义或近义的,许多到后世就凝固成为双音节动词了,如"死亡"(《非攻中》)、"攻伐"、"离散"(《非攻下》)、"疑惑"、"哭泣"(《节葬下》)、"绝灭"(《明鬼下》)、"倾覆"、"亡失"(《非命中》)等。但是据我们观察,有一些连用的动词,在语义指向的轻重上有所差别,似乎可以认为后一个动词具有补充说明前一个动词的意义(状态、结果等),如:

(1) 除去

仁人之所以为事者,必兴天下之利,~~天下之害,以此为事者也。(《兼爱中》)

城上皆毋得有室,若也可依匿者,尽~~之。(《备城门》)

墙垣树木小大俱坏伐,~~之。(同上)

(2) 传到

其曹一鼓,望见寇,鼓,~~城止。(《杂守》)

(3)废灭

夫杀之人,灭鬼神之主,~~先王,贼虐万民,百姓离散,则此中不中鬼之利矣。(《非攻下》)

(4) 禁止

欲以~~大国之攻小国也,意者可乎?(《节葬下》)

(5) 望见

守室下高楼候者,~~乘车若骑卒道外来者,辄言之守。(《号令》)

其曹一鼓,~~寇,鼓,传到城止。(《杂守》)

甚而后一个动词是相对固定的,可以用在不同的动词后面:

(1) ×得

捕得:

能~~谋反、卖城、逾城、归敌者一人,以令为除死罪二人,城旦四人。(《号令》)

款得:

期尽匿不占,占不悉,令吏卒~~,皆断。(同上)

案:吴汝纶云:"《广雅》:'款,叩也。'叩即问也。"

(2) ×绝

辍绝:

粮食~~而不继,百姓死者,不可胜数也。(《非攻中》)

劓绝:

有扈氏威侮五行,怠弃三正,天用~~其命。(《明鬼下》)

(3) ×入

送入:

外宅粟米畜产财物诸可以佐城者,~~城中。(《杂守》)

走入:

田者男子以战备从斥,女子亟~~。(同上)

(4) ×杀

刺杀:

夫取天之人,以攻天之邑,此~~天民。(《非攻中》)

劲杀：

燔燎其祖庙，～～其万民。（同上）

攘杀：

斩其树木，堕其城郭，以湮其沟池，～～其牲牷。（同上）

剥振神之位，倾覆社稷，～～其牺牲，则此上不中天之利矣。（同上）

贼杀：

并国覆军，～～百姓，孰将受其不祥？（《鲁问》）

(5) ×死

冻饿死：

民财不足，～～～者，不可胜数也。（《节用上》）

疾病死：

居处不安，饮食不时，作～～～者，……不可胜数。（同上）

百姓冬不仞（忍）寒，夏不仞暑，作～～～者，不可胜计也。（《节葬下》）

攻城野战死：

有与侵就援橐，～～～～～者，不可胜数。（《节用上》）

(6) ×为

成为：

楚之南,有炎人国者,其亲戚死,杇其肉而弃之,然后埋在其骨,乃~~孝子。(《节葬下》)

秦之西,有仪渠之国者,其亲戚死,聚柴薪而焚之,熏上谓之登遐,然后~~孝子,(同上)

造为:

今王公大人虽无~~乐器以为事乎国家,……将必厚措敛乎万民以为大钟鸣鼓琴瑟竽笙之声。(《非乐上》)

折为:

以木板厚二寸,前后三尺,旁广五尺,高五尺,而~~下磨车。(《备蛾傅》)

《墨子》中的以上用法,当然还不能认为是使成式,不过如果视作使成式的萌芽,似乎并无不可,因为它们具有使成式的某些语义特征。

无论如何,在考察汉语使成式即动补结构的时候,《墨子》中的这些材料是值得重视的。而在近年来有关汉语动补结构产生和发展历史的诸多论著中,注意这些材料的作者似乎尚属鲜见。

附　注

① 载《中华文史论丛》第六辑,中华书局上海编辑所,1965 年;又载《王力文集》第十六卷,山东教育出版社,1990 年 3 月。

②⑥ 孙诒让《墨子间诂》卷之八《明鬼下》该句下注引。世界书局《诸子

集成》本,1935 年 12 月。

③ 均见吴毓江:《墨子校注》卷之九《非儒下》。中华书局,1993 年 10 月。

④ 同上卷之十三《鲁问》该句下注引。

⑤⑨ 同②卷之十一《耕柱》该句下注引。

⑦ 同②卷之九《非命中》该句下注引。

⑧ 同②卷之十二《公孟》该句下注引。

⑩《国文法草创》三之(一),商务印书馆,1982 年 9 月,新 1 版。

⑪⑫ 王力:《汉语语法史》第十九章“使成式的产生及其发展”,《王力文集》第十一卷,山东教育出版社,1990 年 3 月。

后　记

多年以来，我一直很欣赏和服膺清末张之洞在《书目答问·国朝著述诸家姓名略·叙言》中的一段话，并且不止一次加以引用、宣讲：

> 由小学入经学者，其经学可信；由经学入史学者，其史学可信；由经学、史学入理学者，其理学可信。以理学、经学、史学兼词章者，其词章有用；以经学、史学兼经济者，其经济成就远大。

这可以说是体现了中国传统士大夫（也就是读书人）对于中国诸门传统学问（也就是“国学”）的重要性的看法，同时揭示了这些学问的学习途径和先后次序。

小学，就是传统语言文字学，它实在可以说是中华国学的根柢与基石。很遗憾，在近年来关于振兴、弘扬国学的热烈讨论中，十分鲜见有谈及这一点的，尤其是语言文字学界的同仁们大抵失语。

因此，当“文化大革命”的十年浩劫降临以及其后恢复高考时，我无法继续原先就读的理科生物专业，作为自学与职业的选择，义无反顾地走向了语言文字学——当然，这与它远离始终成为我人生弱项的意识形态认知也是不无关系的。

我“改行”考上了中山大学古代汉语专业的研究生，当时的“培养目标”是“高等学校古代汉语课程”教师，现在看来我对这一职业应该是可以胜任的，因为后来我曾经在中央广播电视大学工作七八年，担任过面向全国开放教学的古代汉语课程的专职责任教师，并无失职或“滥竽”之讥。但是后来我进入了号称“国家社会科学研究的最高殿堂”——中国社会科学院语言研究所，又一度（居然十来年）担任其“科研管理工作”，所涉及的业务就远非局限于“古代汉语”了。许多与研究所对内对外有关的语言文字学专业的事体，不论是本体研究方面还是应用实践方面，都可能成为我的“工作需要”而必须黾勉从事，因此可以说是语言文字学领域的“十八般武艺”多数都得涉猎，都得会一点、说一点。尽管难免“捉襟见肘”之憾，却也因此留下一些七七八八的“成果”，其实大致不过“卑之无甚高论”罢了。我时常戏称自己是“野狐禅”，此之谓也。

但是，基于本文开头所述的我对“国学”（包括“小学”）的粗浅认识，我对语言文字学总是抱有敬畏之心的。所以，鉴于某些拙作已不易查找，若干朋友和学生建议我将以往的有关语言文字学的文章“结集”的时候，我总是惶恐而且犹豫，迟迟没有这种勇气。同时，也总觉得仍在继续“野狐禅”地写东西，似乎还不到“结集”的时候。

不过，时光荏苒，一转眼自己已然年逾花甲，并且办理了退休手续，业务方面大概难以再有大的作为了。往日种种，应该说也到了回顾总结的时候。当然，只要身体允许，应当“活到老，学到老”，保持孔老夫子的“发愤忘食，乐以忘忧，不知老之将至”（这对老年人而言，是具有普世价值的勉励性警句）的良好心态。我所接触过的许多学术界前辈和老师，都是这么做的。想起他们，我“不敢言老”而已。但是，出一个罗列自己习作、反映自己学习过程和心得的集子，应该也并不过分吧。

清代扬州学派学者汪中，字容甫，曾有一本集子叫做《述学》，其中的《释三九》等都不愧为传统语言学的名篇。我觉得“述学”一词很好，不妨借来作为自己集子的名称，叫做《述学集》。所收入的文章，按照内容大致分为几个“板块”：古文字、现代汉字及汉字改革、语言规范、辞书编纂、《墨子》研究。当然就学科范围和水平而言，此《述学》与彼《述学》远远不可相提并论；但反映、叙述自己的学习过程，应该说是同样有其必要吧。

感谢商务印书馆为我提供了这样的一个机会，感谢责任编辑黄御虎先生为此所付出的辛勤劳动。

董琨

跋于北京潘家园寓所

2011 年 11 月